现代物流系列教材

Wuliu Shebei Yu Yunyong

物流设备与运用

◎ 邓爱民 张喜军 等编著

人民交通出版社

内 容 提 要

物流设备是完成物流各项活动的工具与手段,物流设备伴随着物流的发展与进步正朝着自动化、信息化、智能化、集成一体化方向发展。

本书系统地介绍了物流各项活动中的交通运输、装卸搬运、包装等设备;自动化立体仓库的存储、堆垛、分拣;自动搬运设备的分类、结构和工作原理、性能参数与运用技术等。本书可作为高等学校物流、汽运、交通运输等专业教材,也可作为制造业、起重运输业、仓储业、批发零售业及物流配送业等从业人员参考用书。

图书在版编目(CIP)数据

物流设备与运用/邓爱民等编著.—北京:人民交通出版社,2003.4
ISBN 7-114-04604-9

Ⅰ.物... Ⅱ.邓... Ⅲ.①物流—机械设备②物流—机械设备—使用 Ⅳ.F252

中国版本图书馆 CIP 数据核字(2003)第 012961 号

现代物流系列教材
物流设备与运用
邓爱民 张喜军 等编著
正文设计:姚亚妮 责任校对:张 莹 责任印制:杨柏力
人民交通出版社出版发行
(100011 北京市朝阳区安定门外外馆斜街 3 号 010 59757969, 59757973)
各地新华书店经销
北京密东印刷有限公司印刷
开本:787×1092 1/16 印张:13.75 字数:339 千
2003 年 6 月 第 1 版
2011 年 7 月 第 1 版 第 5 次印刷
印数:8001—9000 册 定价:25.00 元
ISBN 7-114-04604-9

现代物流系列教材
编 委 会

前言

随着现代科学技术迅猛发展，经济全球化的趋势加强，各国都面临着前所未有的机遇和挑战。现代物流作为一种先进的组织方式和管理技术，被广泛认为是企业在降低物资消耗，提高劳动生产率以外的重要的利润源泉。从国外统计数据来看，先进发达国家通过物流的社会化、规模化、信息化、机械与自动化、集成一体化等使占商品总价值30%~50%的物流成本降低，对国民经济增长发挥了支持和带动作用。大量数据表明：经济发达国家或地区的物流产值在国民经济中处于一个十分重要的地位。从国内实际情况来看，由于长期受计划经济的影响，采购、制造、运输、仓储、代理、配送、销售等环节彼此分割，企业物流仍然是全社会物流活动的重点，物流的社会化、规模化、信息化程度不高，造成一方面生产企业的原材料和产成品库存过大，占用资金多，产品生产成本上升；另一方面运输、仓储等企业有效货源不足，现有设施能力未能充分利用，并且运输环节不衔接造成运输成本上升。物流业的落后严重制约着我国经济的发展，导致物流时间长，占整个供应过程的90%以上；物流费用高、效益低，使我国全社会物流支出占GDP比值的20%左右，比欧、美、日发达国家高出近一倍。可见，提高我国物流效率的潜力巨大。

现代物流是一门涉及系统工程学、运筹学、运输学、经济学、统计学、管理学，综合集成理论、技术创新理论、服务营销理论、关系营销理论、社会营销理论、国际竞争新要素理论，以系统技术为中心技术，以信息技术、运输技术、配送技术、装卸搬运技术、库存控制技术、包装技术等为专业技术，并以价值流研究、案例研究、数理统计、计量经济学等应用数学为工具与方法，以系统、发展、超前、整合、实践的观点为理念的新型学科。

现代物流作为一个新兴的产业受到了越来越多的关注，很多地方物流产业被划归为高科技产业并得到重视和发展。但作为高科技产业的象征，人才培养在我国还显得比较薄弱，相应的物流系列高校教材还不多见。鉴于此，长沙理工大学物流研究所的有关教授、博士和出国留学人员联合武汉大学、武汉理工大学的有关博士及北京起重与运输机械研究所的相关专业人士共同编写了现代物流系列教材。本丛书包括如下6种：

1. 物流与供应链管理
2. 综合运输学
3. 物流管理信息系统
4. 电子商务与物流

5. 物流设备与运用

6. 交通枢纽与港站

本书为《物流设备与运用》分册，由邓爱民（教授，博士）编写第一章、第二章、第五章、第六章、第七章；黄平（北京起重与运输机械研究所高级工程师）编写第三章；张喜军（北京起重与运输机械研究所教授级高工）编写第四章；尹军琪（北京起重与运输机械研究所教授级高工）编写第八章。

本书可作为物流工程类、交通运输类、管理工程类、汽运工程类等专业的大专生、本科生教学用书，及电子商务、管理信息系统、工商企业从业人员、相关研究生参考用书，也可以作为物流从业人员的培训教材。

此套丛书的编著参考并引用了大量中外文献，在此我们谨向有关专家学者表示诚挚的谢意，特别是一些文献在参考文献中疏于列出，对此我们表示万分歉意。还要特别感谢以下网站：搜狐、雅虎、56、3721、163、263 等。由于时间仓促，以及作者的水平所限，不成熟之处和错误在所难免，我们衷心希望读者给予指正，并能将意见反馈给我们。特别感谢长沙理工大学教务处、管理工程系给予的大力支持！

现代物流系列教材

编委会

目录
CONTENTS

第一章 概述

物流的基本含义可以理解为按用户(商品的购买者、需求方、下一道工序、货主等)要求,将物的实体(商品、货物、原材料、零配件、半成品等……)从供给地向需要地转移的过程。这个过程涉及到运输、储存、保管、搬运、装卸、货物处置、货物检选、包装、流通加工、信息处理等许多相关活动。物流涵盖了全部社会产品在社会上与企业中的运动过程,涵盖了第一、第二、第三产业和全部社会再生产过程,因而是一个非常庞大而且复杂的领域。物流设备是完成物流各项活动的工具与手段,物流设备的功能与分类是根据物流各项活动逐步形成的。同时,物流设备是伴随着物流的发展与进步不断提升与发展;反过来又促进物流效率与质量的提高。

第一节 物流设备的发展

第二次世界大战后,物流领域的研究得到了快速发展,并成为最具创造价值的新领域。同时,物流设备也得到了相应的发展。物流设备领域中许多新的设备不断涌现,如四向托盘、高架叉车、自动分拣机、自动引导搬运车(AGV)、集装箱等,从而极大地减轻了人们的劳动强度,在物流作业中起着重要的作用。

从仓储设备和装卸搬运机械设备的发展来看,早期的货物的输送、储存、装卸、管理、控制主要靠人工实现,后来,随着科学技术的发展和经济实力的增强,机械化程度有了一定提高,开始采用传送带、工业输送车、起重机、叉车等来移动和搬运物料或货物,用货架、托盘和可移动式货架存储物料,用限位开关、螺旋机械制动和机械监视器等控制设备的运行。

20 世纪中叶,自动化技术对装卸搬运技术的发展起到了极大的促进作用,相继出现了AGV、自动货架、自动存取机器人、自动识别和自动分拣等设备和系统。20 世纪 70 年代开始,旋转式货架、移动式货架、巷道式堆垛机和其他设备都初步实现了自动控制,并逐渐应用于生产和流通领域的物流系统中,物流效率大大提高。20 世纪 80 年代以来,物流设备又有较大的发展,大型起重机、自动输送机、自动分拣设备、自动上下料机械及智能型装卸堆垛机器人等快速、高效、自动化的物流机械设备及由它们构成的自动化仓库系统的应用,提高了装卸搬运设备的协调性和仓储的自动化、智能化,极大地推进了世界各国物流业的迅速发展。AGVS 采用先进的驱动技术、新型导向技术和控制系统,初步实现了智能化、自动化作业。起重机械大型化发展势头也非常强劲,世界上的浮游起重机起重量已达 6500t,最大的履带起重机起重量为 3000t,最大的桥式起重机起重量为 1200t,堆垛起重机最大运行速度达 240m/min。

从运输设备来看,汽车、铁路运输设备、船舶、航空运输设备、管道运输设备等也引进了很多新的技术、系统,提高了安全性、舒适性以及快速客货运输的能力。为提高客货运输的效率,各种专用车辆的各类和数量不断增加,以适应不同运输服务的需要。

从世界各国的物流设备发展来看,美国是物流发展较早的国家,他重视物流设备的开发、研究和应用,拥有较为完善的运输体系和先进的物流设备。日本于 20 世纪 60 年代开始重视物流的研究,引进和开发了先进的物流设备。物流设备的广泛应用,促进了日本物流效率的不断提高。此外,德国、荷兰等欧洲国家也非常重视物流设备的运用。这些国家许多公司设立了专门机构从事物流技术研究,致力于物流技术设备的现代化。多数物流公司在货物运输、装卸、储存过程中,都广泛采用了先进自动化物流设备。

自20世纪70年代末以来,我国物流设备有了较快的发展,新建的具有一定现代化水平的铁路、公路、机场、港口、码头、飞机、火车列车、轮船、汽车等设备的数量迅速增长,技术性能日趋现代化,开展了集装箱运输、散装运输和联合运输等。起重机、输送机、集装箱、散装水泥车等在仓库、货场、港口、码头得到了较为广泛的应用。1976年北京起重运输机械研究所研制出我国第一台滚珠加工用AGV,此后,随着工业现代化发展和GMIS技术的发展,从70年代开始建筑立体仓库,到目前我国已建成立体仓库300多座,其中全自动的立体仓库有30多座。自动化仓库中配酌了堆垛车、起重机、巷道式堆垛机、输送机、搬运车辆等先进的物流机械设备。20世纪90年代以后,随着计算机网络技术在物流活动中的应用以及物流配送中心的兴建,物流设备广泛采用,先进的物流设备系统不断涌现。目前,我国已具备开发研制大型装卸设备和自动化物流系统的能力,如上海振华港机公司成功研制了2500t/h抓斗卸船机和外伸距为65m、吊具下起重量为65t的目前世界上最大的岸边集装箱起重机;以及昆船技术中心物流试验室同青岛颐中集团联合研制了成品自动化物流系统,该系统可实现烟箱输送、条码识别、自动堆垛、外形检测、自动入库、自动出库、托盘输送、自动拆垛堆、自动发货装车、空托盘自动堆码、自动分发、火灾自动报警和自动消防等功能。近年来,全国各大城市已掀起了物流配送的热潮,配送中心、物流中心的建设使更先进的物流设备得到了应用,促进了我国物流现代化。但我国物流设备的发展不能满足新世纪全新物流任务的要求,还需要配置先进物流机械设施,如运输系统中的新型机车、车辆、大型汽车、特种专用车辆,仓储系统中的自动化立体仓库、高层货架,搬运系统中的起重机、叉车、集装箱搬运设备、自动分拣和监测设备等。

第二节　物流的发展对物流设备的要求

物流是社会经济发展的产物,必然随着社会经济的发展而呈现出多样化的特征。多样化的特征反映了运输需求的多样化,物流设备必须适应物流发展的要求,物流服务发展变化主要表现为:

物流服务提供者对上游、下游的物流、配送需求的反应速度越来越快,配送间隔越来越短,商品周转次数越来越多,要求物流服务快速化。现代物流着重于将物流与供应链的其他环节进行集成,要求服务功能集物流系统已在运用GPS、卫星通信、射频识别装置(RF)、机器人方面实现了自动化、机械化、无纸化和智能化,体现了服务技术的现代化。

现代物流需要有完善、健全的物流网络体系,网络上节点与节点之间的物流活动保持系统性、一致性,这样可以保证整个物流网络有最优的库存总水平及库存分布,运输与配送快速、机动,既能铺开又能收拢,要求物流服务组织网络化。

现代物流的具体经营中,在考虑企业自身效益的同时,还要考虑到社会效益,只有这样才能在持续发展中获得水久效益,要求物流服务要实现绿色化。

为适应现代物流的需要,物流设备呈现如下发展趋势。

一、大型化和高速化

大型化指设备的容量、规模、能力越来越大。高速化指设备的运转速度、运行速度、识别速度、运算速度大大加快。

大型化是实现物流规模效应的基本手段。一是为弥补自身速度很难提高的缺陷而逐渐大型化，包括海运、铁路输运、公路运输。油轮最大载重量达到 56.3 万 t，集装箱船为 6790TEU。在铁路货运中出现了装载 716000t 矿石的列车。载重量超过 50t 的载货汽车也已研制出来。管道运输的大型化体现在大口径管道的建设，日前最大的口径为 1220mm。这些运输方式的大型化基本满足了基础性物流需求量大、连续、平稳的特点。二是航空货机的大型化。正在研制的货机最大可载 300t，一次可装载 30 个 40ft(12.2m)的标准箱，比现有的货机运输能力(包括载重量和载箱量)高出 50% ~ 100%。

提高运输速度一直是各种运输方式努力的方向，主要体现在对"常速"极限的突破。正在发展的高速铁路有三种类型。一是传统的高速铁路，以日本和法国的技术最具商业价值，目前营运的高速列车最大商业时速已达 270 ~ 275km/h。二是摇摆式高速铁路，以瑞典为代表，商业时速已达 200 ~ 250km/h。三是磁悬浮铁路，目前正处于商业试验阶段，1998 年在日本实现了时速为 539km/h 的实验速度。德国、法国在高速铁路上开行的高速货运列车最高速度已达到 200km/h。随着各项技术的逐步成熟和经济发展，普通铁路最终将会被高速铁路所取代。在公路运输中高速一般是指高速公路，目前各国都在努力建设高速公路网，作为公路运输的骨架。航空运输中，高速是指超音速，客运的超音速已由法国协和飞机所实现。货运方面双音速(亚音速和超音速)民用飞机正在研制之中。无论如何，超音速化将是民用货机的发展方向。在水运中，水翼船的时速已达 70km/h，气垫船时速更高，而飞翼船的时速则可达到 170km/h。在管道运输中，高速体现在高压力，美国阿拉斯加原油管道的最大工作压力达到 8.2MPa。

二、实用化和轻型化

由于仓储物流设备是在通用的场合使用，工作并不很繁重，因此应好用，易维护、操作，具有耐久性、无故障性和良好的经济性，以及较高的安全性、可靠性和环保性。

这类设备批量较大、用途广，考虑综合效益，可降低外型高度，简化结构，降低造价，同时也可减少设备的运行成本。

三、专用化和通用化

随着物流的多样化，物流设备的品种越来越多且不断更新。物流活动的系统性、一致性、经济性、机动性、快速化，要求一些设备向专门化方向发展，又有一些设备向通用化、标准化方向发展。

物流设备专门化是提高物流效率的基础，主要体现在两个方面，一是物流设备专门化，二是物流方式专门化。物流设备专门化是以物流工具为主体的物流对象专门化。如从客货混载到客货分载，出现了专门运输客货物的飞机、轮船、汽车以及专用车辆等设备和设施。运输方式专门化中比较典型的是海运，几乎在世界范围内放弃了客运，主要从事货运。管道运输就是为输送特殊货物而发展起来的一种专用运输方式。

通用化主要以集装箱运输的发展为代表。国外研制的公路、铁路两用车辆与机车，可直接实现公路铁路运输方式的转换，公路运输用大型集装箱拖车可运载海运、空运、铁运的所有尺寸的集装箱，还有客货两用飞机，水空两用飞机及正在研究的载客管道运输等。通用化的运输工具为物流系统供应链保持高效率提供了基本保证。通用化设备还可以实现物流作业的快速转换，可极大地提高物流作业效率。

四、自动化和智能化

将机械技术和电子技术相结合，将先进的微电子技术、电力电子技术、光缆技术、液压技术、模糊控制技术应用到机械的驱动和控制系统，实现物流设备的自动化和智能化将是今后的发展方向。例如，大型高效起重机的新一代电气控制装置将发展为全电子数字化控制系统，可使起重机具有更高的柔性，以提高单机综合自动化水平。自动化立体仓库中的送取货小车；智能式搬运车AHV(Autonomous Handling Vehicle)；公路运输智能交通系统(ITS)的开发和应用已引起各国的广泛重视。此外，卫星通信技术及计算机、网络等多项高新技术结合起来的物流车辆管理技术正在逐渐被应用。

五、成套化和系统化

只有当组成物流系统的设备成套、匹配时，物流系统才是最有效、最经济的。在物流设备单机自动化的基础上，通过计算机把各种物流设备组成一个物流设备集成系统，通过中央控制室的控制，与物流系统协调配合，形成不同机种的最佳匹配和组合，将会取长补短，发挥最佳效用。为此，成套化和系统化物流设备具有广阔发展前景。以后将重点发展的有工厂生产搬运自动化系统，货物配送集散系统，集装箱装卸搬运系统，货物的自动分拣与搬运系统等。

六、"绿色"化

"绿色"化就是要达到环保要求。这涉及到两个方面，一是与牵引动力的发展及制造、辅助材料等有关；二是与使用有关。对于牵引动力的发展，一要提高牵引动力，二要有效利用能源，减少污染排放，使用清洁能源及新型动力。对于使用因素，包括对各物流的维护，合理调度，恰当使用等。

第三节　物流设备的分类

物流设备是物流系统中的物质基础，是实现现货物流的基本手段及有机组成，它种类繁多，涵盖面广，应用非常广泛，在国民经济各个工业部门、各行业都有应用。物流设备按功能可分为载运工具(交通运输工具)、装卸与搬运设备、仓储设施(含分拣、容器等)、包装、流通加工设备等。

一、交通运输工具

交通运输工具由火车、轮船、车辆、飞机和管道组成，它是物流系统重要的基础性的构成，主要承担运输任务。

在物流活动中，运输始终居于核心地位，它承担了物品在空间各个环节的位置转移，解决了供应者和需求者之间场所的分离，是创造空间效用的主要功能要素，具有以时间换取空间(速度)的特殊功能，其重要作用具体表现在：

(1)运输是物流系统的主要内容之一，也是物流业务的中心活动。可以说，一切物体的移动，都离不开运输环节。运输合理化，在很大程度上影响着物流合理化。经济发达国家，运输业与物流业常常是联合经营的，很多就是运输企业在经营物流服务。也有许多国家，运输业与物流业基本上是分而设之。虽然一部分物流企业也具备一定的运输工具，但大量运输任务还是靠运输部门来完成,因而运输在物流中的关键作用体现得更加明显。

(2)运输费用在物流费用中占有较大比重。物流活动中,直接耗费的活劳动和物化劳动所支付的直接费用主要有:运输费、包装费、保管费、装卸费(搬运费)和运输损耗费。运输费用占的比重最大,是影响物流费用的主要因素之一。如果运输组织适应了物流发展的需要,以上几种费用都可以得到不同程度的降低。因此,如何使运输子系统的经营满足物流现代化的要求,不仅关系到物流系统的效率,也影响到物流费用。特别是,由于运输在物流活动中的重要地位,运输所实现的物流的运输费用,为许多产品(商品)提供了基本的价格参数,而围绕这一参数,日用品市场价格才得以形成。许多国家运价结构决定了国内和国际产品市场的经济布局,因此成为政府进行管制的直接理由之一,足见其在现代物流中的重要作用。

二、装卸与搬运设备

在同一地域范围内(如车站范围、工厂范围、仓库内部等)以改变物的存放、支承状态的活动称为装卸,以改变物的空间位置的活动称为搬运,两者全称装卸搬运。有时候或在特定场合,单称"装卸"或单称"搬运"也包含了"装卸搬运"的完整涵义。搬运的"运"与运输的"运",区别之处在于,搬运是在同一地域的小范围内发生的,而运输则是在较大范围内发生的,两者是量变到质变的关系,中间并无一个绝对的界限。装卸活动的基本动作包括装车(船)、卸车(船)、堆垛、入库、出库以及连结上述各项动作的短程输送,是随运输和保管等活动而产生的必要活动。

在物流过程中,装卸活动是不断出现和反复进行的,它出现的频率高于其他各项物流活动,每次装卸活动都要花费很长时间,可以往往成为决定物流速度的关键。装卸活动所消耗的人力也很多。

所以装卸费用在物流成本中所占的比重也较高。以我国为例,铁路运输的始发和到达的装卸作业费大致占运费的20%左右,船运占40%左右。因此,为了降低物流费用,装卸是个重要环节。

此外,进行装卸操作时往往需要接触货物,因此,这是在物流过程中造成货物破损、散失、损耗、混合等损失的主要环节。例如袋装水泥纸袋破损和水泥散失主要发生在装卸过程中,玻璃、机械、器皿、煤炭等产品在装卸时最容易造成损失。

由此可见,装卸活动是影响物流效率、决定物流技术经济效果的重要环节。

装卸搬运的特点:

(1)装卸搬运是附属性、伴随性的活动。装卸搬运是物流每一项活动开始及结束时必然发生的活动,因而有时常被人忽视,有时被看作其他操作时不可缺少的组成部分。例如,一般而言的"汽车运输",就实际包含了相随的装卸搬运,仓库中泛指的保管活动,也含有装卸搬运活动。

(2)装卸搬运是支持、保障性活动。装卸搬运的附属性不能理解成被动的,实际上,装卸搬运对其他物流活动有一定决定性。装卸搬运会影响其他物流活动的质量和速度,例如,装车不当,会引起运输过程中的损失;卸放不当,会引起货物转换成下一步运动的困难。许多物流活动在有效的装卸搬运支持下,才能实现高水平。

(3)装卸搬运是衔接性的活动。在任何其他物流活动互相过渡时。都是以装卸搬运来衔接,因而,装卸搬运往往成为整个物流"瓶颈",是物流各功能之间能否形成有机联系和紧密衔接的关键,而这又是一个系统的关键。建立一个有效的物流系统,关键看这一衔接是否有效。比较先进的系统物流方式——联合运输方式就是着力解决这种衔接而实现的。

装卸搬运机械的分类见图 1-1。

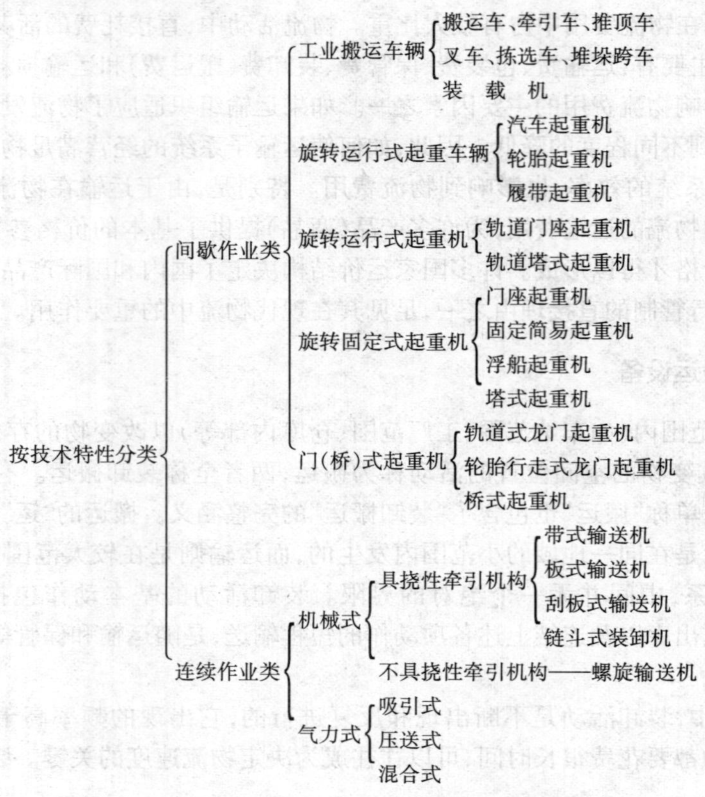

图 1-1 装卸搬运机械的分类

三、仓储设施

物流仓储系统一般包括收货、存货、取货、配货、发货等环节。在收货环节,配备了供铁路车厢和货运汽车停靠卸货的站台和场地,以及升降平台,配备了托盘搬运车和叉车,以及各种吊车,用于完成卸车作业。在收货处一般设有计算机终端,用来输入收货信息,并打印出标签或条码,贴在货物或托盘上,以便在随后的储运过程中进行识别和跟踪。

在存货环节,除在露天货场建立正规适用的货位外,在库房内建起了各种货架,例如高层货架、旋转货架等,存货作业通常由叉车或巷道堆垛机来完成。对所存的物品,给定了规定的保管环境,如温度、湿度等,并配备了自动监控系统。

在取货环节,一般是根据客户的订单,由计算机拟定配货方案,拣货员根据配货方案进行拣货、配货。取货大体上分为整件取货和零星取货两种。在自动化仓库,一般都由计算机打印出库单或发出出库指令,由叉车或堆垛机到指定的库位取货。整托盘取货一般都是机械化或自动化的。零星拣货一般都由人工完成。拣货由两种方式。一种是拣货员在仓库内走动,或随着叉车或堆垛机移动,按拣货单到多货位取货。另一种是拣货员坐在固定的位置上,由机械设备把货箱或托盘转运到拣货员处。露天货场则借助于各种吊车存取货物。

在发货、配货环节,物流中心根据服务对象的不同,向单一用户或多个用户发货。一般来说,用户需要多品种货物,因此在发货之前需要配货和包装。在自动化程度较高的仓库里,拣出的货品通过运输机械运到发货区。识别装置阅读贴在货品上的条形代码,把所判别货品的户主信息送入计算机,计算机控制分选运输机上的分岔机构把货品拨到相应的包装线上,包装人员按照装箱单核查货品的品种和数量后装箱封口,然后装车发运。

仓储设备包括仓库及其配套设备,如货架系统、巷道堆垛起重机、分拣设备、入出库输送机系统、自动监控系统,还包括托盘、货箱、集装单元等设备。其中托盘、货箱、集装单元同时还是物货运输过程中的重要设备。先进的自动仓储设备还包括自动导引小车(AGV)等。

四、包装与流通加工设备

包装过去主要是依靠人力作业的人海战术,进入大量生产、大量消费时代以后,包装的机械化也就应运而生。包装设备从逐个包装机械化开始,直到装箱、封口、捆扎等外包装作业完成。此外,还有使用托盘堆码机进行的自动单元化包装,以及用塑料薄膜加固托盘的包装等。包装设备对于节省劳力,货物单元化,提高销售效率,以及采取无人售货方式等均是必要的,不可缺少的。

流通加工是在物品从生产领域向消费领域流动的过程中,为了促进销售、维护产品质量和提高物流效率,对物品进行加工,使物品发生物理、化学或形状的变化。流通加工是在流通领域中对生产的辅助性加工,从某种意义来讲它不仅是生产过程的延续,实际是生产本身或生产工艺在流通领域的延续。通过流通加工,可以提高原材料利用率,可使使用单位省去进行初级加工的投资、设备及人力,从而搞活供应,方便用户等。

在物流(配送中心)的流通加工作业常见的有:根据单品拣货需求的拆箱割箱作业;根据客户需求将物品另行裹包;根据客户需求将数件数种物品集成小包装或附赠品包装;根据运输配送需求将物品装箱或以其他方式外部包装;根据运输配送需求或运费计算时所需之发货物品称重作业;根据客户需求印制条码文字标签并贴附在物品外部等。

所以,流通加工设备根据流通加工的对象不同及作业不同而不同,例如将钢板进行剪板、切裁的设备;木材加工成各种长度及大小的板、方的设备等;通用的计量与称重设备等。

第四节　物流设备选用的一般原则

物流设备的选用，除根据需要外，还应因地制宜，结合作业场地，货物的种类、特性，货运量大小，运输车辆或船舶的类型，运输组织方法、货物储存方式、各设备在物流系统中的作用等，考虑重新设计、制造，还是购置，并进行技术经济论证，以选择最优方案。其选择原则如下:

一、符合货物的特性

货物的化学、物理性质以及外部形状和包装的千差万别,如散堆装货物,其颗粒的大小不等;成件货物有的有包装(袋装、箱装、桶装等),有的无包装;有的易碎;有的不能倒置等。此外,货物的质量、体积和长度又各不相同。在选择装卸机械时,必须与货物特性相符,以确保作业的安全和货物的完整无损。

二、适应物流量的需要

物流设备的生产能力,决定于物流量的大小,应选择投资较少、生产恰当的设备。

三、各物流设备的相应协调性的选择，必须充分考虑各设备的种类、结构和性能，将它们统一纳入物流系统，力争物流合理化。

四、物流设备的经济性和使用性

选择物流设备时，各设备应操纵灵活、维护修理方便、有较长的使用寿命、使用费用低、消耗能源少、生产率高、辅助人员少等。

五、应具有超前性和富余量

随着物流需求及物流技术的飞速发展，在选择设备时，应长远考虑，使它们能满足不远将来的变化，适应经济的发展，这也是减少投资提高适应性的一个有效途径。

本书主要阐述运输工具、起重机械、输送机械、工业搬运车辆、气力输送机械、自动化立库设备、包装、称重等设备的结构、原理与运用。

第二章　物流运输工具

物流运输工具是指在物流运输线路上或具有相似性能的几何体上，用于装载货物并使它们发生水平位移的各种设备。物流运输工具根据其从事运送活动的独立程度可以分为三类：没有装载货物容器，只提供原动机的运输工具，如铁道机车、拖船、牵引车等；没有原动机，只有货物容器的从动运输工具，如车辆、挂车、驳船等；既有装载货物容器，又有原动机的独立运输工具，如轮船、汽车、飞机等。管道运输是一种相对特殊的运输方式，其运行方式有别于其他四种运输方式，它的载荷容积与原动机的组合较为特殊，载货容器为干管，原动机为泵（热）站，这些设备总是固定在特定的空间内，不像其他运输工具那样凭借自身的移动带动货物发生位移。从这个角度看，可以将泵（热）站视为运输工具，甚至把干管都视为运输工具。

第一节　水运运输工具

船有多种分类,可按用途、航行区域、航行状态、推进方式、动力装置和船体材料及船体数目等分类。按用途分类,作为军事用途的称为舰艇或军舰;而用于交通运输、渔业、工程及研究开发的称为民用船舶。民用船舶中运输船舶的吨位(容积吨,$1t = 2.83m^3$)与艘数占首位。运送货物与旅客的船舶称为运输船,它是民用船舶中的主要部分。

一、货船

货船是运送货物的船舶的统称,一般不载旅客,若附载旅客,则不超过12人。

1. 杂货船

杂货船又分为普通型杂货船与多用途杂货船。由于杂货船运送的单件货物,最小的为几十公斤,最大的可达几百吨,它的航线遍布内河和大海,到达的港口也大小不等。排水量从几吨到1～2万t。海上杂货船载重量(船舶装载的载荷重量)在2000～15000t左右;航速12～18节(kn)(1kn = 1n mile/h, 1n mile = 1.852km);货舱通常为2层或3层,便于装货分票和避免挤压;货舱按船的大小及装货方便需要有1～6个不等。每个货舱的甲板上有舱口及吊杆。吊杆起重能力为几吨,而吊大件货的重吊负荷可达500t。机舱大多在船的中后与尾部。由于普通型杂货船装卸效率低,逐渐出现一些多用途船,它既可装杂货,又可装散货、集装箱、甚至滚装货,以提高揽货能力与装卸效率,提高营运经济性。

2. 散货船

散货船是专门运输谷物、矿砂、煤碳及散装水泥等大宗散装货物的船舶。由于它具有运货量大,运价低等特点,目前在各类船舶的总吨位中占据第二位。散货船的特点:单层甲板,尾机型,船体肥胖,航速较低,因常有专用码头装卸,船上一般不设装卸货设备。通常载重量为3万t左右,满足通过巴拿马运河限制的巴拿马型船,载重量一般为5～8万t,最大载重量也有近40万t的,如韩国1987年建成的散货船,最大载重量达36.5万t。由于散货船常为单程运输,为使船舶有较好的空载性能，压载水量较大，常在货舱两侧设有斜顶压水舱，在舭部有斜底边舱。为了克服散货船的单向运输，开辟货源，出现了一些新型散货船，如矿—散—油船，大舱口的散货船，浅吃水肥大型船，散货—汽车联运船与自卸散货船等。

3．集装箱船

集装箱船是载运规格统一的标准货箱货船。集装箱船具友装卸效率高，经济效益好等优点，因而得到迅速发展。集装箱运输的发展是交通运输现代化的重要标志之一。根据国际标准化组织（ISO）公布的统一规格，集装箱一般都使用20ft和40ft两种，它们的长、宽、高分别为（8ft × 8ft × 20ft）和（8ft × 8ft × 40ft）两种，20ft的集装箱被定为统一标准箱（Twenty-foot Equivalent Unit，简称为TEU）。集装箱船的特点是船型尖瘦（方型系数小），舱口尺寸大，便于装卸。舱内有导轨与水平桁材组成的格栅结构，便于垂直装卸集装箱。船舷是双层壳，用以补偿大舱口对抗扭强度的不利影响。舷边双层壳舱可分上下两层，供压载用。通常船上无装卸设备，由码头装卸，以提高装卸效率。由于甲板上装集装箱，船舶重心高，受风面积大，常需压载，以确保足够稳性。为提高经济效率。船速较高，一般为20～33kn。集装箱船按装箱多少分为第一代，第二代，第三代等，载箱数大致分别为1000TEU，2000TEU及3000TEU，现已发展到第五代、第六代集装箱船，载箱数为5000TEU以上。

4．液货船

运送散装液体的船统称为液货船，如油船、液体化学品船和液化气船等。由于液体散货的理化性质差别很大，因此运送不同液货的船舶，其构造与特性均有很大差别。

油船一般只有一层甲板。由于防污染的要求，国际海事组织已明确规定从1996年6月6日以后交付使用的载重吨为5000t以上的油船，要求双壳与双层底。载重吨在600～5000t的要求双层底，每舱容积不超过700m^3。油船的机舱、住舱及上层建筑均在尾部；以便防火与输油管道布置。露天甲板上有纵通全船的步桥。油船没有大货舱口，只有油气膨胀舱口，并设有水密舱口盖。油舱载重吨位是各类船舶中最大的，最大的达55万t。装原油的载重吨位一般比装成品油的大，沿海油轮航速一般为12～15kn，远洋油轮约为15～17kn。

液体化学品船是专门运输有毒、易挥发及属危险品的化学液体的船舶。除双层底外，货舱区均为双层壳结构，货舱有透气系统和温度控制系统，根据需要还设有惰性气体保护系统。货舱区与机舱、住舱及淡水舱之间均由隔离舱分隔开来。根据所运载货物的危害性，液体化学品船分为Ⅰ、Ⅱ、Ⅲ级。Ⅰ级船危害性最大，其货舱容积要小于1250m^3；Ⅱ级船则要小于3000m^3；Ⅲ级船用于装危险性较小的液体化学品。

液化气船分为液化石油气（LPG）船、液化天然气（LNG）船和液化化学气（LCG）船。采用常温加压方式运输的液化气体，装载于固定在船上的球形或圆筒形的耐压容器中；采用冷冻方式运输的液化气体，装入耐低温的特种钢材制成的薄膜式或球式容器内，外面包有绝热材料，并装有冷冻系统。加压式适用于小型船舶，载重量在4000t以上的船舶以冷冻方式运输的较多。此外，还有一种低温低压式液化气船，又称半冷冻式液化气船，它是采用在一定压力下使气体冷却液化的方式运输液化气体。

5．滚装船

滚装船（Roll on and Roll off Ship，Ro-Ro Ship）类似于汽车与火车渡船，它将载货的车辆连货带车一起装船。到港后一起开出船外。这种船适用于装卸繁忙的短程航线，也有向远洋运输发展的趋势。滚装船具有多层甲板，主甲板下通常是纵通的无横舱壁的甲板间舱，甲板间舱高度较大，适用于装车；首尾设有跳板，供车辆上下船用；船内有斜坡道或升降机，便于车辆在多层甲板间舱行驶;主甲板以下两舷多设双层船壳;机舱位于尾部,多采用封闭式;从侧面看,水上部分很高 ,没有舷窗。

6. 载驳船

载驳船也叫子母船,由一大型机动船运载一批驳船(子船),驳船内装货或集装箱。母船到锚地时,驳船队从母船卸到水中,由拖船或推船将其带走;母船则再装载另一批驳船后即可开航。驳船的装卸方式有三种:利用尾部门式起重机、尾部驳船升降平台或浮船坞原理装卸驳船。

7. 冷藏船

冷藏船是运送冷冻货物的船。它的吨位较小,航速较高,一般在 22kn 以上。船上设置冷藏舱,对制冷、隔热有特殊要求。

二、客船与客货船

根据“国际海上人命安全公约”规定,凡载客 12 人以上的船舶均须按客船规范要求来建造与配置设备及人员。专运旅客的称为客船,而客货兼运的称为客货船。客船的建造具有如下特点:

(1)快速性。为此客船具有较好的线型,推进器具有较高的效率;

(2)安全性。除保证船舶强度以外,还要保证船舶具有良好的稳性、抗沉性、防火结构及其他安全设施;

(3)耐波性。为保证旅客有较平稳的旅行环境,因此客船要具有较好的耐波性;

(4)操纵性。为改善船舶操纵性,客船选择先进的舵型、性能良好的主机遥控装置,一般采用双螺旋桨;并尽可能的增加螺旋桨轴的间距。现代豪华客船,船长超过 300m,具有较大的侧受风面积,为保证良好的操纵性,还在首尾设有侧推装置。

三、驳船

驳船常指靠拖船或推船带动且为单甲板的平底船。上层建筑简单,一般无装卸设备,也有的驳船装有动力装置,称为自航驳。驳船主要用于沿海,内河或港内驳运货物,往往用于转驳那些由于吃水等原因不便进港靠泊的大型货船的货物,或组成驳船队运输货物。驳船具有结构简单,造价低廉,管理维护费用低,可航行于浅狭水道,编组灵活等特点。因此,它在内河运输中占有重要地位。

四、其他船舶

除了上述各种船舶外还有渡船、工程船和工作船等几种船舶。渡船是指往返于内河、水库、海峡、岛屿与陆地或岛屿之间从事短途渡运旅客、货物与车辆的船舶。渡船分为普通渡船与车辆渡船。车辆渡船分为汽车渡船与火车渡船。渡船一般要求甲板宽敞,稳性好,操纵灵活,旅客及车辆上下方便。有些渡船首尾均装有推进器与舵,以便两头都可靠离。工程船是从事水上专门工程技术业务的船舶总称,包括挖泥船、起重船、浮船坞、救捞船、布设船、打桩船等。工作船是指为航行服务或进行其他专业工作的船舶,包括破冰船、领航船、供应船、消防船、测量船、航标船、交通船、浮油回收船、拖船和推船、钻探船、科学考察船和深潜船等。

第二节　铁路机车与车辆

一、机车

机车是铁路运输的基本动力。由于铁路车辆大都不具备动力装置,列车的运行和车辆车站内有目的移动均需机车牵引或推送。

从原动力来看 ,机车分为蒸汽、内燃及电力机车。按运用分为客运机车、货运机车和调车机车。客运机车要求速度快,货运机车需要功率大,调车机车要有机动灵活的特点。

二、车辆

在物流领域中使用的铁路车辆主要有:

1. 平车

平车是铁路上大量使用的通用车型,无车顶和车厢挡板,这种车体自重较小,装运吨位较大,且无车厢挡板的制约,装卸较方便,必要时可装运超宽、超长的货物。它主要用于装运大型机械、集装箱、钢材、大型建材等。在平车基础上,采用相应技术措施,可发展为集装箱车、车载车、袋鼠车等。

2. 敞车

敞车是铁路上的一种主要车型,无车厢顶,设有车厢挡板,有高挡板、低挡板等不同类型。敞车主要装运建材、木材、钢材、袋装、箱装杂货和散装矿石、煤炭等货物。

3. 棚车

棚车是铁路上主要的封闭式车型,较多的采用侧滑开门式,可采用小型叉车、手推车、手车进入车厢内装卸;也有车顶设滑动顶棚式,拉开后和敞车类似,可采用吊车从上部装卸。它主要装运防雨、潮,防止丢失、散失等较贵重的物品。

4. 罐车

罐车是铁道上用于转运气、液、粉等货物的主要专用车型,有横卧圆筒形,也有立置筒形、槽形、漏斗形。其可分为装载轻油用罐车、粘油用罐车、酸类罐车、水泥罐车、压缩气体罐车等多种。

5. 漏斗车

漏斗车主要适应于散装货物的机械化装卸。

6. 保温及冷藏车

保温及冷藏车能进行调温并能保持一定温度及能进行冷冻运输的车辆,以适应冬、夏等季节生、鲜食品的运送。

7. 特种车

特种车是指装运特殊货物的车辆,如长、大货物车,牲畜装运车等。

车列是指按照有关规定而编挂在一起的若干车辆。车列挂上机车,并配备列车乘务员和列车标志,就是列车。由大功率机车或多机牵引编成 5000t 以上的列车,称为重载列车。为了提高运输能力,将两列或两列以上的普通列车合并运行以节省运行线路,这种列车称为组合列车。

第三节　公路运输工具

一、汽车基本结构

汽车是由自带动力装置驱动,无架线的运载工具。它主要由动力装置、底盘、车身、电器及仪表等部分组成。

动力装置是汽车行驶的动力源,包括发动机及其燃料供给系统和冷却系统。

底盘是接受动力装置发出的动力,使汽车产生运动,保证正常行驶的装置和机构。底盘包括传动系(离合器、变速器、万向传动装置、驱动桥),行驶系(车架、轮胎及车轮、悬架、从动桥),转向系(带转向盘的转向器及转向传动机构)和制动系(制动器和制动传动机构)。

客车车身是整体车身,货车车身一般包括驾驶室和各种形式的车厢。

电器及仪表包括电源、发动机的起动系和点火系,以及汽车照明、信号、仪表等电气设备。

二、汽车分类与型号表示

汽车分为载货车辆和载客车辆,按欧洲 EEC 标准,如表 2-1 所示。

表 2-1

M 类		N 类	
M1	座位数≤8,厂定最大总质量≤3.5t	N1	厂定最大总质量≤3.5t
M2	座位数>8,厂定最大总质量≤5t	N2	3.5t<厂定最大总质量≤12t
M3	座位数>8,厂定最大总质量>5t	N3	厂定最大总质量>12t

厢式汽车、罐式汽车、仓栅式汽车等专用汽车以及由多节车辆组成的汽车列车都属于载货车辆的范畴。

载客车辆中包括轿车、微型客车、轻型客车、中型客车、大型客车以及特大型客车(如铰接客车、双层客车等)。

我国汽车产品型号如图 2-1 所示。

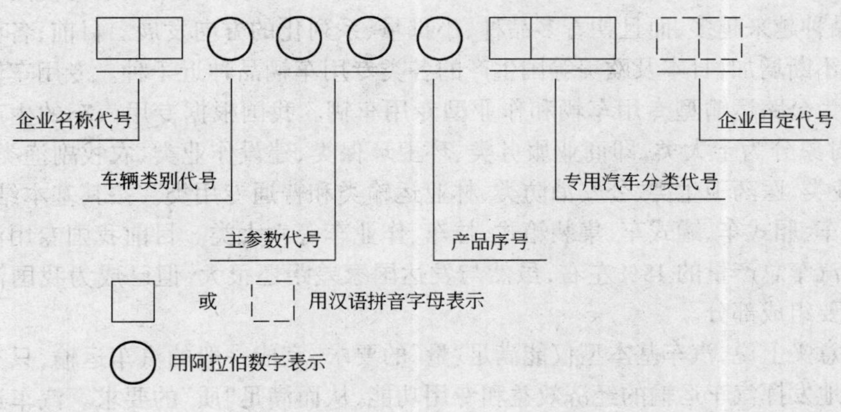

图 2-1　汽车产品型号表示方法

企业名称代号一般由企业名称头两个汉字的第一个拼音字母表示。

车辆类别代号：1-货车 2-越野汽车；3-自卸汽车；4-牵引汽车；5-专用汽车；6-客车；7-轿车；8-(暂空)；9-半挂车及专用半挂车。

主参数代号：货车、越野汽车、自卸汽车、牵引汽车及半挂车均用车辆总载质量(t)表示；客车为车辆长度(m)，小于 10m 时，应精确到小数点后一位，并以其值的十倍数表示；轿车为发动机排量(L)，精确到小数点后一位，并以其值的十倍数表示。

专用汽车分类代号：首位中 X-箱式汽车；G-罐式汽车；C-仓栅式汽车；T-特种结构汽车等。第 2、3 位为表示其用途的两个汉字的第一个拼音字母。

如 CA1091 表示中国第一汽车集团公司所产 9.31t 货车(第二代)；JS6820 表示江苏亚星集团公司所产长度 8.2m 中型客车；TJ7100 表示天津微型汽车厂生产的排量 0.993L 的轿车。

三、汽车主要性能

1. 容载量

载客车辆包括座位数和站立乘客数；载货车辆以最大的装载质量表示。

2. 比功率

发动机标定最大功率与厂定最大总质量之比。

3. 最高车速

规定装载状态下，水平良好路面上，变速器最高档，节气门全开时，车辆稳定行驶最高速度。

4. 燃料消耗量

规定装载状态下，单位行驶距离消耗的燃料量(L/100km)。

5. 制动距离

规定装载状态下，以一定车速行驶时，实施紧急制动，从踩制动踏板开始到完全停车为止测得的车辆驶过的距离。

四、专用车辆

随着汽车工业和市场经济的发展，社会对汽车运输的效率和经济性以及各种功能的要求也越来越高，从而使汽车运输工具向专用化发展成为必然规律。专用车辆的使用越来越趋向于专门化，品种越来越多，而且朝着多品种、小批量、系列化的方向发展。目前，各种专用车辆新品种还在不断增加，日本及欧美等国生产的各类专用车辆品种近千种。专用车辆一般按用途分类可分为公路运输型专用车辆和作业型专用车辆。我国根据专用汽车的生产和使用情况，按服务对象分为十大类，即商业服务类、环卫环保类、建设作业类、农牧副渔类、石油地质类、机场作业类、医药卫生类、公安消防类、林业运输类和普通专用类。按其基本结构分类，可分为自卸汽车、厢式车、罐式车、集装箱式、挂车、作业车等六大类。目前我国专用汽车的年产量约占载货汽车总产量的 15%左右，虽然与发达国家差距还很大，但已成为我国汽车工业不可缺少的重要组成部分。

从某种意义上说，汽车基本型仅能满足“量”的要求，完成一般的汽车运输，只有专用车辆才能更有效地发挥汽车运输的经济效益和专用功能，从而满足“质”的要求。汽车运输专用车辆的特点主要表现在以下几个方面：

(1)汽车运输专用车辆能保持运输货物的物理状态和质量，采用普通型汽车运输，使有些货物在运输过程中可能会发生腐烂变质,在长途运输中,如肉类、蛋类若没有冷冻保鲜专用设备,尤其是在炎热的夏天肯定会变质。

(2)汽车运输专用车辆能提高运输生产率,降低运输成本,减少劳动消耗、缩短装卸时间、实现最佳经济效益。

(3)汽车运输专用车辆具有专门的防护设备,对于一些易燃、易爆、易腐蚀、有毒等化学物质必须使用专用车辆来运输,普通型汽车难以胜任这些物质的运输工作。

专用车辆是汽车运输发展的产物,与普通型汽车相比,具有能充分发挥汽车运输效率,降低运输成本、缩短装卸货物时间、减少劳动消耗和货物损失,特别是能保持货物的质量和使用价值。因此,专用车辆有着广阔的发展前景。在今后一个相当时期内,开发多品种、高技术、提高专用性能、扩大服务领域是专用车辆发展的总趋势。近期内我国专用车辆发展重点主要归纳为以下几方面:

(1)高等级公路专用车辆。高等级公路的发展给汽车运输带来广阔的发展前景。为了有效地发挥高等级公路的效益和功能,高等级公路专用车辆的发展主要考虑两个方面。一方面是运输的专用车辆朝着大型化、专用化方向发展,如集装箱运输车、大型厢式汽车、大型罐式汽车、大型冷藏汽车、轿车运输车等。另一方面是高等级公路服务用车辆。为了保障高等级公路全天畅通无阻,必须配备相应的各种高等级公路管理专用车,如巡逻车、救护车、交通监理车、抢险车等。为了对高等级公路进行养护和维修,要进行路面清扫、洒水、除草、除雪、修补路面、绿化以及交通工程设施的维护和抢修等都需要开发相应的专用车辆。

(2)油田用专用车辆。近期主要为满足新疆沙漠油田开发的需要,研制各种沙漠油田专用车辆逐步形成轻、中、重系列产品。对于沙漠油田各种作业用的专用车辆,如油田固井车、压裂车、修井车、测井车等,将同步开发,对目前已有的产品进一步改善提高。

(3)机场专用车辆。目前,机场各种用途的专用车辆还主要依赖进口。随着我国各主要大、中城市正在兴建现代化机场,急需与之相配套的各种机场专用车辆有大型飞机加油车、飞机牵引车、电源车、跑道清扫车、升降平台车、货物运输车、旅客运输车等。

(4)城市建设用专用车辆。这类专用车辆可归纳如下五类:

①供建筑用专用车辆,如散装水泥运输车、混凝土搅拌车、混凝土泵车等;

②供环境保护用专用车辆,如洒水车、清扫车、垃圾车、吸污车、吸粪车等;

③城市消防车,特别要开发高层建筑消防车;

④供城市生活用专用车辆,如城市运输厢式车、栏板升降运输车、冷藏车、保温车等;

⑤供市政管理用专用车辆,如环境监测车、交通监理车、运钞车、救护车、计划生育车、流动图书车等。

另外,对于散装货物运输车如粮食散装运输车的开发,大吨位水泥散装车的开发以及百吨以上的大吨位挂车的研制,都是国民经济建设的需要。

专用车辆已经成为国民经济中不可缺少的交通运输和工程作业的重要装备,它的发展越来越快。而在诸多专用车辆中,尤以半挂汽车列车的发展最为迅速。半挂汽车列车是由半挂牵引车与半挂车通过牵引连结装置连接而成的。

1. 半挂牵引车

半挂牵引车是用来牵引半挂车的汽车,其结构与普通载货汽车的区别是车架上无货厢,而装有鞍式牵引座(又称第五轮联结器),通过鞍式牵引座承受半挂车的部分载质量,并且锁住牵引销,带动半挂车行驶。

牵引车按驱动形式可分为4×2与6×4两种类型，也有少量4×4与6×6形式的。其鞍座允许的载质量有较大区别，对于后轴允许载质量为10t级的4×2牵引车，鞍座允许载质量12～12.5t；对于后轴载质量为10t级的6×4牵引车，鞍座最大载质量为18t左右；对于后轴载质量为13t级的6×4牵引车，鞍座最大载质量为24～26t。按用途分类，牵引车可分为高速牵引车和运输重型货物用牵引车。高速牵引车用来牵引厢式半挂车、平板式半挂车和集装箱半挂车。运输重型货物用牵引车主要用来牵引阶梯式半挂车、凹梁式半挂车，它具有牵引座载质量和被牵引的总质量都很大的特点。

2. 半挂车

半挂车与牵引车连接后具有很好的整体性，广泛应用在各种货物运输中，除通用半挂车外，有平板车、厢式车、自卸车、冷藏保温车、集装箱专用车、集装箱、散装货两用车、液罐车、粉状散装车、牲畜家禽车、预制件车等。近年来，半挂车发展很快，主要是因为半挂车运输经济效益好。另外，半挂汽车列车是"甩挂运输"（用一辆牵引车轮流牵引多辆半挂车，以达到高效率的运输）、"区段运输"（半挂汽车列车到达指定区段站，半挂换上另外牵引车牵引继续向目的地行驶，而此牵引车牵引其他半挂车返回原地）、"滚装运输"（集装箱半挂车直接装船及卸下运输）的最好车型。

半挂车的装载质量主要取决于轮胎、轴、架的允许负荷。所以车轮部分的变化决定挂车的装载质量，用车轴的配置及数量变化，由轻到重，由1轴到4轴排列分类，如图2-2所示，分为1轴、2轴、3轴、4轴型半挂车。按结构形式分类，半挂车又可分为：

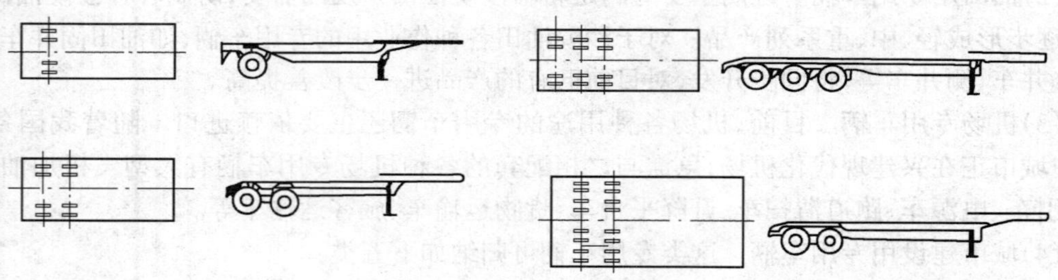

图2-2　半挂车按轴分类

平板式半挂车（图2-3a）：整个货台是平直的，且在车轮之上，适于运输钢材、木材及大型设备。

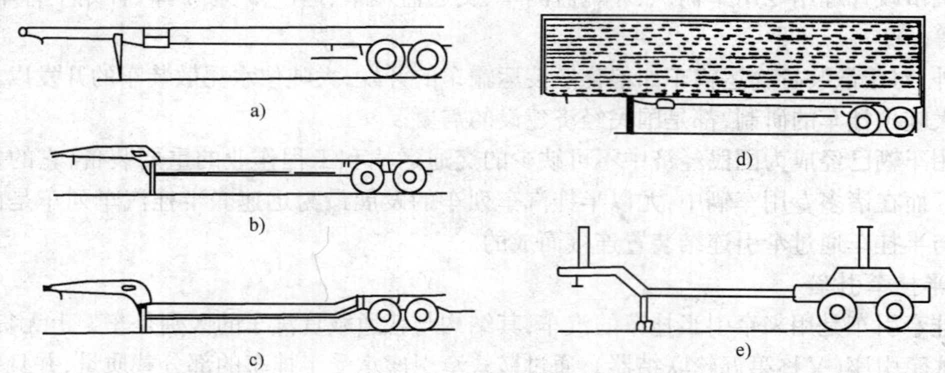

图2-3　半挂车按结构形式分类

阶梯式半挂车(图 2-3b):半挂车车架呈阶梯形,货台平面在鹅颈之后,最早的阶梯式平板半挂车,其鹅颈均为弧形结构,在鹅颈上端形成第二货台平面。由于阶梯式结构货台主平面降低,从而适合运输各种大型设备、钢材等。

凹梁式半挂车(图 2-3c):其货台平面呈凹形,具有最低的承载平面。凹型货台平面离地高度一般根据用户要求确定,适合超高货物的运输。

以上述半挂车底盘为基础,还可以改制成各种专用半挂车,例如图 2-3d)所示的厢式半挂车。对专门运输长货物用的半挂车,其货台分前、后两部分,中间可用一根牵引杆贯穿(辕杆式)(图 2-3e)也可用货物自身连接(分离式)。

第四节　航空运输工具

用于物流领域的航空运输设备主要有货机和客货机两类。客货机以运送旅客为主,运送货物为辅。货机专门用于运送各类货物。现役货机多由客机改装而来,目前世界上最大的货机是 B747F,该机可载货 100t,拥有 $56m^3$ 的载货容积或 29 个 20ft 航空集装箱舱位。世界上主要的飞机机型有波音(B—)系列、麦道(MD—)系列、空中客车(A—)系列、图(TU—)系列。除这些主要机型外,我国还有运(YN—7)系列、安(AN4)、雅克(YK2)等。

第三章 起重机械

第一节 起重机械概述

一、起重机械的用途及工作特点

起重机械是用来升降物品或人员,有的还能使物品或人员在其工作范围内作水平或空间移动,它是一种以间歇作业方式对物料进行起升、下降和水平移动的搬运机械。起重机械的作业通常带有重复循环的性质。一个完整的作业循环一般包括取物、起升、平移、下降、卸载,然后返回原处,直至下一次取物开始等环节。经常起动、制动、正向和反向运动是起重机械动作的基本特点。

起重机械是现代工业生产不可缺少的设备,广泛地用于工厂、港口、建筑工地、矿山、铁路、宾馆、居民楼等场所,完成各种物料的起重、运输、装卸、安装和人员输送等作业,从而大大地减轻了体力劳动强度,提高了劳动生产率,也提高了人们的生活质量。有些起重机械还能在生产中进行某些特殊的工艺操作,使生产过程较容易地实现机械化和自动化。

起重机械的工作特点如下:

(1)起重机械通常具有庞大的承载金属结构和比较复杂的机构,能完成一个起升运动、一个或几个水平运动。例如,桥式起重机能完成起升、大车运行和小车运行三种运动。作业过程中,常常是几个不同方向的运动同时操作,技术难度较大。

(2)所吊运的重物多种多样,载荷是变化的。有的重物重达几百吨乃至上千吨,有的物体长达几十米,形状很不规则,还有散粒、热融状态、易燃易爆危险物品等,吊运过程复杂而危险。

(3)大多数起重机械,需要在较大的范围内运行,有的要装设轨道和车轮(如桥式起重机等)。有的要装设轮胎或履带在地面上行走(如轮胎式集装箱门式起重机、履带起重机等),还有的需要在钢丝绳上运行(如架空索道、缆索起重机等),活动空间较大,因此,一旦发生事故,影响的面也较大。

(4)有些起重机械,需要直接载运人员在导轨、平台或钢丝绳上做升降运动(如电梯、升降平台等),其可靠性直接影响人身安全。

(5)暴露的、活动的零部件较多,且常与吊运作业人员直接接触(如吊钩、钢丝绳等),潜在许多偶发的危险因素。

(6)工作环境复杂。从大型钢铁联合企业,到现代化港口、建筑工地、铁路枢纽、旅游胜地,都有起重机械在运行;作业场所常常会遇有高温、高压、易燃易爆、输电线路、强磁等危险因素,对设备和作业人员形成威胁。

(7)常常需要多人配合,共同协作,完成一项作业,因此,要求指挥、捆扎、驾驶等作业人员配合熟练、动作协调、互相照应,作业人员应有处理现场紧急情况的能力。多个作业人员之间的密切配合,存在较大的难度。

二、起重机械的分类

起重机械按其功能和构造特点,可分为 3 类

(1)轻小型起重设备。特点是轻便,构造紧凑,动作简单,作业范围投影以点、线为主。

(2)起重机。特点是能将挂在起重吊钩或其他取物装置上的重物在空间实现垂直升降和水平运移。

(3)升降机。特点是重物或取物装置只能沿导轨升降。

除此以外,起重机还可按其他原则作多种分类:按取物装置和用途分类,有吊钩起重机、抓斗起重机、电磁起重机、冶金起重机、堆垛起重机、集装箱起重机和救援起重机等;按运移方式分类,有固定式起重机、运行式起重机、自行式起重机、牵(曳)引式起重机、爬升式起重机、便携式起重机、随车起重机等;按架设方式分类,有支承起重机、悬挂起重机等;按使用场合分类,有车间起重机、机器房起重机、仓库起重机、贮料场起重机、建筑起重机、工程起重机、港口起重机、船厂起重机、坝顶起重机、船上起重机等。

三、起重机的主要技术参数

起重机械的额定起重量是最主要的技术参数。

额定起重量不包括吊钩、动滑轮组及不可卸下的起吊横梁等的自重。而抓斗、电磁铁和可卸下的起吊横梁等可从起重机上取下的取物装置的质量要计入额定起重量内。当额定起重量不只一个时,通常称最大的一个额定起重量为最大起重量,或简称起重量。

起重机械的技术参数还有起升高度、机构的运行速度、起重机跨度、起重机幅度和生产率等。

四、起重机的工作级别

起重机载荷大小和工作忙闲程度是有很大的差别的,为了给起重机设计、选用者提供一个合理统一的标准,就规定了起重机的工作级别,它是一个与主要技术参数同等重要的、起重机特有的一组性能指标。

起重机工作级别,由起重机的利用等级和起重机的载荷状态两个因素决定,分为 A1 ~ A8 共 8 个级别。

1. 起重机的利用等级

起重机作业的特征是一种循环式的工作。起重机的一个工作循环,是指从这一次起吊物品开始,经过了作业过程中的全部动作及停歇,到下一次起吊物品开始前的这一个整个过程。每台起重机在其有效寿命年限内,都有自己一定的总的工作循环次数。这个工作循环总次数,表示了起重机的利用繁忙情况,工作循环次数多,表示起重机利用等级高、繁忙;工作循环次数少,表示起重机利用等级低、清闲。

起重机的利用等级按起重机设计寿命期内总的工作循环次数 N 分为 10 级,见表 3-1。

起重机的利用等级(ISO 4301—1 1986;GB 3811—83)　　表 3-1

利用等级	工作循环总数	备　注	利用等级	工作循环总数	备　注
U0	1.6×10^4	不经常使用	U5	5×10^5	经常继续使用
U1	3.2×10^4		U6	1×10^6	不经常繁忙使用
U2	6.3×10^4		U7	2×10^6	繁忙使用
U3	1.25×10^5		U8	4×10^6	
U4	2.5×10^5	经常轻闲地使用	U9	$>4\times10^6$	

2. 起重机的载荷状态

载荷状态是起重机分级的另一个基本依据，它表明起重机的主要机构——起升机构受载的轻重程度。载荷状态与两个因素有关：一个是实际起升载荷 G_i 与额定载荷 G_{max} 之比（G_i/G_{max}），另一个是实际起升载荷 G_i 的作用次数 N_i 与工作循环总数 N 之比（N_i/N）。表示（G_i/G_{max}）和（N_i/N）关系的线图称为载荷谱。表 3-2 列出了 4 个名义载荷谱系数值 K_p，每个系数值代表一个名义的载荷状态。

如果无法获得起重机在使用寿命期间起升载荷的次数和起升物品的质量等数据，应由用户和制造厂家对名义载荷状态的选择协商一致。

如果拥有起重机使用寿命期间有关起吊载荷的大小和吊运次数的资料，则起重机整机的载荷谱系数 K_p 可计算如下：

$$K_p = \sum \left[\frac{N_i}{N} \left(\frac{G_i}{G_{max}} \right)^m \right]$$

式中：G_i——第 i 个实际起升载荷，$i = 1,2,3\cdots,n$；

G_{max}——额定起升载荷（最大载荷）；

N_i——起升载荷 G_i 的作用次数；

N——工作循环总数，$N = \sum_{i=1}^{n} N_i$；

m——指数，此处取 $m = 3$。

根据计算所得的 K_p，从表 3-2 中查得最接近（等于或稍大于）的名义载荷谱系数。

起重机的载荷状态及其名义载荷谱系数 K_p 表 3-2

载荷状态	名义载荷谱系数 K_p	说明
Q1—轻	0.125	很少起升额定载荷，一般起升轻载荷
Q2—中	0.25	有时起升额定载荷，一般起升中等载荷
Q3—重	0.5	经常起升额定载荷，一般起升较重的载荷
Q4—特重	1.0	频繁起升额定载荷

3. 起重机工作级别

确定了起重机的利用等级和载荷状态以后，按表 3-3 确定起重机整机的工作级别。起重机整机的工作级别分为 A1～A8 共 8 级。

起重机工作级别（ISO 4301—1:1986 GB 3811—83） 表 3-3

载荷状态	名义载荷谱系数 K_p	利用等级									
		U0	U1	U2	U3	U4	U5	U6	U7	U8	U9
Q1—轻	0.125			A1	A2	A3	A4	A5	A6	A7	A8
Q2—中	0.25		A1	A2	A3	A4	0.25	A5	A6	A7	A8
Q3—重	0.5	A1	A2	A3	A4	A5	A6	A7	A8		
Q4—特重	1.0	A2	A3	A4	A5	A6	A7	A8			

五、起重机常用材料

起重机常用材料主要由机构零件材料和金属结构材料组成。

1．机构零件材料

起重机机构零件一般由锻件、轧制件、焊接件、铸件作为坯件，经机械加工而成。

锻件、轧制件和焊接件主要采用碳素结构钢、优质碳素结构钢和低合金结构钢。重要零件采用合金结构钢。有特殊要求的零件用特殊合金钢。

机构零件可通过不同热处理方法，获得与其受载情况相应的机械性能。

按照零件的载荷性质和工作要求，铸件可采用铸钢、铸铁或铸铜。为了改善材料的机械性能，提高零件的承载能力和使用寿命，铸件必须进行热处理。

有色金属和合金用于性能有特殊要求的零件——高的导电性、耐磨性、抗腐蚀性和高强度。使用有色金属和合金时，应该注意经济合理性。

2．金属结构材料

起重机金属结构使用的材料主要是钢材。铝合金比钢的密度小，延伸率大，弹性模量仅为钢的 1/3，价格昂贵，国内起重机金属结构中尚未采用。

碳素结构钢 Q235 是制造起重机金属结构最常用的材料。根据钢材力学性能中冲击试验的要求，Q235 又分为 4 个质量等级，每个等级的化学成分和脱氧方法，应符合 GB 700—88《碳素结构钢》的规定。

与碳素结构钢相比，低合金结构钢具有更高的屈服点与抗拉强度，更好的抗低温冷脆性和耐磨性，但可焊性稍差，有效应力集中系数较高。如果结构是由最大载荷时的强度控制，不决定于受变载荷作用的疲劳寿命和刚度指标的控制，则采用低合金结构钢效果最好。

起重机金属结构主要承载构件应符合 GB 700—88《碳素结构钢》的规定采用 Q235B、Q235C 和 Q235D。对于一般起重机金属结构，当设计温度高于 0℃时，允许采用平炉或氧气顶吹转炉沸腾钢 Q235BF。当工作环境温度低于 0℃时，宜采用 Q235C，低于 –20℃时，宜采用 Q235D，工作级别 A7 和 A8 的起重机金属结构，宜采用 Q235C、Q235D。当结构尺寸由强度控制时，为减轻结构重量，可采用 GB 1591—88《低合金结构钢》规定的 16Mn 或 15MnTi。

六、起重机常用零部件

1．钢丝绳

钢丝绳是起重机械中最常用的挠性件。在起升和变幅机构中用做承载绳，在运行和回转机构中用作牵引绳。

绳芯有钢丝绳芯和纤维芯（麻芯或棉芯）两种。

钢丝绳按绕制方法分为顺绕绳、交绕绳和混绕绳。根据钢丝绳股中钢丝与钢丝间的接触状态又分为点接触绳、线接触绳和面接触绳。起重机械常用的钢丝绳断面见图 3-1。

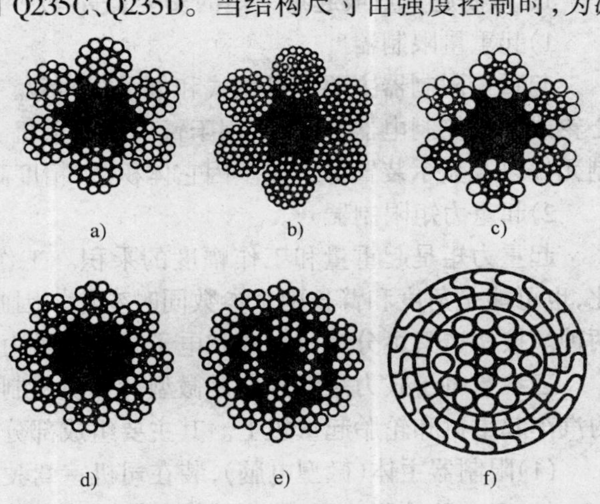

图 3-1　起重机械常用的钢丝绳断面

a)点接触钢丝绳 6×19；b)点接触钢丝绳 6×37；c)线接触钢丝绳 6×19；d)线接触钢丝绳 8×19；e)不旋转钢丝绳 18×7；f)面接触钢丝绳

2．卷筒组

卷筒组一般由卷筒、连接盘、轴及轴支承架组成。卷筒材料通常采用灰铸铁或球墨铸铁，工作繁重（M6 及以上）的采用铸钢，大直径（$D\geqslant1.2$m）或单件生产的用 Q235-B 或 16Mn 等钢板卷焊而成。卷筒表面一般有钢丝绳螺旋槽。绳槽有标准槽和深槽两种，通常用标准槽。对抓斗起重机及其他有脱槽危险时宜用深槽。多层卷绕时用光面卷筒及折线卷筒。

3．滑轮组

滑轮组分定滑轮组和动滑轮组，它们与钢丝绳一起构成一个缠绕系统，达到起升货物时省力或者加（减）速的作用。定滑轮的位置是固定的，而动滑轮则常与吊钩或其他吊具组合在一起，并随之升降。滑轮一般用 HT150 和 QT450-10 铸铁制造，对载荷较大的滑轮也可用 ZG230-450、ZG270-500 或 ZG35Mn 等铸钢制造。对于大型滑轮（$D\geqslant800$mm）以用焊接结构为宜。近年来已研制成功用轧制工艺生产的滑轮，产品质量好，生产效率高。用尼龙等有机材料制造的滑轮质量大大减小，特别适用于作臂架起重机臂端定滑轮和动滑轮。

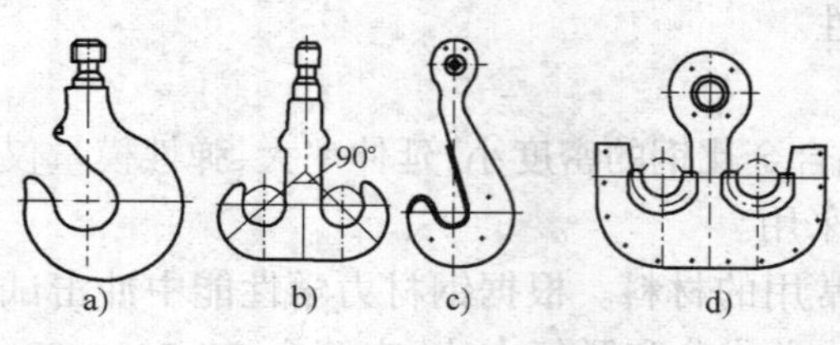

图 3-2　吊钩的种类

a）锻造单钩；b）锻造双钩；c）片式单钩；d）片式双钩

4．吊钩组

吊钩组是起重机中应用最广的取物装置。它由吊钩、吊钩螺母、推力轴承、吊钩横梁、护板等组成。吊钩分单钩和双钩（图 3-2）。通常 80t 以下用单钩，80t 以上用双钩。成批生产的吊钩宜用模锻；大吨位、单件生产的吊钩采用自由锻或板钩（即片式吊钩）。

七、起重机械的安全保护装置

为了使起重机械安全可靠地工作，除起重机械本身达到产品验收标准之外，还必须装设有关安全装置和指示装置。

1．限制起重量或起重力矩的安全装置

1）起重量限制器

起重量限制器主要有机械式和电子式两种。机械式是将吊重直接或间接地通过杠杆、偏心轮或弹簧控制电器开关，多用于臂架型起重机。电子式是由载荷（力）传感器、电子仪表、控制元件以及显示装置等组成。因它体积小，精度高，有显示功能，故得到广泛应用。

2）起重力矩限制器

起重力矩是起重量和工作幅度的乘积。工作幅度的变化可能是单一的角度或臂长的变化，也可能是角度和臂长两个参数同时变化。因此，根据它所限制的参数分为二参数和三参数两种。按构造又可分为机械式和电子式的起重力矩限制器。

三参数电子式力矩限制器是微型计算机控制的全自动起重力矩限制器，用于带伸缩吊臂的汽车起重机和轮胎起重机上。其主要组成部分为：

（1）限制器主体（微型电脑），装在司机室驾驶台上；

（2）三参数检测装置，即主臂仰角检测器、吊重检测器和臂长检测器；

（3）工况选择装置，即支腿和吊臂选择开关以及功能显示开关；

（4）控制元件，即各种继电器。

2．限制工作范围界限的安全装置

1)起升高度限制器

起升高度限制器通常用于限制上极限位置,也有少量限制上、下两个极限位置的。其形式主要有重锤式、蜗杆式和螺杆螺母式,也有用晶闸管式的。

2)行程限制器

行程限制器用于限制起重机的运行、回转和变幅等终端极限位置。

3．保证起重机及其机构正常工作的装置

1)起重机防撞装置

起重机防撞装置用于防止两台运行在同一轨道上的起重机相互碰撞。有机械式、光电式、超声波、激光及红外线等形式。除机械式以外的其他 4 种均通过发射和接收装置实现两台起重机靠近到一定距离时断电停车。

2)缓冲器

小车、起重机或臂架系统运行或变幅摆动到终点位置时,碰撞缓冲器起到缓冲效果。缓冲器有橡胶式、弹簧式、塑料(聚氨酯)式以及液压式等。

3)防滑装置

在室外工作的桥式、门式、门座起重机和装卸桥,为防止被大风吹走,须采用夹轨器、别轨器、地锚等防滑装置。

4)其他安全保护设施

起重机司机室应有良好的视野及方便的工作条件,在高低温环境工作应设有通风隔热、空调等设备,此外还要有走台、栏杆、扶梯等。

第二节　轻小型起重设备

轻小型起重设备包括千斤顶、滑车、手动葫芦、电动葫芦、卷扬机等。其特点是结构紧凑,操作方便,适用于在无电源或空间狭小的场合进行流动性和临时性作业。

一、千斤顶

千斤顶是利用高压油或机械传动使刚性承重件在小行程内顶举或提升重物的起重工具。

1．立式油压千斤顶

立式油压千斤顶有普通立式油压千斤顶(图 3-3)和焊接(油压)千斤顶两种。两者油路和总体结构形式大致相同,只是后者的结构和工艺更简化,成本更低。

2．车库油压千斤顶

车库油压千斤顶主要由起重臂、液压缸总成、手动操纵机构、墙板、轮子等组成见图 3-4。适用于在车库内进行车辆检修、拆换轮胎等作业。

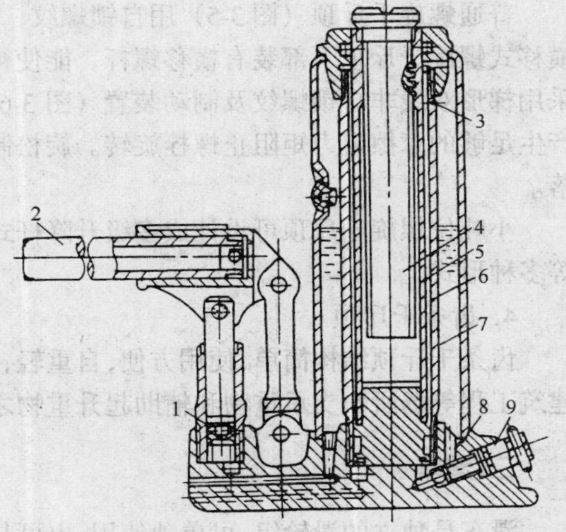

图 3-3　普通立式油压千斤顶

1-油泵;2-手柄;3-限位油孔;4-调整螺杆;5-活塞;6-液压缸;7-储油室;8-通油孔;9-回油阀

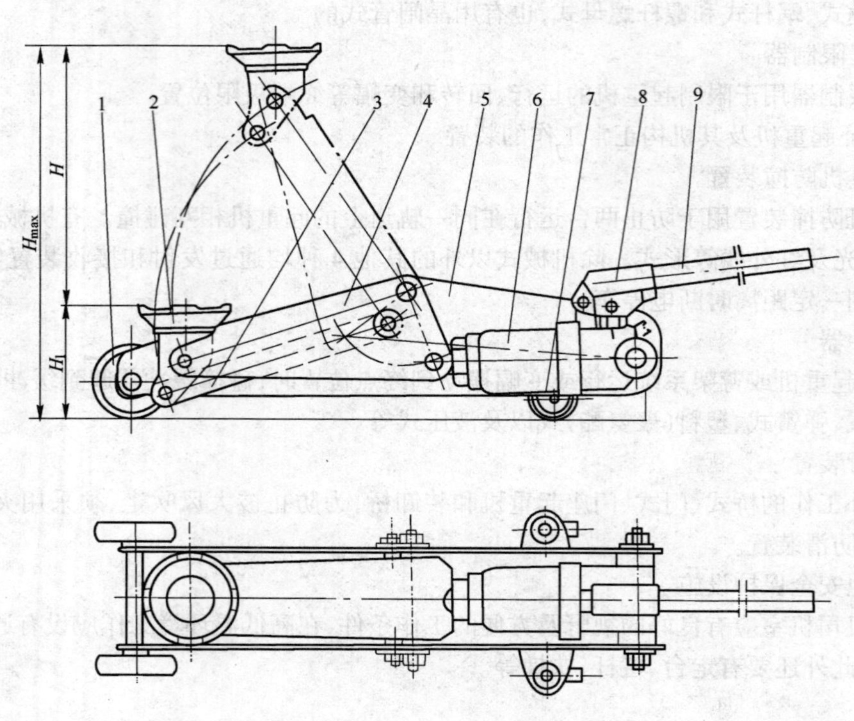

图 3-4　车库油压千斤顶

1-前轮;2-托盘;3-连杆;4-起重臂;5-墙板;6-液压缸总成;7-后轮;8-揿手;9-手柄

3. 螺旋千斤顶

普通螺旋千斤顶（图 3-5）用自锁螺纹，螺旋角 $\alpha = 4° \sim 4°30'$，效率较低（30% ~ 40%）。横移式螺旋千斤顶下部装有横移螺杆，能使被起升的重物作小距离的横移。自落螺旋千斤顶采用梯形双线非自锁螺纹及制动装置（图 3-6），平时旋紧制动螺栓，制动瓦压住制动轮，并产生足够的摩擦阻力矩阻止螺栓旋转。旋松制动螺栓，当载荷超过一定值时即能自行快速下落。

小吨位螺旋千斤顶可设计成多级升降杆式结构。螺旋千斤顶分为剪式、斜拔式和支撑式等多种形式。

4. 齿条千斤顶

齿条千斤顶结构简单,使用方便,自重轻,支承高度可调,适用于工厂、仓库、码头、矿山和建筑工程等场所作支承重物和辅助起升重物之用。

二、滑车

滑车是独立的滑轮组,可单独使用,也可与卷扬机配套使用,用来起吊物品。滑车是工厂、矿山、建筑业、农业、林业、交通运输与国防工业的吊装工程中广泛使用的起重工具。常用的起重滑车有通用滑车和林业滑车两类。

常用滑车的外形见图 3-7 和图 3-8。

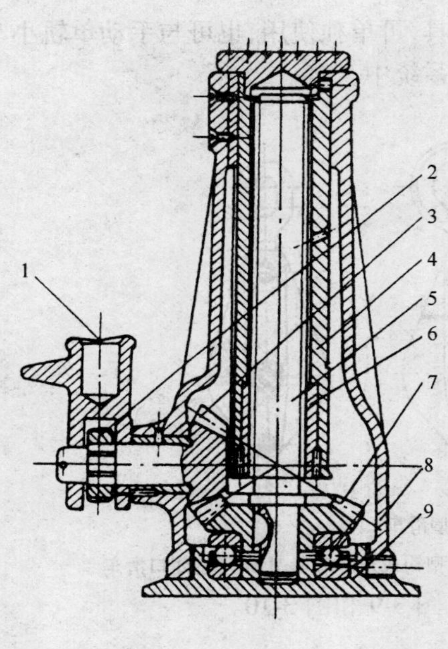

图 3-5　普通螺旋千斤顶结构

1-手柄；2-棘轮组；3-小锥齿轮；4-升降套筒；5-螺杆；6-螺母；7-大锥齿轮；8-机架；9-底座

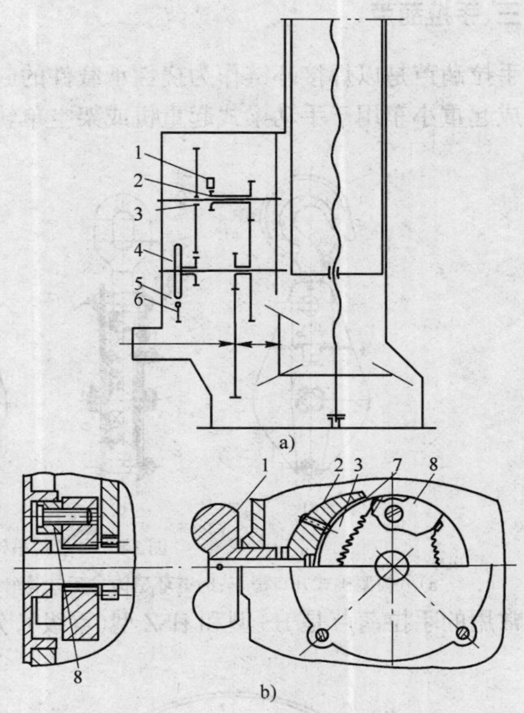

图 3-6　螺旋千斤顶自落装置示意图

a)传动系统；b)制动装置

1-制动螺栓；2-制动瓦；3-下调速齿轮；4-上调速齿轮；5-棘轮；6-棘爪；7-制动带；8-制动滑块

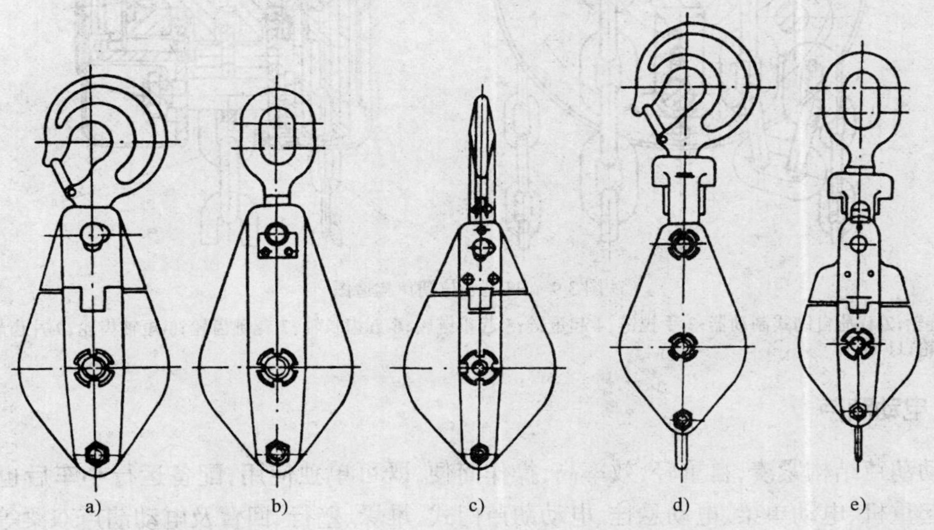

图 3-7　通用吊钩、链环型滑车

a)带滚针轴承吊钩型开口滑车；b)带滚针轴承链环型闭口滑车；c)带滑动轴承吊钩型开口滑车；d)带滑动轴承吊钩型闭口滑车；e)带滑动轴承双轮链环型双开口滑车

三、手拉葫芦

手拉葫芦是以焊接环链作为挠性承载件的起重工具，可单独使用，也可与手动单轨小车配套组成起重小车用于手动梁式起重机或架空单轨运输系统中。

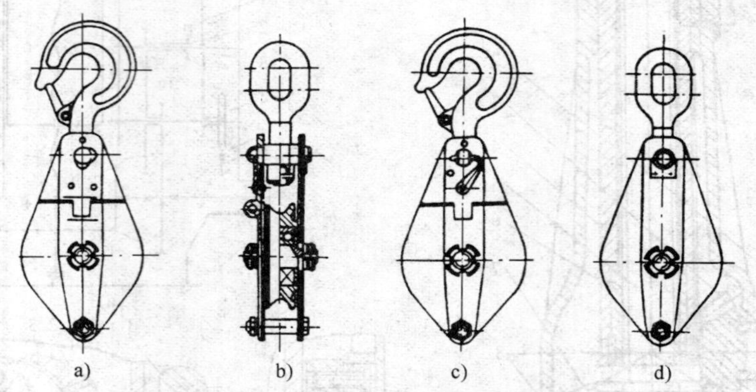

图 3-8　林业用吊钩、链环型滑车

a)吊钩型桃式开口滑车；b)链环型钩式开口滑车；c)吊钩型钩式开口滑车；d)链环型闭口滑车

常用的手拉葫芦是 HS 型和 HSZ 型(重级)，分别见图 3-9 和图 3-10。

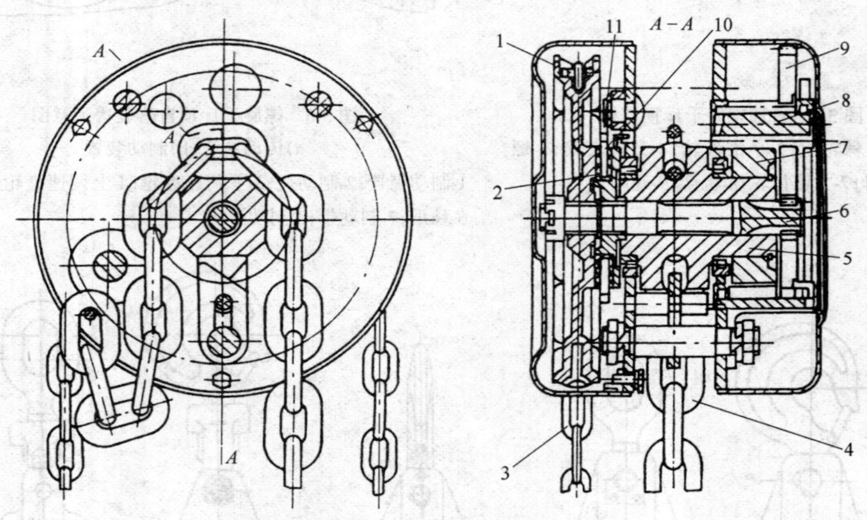

图 3-9　HS 型手拉葫芦构造图

1-手链轮；2-载荷自制式制动器；3-手拉链；4-起重链；5-起重链轮；6-五齿长轴；7-花键齿轮；8-短轴齿轮；9-片齿轮；10-棘轮；11-棘爪

四、电动葫芦

电动葫芦结构紧凑，自重轻，效率高，操作简便，既可单独使用，配备运行小车后也可作架空单轨起重机、电动单梁、电动悬挂、电动葫芦门式、堆垛、壁行、回臂及电动葫芦双梁等起重机的起升机构。

电动葫芦有钢丝绳式、环链式和板链式三种，后者用得较少。

钢丝绳电动葫芦(图 3-11)用得最普遍，取物装置以吊钩用得最多，也可在吊钩上装起重电磁铁或用两台电动葫芦组装成梁式抓斗起重机。钢丝绳电动葫芦除一般用途外，还有防爆、防腐及

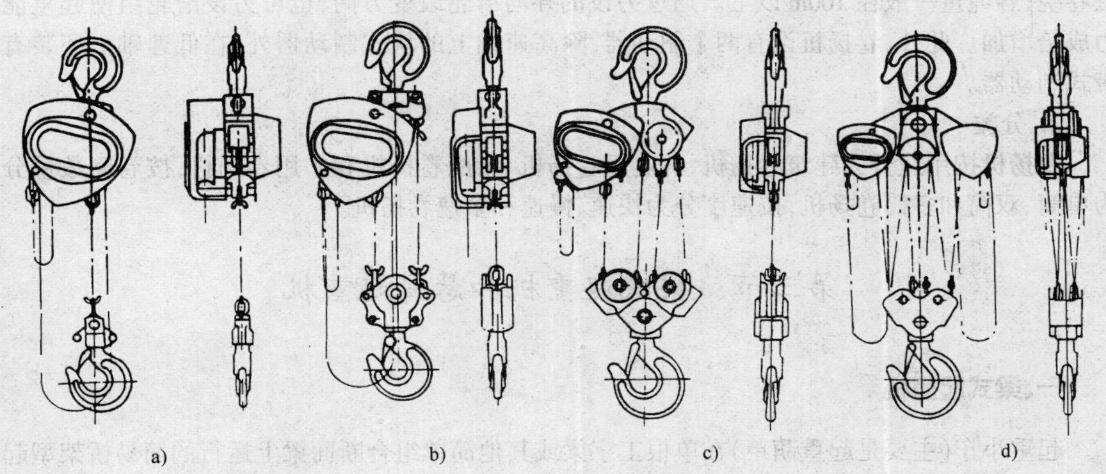

图 3-10　HSZ-100 型手拉葫芦系列外形图

a)0.5～2.5t;b)3.2t、5t;c)8t、10t;d)16t、20t

冶金、船用等专用的。电动葫芦多数采用地面操纵,也可用司机室操纵,或用有线、无线遥控。

五、卷扬机

卷扬机(绞车)是由动力驱动的卷筒通过挠性件(钢丝绳、链条)起升、运移重物的起重设备。卷扬机是起重运输作业的主要基础机械,由于它结构简单,制造成本低廉,操作方便,对作业环境适应性强,因此广泛用于设备安装、矿山、建筑工地、车站码头等地进行物料提升和牵引作业。卷扬机可独立工作,也可和其他设备配套使用。

1. 结构特点

卷扬机实际上是一个独立的起升机构,见图 3-12。因为起升高度大,钢丝绳在卷筒上为多

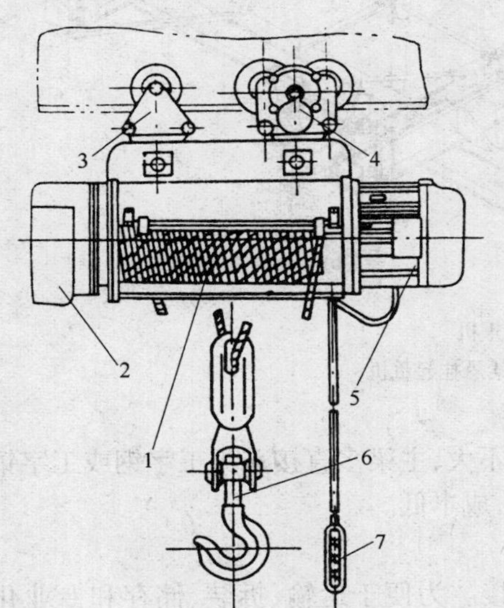

图 3-11　钢丝绳电动葫芦

1-卷筒装置;2-减速器;3-双轮小车;4-运行小车;5-起升电动机;6-吊钩装置;7-电气控制装置

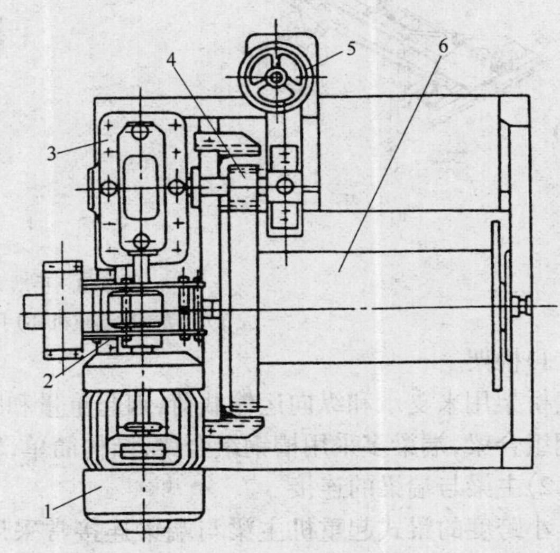

图 3-12　卷扬机

1-电动机;2-块式制动器;3-减速器;4-开式齿轮副;5-电控器;6-多层卷绕卷筒

层卷绕,容绳量一般在100m以上。通过另设的导向滑轮改变方向,也可另设滑轮组使起重能力成倍增加。此外,卷扬机设有两个制动器,除高速轴上的块式制动器外,在低速轴上还装有带式制动器。

2．分类

卷扬机按用途分为建筑卷扬机、林业用卷扬机、船用卷扬机和矿用卷扬机;按卷筒数量分为单筒、双筒和多筒卷扬机;按速度分为快速、慢速和多速卷扬机。

第三节　梁式起重机和悬臂起重机

一、梁式起重机

起重小车(主要是起重葫芦)在单根工字梁或其他简单组合断面梁上运行的简易桥架型起重机,统称为梁式起重机。

梁式起重机以一般用途单梁起重机和单梁悬挂起重机为主,并有防爆、防腐、绝缘梁式起重机及吊钩、抓斗两用,吊钩、抓斗、电磁三用梁式起重机等派生系列产品。

梁式起重机的主梁和端梁多采用型钢或简单组合断面，起重葫芦采用手拉葫芦或电动葫芦。梁式起重机有升降、左右横行和前后纵行三个方向的动作，操作控制系统比较简单。

1．手动梁式起重机

手动梁式起重机分为手动单梁起重机和手动单梁悬挂起重机两种形式,如图3-13所示,手动梁式起重机的结构特点如下:

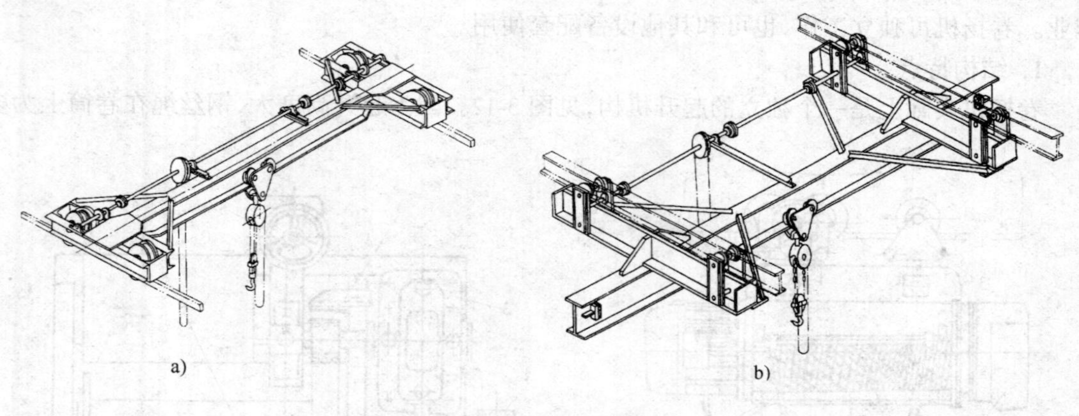

图3-13　手动梁式起重机

a)手动单梁起重机;b)手动单梁悬挂起重机

1)桥架

桥架用来支承和纵向运输载荷,因起重量和跨度不大,主梁多直接采用工字钢或工字钢等型钢组合梁,端梁多采用槽钢组合梁,结构简单,轻巧,成本低。

2)主梁与端梁的连接

小跨度的梁式起重机主梁与端梁连接常采用焊接。为便于运输、拆装、储存和专业化生产,主端梁之间可采用普通螺栓连接或者用高强度螺栓连接。

3)起重机运行机构

手动梁式起重机运行机构均采用集中驱动形式,通过手拉链条驱动链轮旋转,再通过传动轴同时驱动大车两边轨道上的车轮运行。主梁上设有一水平桁架，一方面用来支承传动轴与链轮，另一方面用来增加主梁的水平刚度。

4)起重小车

由手拉葫芦和手动单轨小车两个机构组成。手拉葫芦为起升机构。手动单轨小车的结构形式见图 3-14，起重量较小时起重小车的运行也可不用单轨小车而直接依靠手拉载荷或吊钩来实现。

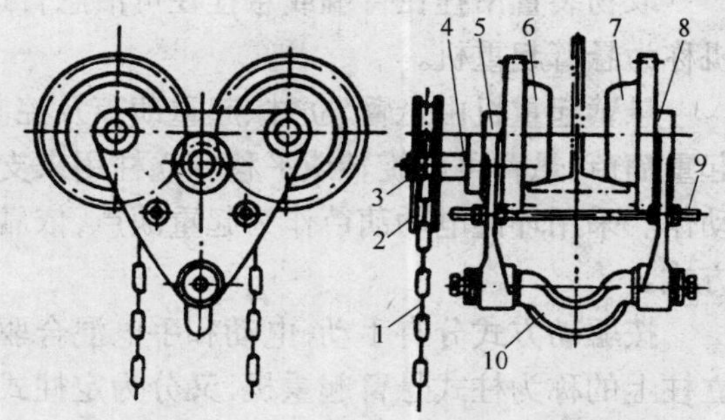

图 3-14 手动单轨小车

1-手拉链条；2-手拉链轮；3-挡链滚轮；4-齿轮轴；5-主动车轮墙板；6-主动车轮；7-从动车轮；8-从动车轮墙板；9-定位穿钉；10-横梁

2. 电动梁式起重机

电动梁式起重机包括电动单梁起重机和电动单梁悬挂起重机。

1)电动单梁起重机

除了标准建筑高度的电动单梁起重机之外，还有低建筑高度型电动单梁起重机（图 3-15)，其特点是电动葫芦通过低建筑高度型运行小车悬挂在主梁下翼缘上，电动葫芦和一配重分布在主梁两侧，使起重机整体建筑高度大大降低，增加了起升高度，降低了厂房造价，适用于低矮厂房。

角形小车式电动单梁起重机(图 3-16)的特点是，电动葫芦通过一角形小车支承在主梁一侧，可以大大提高起升高度，适用于大起重量、大跨度的场合。

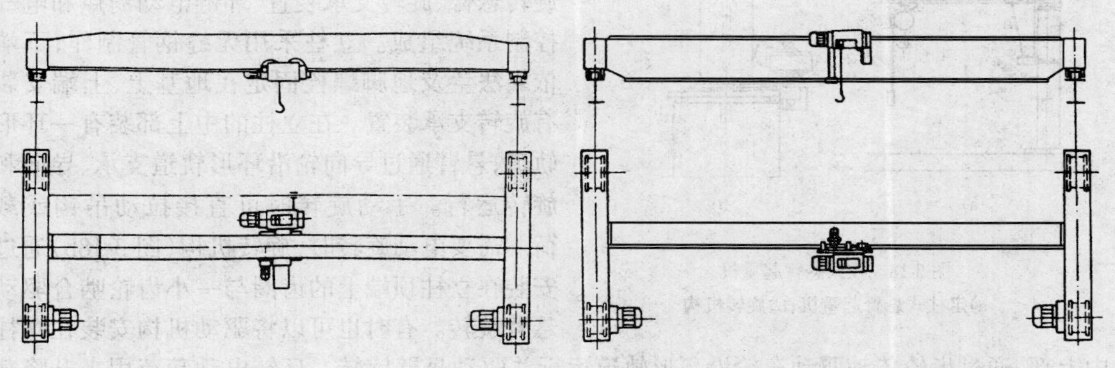

图 3-15 低建筑高度型电动单梁起重机

图 3-16 角形小车式电动单梁起重机

2)电动单梁悬挂起重机

电动单梁悬挂起重机(图 3-17)通过 4 组车轮悬挂在两根平行的工字钢轨道上运行。工字钢运行轨道直接架设在厂房屋架上，因此建筑尺寸小，厂房造价低。特别对已有的较低矮厂房，有条件时应优先选用电动单梁悬挂起重机。但该产品不宜用于高速作业，不宜采用司机室操作。

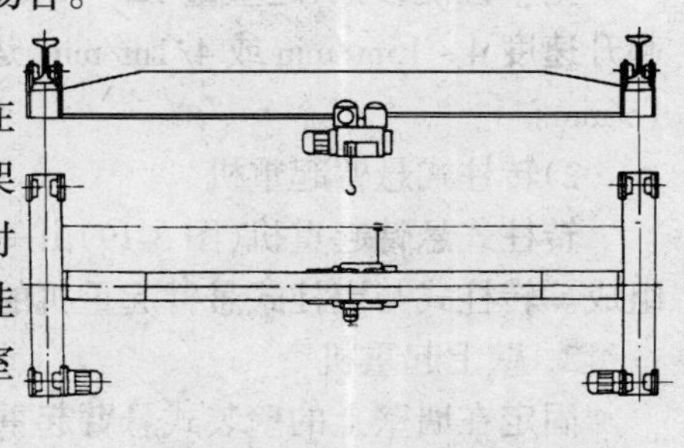

图 3-17 电动单梁悬挂起重机

二、悬臂起重机

取物装置吊挂在臂端或悬挂在可沿悬臂运行的起重小车上，悬臂不能俯仰的臂架型起重机称为悬臂起重机。

悬臂起重机由悬臂、立柱、起重葫芦及控制系统组成。悬臂均为水平悬臂结构，用来悬挂起重葫芦，悬臂可以旋转或平移。立柱用来支承悬臂和重物。起重葫芦用来完成升降与横行动作。采用环链电动葫芦作为起重葫芦，依靠手动使悬臂旋转是悬臂起重机普遍采用的操纵方式。

按驱动方式分有手动、电动和手电混合驱动。按支承方式分有柱式和壁式。悬臂支承在立柱上的称为柱式悬臂起重机，又分为定柱式和转柱式两种。悬臂支承在墙壁上的称为壁上起重机。

1．柱式悬臂起重机

柱式悬臂起重机适用于起重量不大，作业服务范围为圆形或扇形的场合。一般用于机床等的工件装卡和搬运。

柱式悬臂起重机多采用环链电动葫芦作为起升机构和运行机构，较少采用钢丝绳电动葫芦和手拉葫芦。旋转和水平移动作业多采用手动，只有在起重量较大时才采用电动。

柱式悬臂起重机有定柱式和转柱式两种类型。

1)定柱式悬臂起重机

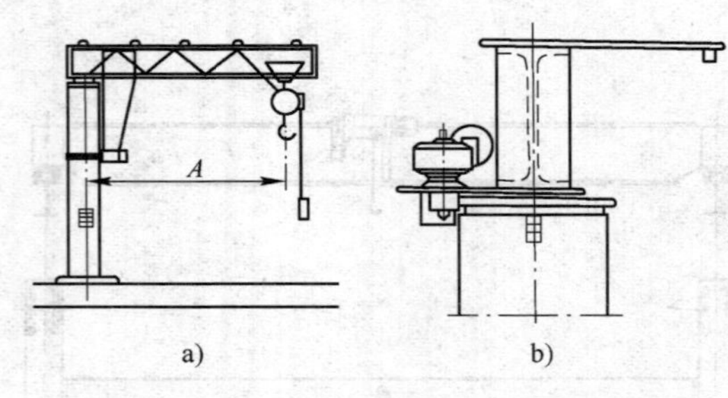

图 3-18　柱式悬臂起重机
a)定柱式悬臂起重机；b)旋转机构

定柱式悬臂起重机(图 3-18a)由固定立柱、旋转悬臂、旋转支承装置、环链电动葫芦和电气控制系统组成。立柱采用无缝钢管制作，下端依靠法兰及地脚螺栓固定在地基上，上端安装有旋转支承装置。在立柱的中上部装有一环形轨道，悬臂通过导向轮沿环形轨道支承、导向和旋转运行。手动旋转时可直接拉动吊钩或载荷。需要电动旋转时，旋转机构(图 3-18b)通过安装在立柱顶端上的齿圈与一小齿轮啮合驱动悬臂旋转。有时也可以将驱动机构安装在立柱中上部，通过齿轮传动驱动车轮沿环形轨道运行并驱动悬臂旋转。环链电动葫芦用来升降载荷并沿悬臂移动达到变幅的目的。

定柱式悬臂起重机立柱不动只起支承作用，吊重可围绕立柱中心旋转 360°。

基本性能参数：起重量 125 ~ 2000kg，起升高度 2 ~ 8m，最大回转角 360°，最大回转半径 4m，起升速度 4 ~ 15m/min 或 4/1m/min，运行速度 7 ~ 28m/min 或 4.6/14 ~ 7/28m/min，旋转速度 ≤ 1r/min。

2)转柱式悬臂起重机

转柱式悬臂起重机(图 3-19)由一角形悬臂、旋转支承装置、环链电动葫芦及电气控制系统组成。转柱式与定柱式悬臂起重机的性能参数基本相同。

2．壁上起重机

固定在墙壁上的壁装式悬臂起重机和能沿着墙壁上装设的轨道平移的壁行式悬臂起重机统称为壁上起重机(图 3-20)。

壁装式悬臂起重机与柱式悬臂起重机的结构相似。壁行式起重机则由立柱、悬臂、下横梁装置及电动葫芦等部分组成。采用箱形或型钢组合立柱。立柱上端与悬臂成直角焊接成一体,下端与下横梁焊接或用螺栓连接为一体,立柱上、下两端装有水平导向轮和支承轮,可沿墙壁上的导轨运行。

下横梁装置类似于电动单梁起重机的端梁装置,驱动装置采用"三合一"驱动装置。电动葫芦多采用钢丝绳电动葫芦。

基本性能参数:起重量为 1 ~ 3.2t,水平悬臂≤6m,上下轨道间距为 2 ~ 2.5m,起升高度应小于上方复合使用起重机起升高度 1m 以上,起升速度为 3 ~ 12m/min或 3/0.5 ~ 12/2m/min,电动葫芦和起重机运行速度为 8 ~ 25m/min 或 16/4 ~ 40/10m/min。

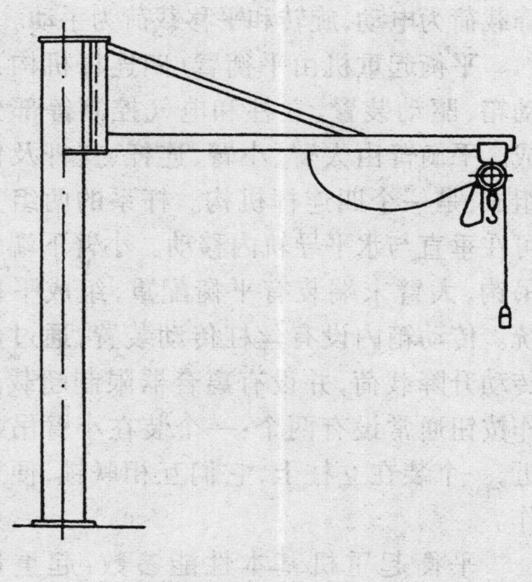

图 3-19 转柱式悬臂起重机

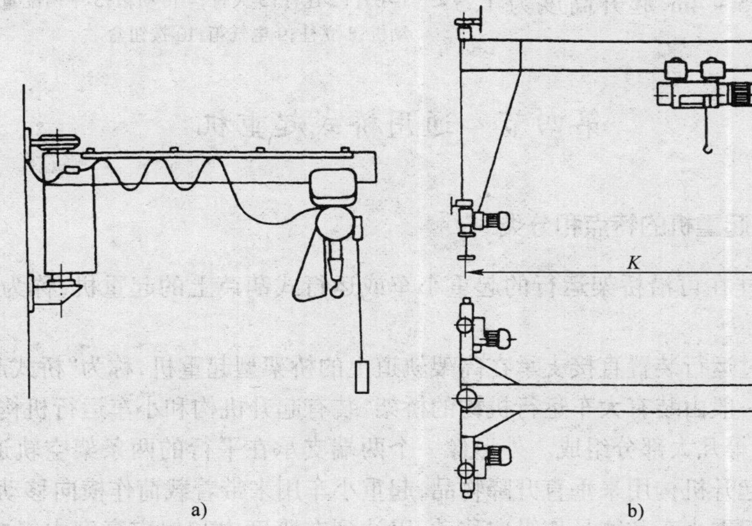

图 3-20 壁上起重机

a)壁装式起重机;b)壁行式起重机

壁行起重机的使用场合为跨度较大、建筑高度较大的车间或仓库,靠近墙壁附近处吊运作业较频繁时最适合。壁行起重机多与上方的梁式或桥式起重机配合使用,在靠近墙壁处服务于一长方体空间,负责吊运轻小物件,大件由梁式或桥式起重机承担。

3. 平衡起重机

平衡起重机(图 3-21)俗称平衡吊,它是运用四连杆机构原理使载荷与平衡配重构成一平衡系统,可以采用多种吊具灵活而轻松地在三维空间吊运载荷。

平衡起重机轻巧灵活,是一种理想的吊动小件物品的起重设备,被广泛用于工厂车间的机床上下料,工序间、自动线、生产线的工件、砂箱吊运、零部件装配,以及车站、码头、仓库等各种场合。

平衡起重机有固定式和移动式两类,可采用手动、电动和液压驱动。常用的为固定式,升降载荷为电动,旋转和平移载荷为手动。

平衡起重机由平衡臂(四连杆机构)、传动箱、驱动装置、立柱和电气控制等部分组成。平衡臂由大臂、小臂、连杆、支杆及铰链组成,是一个四连杆机构。杆系的两组支点可在垂直与水平导轨内移动。小臂下端装有吊钩,大臂末端装有平衡配重,组成平衡系统。传动箱内设有丝杠传动装置,通过丝杠传动升降载荷,并设有离合器限制超载。操作按钮通常设有两个:一个装在小臂吊钩附近,一个装在立柱上,它们互相联锁,便于操作。

平衡起重机基本性能参数:起重量为50~1000kg,起升速度为6~9.4m/min,载荷水平伸缩距离2.5~4m,起升高度为1.5~2.3m。

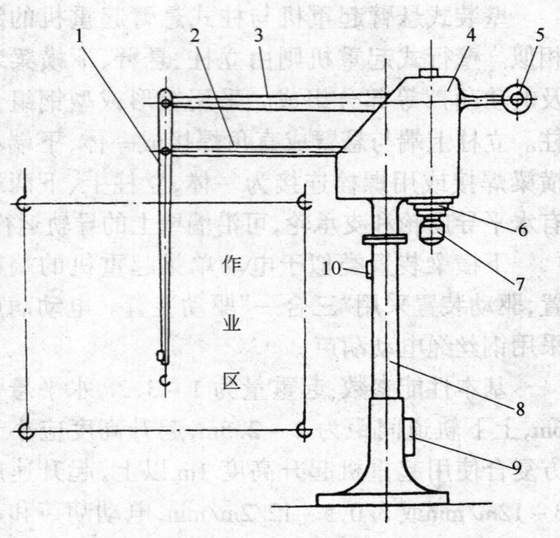

图 3-21 平衡起重机

1-小臂;2-连杆;3-大臂;4-传动箱;5-平衡配重;6-减速器;7-电动机;8-立柱;9-电气箱;10-按钮盒

第四节 通用桥式起重机

一、通用桥式起重机的特点和分类

取物装置悬挂在可沿桥架运行的起重小车或运行式葫芦上的起重机,称为“桥架型起重机”。

桥架两端通过运行装置直接支承在高架轨道上的桥架型起重机,称为“桥式起重机”。

桥式起重机一般由装有大车运行机构的桥架、装有起升机构和小车运行机构的起重小车、电气设备、司机室等几大部分组成。外形像一个两端支承在平行的两条架空轨道上平移运行的单跨平板桥。起升机构用来垂直升降物品,起重小车用来带着载荷作横向移动;桥架和大车运行机构用来将起重小车和物品作纵向移动,以达到在跨度内和规定高度内组成的三维空间里作搬运和装卸货物用。

桥式起重机是使用最广泛、拥有量最大的一种轨道运行式起重机,其额定起重量从几吨到几百吨。最基本的形式是通用吊钩桥式起重机。

通用桥式起重机是指在一般环境中工作的普通用途的桥式起重机(见标准 GB/T14405—93)。以下类型的起重机都属于通用桥式起重机。

1. 通用吊钩桥式起重机

通用吊钩桥式起重机由金属结构、大车运行机构、小车运行机构、起升机构、电器及控制系统及司机室组成。取物装置为吊钩。额定起重量为 10t 以下的多为 1 个起升机构;16t 以上的则多为主、副两个起升机构。这类起重机能在多种作业环境中装卸和搬运物料及设备。图3-22所示的是通用吊钩双梁桥式起重机示意图。

2. 抓斗桥式起重机

抓斗桥式起重机的取物装置为抓斗,以钢丝绳分别联系抓斗、起升机构、开闭机构。主要

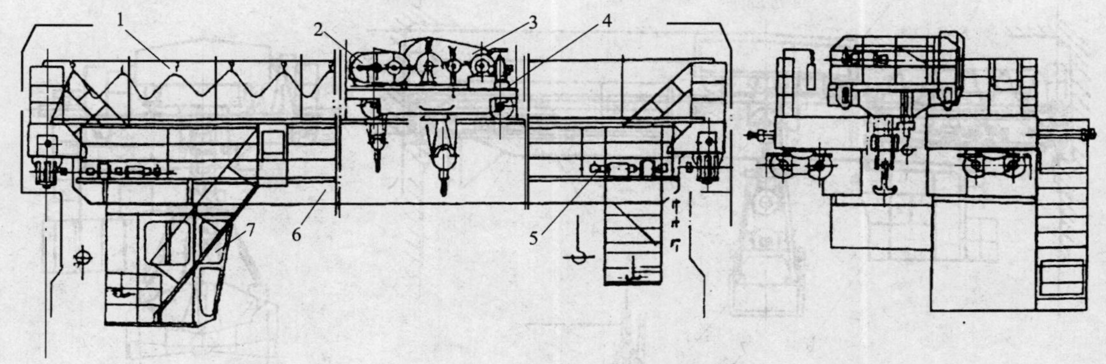

图 3-22　通用吊钩双梁桥式起重机示意图

1-小车导电装置；2-副起升机构；3-主起升机构；4-小车总成；5-大车运行机构；6-桥架；7-司机室

用于散货、废旧钢铁、木材等的装卸、吊运作业。这种起重机除了起升闭合机构以外，其结构部件等与通用吊钩桥式起重机相同。图 3-23 所示的是抓斗桥式起重机示意图。

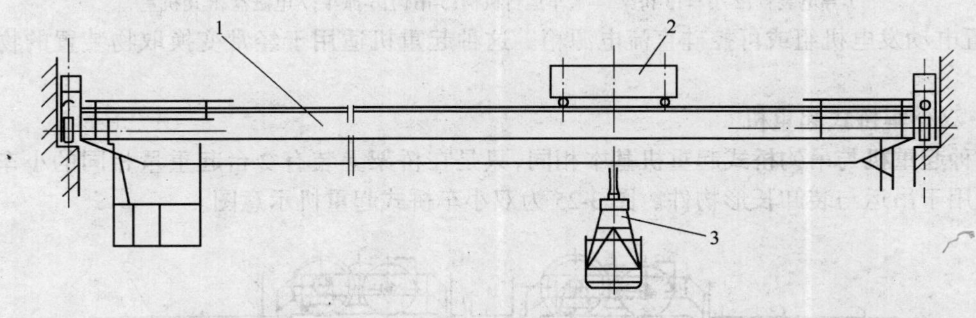

图 3-23　抓斗桥式起重机示意图

1-主梁；2-运行小车；3-抓斗

3．电磁桥式起重机

电磁桥式起重机的基本构造与吊钩桥式起重机相同，不同的是吊钩上挂 1 个直流起重电磁铁(又称为电磁吸盘)，用来吊运具有导磁性的黑色金属及其制品。通常是经过设在桥架走台上电动发电机组或装在司机室内的可控硅直流箱将交流电源变为直流电源，然后再通过设在小车架上的专用电缆卷筒，将直流电源用挠性电缆送到起重电磁铁上。

4．两用桥式起重机

两用桥式起重机有 3 种类型：抓斗吊钩桥式起重机、电磁吊钩桥式起重机和抓斗电磁桥式起重机。其特点是在 1 台小车上设有两套各自独立的起升机构，一套为抓斗用，一套为吊钩用(或一套为电磁吸盘用一套为吊钩用，或一套为抓斗用一套为电磁吸盘用)。

5．三用桥式起重机

三用桥式起重机(如图 3-24)是一种一机多用的起重机。其基本构造与电磁桥式起重机相同。根据需要可以用吊钩吊运重物，也可以在吊钩上挂 1 个电动抓斗装卸物料，还可以把抓斗卸下来再挂上电磁盘吊运黑色金属，故称为三用桥式(可换)起重机。

抓斗靠交流电源工作，电磁盘靠直流电源工作。因此，该机型必须同电磁桥式起重机一

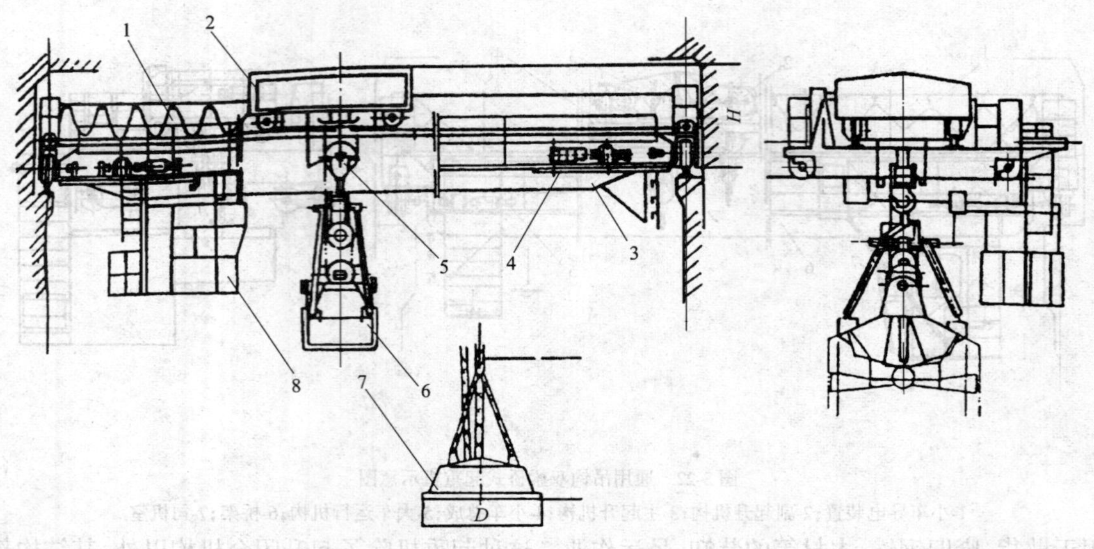

图 3-24　吊钩、电磁盘、抓斗三用双梁桥式起重机示意图
1-导电装置;2-小车;3-桥架;4-大车运行机构;5-吊钩;6-抓斗;7-电磁盘;8-司机室

样,设置电动发电机组或可控硅直流电源箱。这种起重机适用于经常变换取物装置的物料场所。

6．双小车桥式起重机

这种起重机与吊钩桥式起重机基本相同,只是在桥架上装有2台起重量相同的小车。这种机型用于吊运与装卸长形物件。图3-25为双小车桥式起重机示意图。

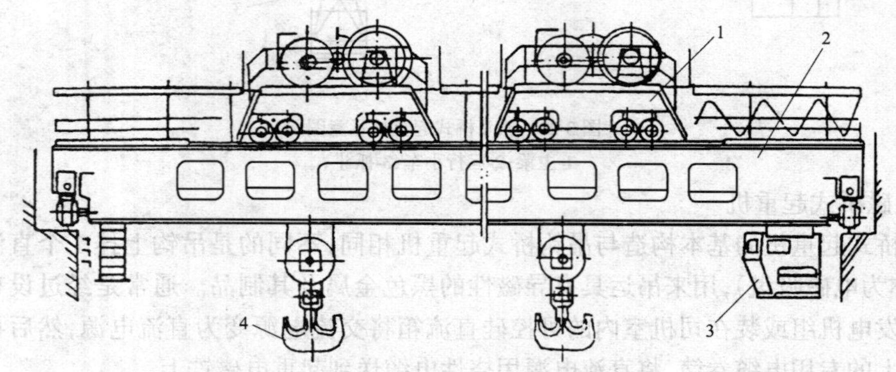

图 3-25　双小车桥式起重机示意图
1-小车总成;2-桥架;3-司机室;4-吊钩

二、通用桥式起重机的构造

通用桥式起重机是由四大部分组成的:桥架、大车运行机构、小车(包括横向传动机构和吊钩的升降机构)、司机室(包括操纵机构和电气设备)。

1．桥架

桥式通用起重机的桥架,是由两根主梁和两根端梁及走台和护栏等零部件组成的。其结构形式有两种：箱形的和桁架的。

2. 大车运行机构

桥式起重机的大车运行机构的作用，是驱动大车的车轮转动并使车轮沿着起重机轨道做水平方向的运动。它包括电动机、制动器、减速器、联轴器、传动轴、角型轴承箱和车轮等零部件。车轮又是通过角型轴承箱、端梁和主梁，支承着起重机自身的重量及其全部外载荷的。

大车运行机构可以分为集中驱动和分别驱动两种形式(见图 3-26)。由一套驱动装置，通过中间轴来同时驱驶大车两边主动车轮旋转的驱动，叫做集中驱动。由两套各自独立的驱动装置，来驱驶桥架两边主动车轮的转动，这种驱动叫做分别驱动。在新型的桥式起重机上，一般多采用分别驱动形式，只有在小吨位或旧式的桥式起重机上仍采用集中驱动的形式。小跨度时，用集中驱动比较经济。

1)低速集中驱动

电动机 7，通过全齿联轴器 6 与减速器 5 连接。减速器带动传动轴 4 旋转。各段传动轴，是通过联轴器 3 连接在一起的。传动轴的末端装有主动车轮 2。制动器 8 装在电动机的外伸轴端上也可装在电动机与减速器相连接的轴上，见图 3-26a)。这种传动形式的传动轴转速，一般只在 50 ~ 100r/min 范围之内，但却能传递较大的转距。因此，轴、轴承、联轴器和轴承座的尺寸都较大，使整个运行机构变重，一般只用于小起重量和小跨度的桥式起重机上。此外，这种低速集中驱动形式也有采用开式齿轮传动结构的。

2)中速集中驱动

电动机经制动器和减速器带动传动轴 4 旋转。传动轴又经开式齿轮 9 驱动车轮沿轨道运行。各段传动轴是通过联轴器 11 连接在一起的，见图 3-26b)。这种传动形式与低速集中传动形式比较，由于转速增高到 200 ~ 300r/min，传递转距相对减小了，所以轴、轴承、联轴器、轴承座的尺寸也随之减小，使整个运行机构减轻了重量。但传动轴两端的开式齿轮磨损却很快。另外，由于车轮安装在固定的心轴上，所以装拆和维修也不方便。现在这种结构形式也不再采用了。

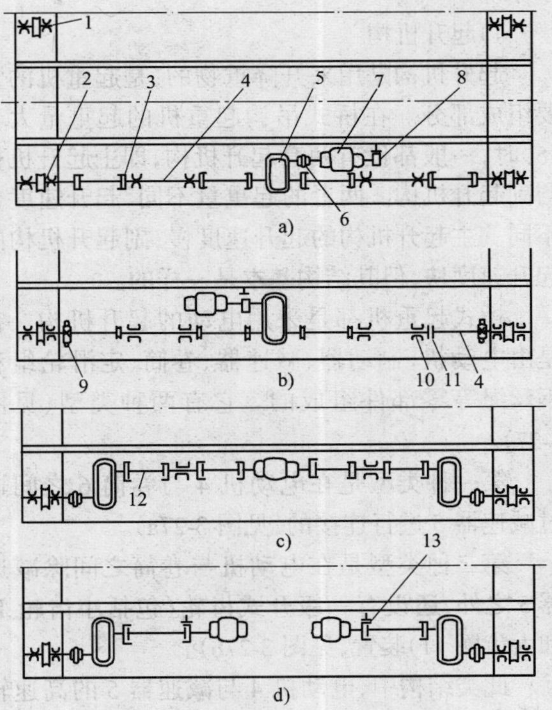

图 3-26　大车运行机构传动形式

a)低速集中驱动；b)中速集中驱动；c)高速集中驱动；d)分别驱动
1-从动车轮；2-主动车轮；3-联轴器；4-传动轴；5-减速器；6-全齿联轴器；7-电动机；8-制动器；9-开式齿轮；10-轴承；11-联轴器；12-补偿轴；13-制动轮联轴器

3)高速集中驱动

电动机通过补偿轴 12 与左、右两个减速器相连接。制动器设在电动机的一侧。在减速器的高速轴端，因转速较高，故多采用补偿轴联接，以保证安装精度和减轻联轴器内齿轮的磨损，见图 3-26c)。这种驱动形式，其运行速度快(600 ~ 1500r/min)，转动机构尺寸小，重量轻。它的缺点是传递转矩小；需要两个减速器，对传动轴的加工精度要求较高(通常是每米轴长的径向跳动不超过 0.5mm)。

4)分别驱动

分别驱动的特点是：大车两端的每套驱动机构，都是单独的由电动机、制动器、补偿轴、减速器和主动车轮等零部件组成的，见图3-26d)。除图中所示的这种联接形式外，还有在减速器与主动车轮之间也采用补偿轴联接的。电动机与补偿轴之间，采用带制动轮的联轴器相联接。

两台电动机之间，可采用一套电气联锁控制装置，或完全没有电气联锁的两套各自独立的驱动装置。一般多采用后者。

分别驱动有以下优点：

(1)由于省去了中间部分的传动轴，所以大车运行机构的重量减轻很多。同时走台尺寸及大车重量也随之减小。有的单位做过统计，在起重量为10t，跨度为25m的桥式起重机上，由集中驱动形式改为分别驱动形式之后，运行机构本身与走台部分一共减轻了3.5t。

(2)分别驱动的结构，不因主梁的变形而在大车传动性能方向受到影响，从而保证了运行机构工作的可靠性。

(3)当一端电动机损坏之后，另一端的电动机依然可以维持短时间的工作，而不致造成像集中驱动结构形式那样，由于电动机出现故障立即就会造成停工或引起事故。

3. 起重小车

桥式起重机的起重小车，是由小车架、起升机构和小车运行机构组成的。按小车的主梁结构形式，可以分为单梁起重小车和双梁起重小车。

1)起升机构

起升机构是用来升降重物的，是起重机的重要组成部分。在桥式吊钩起重机的起重量大于15t时，一般都设有两套起升机构，即主起升机构与副起升机构。两者的起重量不同，起升速度也不同。主起升机构的起升速度慢；副起升机构的起升速度快，但其结构基本是一样的。

桥式起重机都是采用电动的起升机构。它是由电动机、制动器、减速器、卷筒、定滑轮组和钢丝绳等零部件组成的。它有两种类型(见图3-27)。

第一种类型是在电动机4与卷筒6之间通过减速器5进行连接的，见图3-27a)。

第二种类型是在电动机与卷筒之间除减速器5之外，还设有一级开式齿轮(包括小齿轮10和大齿圈11)装置，见图3-27b)。

此类结构中，电动机4与减速器5的高速轴之间的连接形式与第一种类型连接形式一样，而减速器与卷筒6的连接形式则不同。它的减速器低速轴端与全齿联轴器9连接，然后再通过小齿轮10与卷筒大齿圈进行连接。以达到再次减速的目的。这种结构多用在大起重量的起升机

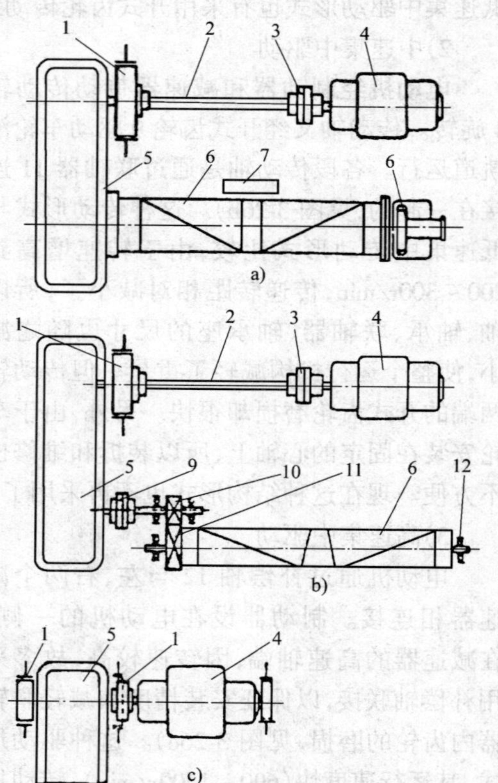

图3-27　起升机构类型

1-制动器；2-补偿轴；3-半齿联轴器；4-电动机；5-减速器；6-卷筒；7-定滑轮组；8-轴承座；9-全齿联轴器；10-小齿轮；11-大齿圈；12-轴承

构上。

在起升机构中，电动机与减速器高速轴之间多采用带制动轮的补偿轴进行连接，但也有因地方的限制无法设置补偿轴，而采用全齿联轴器或弹性柱销联轴器进行连接的。由于带制动轮的齿轮联轴器构造复杂，一般都是把制动轮与齿轮联轴器分装，即在减速器高速轴的电动机一侧设置全齿联轴器，在另一侧的伸出轴上或电动机尾部的伸出轴上设置制动轮，见图3-27c)。

为安全起见，在带制动轮和补偿轴的连接形式中，其制动轮都安装在减速器的一侧，其目的是：一旦补偿轴被扭断时，制动器仍然可以制动住卷筒，不致造成重物下坠的事故。这种带补偿轴的连接形式，适于在起升速度较快与卷筒转速高的情况下使用。

不论上述两种起升机构中的哪一种类型，它们所使用的制动器都是常闭的。

2)小车运行机构

起重小车的运行机构承担着重物的横向运动。它有三种类型(见图 3-28)。

在图 3-28a)中，小车的主动车轮 8 装在传动轴 1 上。传动轴设有大齿轮 2，由减速器 4 低速轴伸出的小齿轮 3 带动旋转，使车轮沿轨道运行。电动机 6 与小齿轮之间，用减速器或为一级开式齿轮相连接。这种类型的优点是结构简单，缺点是车轮部位维修不方便。

在图 3-28b)的类型中，减速器装在小车架的一侧。减速器的高速轴，通过齿轮联轴器与电动机轴相连接。减速器低速轴通过十字滑块联轴器 10(或齿轮联轴器)与车轮轴连接。十字滑块联轴器的一半与减速器低速轴做成一体，另一半与车轮轴做成一体，中间有一个十字滑块。这种类型的连接方式优点是结构简单，造价较低，适合于小跨度小起重量的小车上使用。缺点是因两车轮的中间轴过长，容易产生扭曲变形，以及靠近减速器的车轮在起动时超前，在制动时因惯性力的作用而落后，促成两车轮不能同时起动或停止。如果轴的刚性不够，这种变形将会引起小车运行时的歪斜，从而造成车轮的啃轨。

在图 3-28c)的类型中，是用三级立式减速器装在小车两主动车轮中间。减速器的高速轴与电动机轴之间用补偿轴连接(或用全齿联轴器连接)，并使制动器在电动机的一侧，使之在制动时补偿轴能够帮助吸收一部分冲击振动。低速轴与主动车轮之间也用补偿轴连接。这种结构的优点是采用了立式减速器、角型轴承箱和补偿轴，使整个结构变得紧凑，传动性能良好和维修方便。缺点是成本较高。

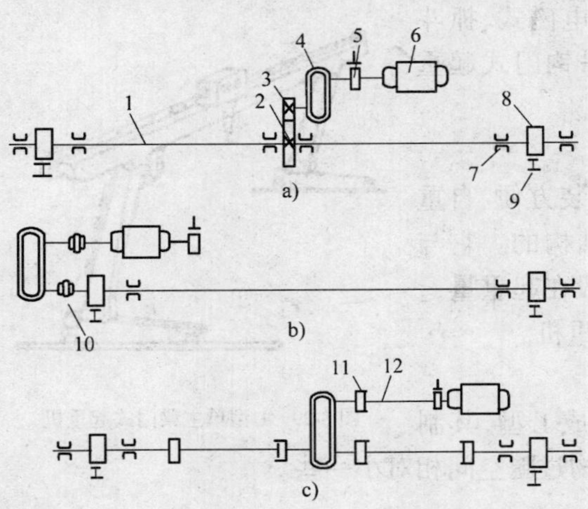

图 3-28　小车运行机构的类型

1-传动轴；2-大齿轮；3-小齿轮；4-减速器；5-制动器；6-电动机；7-轴承；8-主动车轮；9-轨道；10-联轴器；11-半齿联轴器；12-补偿轴

3)起重小车架

起重小车架可以由钢板焊接而成，小起重量的小车架也有用型钢焊接制成的，大多数小车架型钢与钢板的混合结构。

起重小车架是桥式起重机的重要部件之一，因上面装设起重机的起升机构和小车的运行机构，还承担着所有的外加载荷。它也是由主梁和端梁组成的。沿小车轨道方向的梁，称做主梁，是箱形结构的，小车车轮即安设在此梁下面。与小车轨道相垂直的梁，称为端梁。主梁和端梁连接的地方，在主梁内设有隔板。

此外，在小车架上还设有安全保护装置，如安全压尺、缓冲器、排障板和护栏等。

4．司机室

司机室是起重机操作者工作的地方。里面设有操纵起重机的控制设备（大车、小车、主钩、副钩的控制器）、信号装置和照明设备。上档架的梯门和舱口都设有电气安全开关，并与保护盘互相联锁。只有梯门和舱口都关闭好之后，起重机才能开动。这样可以避免车上有人工作或人还没安全进入司机室时就开车，造成人身事故。

第五节　门式起重机

一、门式起重机的特点和分类

(一)门式起重机的特点

门式起重机是桥架通过两侧支腿支承在地面轨道或地基上的桥架型起重机，又称龙门起重机。

桥架一侧直接支承在高架或高建筑物的轨道上，另一侧通过支腿支承在地面轨道或地基上时为半门式起重机。

门式起重机一般由支腿、上横梁、下横梁、起重小车、运行机构等组成。门式起重机种类较多，其组成部分是不一样的。

(二)门式起重机的分类

1．通用门式起重机

通用门式起重机是指一般环境中工作的普通用途的门式起重机（见标准 GB/T 14406—93）。

通用门式起重机按主梁形式可分为单主梁和双主梁两类。

单、双梁门式起重机均有吊钩式、抓斗式、电磁式、抓斗吊钩式、抓斗电磁式、三用等几种类型。其中吊钩门式起重机又有单小车、双小车之分。

1)单主梁门式起重机

单主梁门式起重机具有结构简单、制造、安装方便、自重轻的特点，多为偏轨箱形梁结构，很少见桁架结构的。它与双梁门式起重机比较，整体刚度略差一些。一般在起重量≤50t、跨度≤35m 的条件下，常采用单主梁门式起重机。

(1)L 型单主梁门式起重机(见图 3-29)。

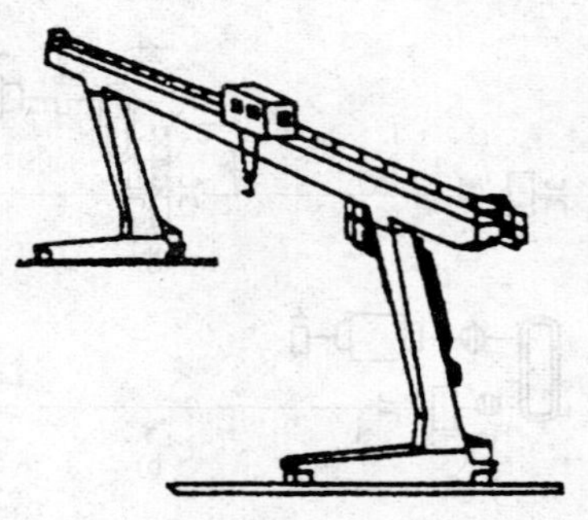

图 3-29　L 型单主梁门式起重机

L 型单主梁门式起重机的支腿与下横梁组成 L 型，其制造、安装方便，受力情况好，自重较轻。但是，货物过腿空间相对小一些。

(2)C 型单主梁门式起重机(见图 3-30)。

C 型单主梁门式起重机的支腿与下横梁为一体，成 C 型。由于运输条件的限制，支腿需设接头，因而制造不大方便。它具有货物过腿空间大的优点，但是结构自重大，一般常用在铁路货场。

单主梁门式起重机小车有两种形式：

(1)垂直反滚轮式小车,见图 3-31a)。

这类起重机的小车是垂直反滚轮式,主梁上镶装与小车轮相对应的主车轮轨道和垂直反滚轮轨道。当小车负载时,加大了小车倾翻力矩,主车轮轮压较大。一般对吊钩门式起重机,起重量 $G_n \leq 20t$ 的情况下,才采用这种形式。

(2)水平反滚轮式小车,见图 3-31b)。

这类起重机的小车为水平反滚轮式小车。主梁两侧镶装与小车水平轮相对应的上下水平轨道,垂直轮压较小。这种形式一般在起重量为 32t、50t 的吊钩单梁门式起重机上或在 5t、10t 单梁抓斗门式起重机上采用。

2)双梁门式起重机

双梁门式起重机的品种较之单梁为多。它具有承载能力强、跨度大、整体稳定性好、整体刚度大的优点,但整机自重较大,造价高。它可分为:

(1)主梁为箱形梁的双梁门式起重机。

主梁为箱形梁的双梁门式起重机,其主梁一般为偏轨箱形梁,支腿多设上拱架(图 3-32)支腿形成超静定框架,解决了小车及货物过腿问题。

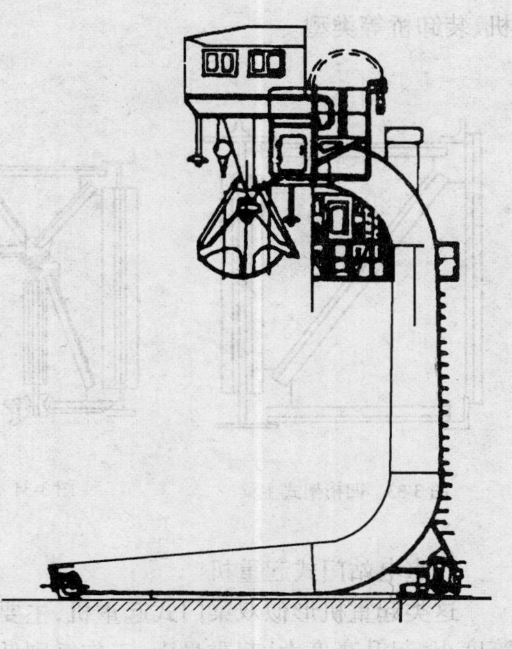
图 3-30 C 型单主梁门式起重机

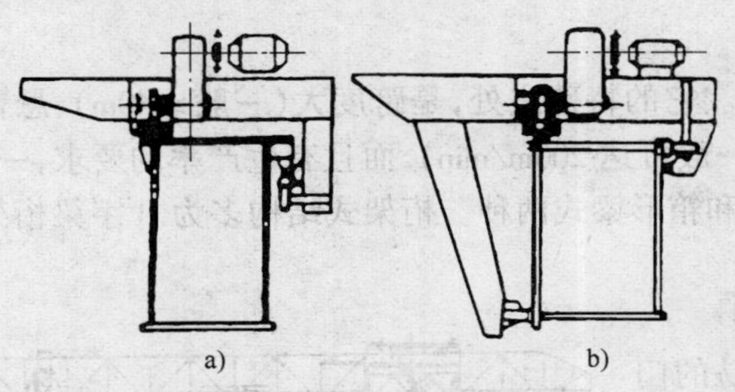

图 3-31 单主梁小车

a)两支点小车;b)三支点小车

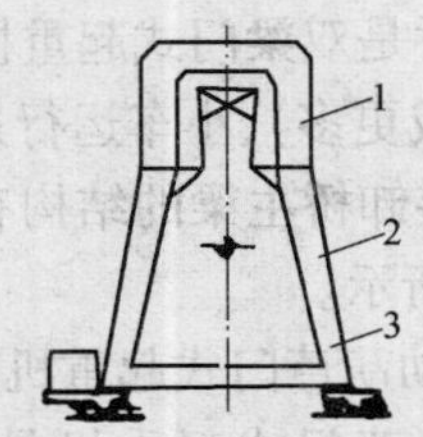

图 3-32 支腿

1-上拱架;2-支腿;3-下横梁

与桁架式双梁门式起重机比较,它的制造工艺简便,运输和安装方便、可靠,整体刚度好,但自重较大。

(2)主梁为桁架的双梁门式起重机。

主梁为桁架结构的双梁门式起重机,具有结构自重轻的特点。但是,它的制造工艺性差,运输不方便,安装困难,整体刚度不好。因此已很少采用桁架式结构。

桁架式主梁的形式常见的有四桁架式(图 3-33),Ⅱ形桁架式(图 3-34),三角形断面式几种。

桁架式主梁的支腿也为桁架式,但也有箱形结构的。其下端梁一般多为拱梁结构,如图 3-35所示。

2. 专用门式起重机

专用门式起重机按用途可分为造船用门式起重机、水电站门式起重机、集装箱门式起重机、装卸桥等类型。

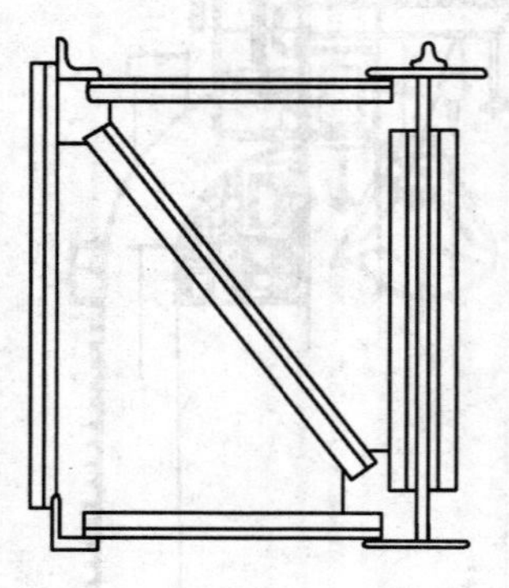
图 3-33　四桁架式主梁

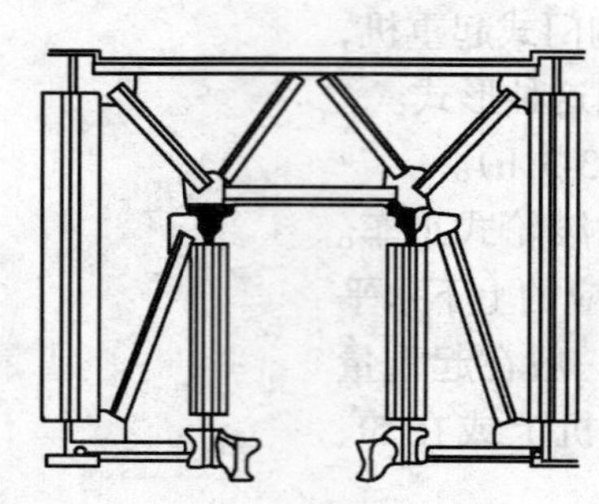
图 3-34　Ⅱ形桁架主梁

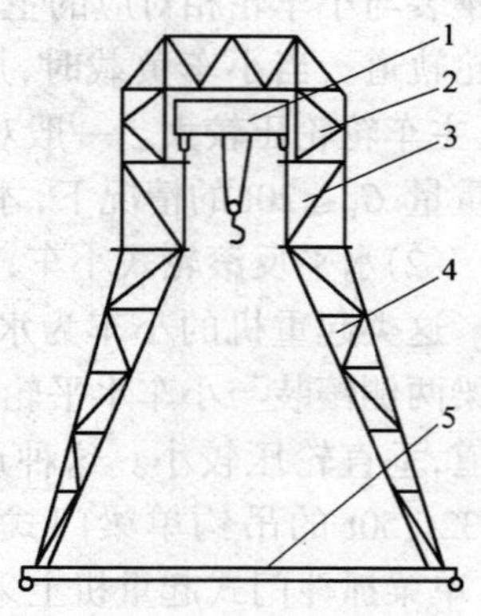

图 3-35　桁架支腿

1-小车；2-马鞍；3-主梁；4-支腿；5-下端梁

1)水电站门式起重机

这类起重机形似双梁门式起重机，主要用于水电站大坝启闭闸门工作。这种起重机一般跨度小，起升高度大，起重量大，工作级别低，但要求可靠程度相当高。

2)集装箱门式起重机

集装箱门式起重机属于双梁门式起重机的范畴。这类起重机的特殊性，在于支腿的间距要求大，能满足过集装箱的需要。支腿是竖直的，无上拱架，支腿中心间距 16m，完全能使 40ft 国际标准集装箱顺利通过。

3)装卸桥

装卸桥是双梁门式起重机的特例。它的特殊之处，是跨度大（一般≥40m）、悬臂长（有效伸臂 16m 或更多）、小车运行速度高（一般可达 200m/min），而且有生产率的要求，一般用来装卸散米。装卸桥主梁的结构有桁架式和箱形梁式两种。桁架式结构多为Ⅱ字梁桁架式结构，如图 3-36 所示。

3. 电动葫芦门式起重机

电动葫芦门式起重机是一种简易的门式起重机，有单梁和双梁两种。电动葫芦门式起重机由于构造简单、安装维修方便，得到了较大的发展。

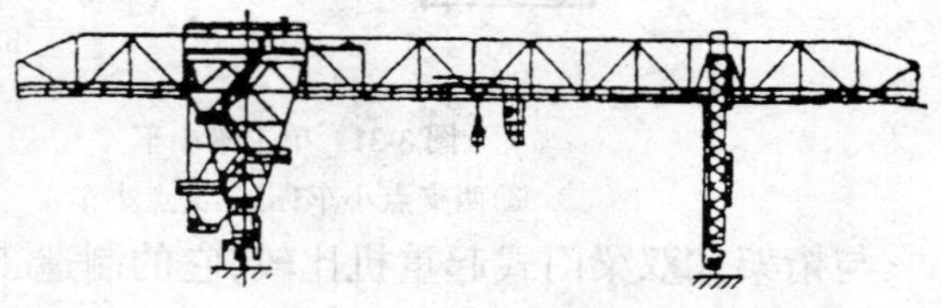
图 3-36　装卸桥

电动葫芦门式起重机由门架（主梁、支腿、下横梁等）、电动葫芦、起重机运行机构和电控部分组成。主梁一般采用箱型、桁架或组合主梁结构。支腿采用双刚性支腿，跨度大时采用一刚一柔性支腿。

电动葫芦门式起重机的起重量为 3.2～12.5t，跨度 10～22m，起升高度 6～9m。主要采用 AS 或 H 系列电动葫芦配套。

二、门式起重机的构造

门式起重机尽管种类繁多，但构造却大同小异，都是由司机室及电气设备、小车、大车运行机构、门架和大车导电装置等五大部分组成。抓斗门式起重机有时还设置煤斗车。

(一)电气设备

门式起重机的动力源是电力,靠电力进行拖动、控制和保护。门式起重机的电气设备,是指轨道面(大车轨道由使用单位负责)以上起重机的电气设备。门式起重机的机上电气设备,大部分安设在司机室和电气室内。如无电气室,有的设备可放在门架走台上。一般的司机室、电气室固定在主梁下面,不随小车移动。但抓斗门式起重机、装卸桥等的司机室和电气室是随小车一起移动的。

(二)小车

门式起重机小车一般由小车架、小车导电架、起升机构、小车运行机构、小车防雨罩等组成,以实现小车沿主梁方向的移动,取物装置的升降,以及吊具自身的动作,并适应室外作业的需要。小车形式根据主梁形式的不同而异,主要有:

1. 双梁门式起重机的小车

双梁门式起重机的小车形式,与桥式起重机小车形式基本相同,都属于四支点形式。

2. 单主梁门式起重机的小车

单主梁门式起重机的小车,分为垂直反滚轮式小车和水平反滚轮式小车两种。

1)垂直反滚轮式小车

垂直反滚轮式小车又称两支点小车,如图 3-31a)所示。

主车轮有两个,垂直反滚轮也有两个。主车轮两侧共设置四个水平轮,两个垂直反滚轮安装在一平衡架上;平衡架与小车尾架铰接,使车轮与轨道能均衡接触。主车轮与垂直反滚轮皆无轮缘,其运行靠水平轮防止跑偏。

2)水平反滚轮式小车

水平反滚轮式小车又称三支点式小车,如图 3-31b)所示。

主车轮为两个带轮缘的车轮。两个上水平轮安装在一平衡架上,与小车架尾部铰接,起均衡轮压作用。下水平轮两个各安装在小车反滚轮支腿上。下水平轮可设计成偏心可调的,以弥补制造、安装时的误差。

为了防止小车突发性倾翻,垂直反滚轮式小车和水平反滚轮式小车的车架尾部都设有刚强的安全钩。

3. 具有减振装置的小车

运行速度 > 150m/min 的装卸桥小车,为了减小冲击,设置了减振装置,如图 3-37 所示。

这种小车,为保证起制动时驱动轮不打滑,一般都采用四角驱动形式,四个车轮均为驱动轮。

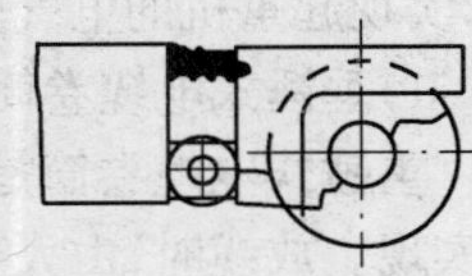

图 3-37 减振小车

(三)大车运行机构

门式起重机的大车运行机构都是采用分别驱动的方式。车轮分为主动车轮和被动车轮。车轮的个数与轮压有关,主动车轮占总车轮数的比例,是以防止起动和制动时车轮打滑为前提而确定的。

(四)门架

门式起重机的门架,是指金属结构部分,主要包括主梁、支腿、下横梁、梯子平台、走台栏杆、小车轨道、小车导电支架、操纵室等。可分为单主梁门架和双梁门架两种。

1. 单主梁门架

单主梁门架,由一根主梁、两个支腿(或两个刚性腿,或一刚性腿加一挠性腿)、两个下横梁、自地面通向司机室和主梁上部的梯子平台、主梁侧部的走台栏杆、小车导电滑架、小车轨道、司机室、电气室(也可能没有电气室)等部分组成。由于单主梁门式起重机有垂直反滚轮式和水平反滚轮式,故其主梁形式也有垂直反滚轮式和水平反滚轮式。单主梁门架的主梁、支腿、下横梁大多数为板梁结构(也有管结构)。

2. 双梁门架

双梁门式起重机的门架,主梁多为两根偏轨,箱形梁两主梁间有端梁连接,形成水平框架。主梁一般为板梁箱形结构,也有桁架结构。其支腿设有上拱架,与下横梁一起形成一次或三次超静定框架。支腿与主梁之间的连接,根据跨度不同分为刚性连接和挠性连接。刚性连接的刚性腿设计刚度较大,与主梁之间用螺栓紧固。支腿除了与主梁下座板连接,还要与主梁侧部座板连接。挠性连接的支腿设计刚度小,称挠性支腿,与主梁下部座板连接,可用电器栓连接,也可用铰接,支腿不与主梁侧部连接。双梁门式起重机不单独设置走台,主梁上部作走台用,栏杆、小车导电滑架皆安装在主梁上盖板上。桁架式主梁若为四桁架式,走台铺设在上水平桁架上;若为Ⅱ字梁式,走台设在两片竖直桁架的中间部位。双梁门架其余的构成同单主梁门架。

3. 单双梁门架中主梁的分段

门式起重机单主梁、双梁门架中的主梁,由于有悬臂,都比较长,可达60m左右。因为铁路运输,公路运输的条件所限,常常在设计制造中将其分为两段甚至三段。一般说来,超过33m的主梁需分段,每段长度≤33m。分段处设有主梁接头。使用单位在安装起重机时,将主梁连接起来。箱形结构的主梁,多采用连接板和高强度螺栓连接。被连接的主梁部分和连接板,均需进行打砂处理。桁架式主梁可分段制作,或者主梁各杆件到使用现场组装。

(五)大车导电装置

大车导电装置,是用来将地面电源引接到起重机上,以实现起重机拖动、控制和保护的。大车导电装置种类比较多,导电形式由使用单位定货时指明。

1. 电拖滑线导电装置

这种导电装置,从起重机设计来说,比较容易实现;但从使用单位来说,则需设立数根电线杆,将地面电源线架起,建设费用较高,且由于电源线架空较高(约10m以上),维修比较困难。

2. 电缆卷取装置

这种装置,从使用单位来说,只要在地面预埋电缆并引出起重机全行程所需的电缆即可,较易实现。机上设卷取装置,将引出电缆缠绕到卷取装置上,随起重机的运行进行卷缆和放缆,实现起重机的电气驱动与控制。电缆卷取装置一般称电缆卷筒,大致有如下几种:

1)垂锤式电缆卷筒

重锤式电缆卷筒是一种比较简单、可靠的电缆卷取装置。它的卷取无需驱动力,靠重锤即可实现。放缆时,由大车运行通过拉电缆进行放缆。这就节省了一套驱动机构。但是,这种导电装置需设置重锤运行的框架,如果整机行程大,缠缆量大,该运行的框架就高,使整个导电装置体积庞大,显得落后。

2)一般电机驱动的电缆卷筒

这种电动机驱动的电缆卷筒,设有一蜗轮蜗杆减速器,在蜗轮旁设有摩擦盘,摩擦盘可带卷筒轴旋转,蜗轮在卷筒轴上是滑动的。蜗轮与摩擦盘之间通过可调的弹簧压力靠摩擦来传递转矩。当卷筒轴上扭矩超过蜗轮与摩擦盘之间的摩擦转矩时,蜗轮与摩擦盘之间就产生滑动,电动机的转矩就传递不到卷筒轴上。卷取收缆时,电动机带动减速器,并通过蜗轮与摩擦盘之间的摩擦力矩带动卷筒轴卷缆。卷缆时,卷取速度一般比大车运行速度高,靠蜗轮与摩擦盘之间的滑动加以调整。放缆时,电动机转向不变,使卷筒旋转的方向与电动机使电缆卷筒旋转的方向完全相反,靠蜗轮与摩擦盘之间的滑动实现放缆。因此,这种电缆卷筒的蜗轮与摩擦盘磨损严重,随着工作时间逐渐增加,其间摩擦力矩大大减少,常出现卷不起电缆的现象。这种电缆卷筒电缆是多排缠绕的,造价低,外形尺寸小,但可靠性差,寿命短。

3)力矩电机驱动的电缆卷筒

力矩电机驱动的电缆卷筒,是通过一套减速装置(使卷取速度与大车运行速度接近匹配)实现电缆的卷取及放缆。这种电缆卷筒由于电缆是单排缠绕的,外形尺寸较大,造价也较高 。但是,它无需摩擦滑动装置,充分利用了力矩电机的特性,因此可靠性居于其他卷取装置之首。

4)无电机驱动的电缆卷筒

这种电缆卷筒无需电动机驱动。电缆卷筒通过链轮、链条与大车被动车轮轴相连,随着大车车轮的正反转实现电缆卷筒的正反转;当卷筒侧的转速与车轮轴的转速不匹配时,通过卷筒内的永久磁铁的脱开作调整。此电缆卷筒电缆多排缠绕,体积小,重量轻,造价低,工作可靠。但是,主机的大车被动车轮轴要考虑与电缆卷筒的连接问题,且安装只能在被动车轮周围,有很大的局限性。

(六)煤斗车

抓斗门式起重机和装卸桥,根据用户的要求,有时需设置煤斗车。煤斗车是由煤斗及跨外皮带输送机组成。散粒物料经抓斗抓取卸到设置在下横梁上的煤斗里,再经跨外皮带机输送到地面的汽车或火车上,或地沟皮带机上。为了使物料在煤斗中能顺利滑下,煤斗上还设有振动给料装置或振荡器。

三、集装箱门式起重机

(一)集装箱门式起重机的分类

集装箱门式起重机由普通门式起重机发展而来,是专门用来装卸集装箱的一种起重机,被广泛的用于码头、车站、货场等。集装箱门式起重机最早出现于 1958 年。1965 年以后轨道式集装箱门式起重机有了很大的发展,随后在 1971 ~ 1972 年轮胎式集装箱门式起重机又有显著的增多。

目前,国外集装箱门式起重机正朝着装卸自动化的方向发展,为了提高装卸效率,采用计算机控制起重机的各种动作,它可以安全、准确的将集装箱搬运到指定的位置。

集装箱门式起重机的种类很多,一般可按运行方式或主梁结构特点来分类。

按运行方式分:

按运行方式可分为轨道式集装箱门式起重机和轮胎式集装箱门式起重机。

轨道式集装箱门式起重机装卸效率高,操作简单,但运行受轨道限制。

轨道式集装箱门式起重机广泛的应用在车站、港口和货场。

轮胎式集装箱门式起重机的最大特点是机动性能好,效率高。但这种类型的起重机造价较高,操纵较复杂。

这种起重机多用于铁路车站和港口码头。为了提高装卸效率,准确的控制运行路线,近年来,已研制成功轮胎式集装箱门式起重机的大车自动导向系统。

按悬臂分:

集装箱门式起重机可分为双悬臂、单悬臂和无悬臂三种。

双悬臂式集装箱门式起重机可以跨越铁路线和汽车道，并且把二者分开。跨内通过铁路线，悬臂下通过汽车道。

单悬臂式集装箱门式起重机上装有刚性吊杆，在堆场一侧有悬臂。它的任务是将拖挂车上的集装箱装上火车，或者将火车上的集装箱装上拖挂车。

无悬臂式（门式）集装箱门式起重机，跨内可以通过三条铁路线和一条汽车道。起重机可将汽车上的集装箱装到火车上，也可将火车上的集装箱装到汽车上。

按主梁的结构分：

集装箱门式起重机的主梁可以是桁架梁的和箱形梁的。

按主梁的数量分：

集装箱门式起重机可分为单梁式和双梁式。

此外，还可以按支腿型式分，如⊓形支腿⊔形支腿以及L字形支腿等。

（二）轨道式集装箱门式起重机

1．主要用途与工作流程

轨道式集装箱门式起重机（图3-38）根据其用途可分为：铁路车站和码头后方用的集装箱门式起重机、码头前沿用的集装箱门式起重机、堆场上用的集装箱门式起重机以及船用集装箱门式起重机等。

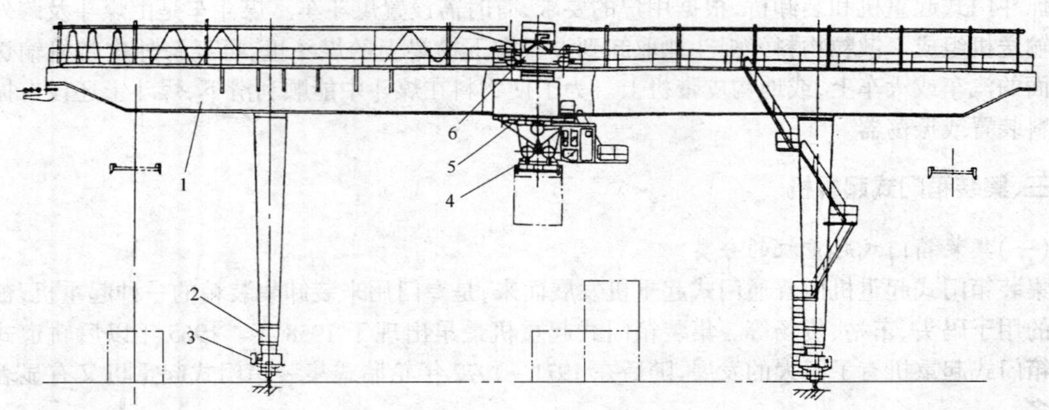

图3-38　轨道式集装箱门式起重机

1-门架；2-下横梁；3-大车运行机构；4-吊具；5-下回转小车；6-上小车

1）铁路车站和码头后方用的集装箱门式起重机

这类起重机在铁路车站上多是单独作业，在火车、汽车间进行集装箱装卸作业，有时同叉车、跨车以及其他装卸机械配合作业。在码头后方的铁路货运站上，轨道式集装箱门式起重机与码头前沿的集装箱门式起重机配套使用。

它的用途就是把汽车送来的集装箱装上火车，或者将火车上的集装箱卸到悬臂下方，等待跨车把集装箱运走。30.5t轨道式集装箱门式起重机就是这一类型的门式起重机。

30.5t轨道式集装箱门式起重机的装运流程：

由汽车或叉车把集装箱运到门式起重机的悬臂端下面，这时起重小车开到悬臂端并放下伸缩式吊具，吊具经过升降、旋转运动对准集装箱，然后锁紧。根据车箱的位置，开动大、小车和起升机构、旋转机构，把集装箱准确地安放在指定的位置上，脱开吊具，空载起升，大小车运行，再投入第二个装箱循环。

同样也可以用集装箱门式起重机把集装箱从火车上卸下，并搬运到悬臂端下面，再用汽车或叉车运往码头前沿。

2)码头前沿用的集装箱门式起重机

起重机安装在码头前沿，能沿船舶停靠的方向作平行移动，近海侧有一个很长的外伸臂，一般外伸臂的长度可达轨距的两倍以上，陆侧有一个较短的后伸臂。起重机外伸臂有的制成铰支型可使外伸臂俯仰，也有的制成伸缩型。起重机在非工作状态，外伸臂收回，以防止与通过的船只相碰，只有在工作状态外伸臂才伸出来。

码头前沿用集装箱门式起重机的用途是为船舶直接装卸集装箱。

3)堆场用的集装箱门式起重机

这类集装箱门式起重机用于堆场上装卸和堆高作业用，一般这类起重机跨度比较大，能跨越多排集装箱的堆放场，门式起重机的两端悬臂下面通常都铺设拖挂车通道或一条铁路装卸线，使集装箱门式起重机既能堆高又能装卸集装箱。堆码高度一般可堆3~4层。

4)船用集装箱门式起重机

这种起重机是装设在船上的，在船上可作前后移动，两悬臂梁做成活动的。只有工作时，才展开成双悬臂式门式起重机的形式。当起重机处于非工作状态时，悬臂梁可绕门腿上部柱销回转180°，把悬臂梁折叠在主梁内侧。

起重机可把船上的集装箱经外伸臂(悬臂)卸到岸上，也可将岸边集装箱吊入船舱内。

电子计算机和电磁感应技术的飞速发展，为码头后方、铁路货运站集装箱门式起重机的自动控制提供了条件。集装箱门式起重机的整个工作过程，可全部由电子计算机控制，计算机根据货运列车和货运汽车“进”与“出”的有关信息操纵起重机装卸集装箱。起重机的各种动作，是根据电子计算机发出的无线电指令来进行的。在起重机的伸张杆上装有集装箱传感器，在传感器的测控下，可以精确地调整起重机各种动作。

2. 主要技术参数的确定

1)起重量(G)及额定起重量(G_n)

集装箱门式起重机的起重量是指起重机所允许起吊最大满载集装箱的重量(集装箱吊具重量除外)，一般把这一起重量称为集装箱门式起重机的额定起重量。额定起重量加上吊具的重量称为总起重量或简称起重量。

集装箱门式起重机的起重量是根据起吊集装箱的最大重量而确定的。按ISO集装箱规格和重量，1AA型40ft集装箱的最大重量为30.48t，那么以起吊这种集装箱为主的集装箱门式起重机的额定起重量则定为30.5t。30.5t轨道式集装箱门式起重机的额定起重量为30.5t。

2)跨度(S)和有效悬臂长度(l)

集装箱门式起重机的跨度是指大车运行轨道的两条钢轨中心线之间的距离。单位是米/m。跨度是根据起重机工作范围，起重机跨内铺设装卸线的股数、拖挂车通道及集装箱堆放尺寸而定的。在确定跨度时，通常都采用一般用途门式起重机的跨度系列(表3-4)。

跨 度 系 列 表 单位:m 表3-4

系列1	18	22	26	30	35	40	50
系列2	16.5	19.5	22.5	25.5	28.5	31.5	34.5

有效悬臂长度是根据起吊集装箱的尺寸和跨车、叉车的尺寸而确定的。

30.5t轨道式集装箱门式起重机要跨越三条铁路装卸线，同时考虑稳定性，按照跨度系列

1 选定 18m。有效悬臂长度根据搬运 40ft 集装箱跨车叉车的尺寸和起重小车能在悬臂端起吊任何方位的 40ft 集装箱，确定有效悬臂长度为 7.5m。

3）轴距（B）

轴距是指门架侧向两门腿与车轮平衡架连接铰轴中心线之间的距离。轴距根据集装箱横向通过门腿的尺寸要求确定。如 30.5t 轨道式集装箱门式起重机起吊 40ft 集装箱，为了保证集装箱能横向通过门腿，取门腿中心距为 16m。大车走轮平衡架铰轴中心距亦为 16m。

4）起升高度（H）

起升高度是指，当吊具上升到极限位置时，大车运行轨道顶面至吊具最低点之间的垂直距离。对于装卸船用的集装箱门式起重机，吊具需要下放到大车运行轨道以下，进入船舱装卸集装箱。此时起升高度应包括轨道顶面以上的起升高度和下放深度。起升高度与下放深度之和称为总起升高度。单位是 m。

起升高度是根据作业需要而确定的。如 30.5t 轨道式集装箱门式起重机需要堆码三层集装箱，并且起吊的集装箱应能在两层集装箱顶上顺利通过。根据这些条件和集装箱高度（国际标准集装箱最大高度为 8ft6in）决定取起升高度为 8.2m。

5）工作速度（v）

集装箱门式起重机工作速度包括起升速度、旋转速度、小车运行速度、大车运行速度等。

（1）起升速度　起升速度与起重机的工作性质、起升高度有关。集装箱门式起重机起升速度一般为 8～12m/min。例如 30.5t 轨道式集装箱门式起重机的起升速度为 8.2m/min。

对起升高度大的集装箱门式起重机，起升速度可达 20m/min 以上。

（2）旋转速度　集装箱门式起重机起吊具旋转速度一般在 1～2r/min，以此调整集装箱方位。30.5t 轨道式集装箱门式起重机的旋转速度为 1.35r/min。

（3）小车运行速度　小车运行速度与小车运行行程有关。集装箱门式起重机小车运行速度一般为 40～80m/min。

30.5t 轨道式集装箱门式起重机的小车运行速度为 60.66m/min。

（4）大车运行速度　大车运行速度的选择与起重机的行程和工作性质有关，一般集装箱门式起重机大车运行速度为 40～100m/min，30.5t 轨道式集装箱门式起重机的大车运行速度为 40m/min。

（三）轮胎式集装箱门式起重机

轮胎式集装箱门式起重机（图 3-39）是集装箱码头后方堆场作业的专用设备。与轨道式集装箱门式起重机相比，轮胎式集装箱门式起重机的优点是机动灵活，运行和服务范围不受轨道限制，但结构比较复杂，运行平稳性也较差，除了起重量以外，其他主要技术参数都比轨道式的相应参数低一些。其跨度最大能跨越 8 排集装箱加一个底盘车的车道，达到近 30m。起升高度达到 25m，可以堆 7 层过 8 层。起升速度，满载时达 23m/min，空载达 52m/min，小车运行速度 70m/min，大车运行速度达 130m/min 以上。

轮胎式集装箱门式起重机不但能直线运行，而且其每个支腿下的车轮都可以作 90°以内的旋转，并可以锁定在一定的转角下。因此，这种起重机可以进行平移，也可以以一条支腿为轴心使整台起重机围绕该支腿进行 360°的旋转。起重机的移动是在空载条件下进行的。

轮胎式集装箱门式起重机所用的轮胎一般没有内胎，是用 30 余层尼龙绳固定的橡胶轮，胎内充气压力一般为 6.9MPa 左右。一排轮通道的最小宽度为 1.8m。起重机车轮所在的两条平行通道高差形成的坡度及每条通道在其运行方向的坡度都不应大于 1%。通道面料可以为混凝土、沥青或其他材料，但必须满足轮压的要求。

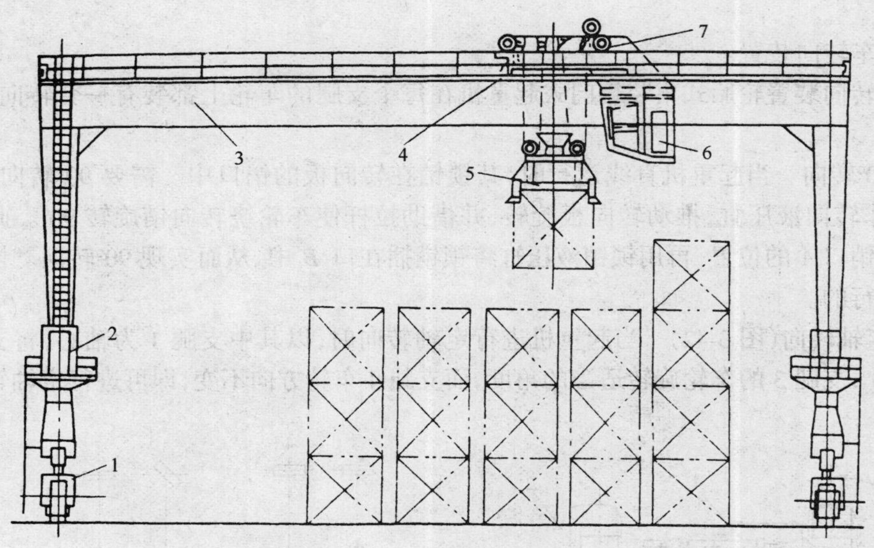

图 3-39　轮胎式集装箱门式起重机

1-大车运行机构；2-柴油发动机；3-主梁；4-起升机构和运行小车；5-集装箱吊具；6-司机室；7-减摆装置

为了减小起重机车轮作 90°旋转时的轮胎磨损，应在旋转轮胎下设置垫板，尺寸为每边 2.4m长的正方形，每块垫板之间平面度偏差不得大于 50mm。

起重机在直线通道运行时，由于两侧驱动装置可能不同步以及路面状况、轮胎充气压力的差异及小车位置变化引起的轮压不均匀等因素的影响，有可能走偏。为了自动纠偏，往往需要设置自动导向系统，控制起重机直线运行。

1．小车

轮胎式集装箱门式起重机的小车由运行机构、起升机构、小车架等组成。小车沿门架主梁运行，运行机构一般为两轮驱动，车轮可以采用有轮缘或无轮缘加水平导向轮。

起升机构由直流电动机、减速机、制动器、卷筒等组成。在卷筒上引出 4 根钢丝绳，确保了集装箱每个角正常起升，而不受集装箱内载荷偏心的影响。滑轮直径一般为钢丝绳直径的 30 倍。

司机室悬挂在小车架的下方，并随小车运行。为了使司机具有良好的视野，司机室四侧及地板前半部装有窗户，地板窗户采用钢化玻璃，其他窗户应采用夹层或钢化玻璃，以防止玻璃破碎后落下伤人并保证司机安全。

2．大车运行机构与转向装置

1)大车运行机构

大车运行机构采用柴油机—电动机驱动的轮胎式集装箱门式起重机，其大车运行机构见图 3-40。大

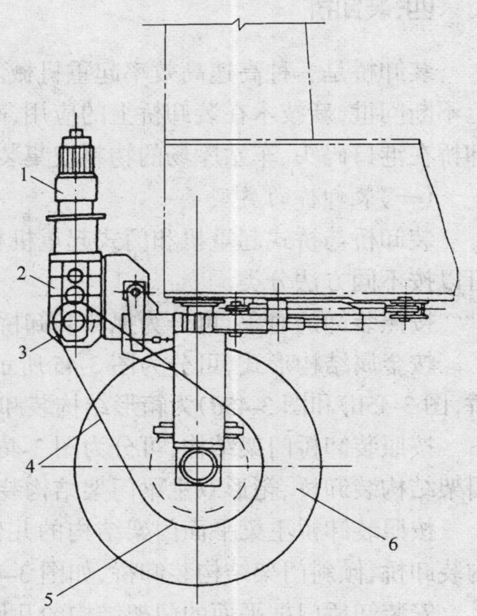

图 3-40　大车运行机构

1-电动机；2-减速器；3-小链轮；4-滚子链；5-大链轮；6-车轮

链轮固定在车轮上与车轮一起转动。大车运行机构分为四轮式和八轮式两种,在起重机两侧各设一套。

2)大车转向装置

大车转向装置轮胎式集装箱门式起重机在每个支腿的车轮上都装有一套转向装置,见图3-41。

(1)90°转向　当起重机直线运行时,其锁销在转向板的销口中。需要90°转向时,先拔出锁销,操作转向液压缸,推动转向板旋转,并借助拉杆使车轮绕转向销旋转90°。此时销口 *B* 转到原来销口 *A* 的位置,再用锁销液压缸将锁销插在口 *B* 中,从而实现90°转向。操作是在司机室内进行的。

(2)定轴转向(图3-42)　当起重机进行定轴转向时,以其中支腿1为轴心,将支腿2的车轮旋转90°,支腿3的车轮旋转适当的角度,而支腿4车轮方向不变,即可进行定轴转向。

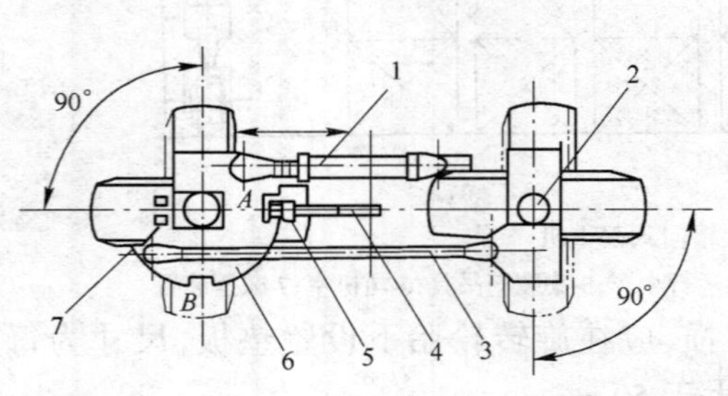

图3-41　90°大车转向装置

1-转向液压缸;2-转向销;3-拉杆;4-锁销液压缸;5-锁销;6-转向板;7-限位开关

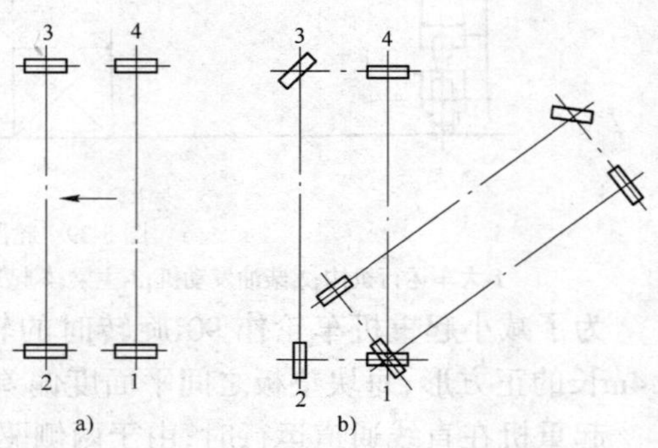

图3-42　定轴转向

四、装卸桥

装卸桥是一种高速高效率起重机械。这种起重机的发展异常迅速,新研制的机型在世界上不断问世,新技术在装卸桥上的应用,有效地提高了装卸桥的实际生产率以及技术性能。装卸桥在港口码头、车站库场的物料或集装箱装卸作业中,发挥着重大作用。

(一)装卸桥的类型

装卸桥与桥式起重机和门式起重机相比,类型相对要少一些,系列化程度也要低些。但也可以按不同方法分类。

按照装卸的对象,可分为抓斗装卸桥(图3-43)、集装箱装卸桥(图3-44)。

按金属结构形式,可分为图3-45所示的几种类型。图3-45a)和图3-45b)为桁架结构装卸桥,图3-45b)和图3-45d)为箱形结构装卸桥。

按照装卸桥门架结构,可分为图3-46所示的几种:封闭式桁架门架结构装卸桥、开式桁架门架结构装卸桥、箱形双主梁门架结构装卸桥、箱形单主梁门架结构装卸桥。

按照装卸桥主梁平面门架结构的几何形状,可以分为H形门架结构装卸桥、A形门架结构装卸桥、倾斜门架结构装卸桥,如图3-46和图3-47所示。

安装卸桥门框平面的门架结构的几何形状可分为梯形门框门架结构装卸桥和矩形门框门架结构装卸桥。如图3-48所示。

按照用途,可以分为专用装卸桥和多用途装卸桥。

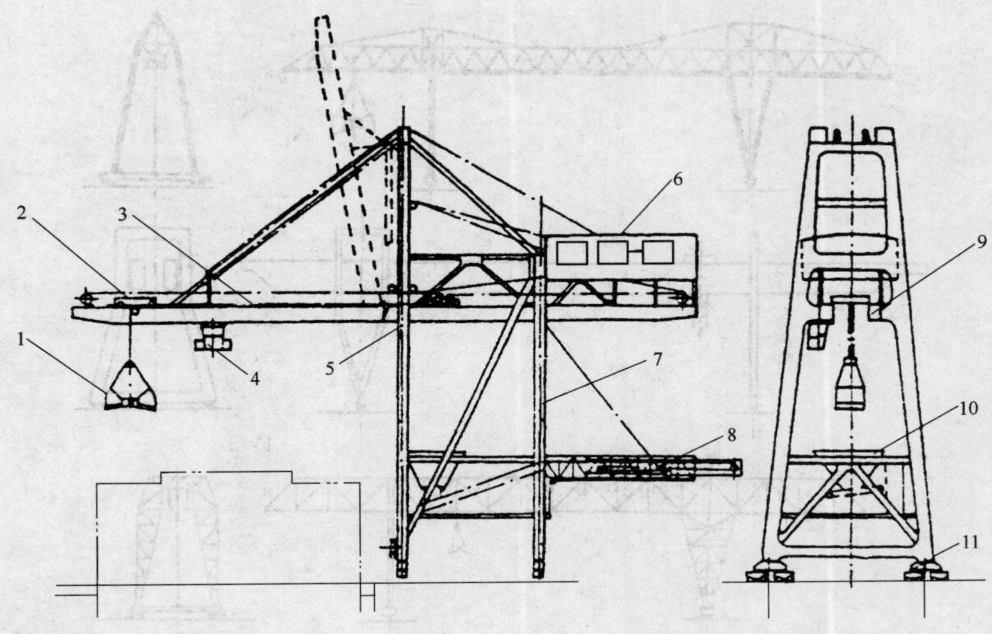

图 3-43　10t 抓斗装卸桥示意图

1-抓斗；2-小车；3-前伸臂；4-司机室；5-前门框；6-机房；7-后门框；8-输送机系统；9-主梁；10-漏斗及喂料系统；11-运行机构

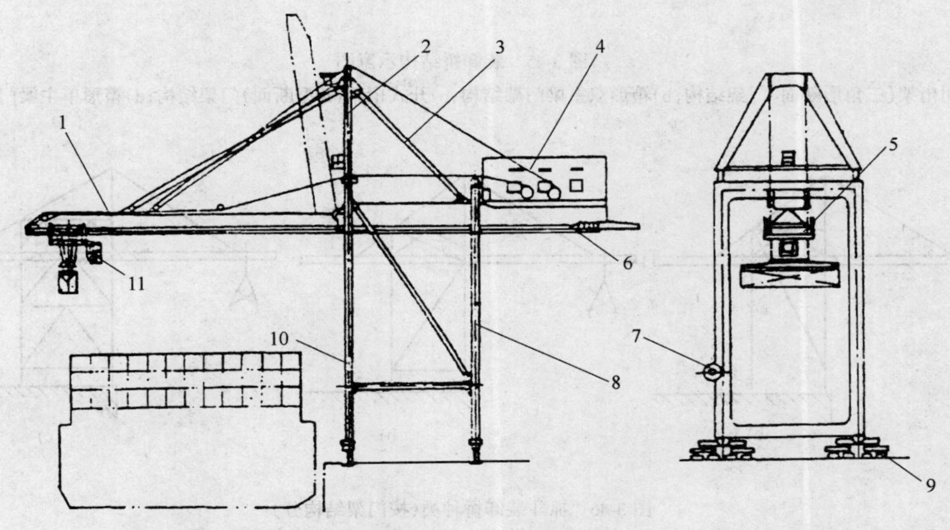

图 3-44　40t 集装箱装卸桥示意图

1-前伸臂；2-梯形框；3-后拉杆；4-机房；5-吊具；6-主梁；7-电缆卷筒；8-后门框；9-运行机构；10-前门框；11-司机室

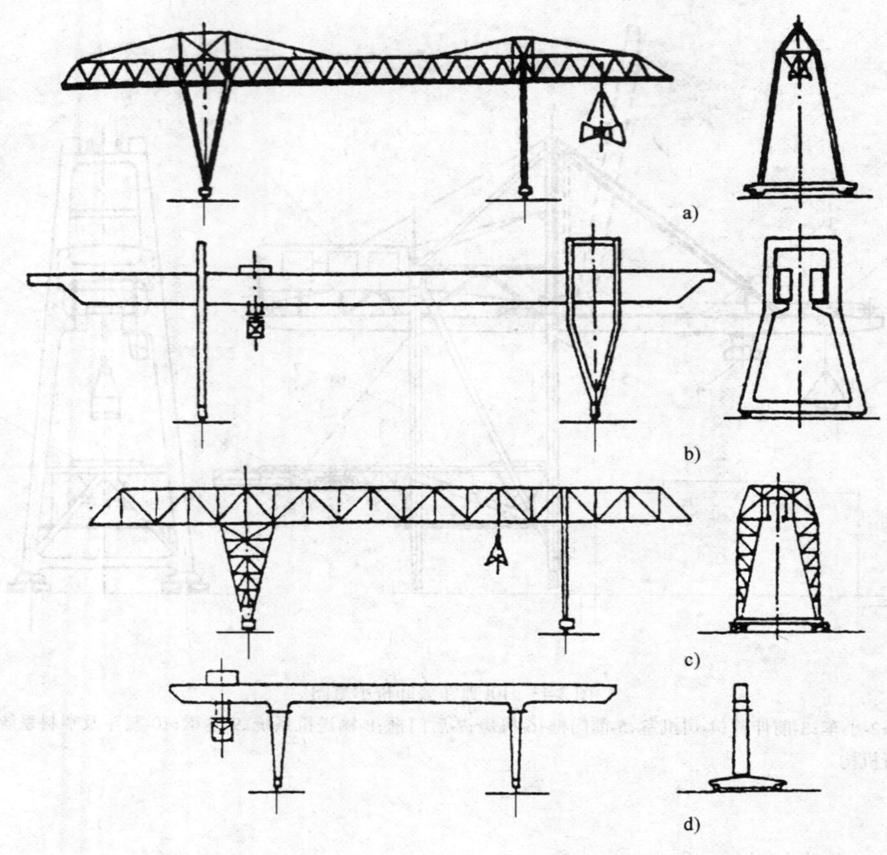

图 3-45 装卸桥结构示意图

a)封闭桁架(三角形断面)门架结构;b)箱形双主梁门架结构;c)开式桁架(Ⅱ型断面)门架结构;d)箱形单主梁门架结构

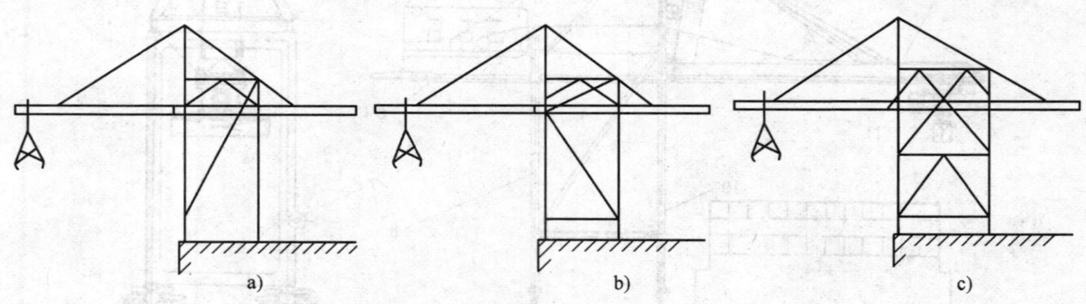

图 3-46 抓斗装卸桥种类(按门架结构分)

按照支腿与主梁联接方式,可分为螺栓连接式装卸桥、滑板球铰连接式装卸桥、刚固—柱铰(或球铰)连接式装卸桥。

按照装卸桥前伸臂结构,可分为固定悬臂式装卸桥、俯仰悬臂式装卸桥、双伸(俯仰)悬臂装卸桥。

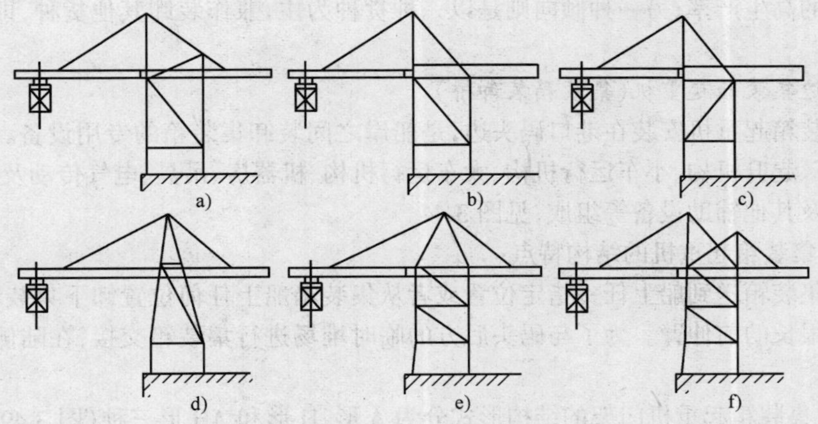

图 3-47　集装箱装卸桥种类(按门架结构)

a)、b)、c)H 形门架装卸桥;d)A 形门架装卸桥;e)、f)海侧支腿向陆侧支腿倾斜门架装卸桥

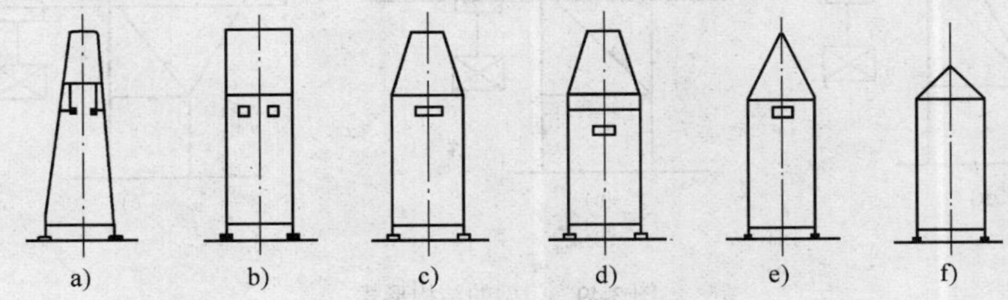

图 3-48　装卸桥的分类(按门框结构)

a)梯形门框结构;b)～f)矩形门框结构

(二)抓斗装卸桥

抓斗装卸桥是目前国内外广泛使用的一种大宗散货装卸机械。除了一部分谷物采用气力输送、螺旋管输送或其他连续输送机装卸以外,其他货种,如矿石、煤炭、散粮等,大多数都以抓斗装卸桥装卸为主。抓斗装卸桥之所以广泛使用,就在于这种机械有如下主要特点。

1．技术成熟

目前在用的抓斗装卸桥各种机型都有成熟的技术、成功的经验。

2．机动性好

抓斗装卸桥是利用柔性钢索作为抓取或提升物料的传动件,不受船型、车型变化条件的限制,只要抓斗能顺利地打开和抛入物料,即能进行装卸作业。

3．不受波浪影响

对于使用在港口码头的抓斗装卸桥,抓斗通过柔性钢丝绳与小车的机构相连系,不像链斗卸船机、连续输送机那样受波浪影响。

4．适应性强

由于装卸散货的一些连续输送机,对于船型变化和水位变化适应性很强的技术,目前还不太成熟,受船型、车型条件的严格控制约束,卸荷能力也低,因此抓斗装卸桥在今后相当长的时期内,随着制造技术的进步和新型计算机技术的应用,将仍然在散货装卸领域占主导地位。尤其是中小型港口和货站,以及专业化码头,也将大量地选择使用抓斗装卸桥。

抓斗装卸桥今后的发展方向将是:减轻自重、减小能耗、改善环保条件、新技术的应用,保持领先地位的高生产率；另一种倾向则是以一种货种为主，兼作装卸其他货种，即向多用途方面发展。

(三)岸边集装箱起重机(集装箱装卸桥)

岸边集装箱起重机安装在港口码头边，是船岸之间装卸集装箱的专用设备。它由金属结构、载重小车、起升机构、小车运行机构、大车运行机构、机器房、吊具、电气传动及控制设备、各种安全装置及其他辅助设备等组成，见图3-44。

1. 岸边集装箱起重机的结构特点

为了把集装箱送到船上任一指定位置或者从集装箱船上任何位置卸下集装箱，起重机靠海一侧设有很长的前伸臂。为了与码头后方的临时堆场进行集装箱交接，在陆侧也设有长度较短的伸臂。

(1)岸边集装箱起重机门架的结构形式分为A形、H形和AH形三种(图3-49)。A形结构

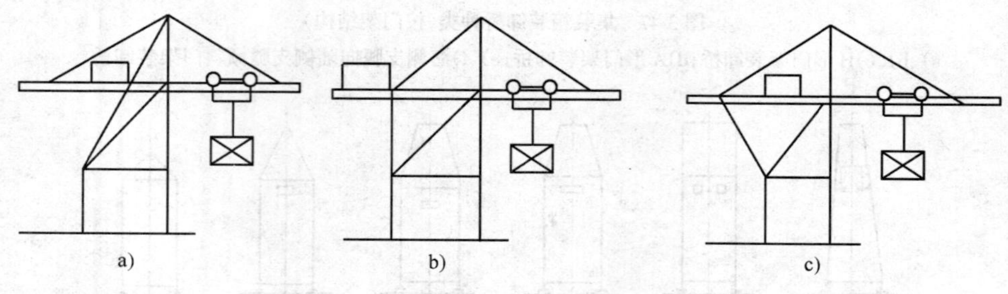

图3-49 门架的结构形式

a)A形；b)H形；c)AH形

简单，适用于小跨度，10m左右的跨度常采用这种形式。H形接头简单，制造拼装容易，造价低，外形美观，适用于大跨度，被广泛采用。AH形门架在工作状态下，海、陆两侧轮压比H形低，且两侧轮压相差较小。

(2)前伸臂让船方式可分为俯仰式、折叠式和伸缩式(图3-50)。俯仰式结构简单，但仰起后高度较高，不适合于邻近有机场的港口使用。折叠式前伸臂分为两段，仰起时前伸臂从中间折叠，仰起后高度降低。伸缩式前伸臂、中间梁及后伸臂三者连成一根梁，可在船甲板上方伸缩，高度最低。

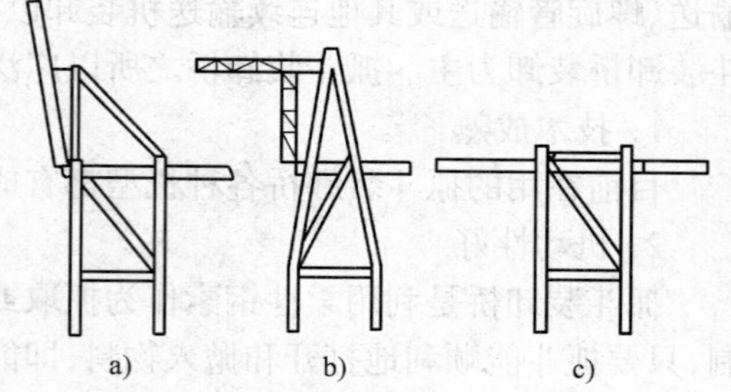

图3-50 臂架的结构形式

a)俯仰式；b)折叠式；c)伸缩式

(3)小车驱动方式分为自行式、全绳索牵引式、半绳索牵引式和导杆牵引式。小车通常在主梁上弦轨道(双梁)或下弦轨道(单梁)上行驶。司机室安装在小车架上并随小车一起运行。

(4)主梁及门架一般采用箱形断面。为了防止箱形构件的腐蚀，提高其寿命，箱形构件内腔应设计制造成封闭结构，并应进行不透气性检验。

2. 岸边集装箱起重机的主要技术参数

(1)起重量　岸边集装箱起重机的吊具下起重量按所吊集装箱的最大总质量确定。根据ISO 668—1988和GB 1413—85的规定，1AA、1A和1AX型集装箱(合40ft)的总质量为30480kg，

工程上一般以 30.5t 考虑。有些国家常采用一些非 ISO 标准的超大箱。如果起重机要考虑吊运这些超大箱,或者起重机要同时起吊 2 个 ISO 标准箱(每个总质量最大达 20320kg),则其吊具下起重量须作相应提高。岸边集装箱起重机的吊具下起重量常用的为 30.5t、35.5t 和40.5t,个别的达 60t。此外,在装卸集装箱船时,起重机还要起吊舱口盖,有的起重机还用于装卸大型物件,因此,起重机不用吊具作业时的最大起重量必须考虑这些因素。它一般比吊具下起重量大,最大的达到 85t。

(2)起升高度　根据船型、码头潮差和船上集装箱装载情况确定。原则是保证船轻载高水位时,能装卸三层集装箱并能堆高到四层;在船满载低水位时,能起吊船底最下一层集装箱。其起升高度一般为轨面以上 25m,轨面以下 12m。但对于装载 4000TEU(20ft 当量箱)以上的超巴拿马船,起升高度均应大于 30m。

(3)外伸距　外伸距是指起重机海侧轨道中心线向外至吊具中心线之间的最大水平距离。根据船宽并考虑四层集装箱向外倾斜 3°时,能起吊船甲板最外层集装箱的要求,对于装载 3000TEU 以下的一般取 35 ~ 38m,而对于超巴拿马船,外伸距一般在 44m 以上。

(4)跨度(轨距)　根据码头前沿的装卸工艺方式和起重机设计要求来确定,一般为 16 ~ 25m,有的可达到 30m 以上。

(5)门架净空高度　根据门架下通过的流动搬运机械的外形高度来确定,一般为 10 ~ 12m。

(6)轮距　根据 1AA 型集装箱的长度(12m),并考虑吊具的摆动及所留的间隙,一般为 14 ~ 16m。

(7)工作速度:

①起升速度　有满载起升速度和空载起升速度两种。一般空载起升速度高于满载起升速度的 1 倍以上。为了提高起重机的搬运能力,缩短工作时间,应使起升机构的控制系统具有恒功率特性。通常情况下,起升速度满载时为 50m/min,空载时可达 120m/min 左右。

②小车运行速度　小车运行速度对工作循环时间和搬运能力有重要影响,因此速度较高,一般为 120 ~ 180m/min,最高达 210m/min。

③大车运行速度　大车是在空载条件下运行,速度较低,一般为 45m/min。

④臂架俯仰时间　臂架的俯仰属非工作操作,一般俯仰循环时间为 5 ~ 10min。

3. 岸边集装箱起重机的主要机构

1)小车运行机构

小车运行机构常用的有两种形式,即自行式和牵引式。牵引式又分为全牵引式和半牵引式。

(1)自行式　起重机的起升机构和小车运行机构都安装在小车上。起升绳由卷筒引出,通过滑轮系统与吊具相连。其特点是钢丝绳磨损小,寿命长,小车微动操作方便,停车位置准确。但小车驱动力受到车轮与轨道之间粘着力的影响,故加速度受到限制。又因起升机构、小车运行机构全部安装在小车上,小车质量加大,使起重机结构质量及轮压增大。

(2)全牵引式　起升机构和小车运行机构全安装在机器房内。小车的质量最小,从而使门架结构质量减轻,起重机轮压降低。为保持小车牵引绳张力相同,防止小车运行时偏斜,应设置钢丝绳自动张紧装置。由于小车运行加速度不受车轮与轨道之间粘着力的影响,因此小车起动性能好,不会产生打滑现象。但起升钢丝绳要通过许多导向滑轮,钢丝绳缠绕系统复杂,磨损大,更换钢丝绳频繁。

(3)半牵引式　起升机构安装在机器房内，而小车运行机构安装在小车上。

2)臂架俯仰机构

臂架俯仰机构由电动机、减速器、卷筒、制动器、联轴器和限位开关等组成。它安装在机器房内。在减速器的高速轴上或电机轴上安装有制动器，用于正常工作制动。在卷筒上安装有安全带式制动器，当臂架下降速度达到额定速度的115%时，带式制动器可以自动进行紧急制动，也可以在司机室内通过按钮实现紧急制动。

当起重机不工作时，利用臂架俯仰机构使臂架仰起至与水平面成80°左右的位置，并用挂钩锁住。此时俯仰机构的钢丝绳松弛。当臂架要俯下时，先将臂架微微仰起，张紧钢丝绳并由挂钩液压装置的油缸把挂钩抬起，即可放下臂架至水平工作位置。

4．岸边集装箱起重机的安全装置

为保证起重机的工作安全，除了在各机构中设置安全保护装置，如起升机构超载保护装置、高度指示器等外，还须设置地锚装置、防滑装置和防风系缆装置等。

1)地锚装置

为防止起重机被风吹走，当非工作风压超过6kPa时，应设置地锚装置。常用的地锚装置有插板式和插销式。该装置安装在台车上，利用杠杆系统，把插板或插销插入地坑内。地锚装置在电气上与大车运行机构控制系统联锁，当插板插入地坑后大车运行机构就不能启动。地锚装置的数量取决于起重机非工作状态下的风载荷，应取工作现场的最高风速作为设计地锚装置的依据。

2)防滑装置

安装在岸边集装箱起重机上的防滑装置有液压压轨式，液压楔式、重锤式等，其中液压压轨式最为安全可靠。它能随着风力的大小而改变防滑能力，风越大防滑力也越大。防滑装置除单独工作防止起重机被风吹动外，还能在起重机处于非工作状态时与地锚一起共同防止起重机被大风吹走。防滑装置应保证大车运行机构制动能力只有50%时，风速在50m/s的情况下，起重机不会被吹走。

3)防风系缆装置

为防止在风力很大的情况下，起重机被风吹倒，除了起重机本身具有的稳定能力外，一般还应设置系缆装置。它一端固定在地坑内而另一端固定在门架的下平衡梁上，系缆中间有连接销以便于拆卸。每个支腿下设一个系缆装置并成对布置。

5．岸边集装箱起重机的电控系统

岸边集装箱起重机的主起升、小车和大车运行机构和臂架俯仰机构，均采用数字式晶闸管可逆调速系统。其中起升机构的控制系统具有自动检测负载状态的环节，通过弱磁调节，达到高速运行。在轻载情况下，起升机构的负载特性使起升速度在额定速度以上按恒功率特性随负载变化连续调节。

所有机构的加、减速运动都由司机直接控制。但当司机操作主令控制器过快时，自动装置将机构的加速度和减速度限制在预定的范围内。

当主令控制器由快速位置移到停止位置时，先由电气制动实现减速。当速度降到预定值时，再由制动器制动。但是，当紧急停车或电源发生故障时，则由制动器制动。

岸边集装箱起重机除有紧急保护功能外，所有顺序控制和内部逻辑联锁功能均由可编程序控制器完成。同时，可编程序控制器还对整机进行故障监测和诊断，并通过打印机打印出来。

第四章　通用运输设备

第一节　通用运输设备的分类

通用运输设备，亦称通用运输机械，是按照规定的路线连续或间歇地运送、装卸散装物料和成件物品的搬运机械。它是现代物流系统的重要组成部分，在很大程度上影响和决定着物流系统的能力和运输机械化水平。

通用运输设备按照其结构形式、工作原理、使用特点等可分为通用输送机械和通用装卸机械。其分类见图 4-1。

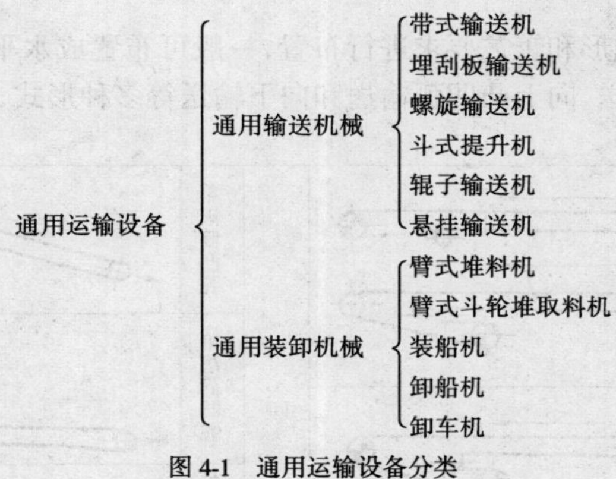

图 4-1　通用运输设备分类

第二节　带式输送机

一、带式输送机的组成及工作原理

带式输送机（图 4-2）由输送带、滚筒、托辊、张紧装置、驱动装置、机架等部件组成。输送带作为承载和牵引构件，由上下托辊（或托板）支承，绕过头、尾滚筒形成闭合环路，借助传动滚筒与输送带之间的摩擦传递动力，实现物料的连续输送。

二、带式输送机的特点及分类

带式输送机的输送能力大，单机长度长，能耗低，结构简单，便于维护，对地形的适应能力强，它既能输送各种散状物料，又能输送单件质量不太大的成件物品，有的甚至能输送人员，是应用最广泛的一种输送机械。

带式输送机按其结构形式和输送带可分为通用带式输送机、移动带式输送机、钢绳芯带式输送机、波状挡边带式输送机、移置式带式输送机、管状带式输送机和气垫带式输送机等。

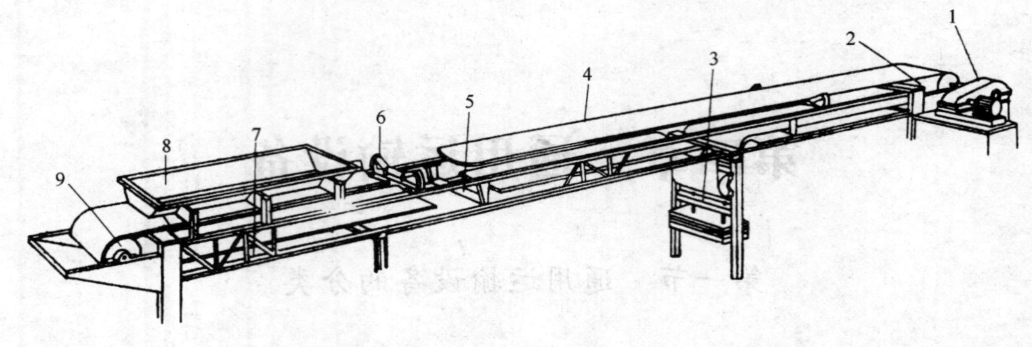

图 4-2　通用带式输送机

1-驱动装置;2-传动滚筒;3-张紧装置;4-输送带;5-平形托辊;6-槽形托辊;7-机架;8-导料槽;9-改向滚筒

三、带式输送机的典型布置

带式输送机可根据地形和工艺要求进行布置,一般可布置成水平输送、向上直线输送、向上凸弧输送、向上凹弧输送、向上凸凹弧输送和向下输送等多种形式,见图 4-3。

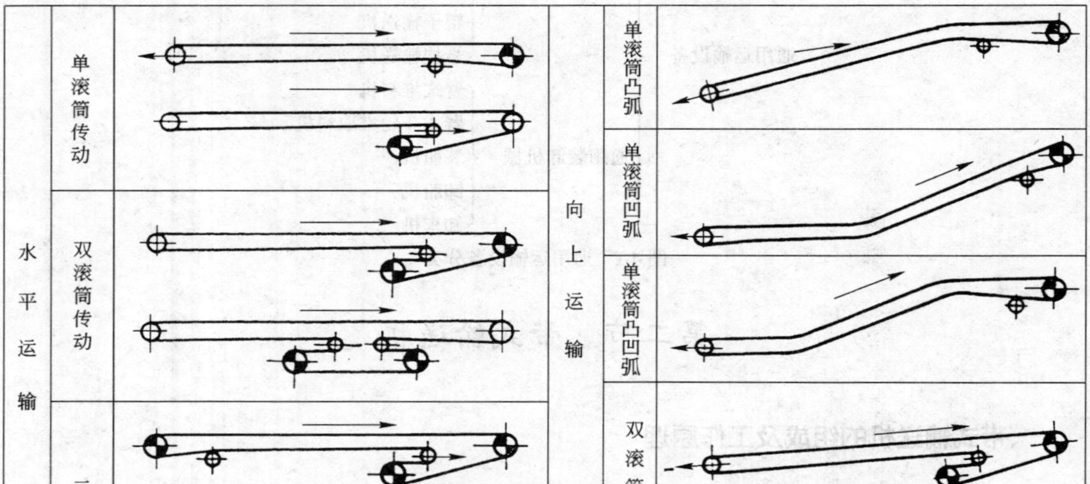

运输方式	传动形式	布置
水平运输	单滚筒传动	
	双滚筒传动	
	三滚筒传动	
向上运输	单滚筒	
向上运输	单滚筒凸弧	
	单滚筒凹弧	
	单滚筒凸凹弧	
向下运输	双滚筒	
	单滚筒	
	双滚筒	

图 4-3　带式输送机的典型布置

四、带式输送机的主要部件

1．输送带

1)织物芯输送带

织物芯输送带的典型结构如图 4-4 所示。它用棉或化纤织物挂胶后的胶布层为带芯材料，用橡胶(分为普通胶、耐热胶、耐寒胶、耐磨胶、耐油胶、耐酸碱胶、难燃胶等类)或 PVC 作覆盖材料。用不同的带芯材料与不同的覆盖材料可制成各种特性的输送带。带芯材料的主要品种及相应的带宽系列见表 4-1。

织物芯输送带主要品种及带宽　　表 4-1

带芯材料	带宽 B(mm)											每层带芯强度 σ (N/mm)
	300	400	500	650	800	1000	1200	1400	1600	1800	2000	
棉帆布	√	√	√	√	√	√	√	√	√			56
尼龙帆布 NN				√	√	√	√	√	√	√	√	150 200 300
聚酯尼龙交织帆布 EP				√	√	√	√	√	√	√	√	200

2)钢绳芯输送带

钢绳芯输送带的典型结构如图 4-5 所示。它用特殊的钢绳作带芯，用不同配方的橡胶作覆盖材料，从而制成具有各种特性的输送带。带芯的钢绳由高碳钢制成，钢丝表面镀锌或镀铜，分为左、右捻两种，在输送带中间隔分布。钢绳芯带强度高，弹性伸长小，成槽性好，耐冲击，抗疲劳，能减小滚筒直径，使用寿命长，特别适于长距离输送。

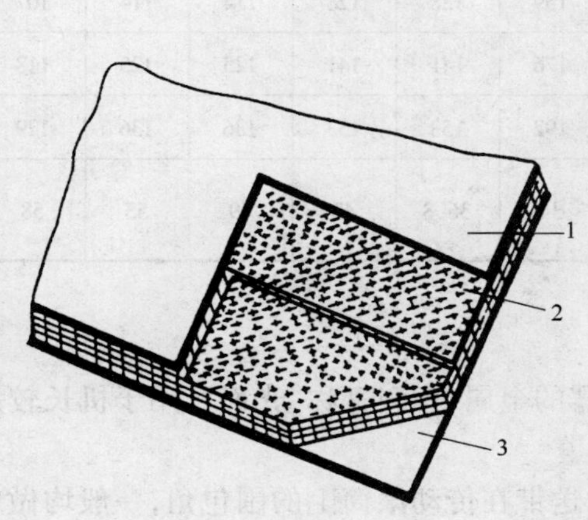

图 4-4　织物芯输送带结构

1-上覆盖胶；2-胶布层；3-下覆盖胶

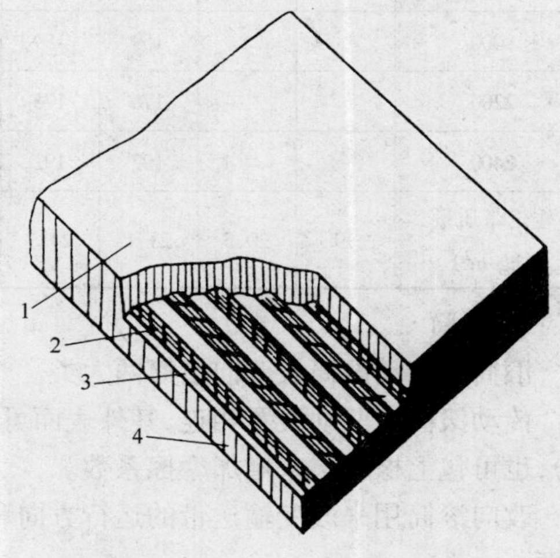

图 4-5　钢绳芯输送带结构

1-上覆盖胶；2-钢绳；3-带芯胶；4-下覆盖胶

钢绳芯输送带的规格见表 4-2。

钢绳芯输送带规格 表 4-2

规格（mm） 项目	630	800	1000	1250	1600	2000	2500	3150	4000	4500	5000
纵向拉伸强度（N/mm）	630	800	1000	1250	1600	2000	2500	3150	4000	4500	5000
钢丝绳最大直径（mm）	3.0	3.5	4.0	4.5	5.0	6.0	7.5	8.1	8.6	9.1	10
钢丝绳间距（mm）	10	10	12	12	12	12	15	15	17	17	18
带厚（mm）	13	14	16	17	17	20	22	25	25	30	30
上覆盖胶厚度（mm）	5	5	6	6	6	8	8	8	8	10	10
下覆盖胶厚度（mm）	5	5	6	6	6	6	6	8	8	10	10
带宽（mm）	钢丝绳根数										
800	75	75	63	63	63	63	50	50			
1000	95	95	79	79	79	79	64	64	56	57	53
1200	113	113	94	94	94	94	76	76	68	68	64
1400	113	113	111	111	111	111	89	89	79	80	75
1600	151	151	126	126	126	126	101	101	91	91	85
1800		171	143	143	143	143	114	114	103	102	96
2000			159	159	159	159	128	128	114	114	107
2200			176	176	176	176	141	141	125	125	118
2400			192	192	192	192	153	153	136	136	129
输送带质量（kg/m^2）	19	20.5	23.1	24.7	27	34	36.8	42	49	53	58

2．滚筒

滚筒分传动滚筒及改向滚筒两大类。

传动滚筒与驱动装置相连，其外表面可以是裸露的金属表面（又称“光面”，用于机长较短时），也可包上橡胶层来增加摩擦系数。

改向滚筒用来改变输送带的运行方向和增加输送带在传动滚筒上的围包角，一般均做成光面。

滚筒的结构主要有钢板焊接结构（图 4-6a）和铸焊结构（图 4-6b）两类。后者用于受力较大的大型带式输送机。

3．托辊

托辊是承托输送带及物料的部件，也是带式输送机中使用最多、维修工作量最大的部件。

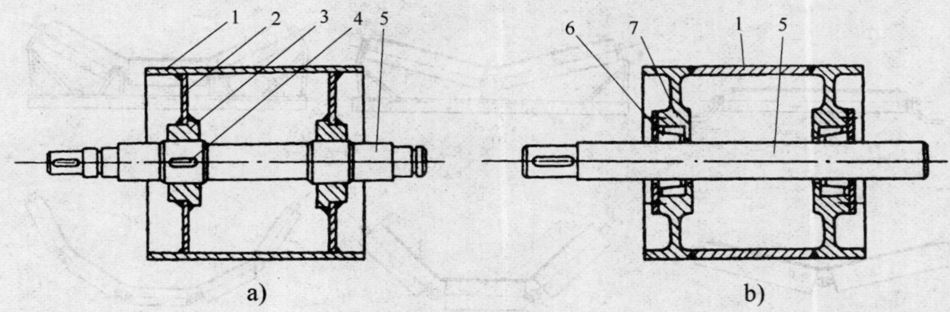

图 4-6　滚筒结构

a)钢板焊接结构；b)铸焊结构

1-筒体；2-腹板；3-轮毂；4-键；5-轴；6-胀圈；7-铸钢组合腹板

按它在输送机中的作用与安装位置分为承载托辊（图 4-7a ~ f）、空载托辊（图 4-7g ~ k）、挡辊（图 4-7l）、缓冲托辊（图 4-7m、n）和调心托辊（图 4-7o ~ q）等。

各种托辊中的辊子又是托辊的关键部件。图 4-8 为辊子的一种典型结构，具有较好的防水、防尘性能。

4．张紧装置

张紧装置的作用是在输送带内产生一定预张力，避免物体在传动滚筒上滑动；同时控制输送带在托辊间的挠度，以减小阻力和避免撒料。张紧装置的结构形式主要有螺杆式、重锤式、绞车式。

1)螺杆式张紧装置

张紧滚筒装在带有螺母的滑架上，滑架可在尾架上移动。转动尾架上的螺杆可使滚筒前后移动，以调节输送带的张力。它结构简单，但张紧力大小不易控制，运转时张紧力不能恒定，张紧行程小，因此只用于机长小于 80m、功率较小的输送机。

2)重锤式张紧装置

利用重锤重力来张紧输送带。小车重锤式见图 4-9a)，张紧滚筒装在一个能在机架上移动的小车上，由重锤通过钢绳拉紧小车。它结构较简单，能保持恒定的张紧力，张紧迅速可靠，适用于机长较长、功率较大的输送机。垂直重锤式(图 4-9b)的特点是可利用输送走廊下的空间，缺点是改向滚筒多，增减重锤和维护滚筒困难。

3)绞车式张紧装置

固定绞车式是利用一组多倍率的滑轮组和一个电动卷扬机一次性张紧输送带，以后不再或很少调整。它的特性与螺杆式张紧装置相似，只是其张紧力大，且张紧行程较大。

5．驱动装置

驱动装置是带式输送机的动力部分，由安装在驱动架上的电动机、联轴器（或液力偶合器）、减速器、制动器（或逆止器）、低速轴联轴器等组成。图 4-10 为垂直轴驱动装置。

电动机多采用笼型异步电动机或绕线转子异步电动机。高速轴联轴器多采用梅花形弹性联轴器；低速轴联轴器多采用弹性栓销齿式联轴器。液力偶合器与笼型异步电动机配套使用，以改善起动性能，缓解冲击。制动器的作用是减少制动时间，或对于上运爬坡带式输送机，制动整机，防止逆转。逆止器用于上运爬坡带式输送机，防止整机在满载停车时逆转。减速器多采用硬齿面齿轮减速器，有垂直轴减速器和平行轴减速器之分。采用垂直轴减速器，可使驱动

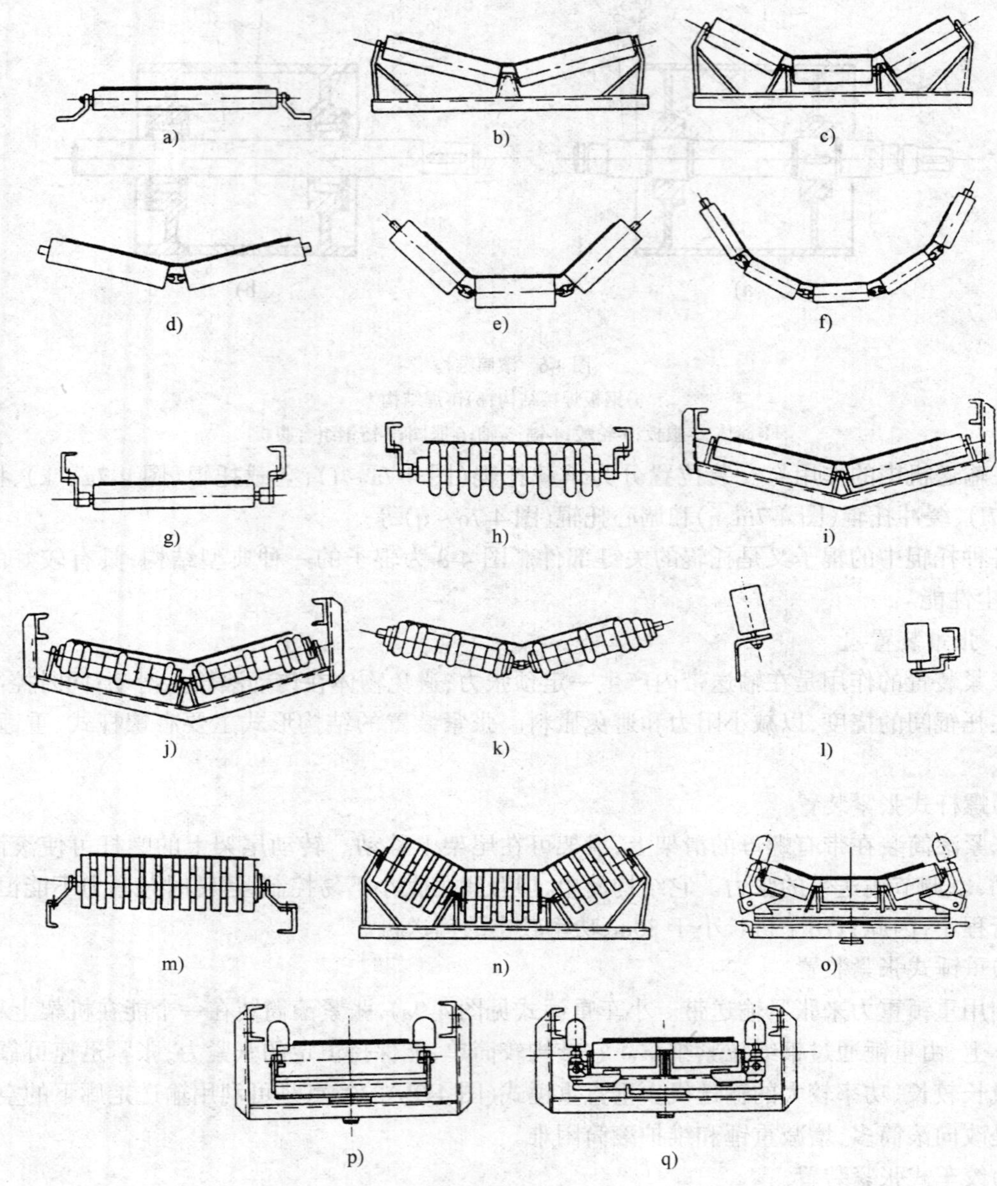

图 4-7　各种托辊的结构形式

a)平托辊；b)V 形托辊；c)三辊槽形托辊；d)吊挂式 V 形托辊；e)吊挂式三辊槽托辊；f)吊挂式托辊(五辊)；g)空载平托辊；h)空载梳形托辊；i)空载 V 形托辊；j)V 形梳形托辊；k)吊挂式 V 形梳托辊；l)立辊；m)缓冲平托辊；n)三辊式缓冲托辊；o)挡辊式调心托辊；p)挡辊式空载调心托辊(单辊)；q)挡辊式空载调心托辊(双辊)

装置顺带式输送机长度方向布置，结构紧凑，占地较少。采用平行轴减速器，其驱动装置占地较大。

电动滚筒是一种特殊的驱动形式，是将电动机、减速齿轮装入滚筒内部的传动滚筒，多用于单滚筒驱动的带式输送机。电动滚筒的结构形式很多，以电动机冷却方式有油冷、油浸、风

冷等。传动形式分为空轴齿轮传动、行星齿轮传动、摆线针轮传动等。应用电动滚筒可使整机宽度减小，结构紧凑，适用于环境狭窄、潮湿、有腐蚀性物质的工况，但驱动功率不宜大于55kW，环境温度不宜超过40℃。

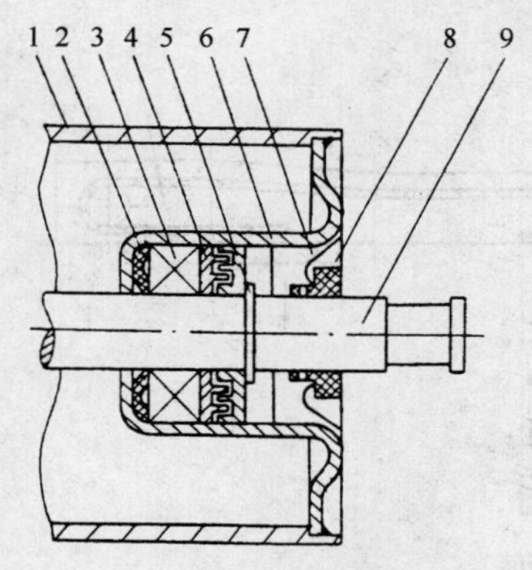

图 4-8　辊子结构

1-外筒；2-内密封；3-轴承；4-外密封；5-弹簧卡圈；6-轴承座；7-防尘盖；8-橡胶密封圈；9-轴

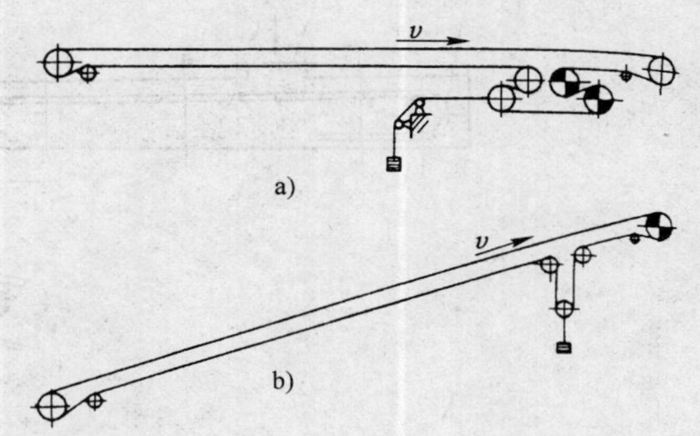

图 4-9　重锤式张紧装置示意图

a)小车重锤式；b)垂直重锤式

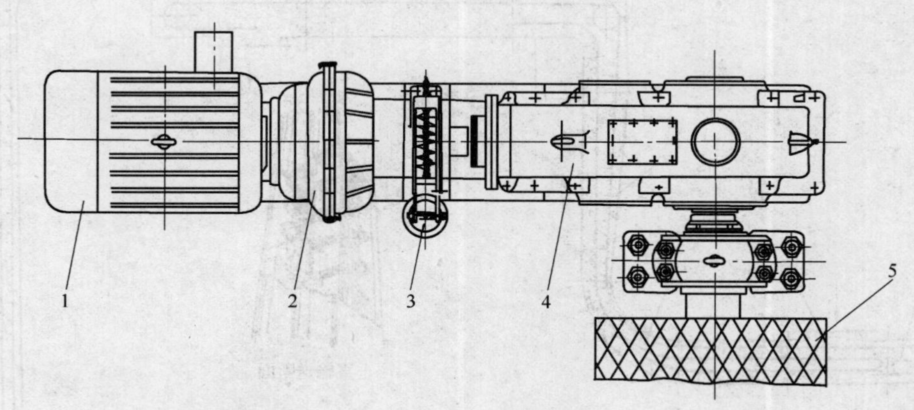

图 4-10　垂直轴驱动装置

1-电动机；2-液力偶合器；3-制动器；4-减速器；5-传动滚筒组

第三节　埋刮板输送机

一、埋刮板输送机的组成及输送原理

1．组成

埋刮板输送机是一种在封闭壳体内借助运动着的刮板链条，利用散状物料的内摩擦力和侧压力特性来输送粉尘状、小颗粒状及小块状等散状物料的连续输送设备。运行时，刮板链条埋于被输送物料之中，故称为埋刮板输送机。埋刮板输送机主要由封闭的壳体(机槽)、刮板链条、驱动装置及张紧装置等部件组成，可以水平、倾斜和垂直输送物料，见图 4-11。

2. 输送原理

散状物料具有内摩擦力及对竖直壁产生侧压力等特性。埋刮板输送机在水平输送时，物料受到刮板链条在运行方向上的推力及物料自重的作用，物料层之间产生了内摩擦力。当这

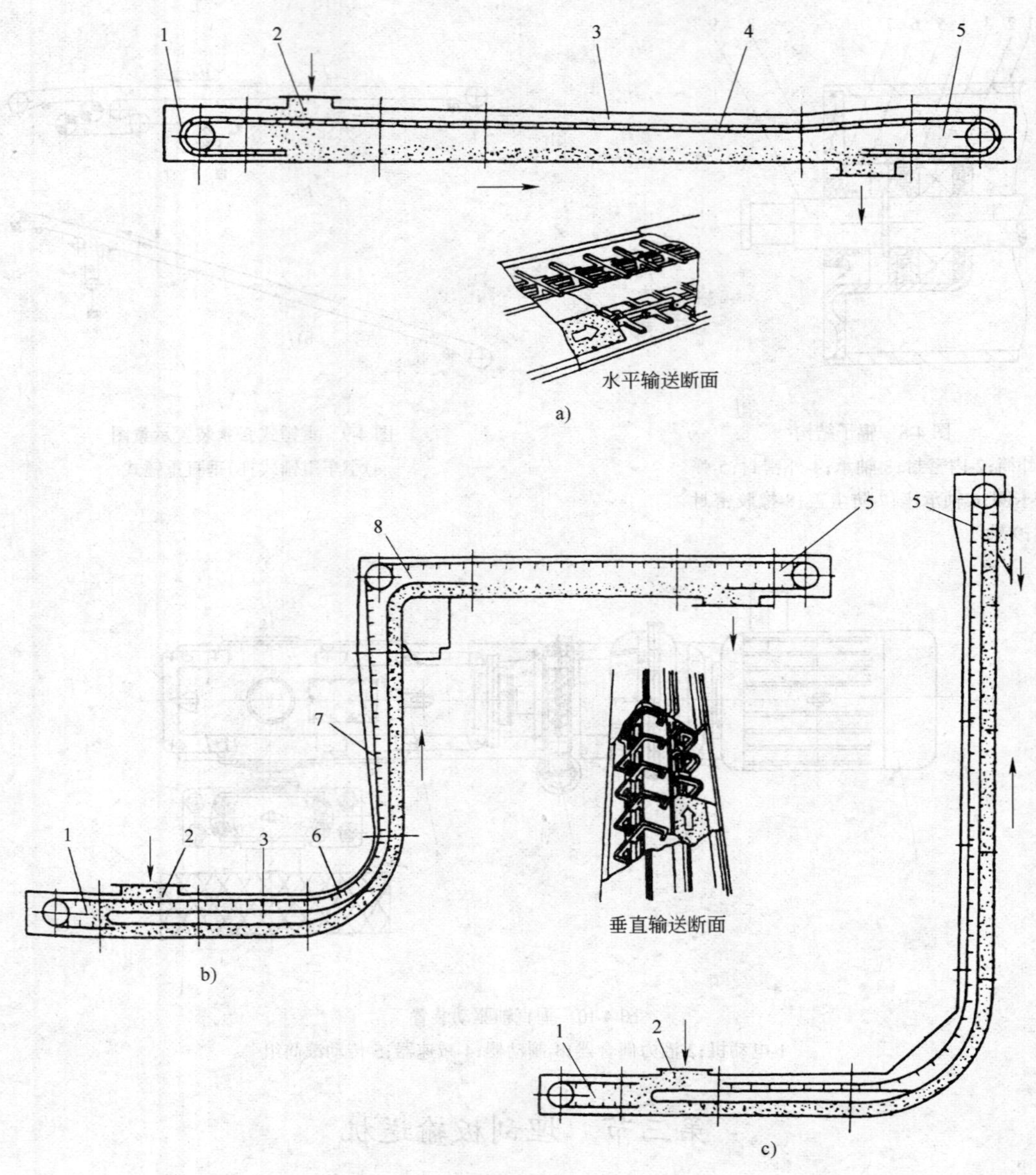

图 4-11　埋刮板输送机

a)水平型；b)Z 型；c)垂直型

1-张紧段；2-加料段；3-水平段；4-刮板链条；5-头部；6-弯曲段；7-垂直中间段；8-上回转段

种内摩擦力足以克服物料与槽壁间的外摩擦力时，物料就随同刮板链条形成连续整体的物料流而被输送。在垂直输送时，物料受到刮板链条在运行方向上的推力，当由于横向侧压力而产生的内摩擦力及下部不断给料所产生的对上部物料的推移力，大于物料与槽壁间的外摩擦力和物料重力时，物料就随着刮板链条形成连续的物料流而向上输送。物料在垂直输送过程中，

有时会产生起拱现象，但另一方面由于刮板链条在运行中的振动作用，料拱时而产生时而破坏，形成物料相对刮板链条的滞后现象，因而物料速度低于链条速度。

二、埋刮板输送机的应用特点

埋刮板输送机结构简单，质量较小，体积小，密闭性好，安装维修比较方便；其工艺布置较为灵活，既可水平输送，也能倾斜或垂直输送，可以多点加料，也可以多点卸料；由于它的壳体是密闭的，因此在输送易扬尘、有毒、易爆、高温的物料时，对防止环境污染等方面具有突出的特点。

埋刮板输送机与物料性能关系较大，通常对被输送物料有以下要求：

(1)物料堆积密度 $\rho_0 \leqslant 1.8t/m^3$，对于垂直输送，推荐 $\rho_0 \leqslant 1.0t/m^3$。

(2)物料粘结性要求用手捏成团后仍能松散。

(3)对物料粒度的要求见表 4-3。

物料粒度与槽宽关系 表 4-3

输送方式	易压碎物料		不易压碎物料	
	适宜的粒度	最大粒度(不超过 10%)	适宜的粒度	最大粒度(不超过 10%)
水平输送	$<\frac{B}{20}$	$<\frac{B}{10}$	$<\frac{B}{40}$	$<\frac{B}{20}$
垂直输送	$<\frac{B}{30}$	$<\frac{B}{15}$	$<\frac{B}{60}$	$<\frac{B}{30}$

注：1. B——机槽宽度。

2. 输送木片时，最大粒度含量可达 50%。

埋刮板输送机应用较广泛，可输送的物料种类达 1000 多种，如：碎煤、煤粉、碎炉渣、飞灰、烟灰、炭黑、磷矿粉、碳酸氢铵、尿素、氯化氨、苏打粉、硫矿铁渣、塑料单体、活性炭、固体农药、焦炭粉、石灰石粉、铬矿粉、白云石粉、铜精矿粉、氧化铝粉、氧化铁粉、石英砂、烧结返矿、水泥、粘土粉、陶土、黄砂、铸造旧砂、小麦、大豆、玉米、菜籽、米、糠、淀粉、谷物粉、麦芽、谷物壳、木片、锯末、竹片等。

三、埋刮板输送机的分类及主要参数

1. 分类

通用型埋刮板输送机适用于一般特性的散状物料。对于热料(100℃～800℃)、磨琢性物料、有毒性和渗透性物料、颗粒状粮食等需采用专用型埋刮板输送机。

埋刮板输送机按结构形式分为水平型、垂直型、Z 型、平面环型、立面环型和扣环型，见表 4-4 和图 4-12。

埋刮板输送机结构形式及代号 表 4-4

形式	水平型	垂直型	Z型	平面环型	立面环型	扣环型
代号	S	C	Z	P	L	K

2. 主要参数

通用埋刮板输送机的机槽宽度 B、承载机槽高度 H、刮板链条速度 v 及安装倾角等主要参数见表 4-5。

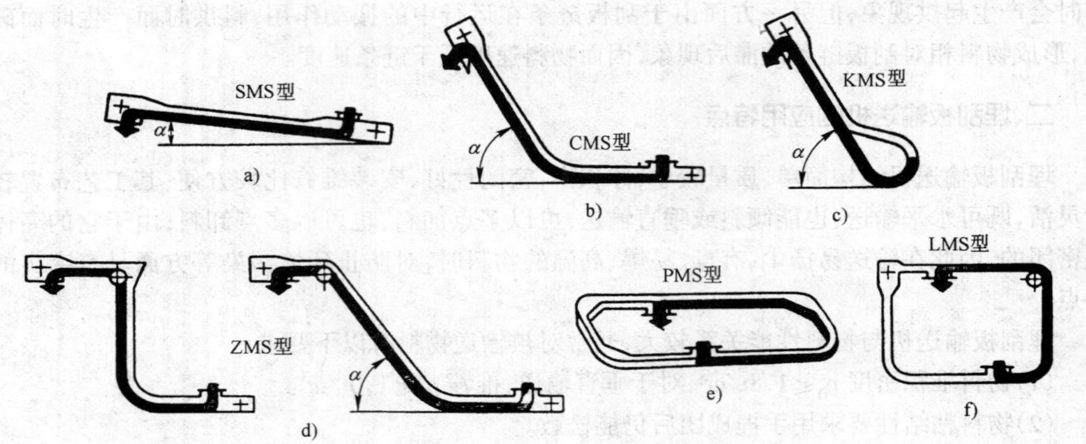

图 4-12　埋刮板输送机结构形式

a)水平型；b)垂直型；c)扣环型；d)Z 型；e)平面环型；f)立面环型

通用埋刮板输送机主要参数　　　　表 4-5

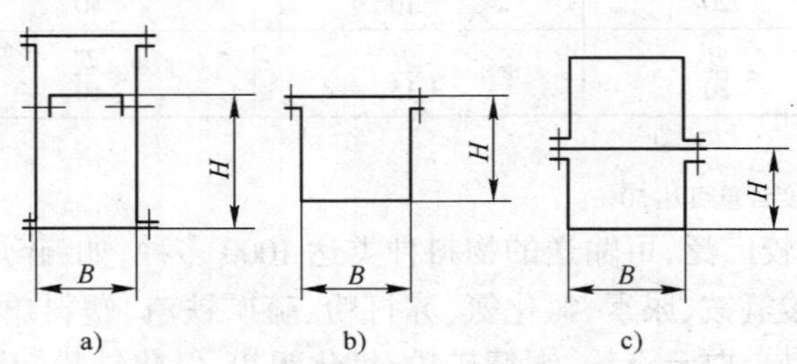

<table>
<tr><td colspan="3">机槽宽度 B(mm)</td><td>120</td><td>160</td><td>200</td><td>250</td><td>320</td><td>400</td><td>500</td><td>630</td><td>800</td><td>1000</td></tr>
<tr><td rowspan="10">结构形式</td><td>S</td><td rowspan="6">承载机槽高度 H(mm)</td><td rowspan="2">120</td><td rowspan="2">160</td><td rowspan="2">200</td><td rowspan="2">250</td><td rowspan="2">320</td><td rowspan="2">360</td><td rowspan="2">400</td><td rowspan="2">500</td><td rowspan="2">600</td><td rowspan="2">700</td></tr>
<tr><td>P</td></tr>
<tr><td>C</td><td rowspan="4">100</td><td rowspan="4">120</td><td rowspan="4">130</td><td rowspan="4">160</td><td rowspan="4">200</td><td rowspan="4">250</td><td rowspan="4">280</td><td rowspan="4">320</td><td rowspan="4" colspan="2">—</td></tr>
<tr><td>Z</td></tr>
<tr><td>L</td></tr>
<tr><td>K</td></tr>
<tr><td>S</td><td rowspan="4">整机安装倾角 α(°)</td><td colspan="10">0°～25°</td></tr>
<tr><td>C</td><td colspan="10">30°,45°,60°,75°,90°</td></tr>
<tr><td>Z</td><td colspan="10">60°,90°</td></tr>
<tr><td>K</td><td colspan="10">0°～90°</td></tr>
<tr><td colspan="3">刮板链条速度 v(m/s)</td><td colspan="10">0.08,0.10,0.16,0.20,0.25,0.32,0.40,0.50,0.63,0.80,1.00</td></tr>
</table>

注：图 a)为水平型中间段截面；图 b)为平面环型、立面环型中间段截面；图 c)为垂直型、Z 型、扣环型中间段截面。

四、埋刮板输送机的主要部件

刮板链条是埋刮板输送机承载牵引构件，是由刮板按一定节距焊接在链条上，由多个链节通过销轴等零件顺序联接而成。

1．链条

埋刮板输送机的链条主要有模锻链、套筒滚子链和板链三种形式，见图 4-13。

1)模锻链

模锻链由链杆与销轴组成，具有强度高，结构简单，机加工量少，装拆方便等特点。

2)套筒滚子链

套筒滚子链由内外链板、销轴、滚子和衬套组成。内外链板冲压而成。链条铰接处比压较低，与机槽底部及导轨为滚动摩擦，阻力小，使用寿命较长，但更换链条时必须成对更换。

3)板链

板链由两块弯曲链板点焊而成的链杆与销轴组成。弯曲链板为冲压件。板链承载能力大，拆装方便。

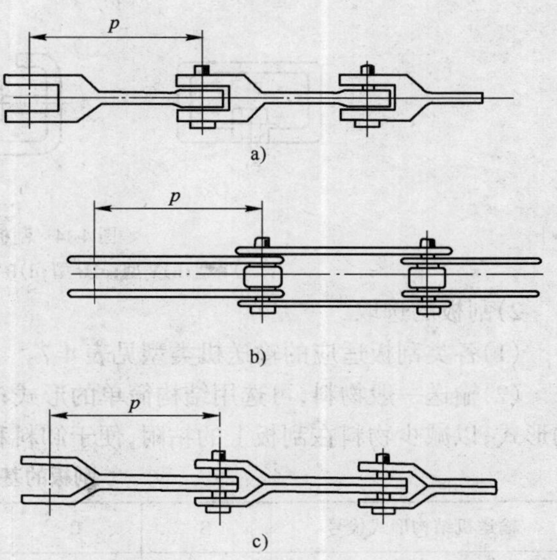

图 4-13　链条形式

a)模锻链；b)套筒滚子链；c)板链

机槽宽度与链条节距的关系见表 4-6。

机槽宽度与链条节距　　单位：mm　表 4-6

<table>
<tr><th>机槽宽度 B</th><th>120</th><th>160</th><th>200</th><th>250</th><th>320</th><th>400</th><th>500</th><th>630</th><th>800</th><th>1000</th></tr>
<tr><td rowspan="7">输送链节距 p</td><td colspan="2">80</td><td>—</td><td>—</td><td>—</td><td>—</td><td>—</td><td>—</td><td>—</td><td>—</td></tr>
<tr><td colspan="3">100</td><td>—</td><td>—</td><td>—</td><td>—</td><td>—</td><td>—</td><td>—</td></tr>
<tr><td>—</td><td colspan="3">125</td><td>—</td><td>—</td><td>—</td><td>—</td><td>—</td><td>—</td></tr>
<tr><td>—</td><td>—</td><td>—</td><td colspan="4">160</td><td>—</td><td>—</td><td>—</td></tr>
<tr><td>—</td><td>—</td><td>—</td><td>—</td><td colspan="5">200</td><td>—</td></tr>
<tr><td>—</td><td>—</td><td>—</td><td>—</td><td>—</td><td colspan="5">250</td></tr>
<tr><td>—</td><td>—</td><td>—</td><td>—</td><td>—</td><td>—</td><td>—</td><td colspan="3">315</td></tr>
</table>

2．刮板

1)刮板的形式

刮板通常用扁钢、圆钢、方钢、三角钢或角钢热弯成型。刮板材料一般为 Q235A，特别重要场合下使用 45[#] 钢，对于易破碎物料(如粮食)，也可采用工程塑料。常用刮板的基本形式见

图 4-14。

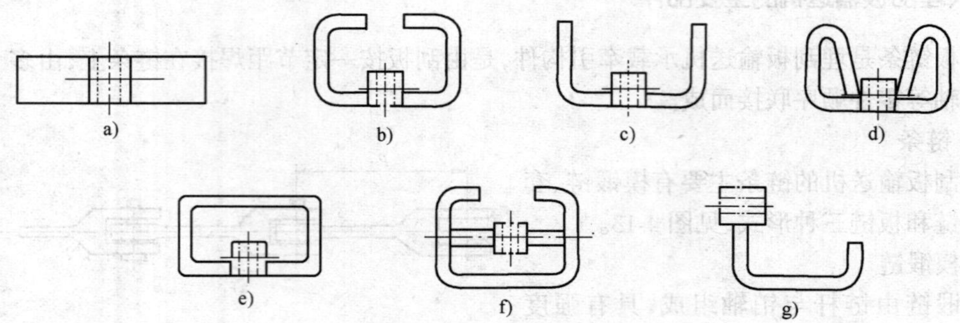

图 4-14　刮板基本形式

a)T 型;b)V 型;c)U 型;d)B 型;e)O 型;f)H 型;g)L 型

2)刮板的选取

(1)各类刮板适应的输送机类型见表 4-7。

(2)输送一般物料,可选用结构简单的形式;输送粘附性较大的物料,也宜选用结构较简单的形式,以减少物料在刮板上的粘附,便于卸料和清扫。

刮板的基本应用　　表 4-7

输送机结构形式代号		S	C	Z	P	L	K
刮板形式代号	T	○					
	V	○	○	○			○
	U	○	○	○		○	○
	B	○	○	○		○	○
	O		○			○	
	L				○		
	H						○

注:"○"表示可以选用。

(3)输送悬浮性及流动性较大的物料,应选取结构较为复杂的形式。

(4)垂直输送粉尘物料或立面环形输送可选用 O 型。

(5)输送粮食时,为降低其破碎率,提高刮板耐磨性,减小质量和降低噪声,可采用工程塑料制成的刮板。

第四节　螺旋输送机

一、普通螺旋输送机的组成及工作原理

螺旋输送机是一种没有挠性牵引构件的输送机。它依靠带有螺旋叶片的轴在封闭的料槽中旋转而推动物料运动。

普通螺旋输送机(图 4-15)由一个头节、一个尾节和若干个中间节组成,每节长 2~3m,以

便于制造和运输。

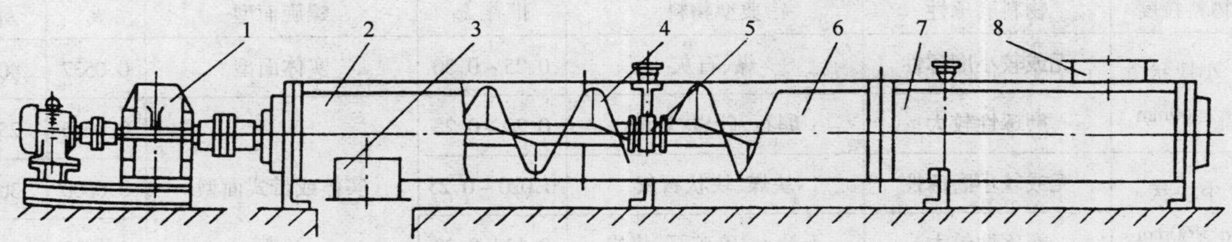

图 4-15　普通螺旋输送机简图

1-驱动装置;2-头节;3-出料口;4-螺旋轴;5-吊轴承;6-中间节;7-尾节;8-进料口

料槽为 U 形截面,各节间用螺栓连接。螺旋轴上的叶片有三种面型,如图 4-16。

二、螺旋输送机的应用特点

螺旋输送机的结构较简单,横向尺寸紧凑,便于维护,可封闭输送,对环境污染小,装卸料点位置可灵活变动,在输送过程中还可进行混合、搅拌等作业。但物料在输送过程中与机件摩擦剧烈且产生翻腾,易被研碎,能耗及机件磨损较严重。因此,它的机长一般在 70m 以内,输送能力一般小于 100t/h。它适于输送粘性小的粉状、粒状及小块物料,不宜输送易变质的、粘性大的、易结块的及大块的物料。

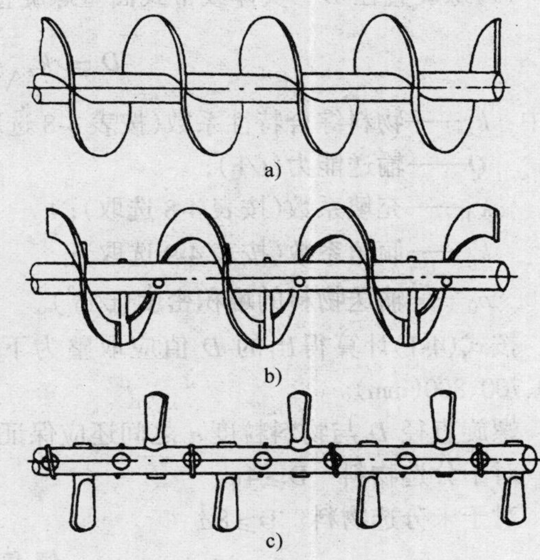

图 4-16　螺旋叶片面型

a)实体面型;b)带式面型;c)叶片面型

输送干燥的、粘度小的粉状或粒状物料,宜采用实体面型螺旋;输送块状或粘度中等的物料,宜采用带式面型螺旋;输送粘度较大的物料或需在输送中完成搅拌、混合等工艺时,宜采用叶片面型螺旋。

叶片一般作成右旋螺线,特殊要求时可部分作成左旋,以实现由中间向两端或由两端向中间输送。螺旋输送机根据需要可设置多个进料口和出料口,多个进料口可同时进料,但多个卸料口不能同时卸料。普通螺旋输送机推荐的螺旋面型、充填系数及相关经验系数见表 4-8。

普通螺旋输送机推荐螺旋面型及经验系数 k_d、k_z、k_1　　表 4-8

物料粒度	物料磨琢性	典型物料	推荐 k_d	螺旋面型	k_z	k_1
粉状	无磨琢性及磨琢性小	煤粉	0.35~0.40	实体或叶片面型	0.0415	75
		面粉、石墨、石灰、苏打			0.0490	50
	磨琢性较大	干炉渣、水泥、石膏粉	0.25~0.30		0.0565	35
粒状	无或较小磨琢性	谷物、锯木屑、泥煤、食盐	0.25~0.35		0.0490	50
	磨琢性较大	造型土、型砂、炉渣	0.25~0.30		0.0600	30

续上表

物料粒度	物料磨琢性	典型物料	推荐 k_d	螺旋面型	k_z	k_1
小块状 $a \leqslant 60$mm	无或较小磨琢性	煤、石灰	0.25～0.30	实体面型	0.0537	40
	磨琢性较大	卵石、砂岩、炉渣	0.20～0.25		0.0645	25
中块状 $a > 60$mm	无或较小磨琢性	块煤、块状石灰	0.020～0.25	实体或带式面型	0.0600	30
	磨琢性较大	干粘土、硫矿石、焦炭	0.12～0.20		0.0795	15
团状	粘性、易结块	糖、淀粉质的团	0.12～0.20	带式或叶片面型	0.0710	20

注：k_d—充填系数，k_z—物料综合特性系数，k_1—物料特性系数。

三、螺旋输送机的主要参数

(1)螺旋直径 D　实体或带式面型螺旋直径 D 由下式计算：

$$D \geqslant k_z \sqrt[2.5]{\frac{Q}{k_d k_\beta \rho_0}} \quad (\mathrm{m}) \tag{4-1}$$

式中：k_z——物料综合特性系数(按表 4-8 选取)；

Q——输送能力(t/h)；

k_d——充填系数(按表 4-8 选取)；

k_β——倾角系数(按表 4-9 选取)；

ρ_0——输送物料的堆积密度(t/m^3)。

按式(4-1)计算得出的 D 值应取整为下列的标准螺旋直径：150、200、250、300、400、500、600、700、800(mm)。

螺旋直径 D 与物料粒度 a 之间还应保证下式成立：

对于分选物料　$D \geqslant 4a$

对于未分选物料　$D \geqslant 8a$

倾角系数 k_β　表 4-9

输送倾角	0°	≤5°	≤10°	≤15°	≤20°
k_β	1.00	0.90	0.80	0.70	0.65

(2)螺旋节距 p：

实体面型螺旋　$p = 0.8D$；

带式面型螺旋　$p = D$；

叶片面型螺旋　$p = 1.2D$。

(3)螺旋转速 n　为避免在输送中物料被螺旋叶片抛起，螺旋转速 n 应小于极限转速 n_j。

$$n_j = k_1 / \sqrt{D} \quad (\mathrm{r/min}) \tag{4-2}$$

式中：k_1——物料特性系数(按表 4-8 选取)。

按式(4-2)计算得出 n_j 后，应在下列标准数值之中选一小于 n_j 的值作为螺旋转速 n。螺旋转速 n：20、30、35、45、60、75、90、120、150、190(r/min)。

在选定了 D 及 n 后，应按式(4-3)校验充填系数 k_d。通过调整 n 或 D 使 k_d 在表(4-8)给定的范围内。

$$k_d = \frac{Q}{47 k_\beta D^2 n p \rho_0} \tag{4-3}$$

第五节　斗式提升机

一、斗式提升机的工作原理及组成

斗式提升机(简称斗提机)(图 4-17)用于在竖直或大倾角($\delta > 70°$)线路上输送散状物料。

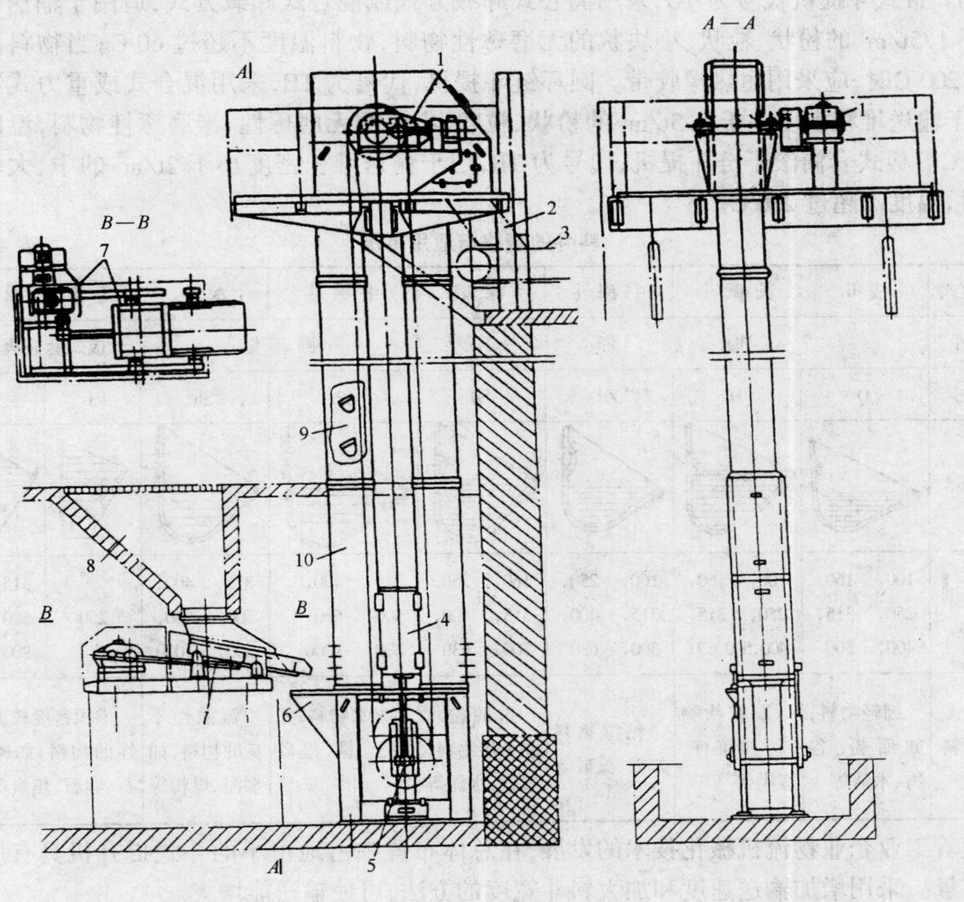

图 4-17　斗式提升机设备系统

1-驱动装置;2-卸料槽;3-带式输送机;4-张紧重锤;5-张紧装置;6-底部装载槽;7-往复式给料器;8-存斗;9-牵引件及料斗;10-提升机罩壳

斗式提升机用固接着一系列料斗的牵引件(胶带或链条)环绕上驱动滚筒或链轮和下张紧滚筒或链轮,构成具有上升分支和下降分支的闭合环路。斗式提升机的驱动装置装在上部,使牵引件获得动力;张紧装置装在底部,使牵引件获得必要的初张力。物料从底部装载,上部卸载。除驱动装置外,其余部件均装在封闭的罩壳内。

二、斗式提升机的应用特点及料斗形式

斗式提升机的突出优点是在提升高度确定后输送路线最短,占地少,横断面小,结构紧凑,有罩壳封闭,不扬灰尘,有利环保。但是,斗式提升机输送物料品种受限制,对过载敏感,供料

要求均匀。

斗式提升机可用于运送粒状和块状物料，在建筑材料、耐火材料、矿山运输及粮食加工等行业获得广泛应用。斗式提升机的输送能力一般在 300m³/h 以下，提升高度一般在 40m 以下。由于斗式提升机的单机输送能力和提升高度大，因而常用作工业企业物流机械化系统中的主要提升机械。

斗式提升机应用最广的是带式、圆环链式和板式套筒滚子链式三种形式，所用料斗形式见表 4-10。带式斗提机代号为 TO，采用离心式卸载方式或混合式卸载方式，适用于输送堆积密度小于 1.5t/m³ 的粉状、粒状、小块状的无磨琢性物料，物料温度不超过 60℃；当物料温度在 60℃～200℃时，应采用耐热橡胶带。圆环链斗提机，代号为 TH，采用混合式或重力式卸载方式，用于输送堆积密度小于 1.5t/m³ 的粉状、粒状、小块的无磨琢性、半磨琢性物料，温度不超过 250℃。板式套筒滚子链斗提机，代号为 TB，用于输送堆积密度小于 2t/m³ 的中、大块磨琢性物料，温度不超过 250℃。

料斗的规格与适用范围　　表 4-10

料斗形式	浅斗	圆弧斗	中深斗	深斗	中深斗	深斗	角斗	梯形斗
牵引件	橡胶带				圆环链		板式套筒滚子链	
代号	Q	H	Zd	Sd	Zh	Sh	J	T
形状								
斗宽范围（mm）	100，160，250，315，400，500	100，160，250，315，400，500，630	160，250，315，400，500，630	160，250，315，400，500，630	315，400，500，630，800，1000	315，400，500，630，800，1000	250	315，400，500，630，800，1000
适用物料	细轻物料，如面粉、谷物、木屑等	颗粒状物料，如菜籽、豆类等	粘湿物料如糖、湿砂等	重的粉状或小块物料，如砂、水泥等	含水物料，如粘土、糖、湿砂等	流散性不良的物料，如水泥、煤粉等	堆积密度较大、磨琢性的物料，如碎石、矿石、卵石、焦炭等	

随着工业企业物流机械化技术的发展，在总体布置中占地很小的斗式提升机具有广阔的应用前景。采用增加输送速度和加大料斗宽度的方法，可使输送能增大。

三、斗式提升机的装载与卸载

1．斗式提升机的装载

斗式提升机的装载分为注入式、挖取式及混合式三种。散状物料通过装载槽装入斗式提升机的底部。大块物料的装载常对斗产生冲击和阻塞，不宜使用斗式提升机。

1)注入式装载

料斗在牵引件上密集布置的斗式提升机多采用注入式装料。为减轻注入时的冲击，避免物料从料斗弹出，散料应以微小速度均匀地落入迎面而来的料斗中(图 4-18)，以形成比较稳定的连续料流。如不能保证均匀供料，需加装给料器，如往复式给料器

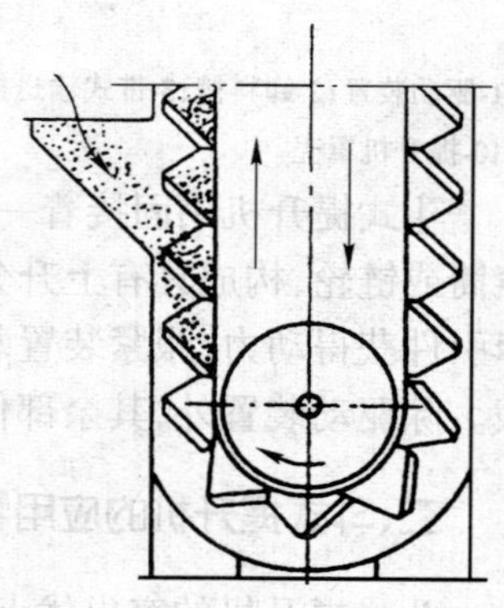

图 4-18　注入式装载

(图 4-17)。装料口的下边位置要有一定的高度。注入式装载的斗式提升机运行速度较低,一般不超过 1m/s,适用于输送块度较大和磨琢性的物料。

2)挖取式装载

料斗在牵引件上布置稀疏的斗式提升机多采用挖取式装料。挖取时,斗式提升机底部充满物料,料斗前边插入其中,切割取料,因此,挖取阻力显著增大。采用挖取式装料的带式斗提机的底部应设置与料斗运转轨迹相配合的挖取槽底。在装料处的料斗群旁用侧挡板罩住,可防物料跑出。完全采用挖取方式装料的只能用于输送粉状及小颗粒流动性良好物料的场合,料斗运行速度在 2m/s 以下。

3)混合式装载

料斗在牵引件上稀疏布置时,注入在两料斗间的物料将跌落并集结于斗提机的底部。该部分物料将被料斗挖取,于是形成兼有注入与挖取的混合式装载方式。

2. 斗式提升机的卸载

斗式提升机的卸载方式有离心式、重力式及混合式三种(见图 4-19)。

当装满物料的料斗由上升分支运行至头部驱动轮后,在料斗中物料某质点同时受重力 mg 与离心力 $m\omega^2 r$ 的作用,其合力 F 的方向通过一点 p。随着料斗在驱动轮上继续运动,合力 F 的作用线与中心线的交点 P 可视为固定不变,P 点称极点,PO 线段称极距 h。

$$h = \frac{895}{n^2} \quad (\mathrm{m})$$

式中:n——驱动轮转速(r/min)。

由上式可知,当驱动轮转速恒定时,极距 h 也就确定。随着 n 增大,h 减小,物料所受离心力增大;反之亦然。

1)重力式卸载

当 $h > r_0$ 时,极点位置在料斗外边缘轨迹之外,重力值比离心力值大。料斗内物料颗粒向料斗的内边移动,物料颗粒受重力影响卸出,故称重力式卸载。

重力式卸载一般用链条作牵引件,也可用橡胶带。在输送灼热物料时,应采用耐热橡胶带。在满足重力式卸载的条件下,料斗在牵引件上可密集布置或稀疏布置,用于堆积密度大、有磨琢性的物料。选用速度较低,一般取 0.4~0.8m/s。

2)离心式卸载

当 $h < r_i$ 时,极点在驱动轮的圆周内,颗粒的离心力远大于重力。料斗内物料颗粒向斗的外边移动,物料受离心力的影响而抛出,故称离心式卸载。

离心式卸载方式多用橡胶带作牵引件,料斗多

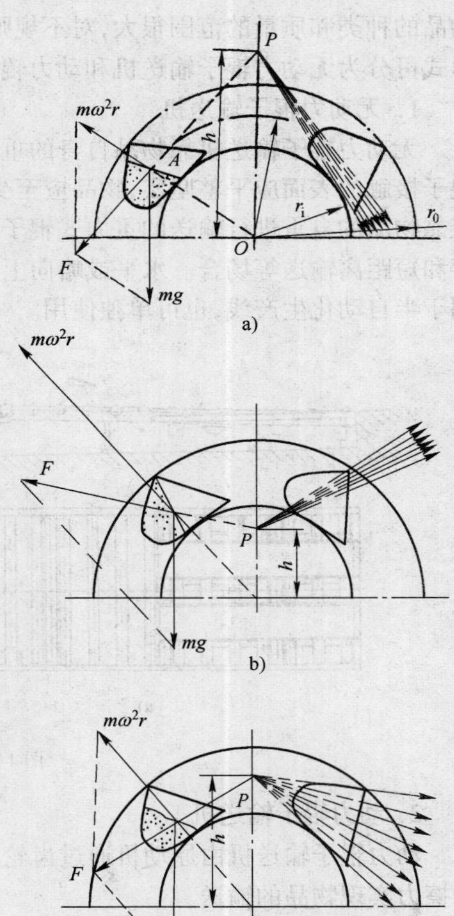

图 4-19 斗式提升机的卸载方式

a)重力式;b)离心式;c)混合式

为稀疏布置，也可密集布置，用于流动性良好的粉末状、小颗粒物料，速度可取 1～3.5m/s。

3)混合式卸载

当 $r_i < h < r_0$ 时，极点位于驱动轮圆周与料斗外边缘轨迹之间，颗粒离心力值与重力值差异很小，料斗内物料一部分沿料斗外边卸出，一部分沿料斗内边卸出，故称混合式卸载。多用链条作牵引件，料斗稀疏布置，用于流动性不良的粉状或含水物料。速度介于上述两种之间，可取 0.6～1.6m/s。

第六节　辊子输送机

一、辊子输送机的结构形式及应用

辊子输送机是利用辊子的转动来输送成件物品的输送机械。它可沿水平或具有较小倾角的直线或曲线路径进行输送。辊子输送机结构简单，安装、使用、维护方便，工作可靠，其输送物品的种类和质量的范围很大，对不规则的物品可放在托盘上进行输送。辊子输送机按结构形式可分为无动力辊子输送机和动力辊子输送机。

1. 无动力辊子输送机

无动力辊子输送机靠物品自身的重力或人力使物品在辊子上进行输送(图 4-20)。物品与辊子接触的表面应平整坚实，物品应至少具有跨过三个辊子的长度。辊子输送机略向下倾斜，依靠物品的自重进行输送的重力式辊子输送机，多用在输送机械的尾端或始端以及重力式储存和短距离输送等场合。水平或略向上倾斜的外力式辊子输送机依靠人力推动物品运行，多用于半自动化生产线，也可单独使用。

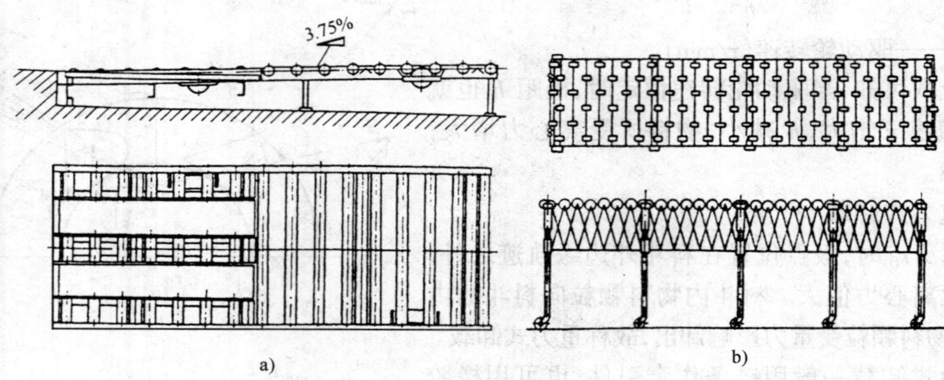

图 4-20　无动力辊子输送机

a)重力式；b)外力式

2. 动力辊子输送机

动力辊子输送机由原动机通过齿轮、链轮或带传动驱动辊子转动，靠转动辊子和物品间的摩擦力实现物品的输送。

1)链传动辊子输送机

链传动使用最广，从传动机构来分有连续式链传动和接力式链传动(图 4-21)。

2)摩擦传动辊子输送机

这种传动主要是带传动，有圆形带(图 4-22)、梯形带、平行带等传动方式。摩擦传动具有工作平稳，噪声小，不易过载，便于实现物品的积放等优点，使用日益广泛。

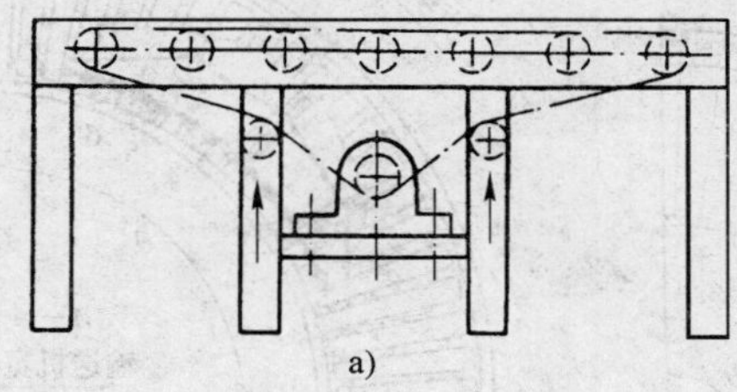

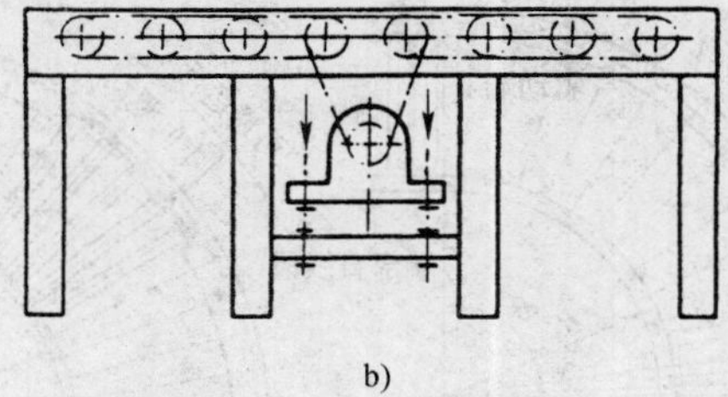

图 4-21　链传动辊子输送机

a)连续式链传动；b)接力式链传动

3)齿轮传动辊子输送机(图 4-23)

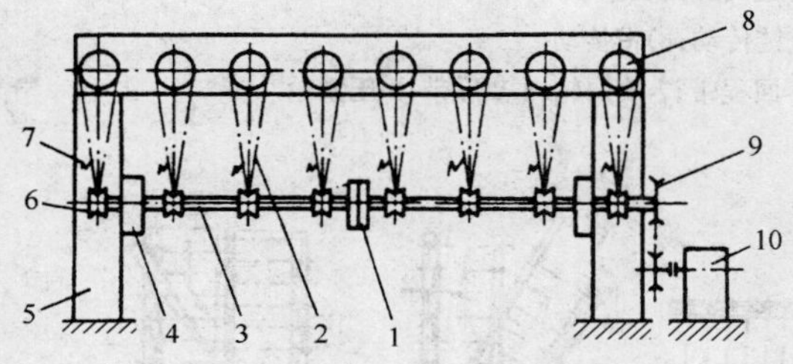

图 4-22　圆形带传动辊子输送机

1-联轴器；2-传动带；3-传动轴；4-轴承座；5-机架；6-带轮；7-张紧装置；8-辊子；9-链轮；10-驱动装置

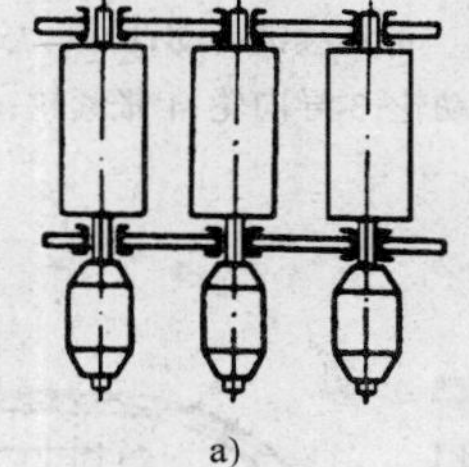

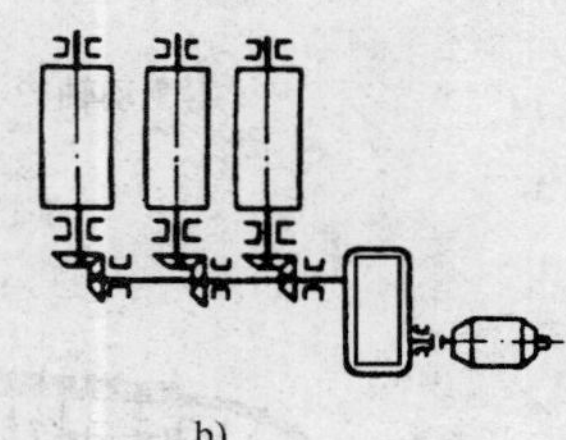

图 4-23　齿轮传动辊子输送机

a)单个辊子传动；b)分组辊子传动

这种传动有单个辊子传动和分组辊子传动两类。多用于较繁重的输送作业，输送距离一般较短。

二、辊子输送机的曲线段

无动力辊子输送机曲线段形式见图 4-24。

最简单的是柱形辊子式，但不易诱导物品沿弯道运行。将长辊子分为数排短辊子或者使辊子错开布置都对物品的弯道运行有利。采用锥形辊子作弯道，最有利于运输物品的弯道运行。

动力辊子输送机的曲线段有三种基本形式(图 4-25)，驱动段可布置在内半径或外半径上，与辊子输送机相联的曲线段两端应各设两根柱形辊子组成直线段，以便物品的进出。

三、辊子输送机的转辙装置

物品在辊子输送机系统中进行输送时，可借助各种形式的转辙装置(图 4-26)从一条运输路径转移到另一条路径。

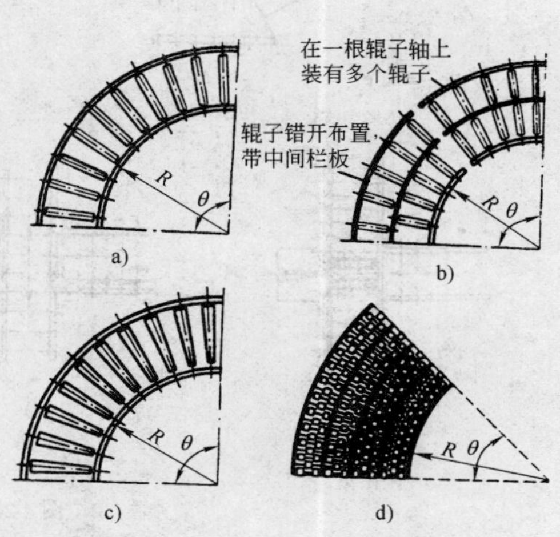

图 4-24　无动力辊子输送机的曲线段

a)柱形辊子式；b)差速辊子式；c)锥形辊子式；d)短辊子差速式

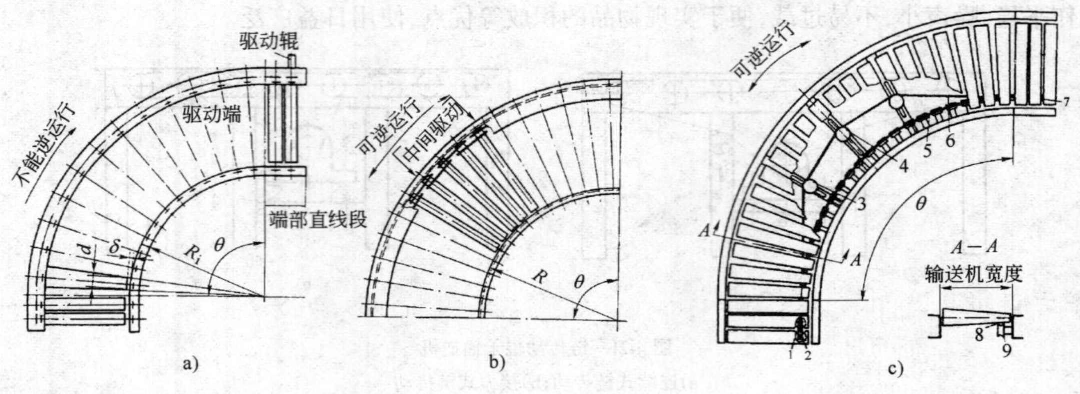

图 4-25　动力辊子输送机的曲线段

a)连续链传动；b)接力式链传动；c)带传动

1-驱动轴；2、5-驱动轮；3-导向轮；4-张紧轮；6-回程带；7-改向轮；8-V 形带；9-压紧轮

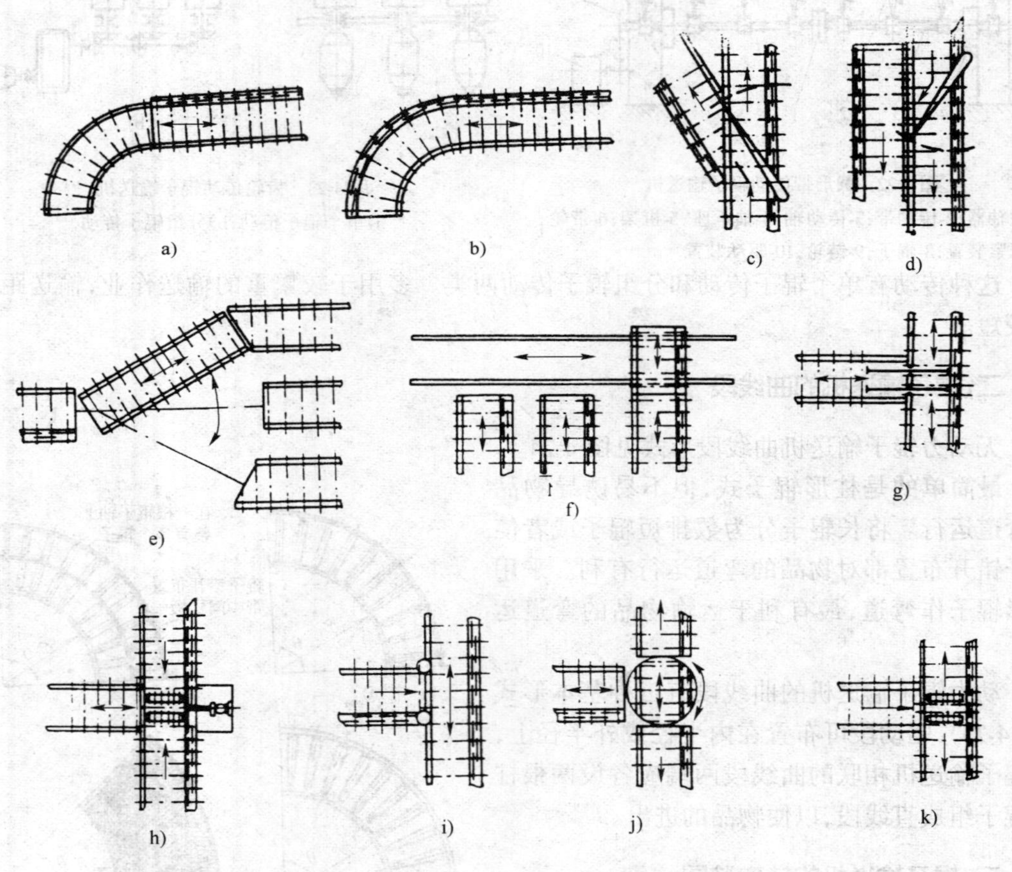

图 4-26　转辙装置

a)无动力辊子输送曲线段；b)链传动辊子输送曲线段；c)分流装置和岔道；d)分流装置平行辊道；e)开关段；f)转辙小车；g)链传动输送升降装置；h)辊子输送机带推出器升降装置；i)直角("触头")；j)回转台；k)辊子输送机升降装置

第七节　悬挂输送机

一、悬挂输送机的应用特点

悬挂输送机适用于厂内成件物品的空中输送。运输距离由十几米到几千米，输送物品单件质量由几千克到5t，运行速度为0.3~25m/min。

悬挂输送机所需驱动功率小，设备占地面积小，便于组成空间输送系统，实现整个生产工艺过程的搬运机械化和自动化。

根据牵引件与载货小车的连接方式，悬挂输送机可分为通用悬挂输送机和积放式悬挂输送机，如载货小车在地面上运行则称拖式悬挂输送机(图4-27)。

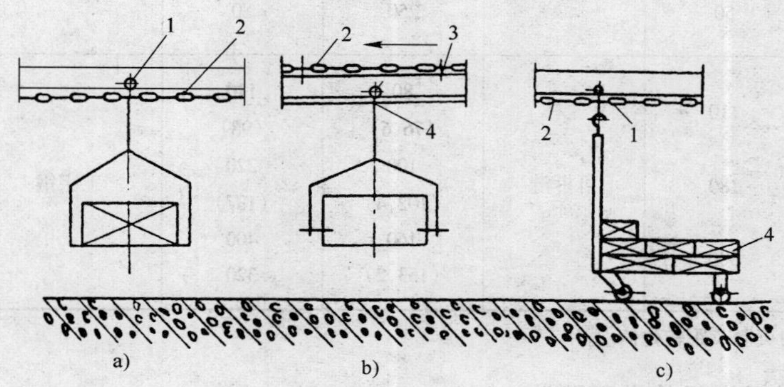

图4-27　悬挂输送机类型

a)通用悬挂输送机；b)积放式悬挂输送机；c)拖式悬挂输送机

1-滑架小车；2-牵引链条；3-推杆；4-承载小车

二、通用悬挂输送机的结构与工作原理

通用悬挂输送机(图4-28)由构成封闭回路的牵引件、滑架小车、轨道、张紧装置、驱动装置

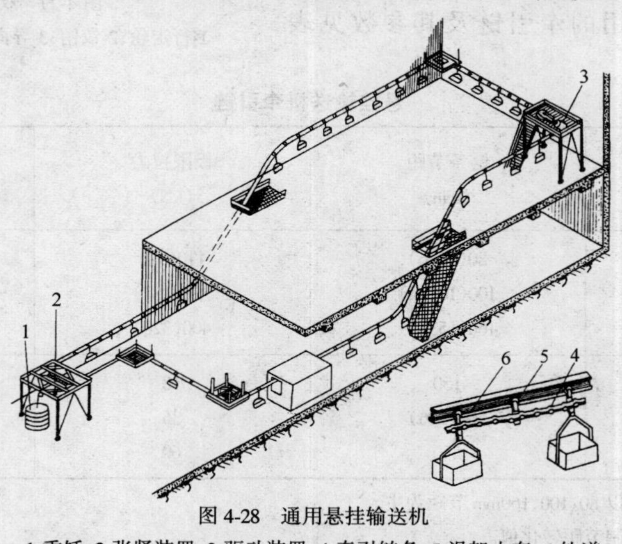

图4-28　通用悬挂输送机

1-重锤；2-张紧装置；3-驱动装置；4-牵引链条；5-滑架小车；6-轨道

和安全装置等部件组成。成件物品挂在沿轨道运行的滑架小车上。由于在运行过程中需进行装卸载,有时在输送物品同时还要进行一定的工艺操作,因此通用悬挂输送机的运行速度较低,多在 8m/min 以下。

通用悬挂输送机的主要型号及技术参数见表 4-11。

通用悬挂输送机主要型号及技术参数 表 4-11

输送机型号	单车许用承载能力(kg)	牵引件			轨道	
		形式	节距(mm)	极限拉力(kN)	截面形式	截面高度(mm)
QXT150	12.5	双铰接链	150	18	开口方管	55(47)
QXT200	32	双铰接链	200(206)	36	开口方管	70(68)
QXT250	50	双铰接链	250	80	开口方管	80
XT80	110	可拆链	80(76.6)	110(98)	工字钢	100(80)
XT100	180	可拆链	100(102.4)	220(187)	工字钢	126(100)
XT160	500	可拆链	160(153.2)	400 320	工字钢	160

注:括号内数字为英制节距转化值。

三、通用悬挂输送机的主要部件

1. 牵引链

重型通用悬挂输送机(单点承载能力 100kg 以上)的牵引件,采用可拆链;轻型(单点承载能力 100kg 以下)的一般采用双铰接链(图 4-29),也可采用环形焊接链或钢丝绳。

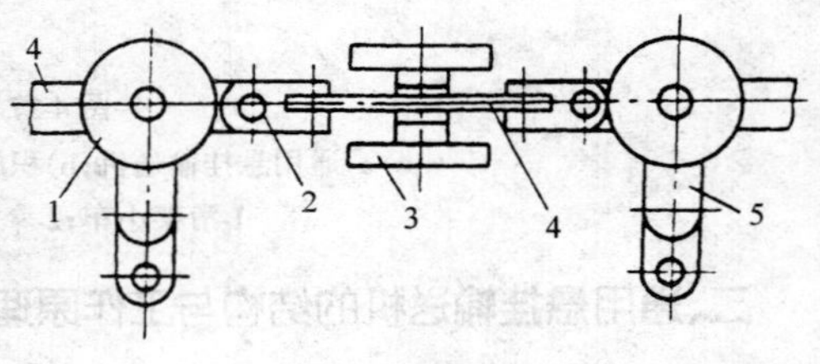

图 4-29 双铰接链

1-行走轮;2-铰销;3-导向轮;4-链片;5-吊板

悬挂输送机常用的牵引链及其参数见表 4-12。

悬挂输送机牵引链 表 4-12

类型	链条节距(mm)	极限拉力(kN)	许用拉力(kN)
可拆链	80(76.6)	110(98)	8
	100(102.4)	220(187)	15
	160(153.2)	400(320)	30
双铰接链	150	18	1.5
	200(206)	36	3.0
	250	60	5.0

注:1. 可拆链选用推荐以 80、100、160mm 节距为主。

2. 括号内数字为英制节距转化值。

2．滑架小车

滑架小车的主要结构形式见图 4-30。可拆链上的滑架小车根据负载情况分为负载滑架、重载滑架和空载滑架。滑架在线路上的配置见图 4-31，当货物中心距 $T>900$mm 时，中间应设载滑架，以支承链条，防止其过度下垂。

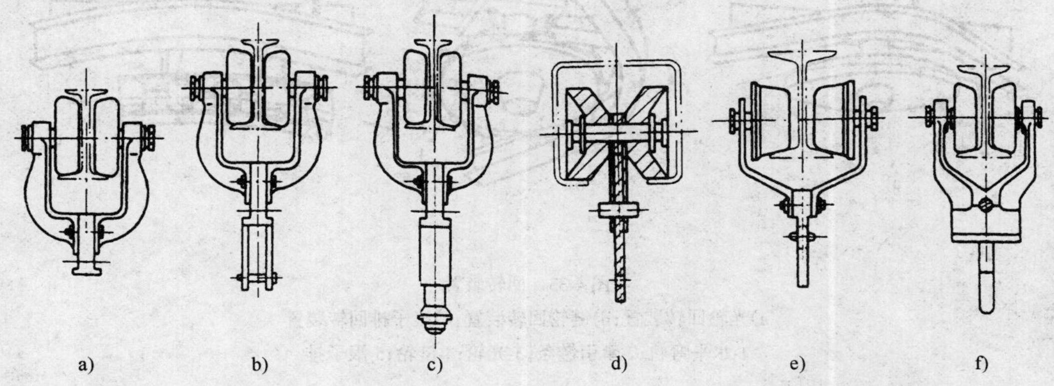

图 4-30　滑架小车结构型式

a)、b)、c)可拆链滑架小车；d)双铰接链滑架（承载轮）小车；e)环链滑架小车；f)钢丝绳滑架小车

3．轨道

通用悬挂输送机轨道有直轨、水平弯轨和垂直弯轨。轨道截面的型式见图 4-32。重型通用悬挂输送机轨道为工字钢，牵引链为可拆链。链条节距 $p=100$mm 时，选用 10～14 号工字钢；$p=160$mm 时，选用 14 或 16 号工字钢。轻型通用悬挂输送机多选用封闭型（开口方管或开口圆管）轨道，此时，在一条输送线上，至少需设置一个检查孔，以观察牵引链条的运行情况。

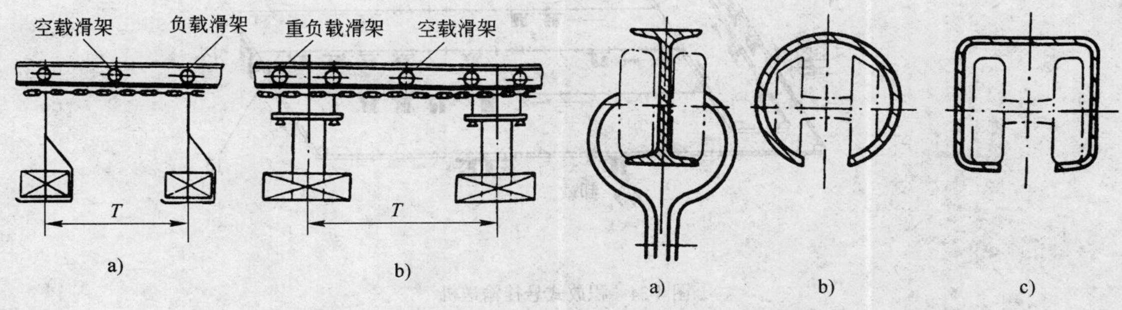

图 4-31　滑架小车配置

图 4-32　通用悬挂输送机轨道截面形式

4．回转装置

重型通用悬挂输送机的水平弯轨连同支撑牵引链条的链轮、光轮或滚子排称为回转装置（图 4-33）。采用光轮和滚子排回转装置时，轨道弯曲半径为 315、400、500、630、800、1000、1250、1600、2500mm。其中小尺寸适用于光轮，大尺寸或转角较小时宜采用滚子排。

轻型通用悬挂输送机的水平回转通过水平弯轨实现，小半径（$R<400$mm）回转时也可采用回转轮。其水平弯轨半径为 350、500、600、800、1000、1250、1600、2000mm。

四、积放式悬挂输送机

积放式悬挂输送机（图 4-34）与通用悬挂输送机的主要区别在于：

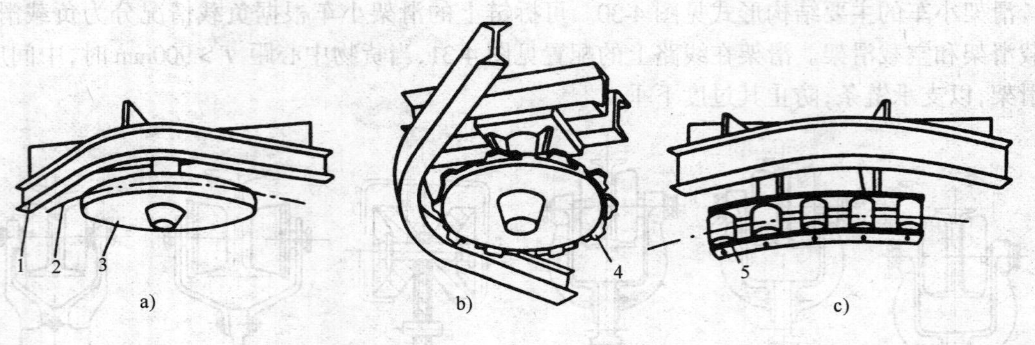

图 4-33 回转装置

a)光轮回转装置;b)链轮回转装置;c)滚子排回转装置

1-水平弯轨;2-牵引链条;3-光轮;4-链轮;5-滚子排

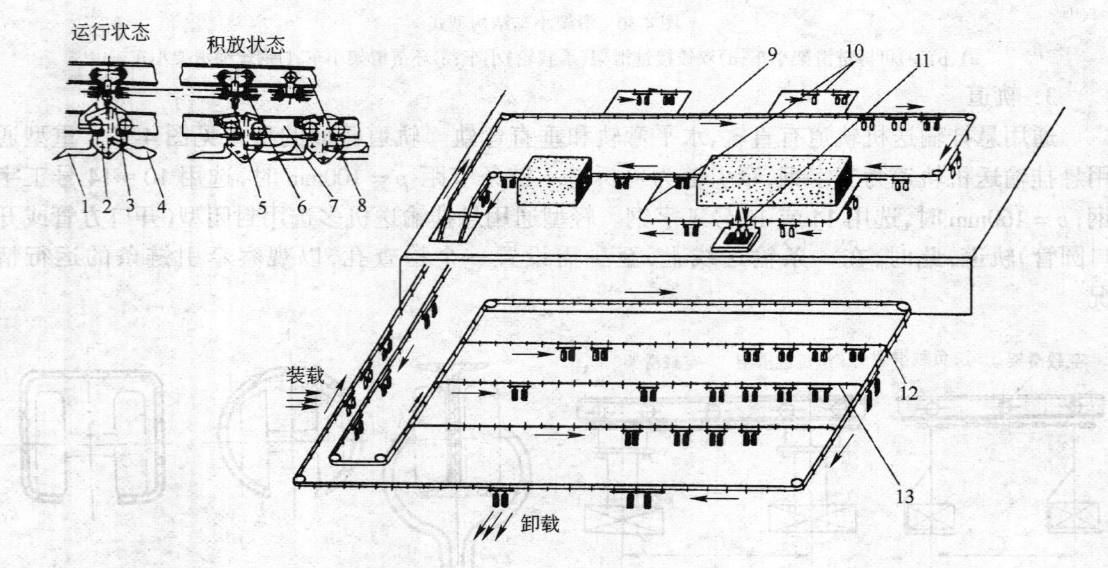

图 4-34 积放式悬挂输送机

1-尾板;2-积放式小车车体;3-拨爪;4-前杆;5-推杆;6-牵引链条;7-载重轨道;8-牵引轨道;9-主线;10、13-副线;11-升降段;12-道岔

(1)承载件(载重小车)与牵引件无固定联接,而是靠牵引件上的推杆推动载重小车运行。因此,也称为推式悬挂输送机。牵引件与载重小车有各自的运行轨道。

(2)有道岔装置,载重小车可与牵引件脱开,从一条输送线路转到另一条输送线路。

(3)有停止装置,载重小车可在线路上任意位置停车,故能同时完成运输、储存、工艺操作过程和组织协调生产的任务。

积放式悬挂输送机多用于大批量生产的企业中。除机械部件外,在电气控制上采用小车自动寄送装置和线路自动装置,可实现生产运输的机械化和自动化。积放式悬挂输送机的主要性能及结构参数见表 4-13。

积放式悬挂输送机性能参数

表 4-13

输送机型号	单小车承载能力(kg)	牵引件		轨道	
		类型	节距(mm)	牵引轨	承载轨
XJ50	50	双铰接链	200	开口方管 h = 70mm	冷弯槽钢 h = 70mm
XJ125	125	双铰接链	250	开口方管 h = 80mm	2 槽钢 8
		可拆链	80	工字钢 8	2 槽钢 8
		可拆链	100	工字钢 8	2 槽钢 8
XJ500	500	可拆链	100	工字钢 10	2 槽钢 10
XJ1250	1250	可拆链	160	工字钢 10	2 槽钢 16

第八节　臂式斗轮堆取料机

一、臂式斗轮堆取料机的用途及组成

臂式斗轮堆取料机是冶金、电力、港口、焦化、建材等部门的大、中型储料场散料堆取作业中广泛使用的大型关键设备。它们具有堆取能力大,料场占地面积较小,操作方便,易实现自动化控制等优点,但要求物料的粒度、粘度和湿度不能太大。

臂式斗轮堆取料机类型(图 4-35)可分为:

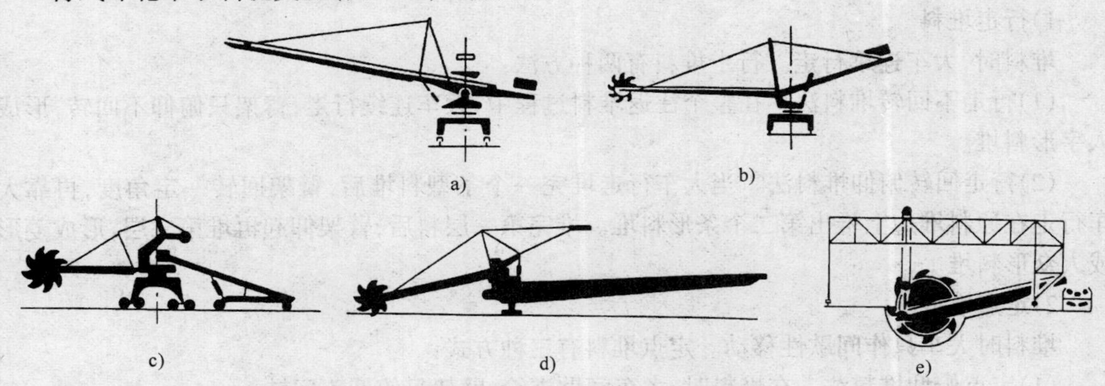

图 4-35　臂式斗轮堆取料机类型

a)臂式堆料机;b)臂式斗轮取料机;c)臂式斗轮堆取料机;d)圆形料场用臂式斗轮取料机;e)门架臂式斗轮取料机

(1)臂式堆料机(4-35a),适用于条形料场,只能堆料。

(2)臂式斗轮取料机(图 4-35b),适用于条形料场,只能取料。

(3)臂式斗轮堆取料机(图 4-35c),适用于条形料场,既能取料,又能堆料。

(4)圆形料场用臂式斗轮取料机(图 4-35d),适用于圆形料场,在圆形轨道上运行,与摇臂堆料机组合进行堆取作业。

(5)门架臂式斗轮取料机(图 4-35e),适用于地沟式中转储料场,与自卸汽车及火车配合使用。

臂式斗轮堆取料机(图 4-36)主要包括斗轮机构、胶带输送机、俯仰机构、回转机构、运行机构、金属结构、电气设备、司机室、电气室、尾车和辅助装置。其中,斗轮机构、胶带输送机是机器的主要工作机构,它们连续运行,与物料直接接触。俯仰机构、回转机构和运行机构周期性运行,以完成机器的分层、横向(回转)进给和纵向(行走)进给动作。尾车则是堆料机与堆场带式输送机系统的衔接设备。

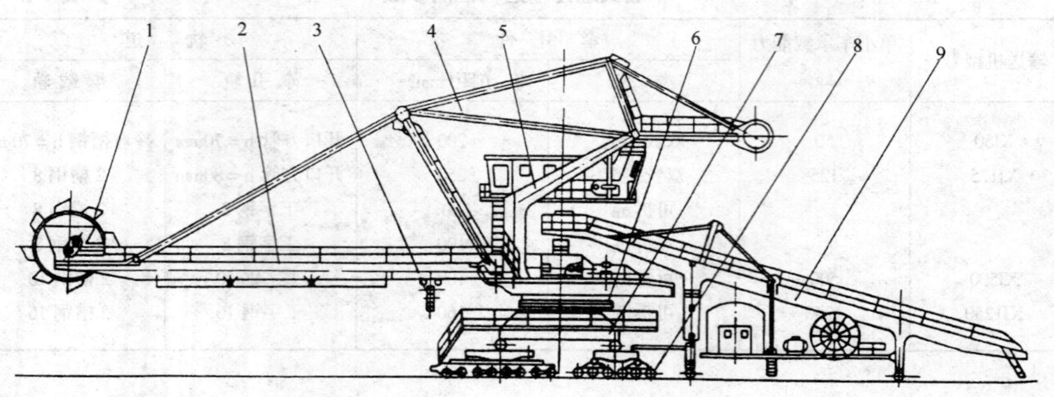

图 4-36　臂式斗轮堆取料机

1-斗轮机构;2-臂架;3-胶带输送机;4-俯仰机构;5-门柱;6-回转机构;7-门座;8-运行机构;9-尾车

二、臂式斗轮堆取料机的作业工艺

1．堆料工艺

臂式堆料机和斗轮堆取料机的堆料工艺按照其大车的动作特点分为两种基本方式，即行走堆料和定点堆料。

1)行走堆料

堆料时,大车连续行走。行走堆料有两种方法:

(1)行走不回转堆料法　在整个往返堆料过程中,大车连续行走,臂架只俯仰不回转,形成人字形料堆。

(2)行走回转俯仰堆料法　当大车行走堆完一个条型料堆后,臂架回转一定角度,再靠大车行走在原料堆边上堆出第二个条形料堆。堆完第一层料后,臂架仰起再堆第二层,形成菱形或人众形料堆。

2)定点堆料

堆料时大车只作间歇性移动。定点堆料有三种方式:

(1)定点俯仰堆料法　在堆料时,大车间歇进给,臂架只俯仰不回转。

(2)定点回转堆料法　在堆料时,臂架回转摆动和俯仰,大车间歇进给。

(3)定点混合堆料法　在堆料时完成一个定点的堆料循环后,臂架和大车同时进给动作。

2．取料工艺

臂式斗轮堆取料机的取料工艺分为回转取料和行走取料两种基本方法。

1)回转取料

取料时,臂架回转。有三种方式:

(1)回转分层取料法　一层一层地从上往下从料堆上取料。这种方法臂架有碰及料堆的可能,但作业效率较高。

(2)回转分段取料法　一段一段地从上往下取料。这种方法臂架不会碰及料堆,但作业效率较低。

(3)回转混合取料法　先采用分段取料法,当臂架不会碰及料堆时,再采用分层取料法。

2)行走取料

取料时,大车连续行走,臂架不回转。这种方法常用在回转取料取不到的残余部分。

三、斗轮机构

斗轮机构由斗轮结构和驱动机构组成(图 4-37)。

1. 斗轮的结构形式

(1)有格式斗轮(图 4-38a)　每个铲斗都有自己的卸料槽,不易卡料。适于取较坚硬的物料,但卸料速度较慢。斗轮转速低,轮体体积大。

(2)无格式斗轮(图 4-38b)　有一个固定的圆弧挡板。带料的铲斗沿圆弧挡板上升到达扇形卸料区后开始卸料 。卸料区间较长 ,卸料速度快,斗轮转速高,取料能力高,斗轮体积小,质量小。

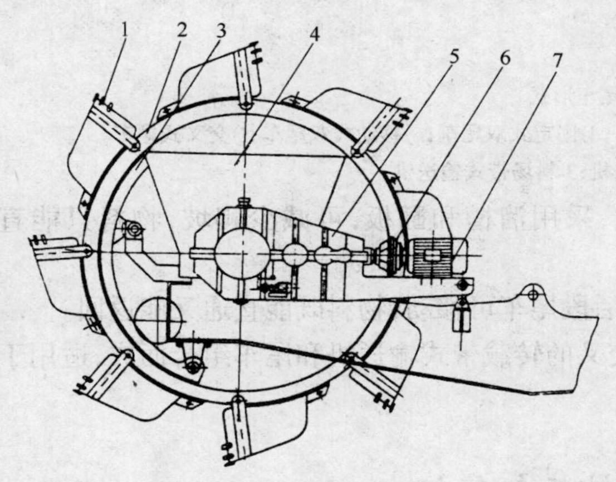

图 4-37　斗轮机构

1-铲斗;2-轮体;3-圆弧挡板;4-卸料板;5-减速机;6-液力偶合器;7-电动机

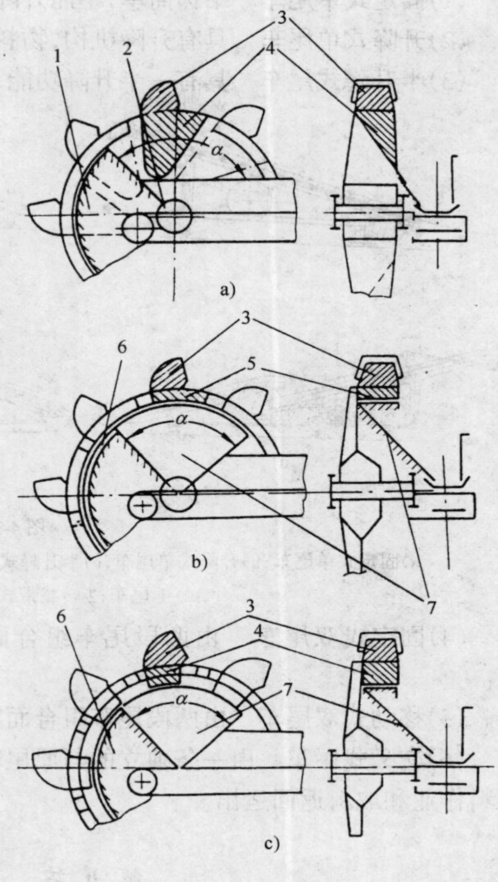

图 4-38　斗轮的结构形式

a)有格式;b)无格式;c)半格式

1-侧挡板;2-假想圆;3-铲斗;4-铲斗延伸段;5-环形空间;6-圆弧挡板;7-卸料板

(3)半格式斗轮(图 4-38c)　是无格式斗轮的派生形式,铲斗伸入环形空间一部分,具有取料能力高,不易卡料的优点,是解决密度较大的坚硬物料卡料的有效结构形式。

2. 斗轮驱动机构

常用的有机械和液力两种驱动形式。即:

(1)电动机—偶合器—减速机;

(2)电动机—液压泵—液压马达。

第一种方式具有使用可靠,寿命长,维修工作量小的优点,但质量较大,调速复杂。第二种方式具有质量小,调速简单的优点,但要求液压系统可靠。

四、尾车

尾车是臂式堆料机和斗轮堆取料机的特殊组成部分,按照料场工艺及结构形式的不同,主要有以下几种形式(图 4-39):

(1)固定式单尾车　结构简单,不能升降,物料只能直通。

(2)升降式单尾车　具有升降机构,物料既能直通又能返回。

(3)半升降式尾车　具有一半升降功能,物料既能直通又能返回。

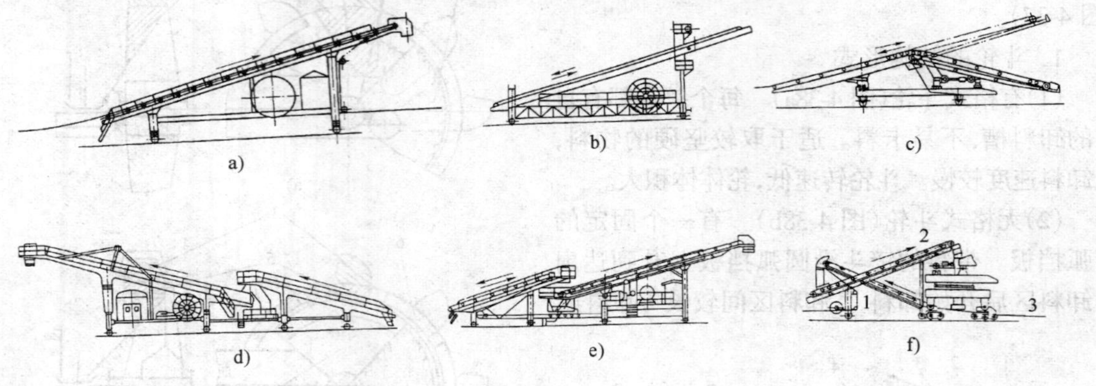

图 4-39　尾车形式

a)固定式单尾车;b)升降式单尾车;c)半升降式尾车;d)固定式双尾车;e)移动式双尾车;f)交叉式尾车

1-尾车;2-转载带式输送机;3-料场带式输送机

(4)固定式双尾车　由两段尾车组合而成,采用溜槽和翻板,可减少爬坡,物料只能直通。

(5)移动式双尾车　由两段尾车组合而成,后段尾车可移动,物料既能直通又能返回。

(6)交叉式尾车　由一条独立的与原尾车交叉的转载带式输送机和尾车组合而成,适用于堆料作业和取料返回运出。

第九节　散料装卸船机

一、散料装船机

1. 概述

散料装船机是用于大宗散料装船作业的连续式装卸机械,主要由带式输送机以及运行、旋转、俯仰、伸缩等工作机构和臂架、门架等结构组成,一般采用电力驱动。按整机特点,散料装船机可分为移动式和固定式两类。

移动式装船机适用于沿岸直立式码头和突堤式码头,可以沿码头运行,具有良好的机动性。移动式装船机主要有旋转臂式、旋转伸缩臂式和伸缩臂式三种整机形式,均需要运行轨道及与其并行布置的供料输送机系统。

固定式装船机适用于河港码头或近海开敞水域墩柱式码头,通常分为墩柱式装船机、弧线摆动式装船机和直线摆动式装船机。与移动式装船机相比,固定式装船机所需码头岸线及供料输送机长度可大为缩短。

散料装船机形式多样,其设计选型主要根据港口地理位置、水域情况、码头水工投资、适应船型以及装船工艺和能力而定。港口专业化码头的散料装船机随着船舶大型化而逐步趋向大型化,其装船能力可高达 10000t/h 以上。

2. 移动式装船机

(1)旋转臂式装船机(图 4-40a)　这是一种中小型装船机。由于它的臂架不伸缩，质量可大大减小。物料装载点变化仅靠整机移动和臂架旋转来实现，当作业船舶有把杆、船桥等障碍物时，会出现操作不便甚至妨碍装船作业情况。该机型适用于河港驳船装载作业。

(2)旋转伸缩臂式装船机(图 4-40b)　臂架既可旋转又可伸缩，对船型适应性好，用于双侧靠泊的突堤式码头，可以兼顾两个泊位的装船作业。由于工作机构多，整机质量较大。

(3)伸缩臂式装船机(图 4-40c)　臂架仅可伸缩，机构比较简单，整机质量较小，主要用于大中型装船机。

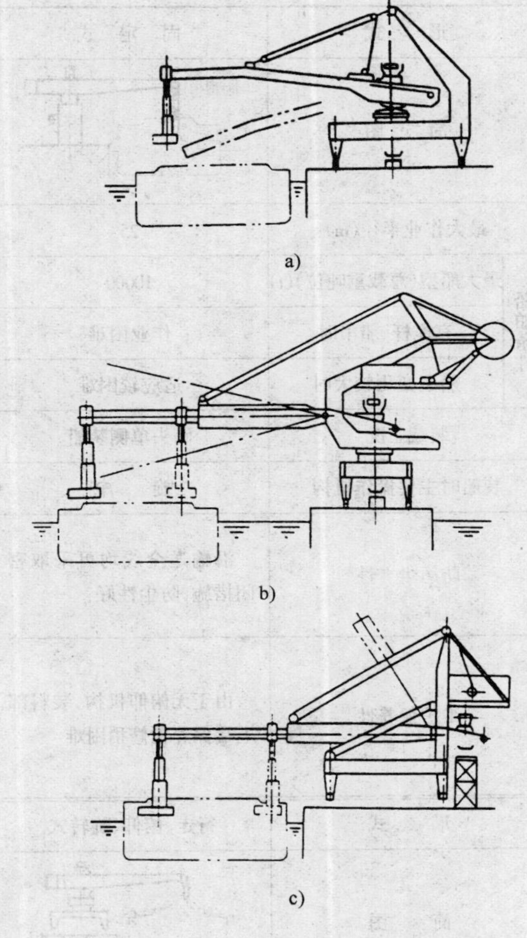

图 4-40　移动式装船机

a)旋转臂式装船机；b)旋转伸缩臂式装船机；c)伸缩臂式装船机

3．固定式装船机

1)墩柱式装船机

上部结构与旋转伸缩臂式装船机相似，下部结构为墩柱式底座，主要适用于河港装船作业。

2)弧线摆动式装船机

该机后支承为旋转中心，前支承通过驱动台车在弧形轨道上运行，摆动桥随之摆动。

3)直线摆动式装船机

该机(见图 4-41)摆动桥前支承通过驱动台车在直线轨道上运行。摆动桥除了以后支承为中心旋转外，还相对后支承移动，并且与前支承有相对转动。

4．散料装船机性能比较

表 4-14 列出了各种形式散料装船机的性能比较。

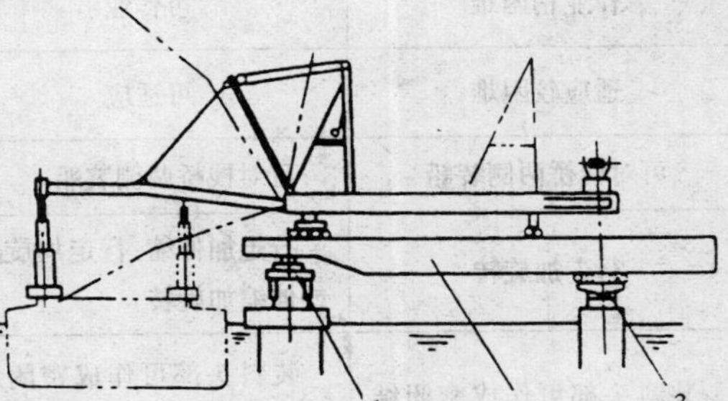

图 4-41　直线摆动式装船机

1-前支承；2-摆动桥；3-后支承

各种形式散料装船机的比较　　表 4-14

形式		固定式	行走、伸缩式	行走、俯仰、伸缩式
简图				
最大作业半径(m)		25	30	35
船舶条件	最大船型(总载重吨位)(t)	10000	60000	150000
	有桅杆、船吊时	作业困难	可作业	可作业
	船型变化较大时	适应较困难	可适应	适应困难
装载工况		码头单侧装船	码头单侧装船	码头单侧装船
装船时主要操作机构		旋　转	行走加伸缩	行走加伸缩
防尘性		沿输送全线均可采取密闭措施,防尘性好	装料头部可作成密闭结构,但伸缩部要安设置罩壳较困难	装料头部可作成密闭结构,但伸缩部要安设置壳较困难
维护保养性		由于无俯仰机构,装料部上端保养检修稍困难	由于无俯仰和旋转机构,装料头部保养检修困难,此外还应考虑码头海侧的检修空间场地	包括装料头部在内的臂架前端部保养检修作业困难
形式		行走、俯仰、旋转式	行走、府仰、旋转伸缩式	旋转、伸缩式
简图				
最大作业半径(m)		46	46	70
船舶条件	最大船型(总载重吨位)(t)	200000	200000	400000
	有桅杆、船吊时	作业稍困难	可作业	可作业
	船型变化较大时	适应较困难	可适应	可适应
装载工况		可对栈桥两侧装船	可对栈桥两侧装船	码头单侧装船
装船时主要操作机构		行走加旋转	行走加伸缩,行走加旋转或伸缩加旋转	旋转加伸缩
防尘性		装料头部可作成密闭结构,吊臂部分也可装防尘罩	装料头部可作成密闭结构,但在伸缩部要设罩壳较困难	装料头部之后都要作成密闭结构较困难
维护保养性		保养检修操作方便	保养检修操作方便	装船机主体设置在海上,保养检修作业困难

二、散料连续卸船机

1. 概述

散料连续卸船机是通过一种或几种连续输送机，从船舱内将散状物料连续地卸运到码头岸上的专用卸船机械，主要适用于在专业化码头上接卸煤炭、矿石、化肥、粮食、建材等大宗干散货物。散料连续卸船机对物料的物理性能比较敏感，每一种卸船机只适用于性能相近的物料。

散料连续卸船机的主要优点：

(1)单机卸船能力大；

(2)环境保护好，粉尘污染小；

(3)能耗较低，整机质量较小；

(4)操作简单，容易实现自动化。

散料连续卸船机常以接卸货物时完成取料、提升等工序的连续输送机为特征进行分类，见表4-15。

散料连续卸船机的分类　　表4-15

分　类	输送机类型	适用物料
链斗式卸船机	以链斗式输送提升机进行取料、提升	主要用于接卸煤炭，也可卸矿石、黄砂、谷物、化肥、粗糖等
压带式卸船机	以压带输送机进行提升、输送，配有喂料装置	多用于接卸散粮
螺旋式卸船机	以螺旋输送机进行取料、提升	谷物、水泥、化肥、煤炭（最大粒度<300mm）及粉状物料
斗轮式卸船机	以斗轮取料，波形挡边带式输送机或链斗机提升	矿石、煤炭、砂石
波形档边带式卸船机	以波形挡边带式输送机进行提升及输送，配有喂料装置	煤炭、化肥、粮食、水泥
埋刮板式卸船机	以埋刮板输送机进行提升及输送	谷物、饲料、粗糖、粮食、水泥
绳斗式卸船机	以钢丝绳牵引料桶进行提升、取料	谷物、化肥、煤炭（最大粒度<50mm）、矿砂（粒度<50mm）
气力式卸船机	以气力输送机进行提升、取料	谷物、水泥

2．浮式悬链链斗卸船机

浮式悬链链斗卸船机(图4-42)装在趸船上，以适应大水位差的内河码头。悬臂梁通过提升机构在立柱上升降，小车可以在悬臂梁上移动，小车上装有链斗及链斗驱动机构，夹船臂夹住驳船，使其在接卸过程中不致漂离趸船。这种卸船机可用于水位差大于15m的内河码头。

3．L型链斗卸船机

L型链斗卸船机(图4-43)是卸海船用链斗卸船机，该机取料及提升用一台链斗机，呈L形布置，具有机头旋转机构、给料机构、旋转机构、俯仰机构和行走机构。

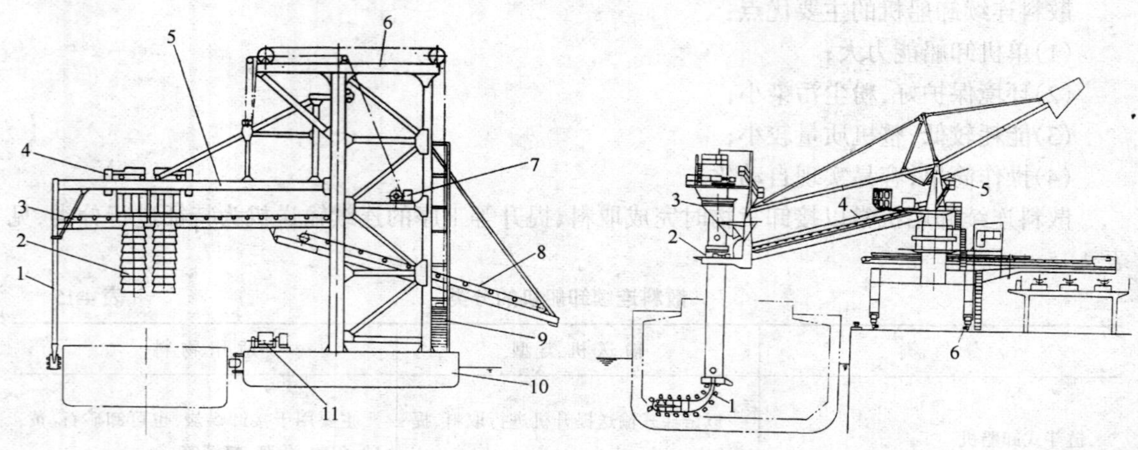

图4-42　浮式悬链链斗卸船机

1-夹船臂；2-链斗机构；3-接料输送机；4-小车；5-悬臂梁；6-立柱；7-提升机构；8-倾斜胶带机；9-平衡重；10-趸船；11-移船机构

图4-43　L型链斗卸船机

1-链斗取料及提升机构；2-机头旋转机构；3-给料机构；4-臂架及旋转机构；5-臂架俯仰机构；6-行走机构

卸海船用链斗卸船机卸船效率高，对环境污染小，能耗低，但对物料及船型的适应性差，是大型专业码头的卸船设备，主要用于接卸煤炭，也可用于接卸矿石、矿砂、石灰石、磷酸盐等物料。

4．埋刮板式卸船机

埋刮板式卸船机是用埋刮板输送机进行连续卸料的卸船机。

轨道式埋刮板卸船机(图4-44)用于专业散货码头，可分为垂直臂能相对垂直中心线前后摆动±30°，具有侧面卸料口的HL-SKT型卸船机和只能作单向摆动的SKT型卸船机两种。

埋刮板卸船机的特点是，物料在封闭的料槽里输送，因此其输送系统体积小，效率高，无粉尘，无撒落，结构简单，维修容易，对于流动性较好的物料，可自行取料，不需要其他辅助的喂料装置，能耗低，可接卸谷物、大豆、粗糖、苏打、磷酸盐、硝酸盐、硫黄、陶土、水泥等散状物料。

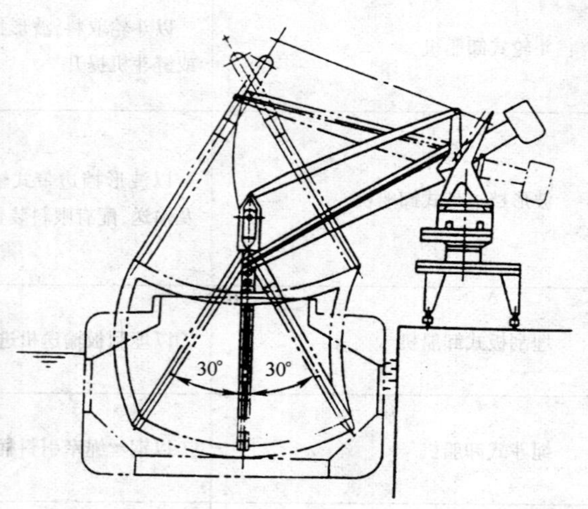

图4-44　轨道式HL—SKT型卸船机

5．螺旋式卸船机

螺旋式卸船机(图 4-45)由螺旋喂料器向垂直螺旋提升机喂料。物料提升到最上端出料口后转卸到臂架上的水平输送机,然后通过中心漏斗送到尾部输送机上,再卸到岸上。垂直提升螺旋上部设摆动铰,可由液压卸推动作 ± 30°摆动。这种卸船机能用于小颗粒(如粒度小于 300mm 的煤炭)及粉状物料的接卸,卸船能力大,如卸煤能力已达2000t/h。

螺旋式卸船机由螺旋喂料器、垂直螺旋提升机、机上输送系统、变幅机构、旋转机构及运行机构等组成。除垂直螺旋提升机和螺旋喂料器外,其他机构都与其他连续卸船机相似。

螺旋式卸船机的性能特点:

(1)用喂料头强迫喂料能保证垂直提升螺旋达到高的填充率及高的转速,从而达到高的卸料能力。

(2)物料在整个接卸输送过程中,都封闭在螺旋输送机内,所有的转卸点也都加以密封,因此无粉尘溢出,对环境污染小,特别适合接卸容易飞扬的粉尘物料及小颗粒物料,或必须严格控制环境污染的场合。

(3)结构简单,整机质量小。

(4)对粘性大,特别是容易粘在垂直螺旋内筒壁的物料,不适于应用螺旋卸船机。

(5)能耗较其他机械式连续卸船机大,但比气力式卸船机小。

6．斗轮式卸船机

斗轮式卸船机是以低速旋转的斗轮作为取料装置,再通过其他设备如斗式提升机、波状挡边带式输送机、埋刮板输送机等,将被卸物料输送到岸上。

接卸海船用的斗轮式卸船机(图 4-46),卸船能力 600 ~ 4500t/h。其垂直提升机构 20 世纪 70 年代多采用链斗提升设备,80 年代多采用高强度波状挡边带式输送机。

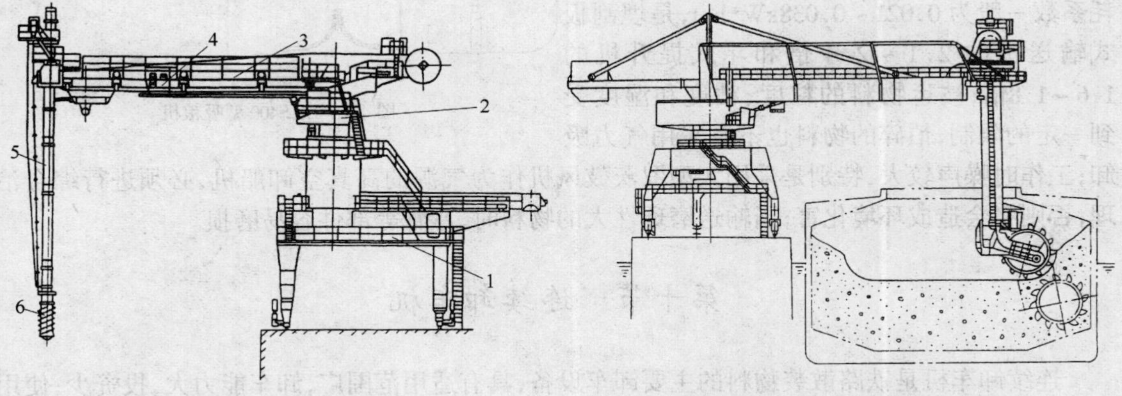

图 4-45　螺旋式卸船机

1-门架;2-转台;3-水平螺旋;4-控制室;5-垂直螺旋;6-喂料器

图 4-46　接卸海船的斗轮式卸船机

斗轮式卸船机的性能特点:

(1)斗轮的挖取能力强,斗轮式卸船机可以接卸各种化工原料、铁矿石以及其他块度较大的物料,适用范围广;

(2)与抓斗卸船机相比,能耗可减少 25%,平均单位能耗在 0.3kW·h/t 左右;

(3)对环境污染小;

(4)整机质量较其他类型的连续式卸船机大,因而整机造价也较高。

7. 气力式卸船机

气力式卸船机是利用风机在管道中形成的负压气流，从船舱内吸卸散状物料（如粮食、煤炭、水泥、砂、盐、化肥等）的机械。

气力式卸船机有固定式、移动式（轨道式或轮胎式）和浮动式三种。一般由金属结构、机构、电气（及控制）系统、气吸系统四部分组成。前三部分与机械式连续卸船机相似。气吸系统主要包括吸嘴、输料管系、分离器、除尘器、风管系和风机等部件。

图 4-47 为 XLS400 型吸粮机，该机为轨道移动式，卸船能力为 400t/h，适用于总载重吨位 35000t 以下散货船。

气力式卸船机的优点是：结构简单，造价低，操作灵活方便，工人劳动条件好；整个输送过程处于密封状态，物料无撒落，能做到无尘作业，也不受气候和环境条件的限制，所运物料不会受潮、污损或混入异物，对于粮食等散料经过通风还可以改善质量；易于实现集中控制和程序化、自动化；对各种船舶的适应性强，能均衡卸载；清舱作业量比机械式卸船机少，输料管通常配有软管，可灵活弯曲，不会因与舱底板撞击而损坏；清舱较彻底，效率利用系数可达0.7～0.8，比抓斗式卸船机和垂直埋刮板式卸船机约高 10%～20%。

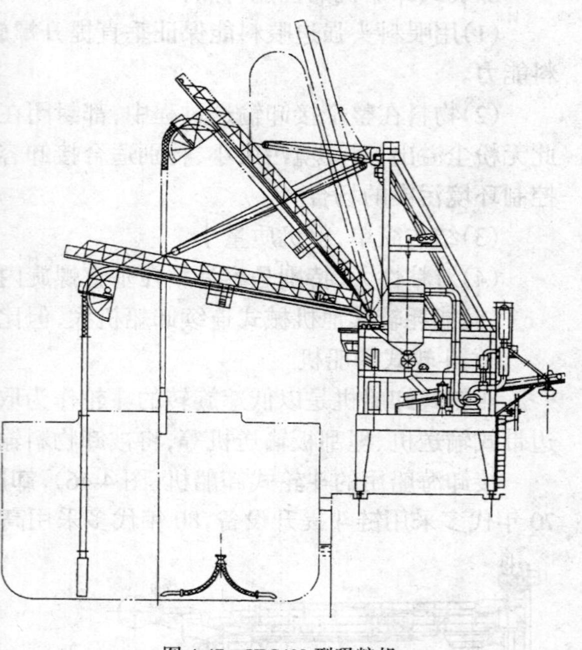
图 4-47　XLS400 型吸粮机

气力式卸船机的缺点是：能耗较大，其能耗系数一般为 0.021～0.038kW·h/t，是埋刮板式输送机的 2.1～2.4 倍和斗式提升机的 1.6～1.8倍；被运物料的粒度、粘度和湿度受到一定的限制，怕碎的物料也不宜采用气力吸卸；工作时噪声较大，特别是采用大型罗茨鼓风机作为气源的高真空卸船机，必须进行综合治理，否则将会造成环境化害；当输送磨琢性大的物料时，弯管等部件容易磨损。

第十节　连续卸车机

连续卸车机是铁路散装物料的主要卸车设备，具有适用范围广，卸车能力大，投资少，使用维护方便等特点，广泛应用于电力、煤炭、冶金、化工、铁路、港口等部门。

运用连续卸车机从火车上卸煤炭、砂、石灰石、精矿粉等散状物料，对于降低劳动强度，提高生产效率，缩短卸车时间，提高车辆周转率，保证铁路运输具有重要意义。

连续卸车机主要有链斗式和螺旋式两类。

一、链斗式卸车机

链斗式卸车机（图 4-48）依靠斗式提升机的链斗掏取车内物料，并提升到一定高度后转载至带式输送机上，再卸到卸车机的一侧或两侧，通过运行机构使卸车机沿车箱运行实现连续卸车。

链斗卸车机按其斗式提升机能否升降和升降方式不同分为固定式、浮动梁式、臂架俯仰式;按结构形式分为桁架式、板梁式和箱形梁式。

固定式链斗卸车机的带式输送机机架固定在门架上,可正反转,以实现卸车作业。

浮动梁式链斗卸车机的带式输送机随斗式提升机一起升降,可减小物料对带式输送机的冲击,防止胶带跑偏,并减少了对环境的污染。

臂架俯仰式链斗卸车机通过带式输送机机架的俯仰来调整落料点与料堆间高度,控制物料落差,减小粉尘对环境的污染。

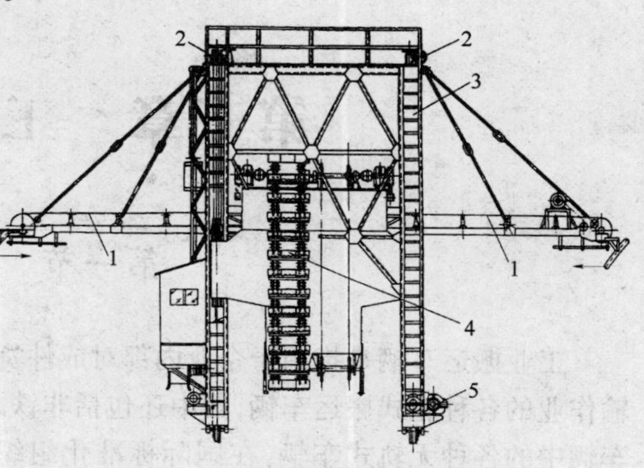

图 4-48 链斗式卸车机

1-带式输送机;2-卷扬机构;3-钢结构;4-斗式提升机;5-运行机构

二、螺旋式卸车机

螺旋式卸车机依靠水平布置的旋转的螺旋插入待卸物料,使其沿螺旋轴线方向输送至车箱两侧或一侧后,由车门处卸出,通过运行机构使卸车机运行实现连续卸车。

螺旋卸车机主要由螺旋旋转机构、螺旋升降机构、运行机构和钢结构等组成。

螺旋卸车机按工作方式分为强力式和重力式;按卸车方式分为单侧式和双侧式;按结构形式分为桥式和门式。

强力式和重力式螺旋卸车机的主要区别在螺旋插入物料的方式不同。重力式螺旋卸车机的螺旋旋转机构在自重作用下插入物料进行卸车作业。强力式螺旋卸车机的螺旋旋转机构在升降链条的牵引下,强制性插入物料进行卸车作业。强力式螺旋卸车机因其适应性强、整机外形尺寸小而应用广泛。

单侧螺旋卸车机适用于单侧有卸料坑的卸车作业,见图 4-49a)、b);双侧螺旋卸车机适用于双侧有卸料坑的卸车作业,其螺旋旋转机构通过小车运行机构实现跨线作业,见图 4-49c)、d)。

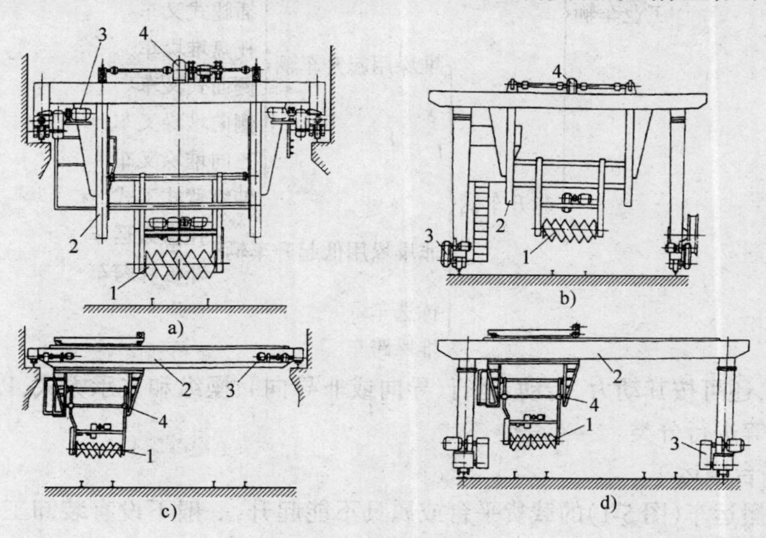

图 4-49 螺旋卸车机形式

单侧桥式螺旋卸车机;b)单侧门式螺旋卸车机;c)双侧桥式螺旋卸车机;d)双侧门式螺旋卸车机

1-螺旋旋转机构;2-钢结构;3-运行机构;4-螺旋升降机构

第五章　工业搬运车辆

第一节　概　　述

工业搬运车辆是指用于企业内部对成件货物进行装卸、堆垛、牵引或推顶，以及短距离运输作业的各种轮式搬运车辆，其中还包括非铁路干线使用的各种轨道式搬运车辆。工业搬运车辆中的各种无轨式车辆，在国际标准化组织第 110 技术委员会（ISO/TC110）中称为工业车辆。此类车辆主要由用于货物装卸堆垛作业的工作装置、运行装置和动力装置等组成。

由于工业车辆往往兼有装卸与运输作业功能，并可装设各种可拆换工作属具，故能机动灵活地适应多变的物料搬运作业场合，经济高效地满足各种短距离物料搬运作业的要求。工业车辆已经广泛地用于港口、车站、机场、仓库、货场、工厂车间等处，并可进入船舱、车厢和集装箱内进行件货的装卸搬运作业。

一、工业车辆的分类和特点

工业车辆按其作业方式分类如下：

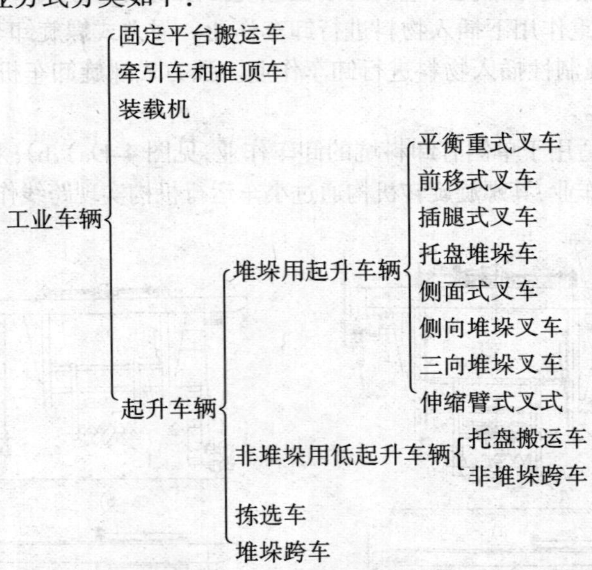

除此之外，还可按其动力、传动、运行（导向或非导向）、操纵和支承方式，以及按其起升高度或使用环境等进行分类。

1．固定平台搬运车

固定平台搬运车（图 5-1）的载货平台或属具不能起升，一般不设有装卸工作装置，主要用于件货的短距离搬运作业。

2．牵引车和推顶车

牵引车(图 5-2a)在其后端装有牵引联接装置,用以牵引其他车辆。推顶车(图 5-2b)在其前端或后端装有缓冲板,用以推顶其他车辆。

3．装载机

装载机是用于散粒物料的作业机械,它利用铲斗,能自行铲取散料、倾卸散料和对散料作短距离搬运,还能在场地上作散料的堆积或平整工作,并有轻度的挖掘功能。在许多场合它与其他的散货装卸机械相配合,用于散货装车、散货转运、场地散货堆积以及清舱作业等,是散货码头,货场不可缺少的机型。若更换夹具,还能用来装卸圆木,钢管等。

图 5-1　固定平台搬运车

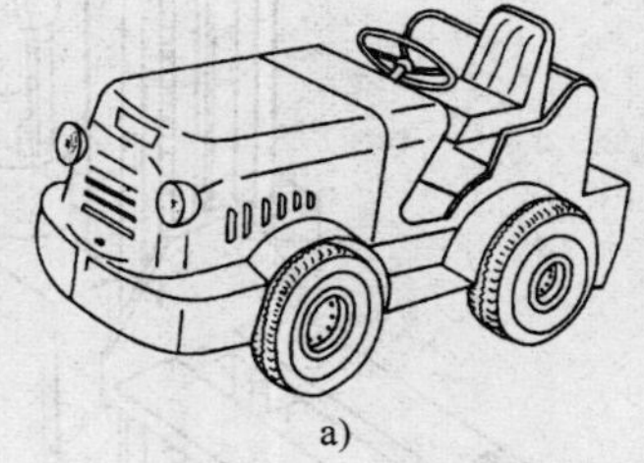

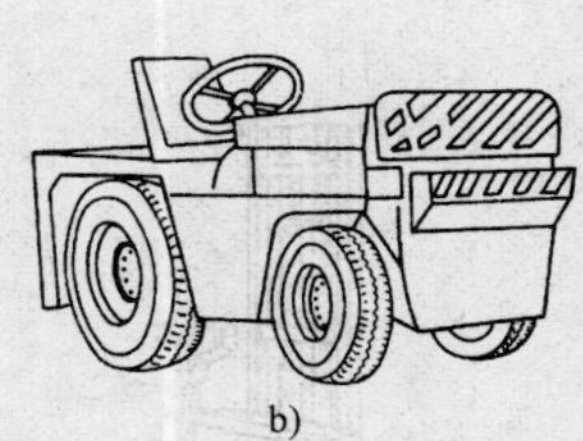

图 5-2　牵引车和推顶车

a)牵引车;b)推顶车

4．起升车辆

起升车辆主要用于起升、下降和搬运货物作业。

1)堆垛用起升车辆

装有平台、货叉或其他承载装置,可把货物起升到一定高度进行堆垛,或在多层货架间作业。

(1)平衡重式叉车(图 5-3)　用货叉或属具承载,其货物相对于前轮呈悬臂状态,以车体质量来平衡的堆垛用起升车辆。

(2)前移式叉车(图 5-4)　门架或货叉架可以前后移动,前移时使货叉上承载的货物相对于前轮呈悬臂状态的堆垛用起升车辆。

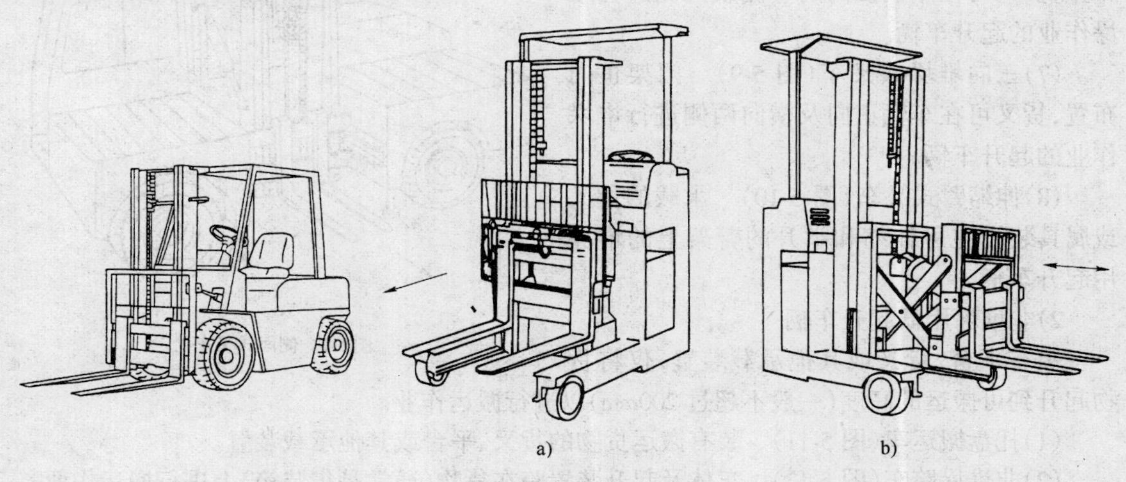

图 5-3　平衡重式叉车

图 5-4　前移式叉车

a)门架前移式;b)叉架前移式

(3)插腿式叉车(图 5-5)　车体前两条外伸的车轮支腿作业时跨在货物两侧,货叉位于两支腿之间,使货物重心总是处于车辆支承面内的堆垛用起升车辆。

(4)托盘堆垛车(图 5-6)　车体前两条外伸的车轮支腿作业时插入货物底部,货叉或承载平台位于两支腿上方,使货物重心总是处于车辆支承面内的堆垛用起升车辆。

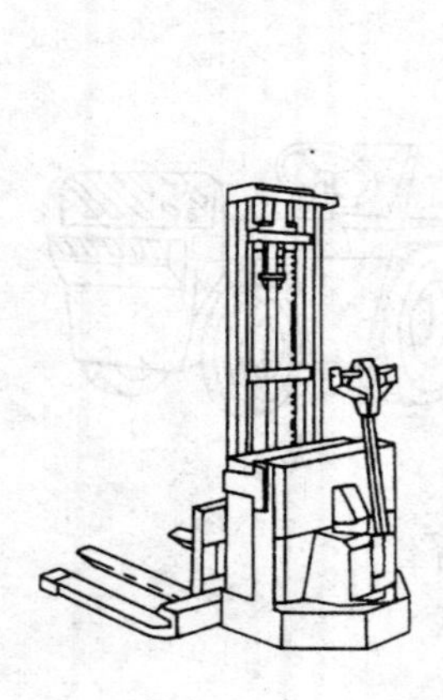

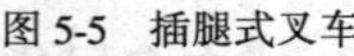

图 5-5　插腿式叉车

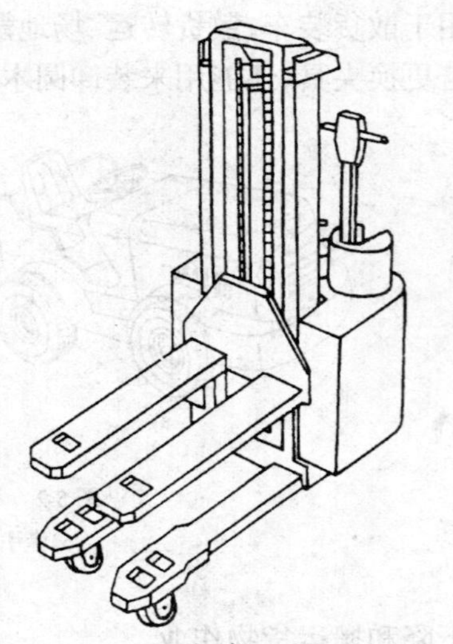

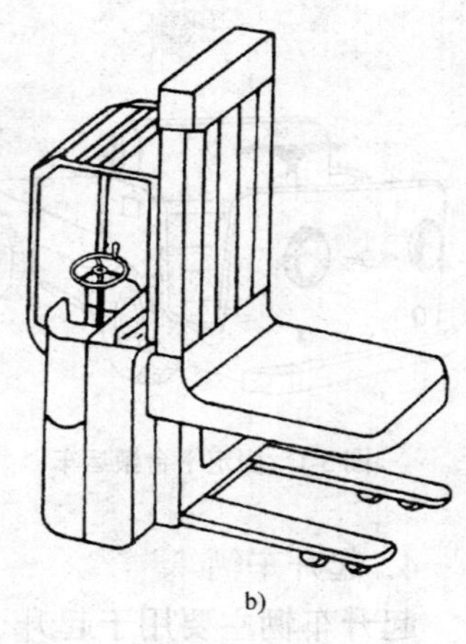

图 5-6　托盘堆垛车
a)货叉承载式;b)平台承载式

(5)侧面式叉车(图 5-7)　门架位于两车轴之间,门架或货叉架可在车辆横向移动,进行侧面堆垛并可将货物置于载货平台上搬运的起升车辆。

(6)侧向堆垛式叉车(图 5-8)　门架正向布置,货叉可在车辆横向的一侧或两侧进行堆垛作业的起升车辆。

(7)三向堆垛式叉车(图 5-9)　门架正向布置,货叉可在车辆正向及横向两侧进行堆垛作业的起升车辆。

(8)伸缩臂式叉车(图 5-10)　承载的货叉或属具装设在可伸缩和举升的臂架上的堆垛用起升车辆。

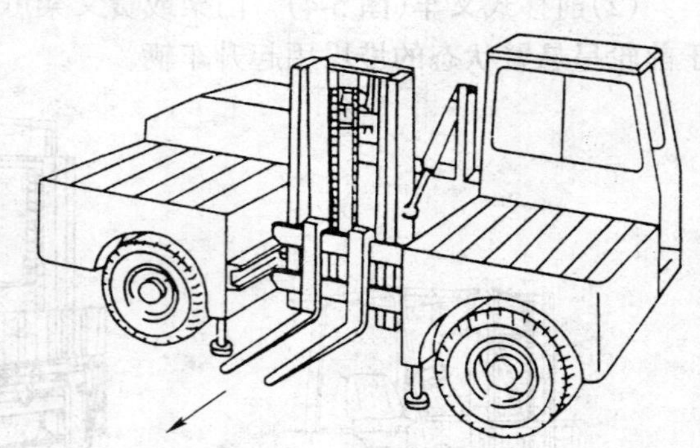

图 5-7　侧面式叉车

2)非堆垛用低起升车辆

装有平台、货叉或其他承载装置,仅将货物起升到可搬运的高度(一般不超过 200mm)以进行搬运作业。

(1)托盘搬运车(图 5-11)　装有搬运货物的货叉、平台或其他承载装置。

(2)非堆垛跨车(图 5-12)　车体及起升装置跨在货物(通常是集装箱)上进行搬运作业。

(3)拣选车(图 5-13)　操作者可随操作台及承载的货叉或平台一同起升,在货架中拣选存取货物。

(4)堆垛跨车(图 5-14)　车体及起升装置跨在货物(通常是集装箱)上进行搬运和堆垛作业。

二、工业车辆作业额定承载能力

反映车辆作业能力的技术参数中,额定承载能力(起重量、承载量或牵引力)是最基本的。

1. 高起升车辆的起重量

(1)额定起重量　是车辆在规定条件下,正常使用时可起升和搬运货物的最大质量。

(2)实际起重量　在规定条件下正常使用时,由该车配用的属具和货物起升的高度对车辆稳定性的影响决定的实际可起升和搬运货物的最大质量。

2. 固定平台搬运车和低起升车辆的额定承载量

该类车辆的额定承载量为均布在载货平台或其他承载装置上的最大载荷,即在正常使用时该车可搬运货物的最大质量。

3. 牵引车的额定牵引力

1)内燃式牵引车的额定牵引力

车辆在平坦、干燥的混凝土水平路面上以不低于最大空载行驶速度10%的均匀速度运行时,在牵引挂钩高度上所能发挥出来的水平牵引力。

2)电动式牵引车的额定牵引力

车辆在平坦、干燥的混凝土水平路面上以小时工作制运行时,在牵引挂钩高度上所能发挥出来的水平牵引力。

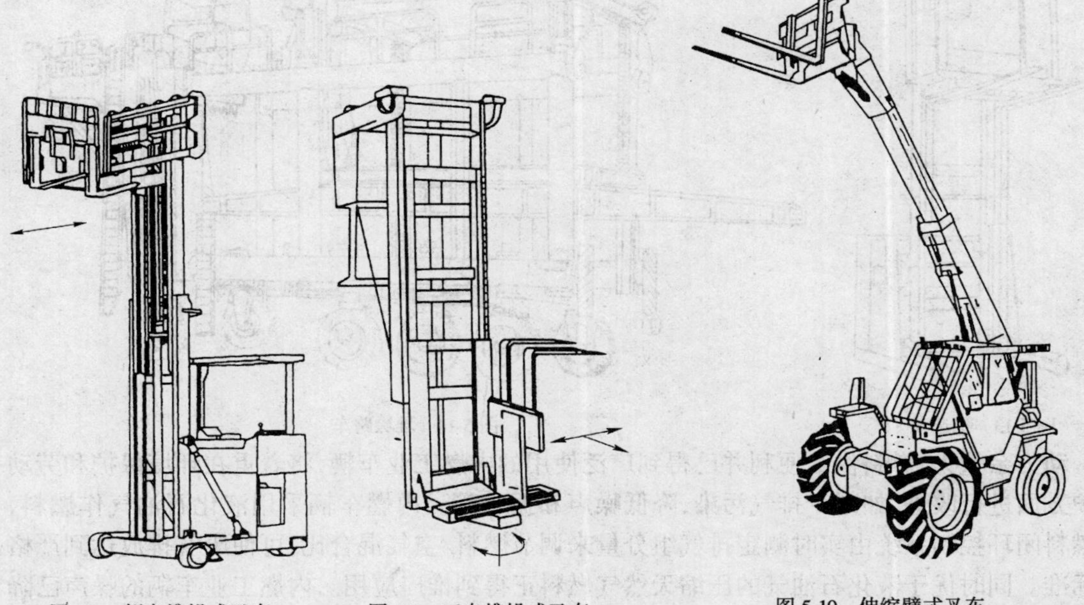

图5-8　侧向堆垛式叉车　图5-9　三向堆垛式叉车　图5-10　伸缩臂式叉车

三、工业车辆的发展趋势

(1)发展电动车辆,改进内燃车辆。无废气排放、低噪声、低振动的适应室内作业要求的电动工业车辆,普遍采用计算机控制装置、高能量蓄电池和较大的动力,使其作业效率、可靠性、耐久性和节能效果显著提高。在上述技术发展因素的促进下,室外作业场合中也愈来愈多地采用电动工业车辆。随着高比能量、长寿命、易充电的新一代电化学能源商品化开发成功,电动车辆将成为工业车辆发展的重点。

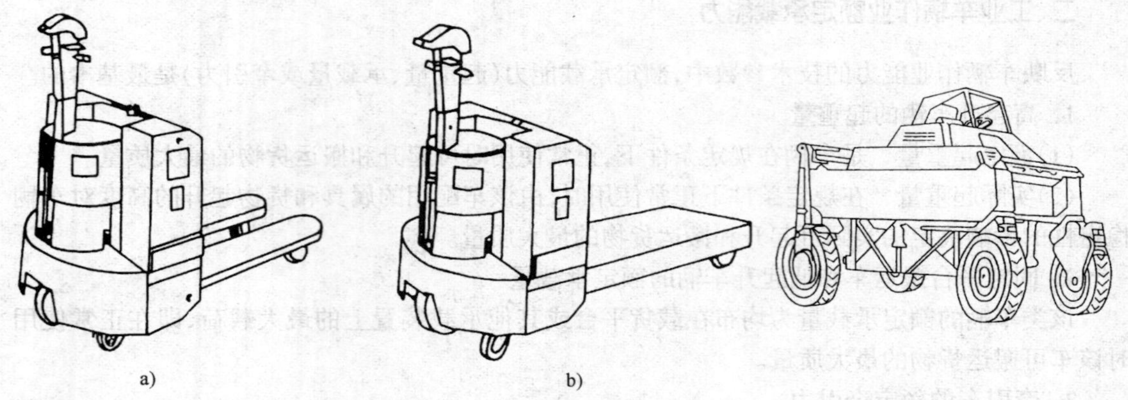

a)

b)

图 5-11　托盘搬运车

a)货叉承载式;b)平台承载式

图 5-12　非堆垛跨车

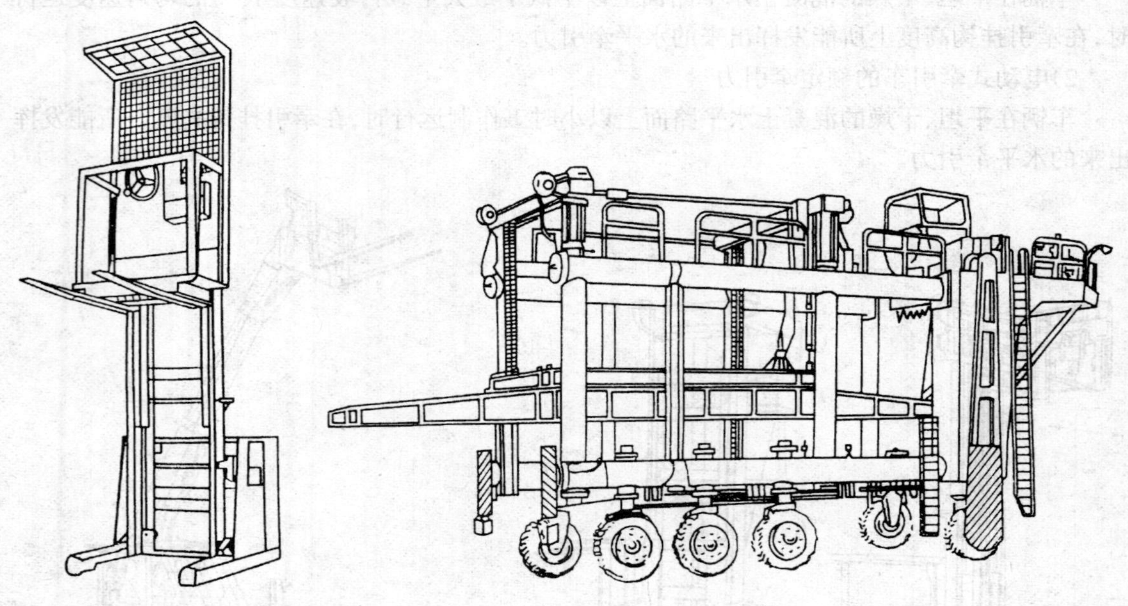

图 5-13　拣选车

图 5-14　堆垛跨车

动力余量大、燃料供给便利并已得到广泛使用的内燃工业车辆,将着重在环境保护和劳动保护方面进行改进,如减少排气污染,降低噪声和振动等。内燃车辆采用液化石油气作燃料,使燃料闭环控制系统由实时测定排气组分量来调节燃料/空气混合比,可使废气排放达到严格的标准。同时优于液化石油气的压缩天然气燃料正得到推广应用。内燃工业车辆的噪声已降至 75～80dB(A),转向盘处的振动已小于0.3g。液力传动车辆已如同液压传动车辆,也可适应工况自动换档,操作简易省力。

(2)采用电子技术、完善车辆性能。融合计算机技术、自动控制技术和人工智能技术,使工业车辆产品向技术高附加值方向发展。电子器件在产品结构成本中所占比例,到 20 世纪末在一般工业车辆产品中已达到 30%左右,在自动导向车辆中达到 80%以上。

电动工业车辆运行和起升作业的动力控制已由采用晶闸管(SCR)发展到金属氧化物半导体晶体管(MOSFET)和隔离门极双极型晶体管(IGBT),可以实现宽范围的无级调速和回收能量的再生制动。电动伺服转向系统的能耗只有液压伺服转向系统的10%～20%。采用微电子技术可实现车辆较全面的自调适、自诊断和自保护,如对蓄电池的放电与充电进行自动监测,对电动机和电控器件的温升、电动机碳刷和制动蹄片的磨耗、载荷的位置与质量、以及误操作等进行分析与处理,对实时的和积累的工况参数以及各种故障信息在仪表盘上以文字和符号进行数字或模拟量的显示等。

内燃工业车辆也转化采用了汽车和上述电动工业车辆中应用电子技术的成果。如用计算机对发动机工况进行管理,控制燃料消耗和废气成分,并改善出力与效率;用计算机对液力传动系统实时的车速和发动机转速,与存储的变矩器特性、发动机特性和有关传动参数进行分析,实现自动动力换档。

由自动导向工业车辆组成的自动物料搬运交换系统,采用多级计算机管理,可按设定的作业指令进行无人化导向运行、平层认址与载荷交换、系统线路区段控制与交通管制,无线信息传输实现优化作业调度,并有全面和多级的安全保障措施,可满足随机存取的柔性的自动物料搬动装卸作业要求。

(3)适应多变品种,更新开发手段。工业车辆虽已是品种繁多,但仍难以适应不断变化的要求。产品开发将融合各相关或新兴学科的机理,以综合与系统的观点和计算机辅助设计制造一体化(CAD/CAM)的手段,采用新设计、新材料和新制造工艺方法。工业车辆更新换代周期已由8～10年缩短至3～4年,柔性化制造方式的生产率达20台/(人·年)以上。

第二节　叉　　车

叉车是装卸搬运机械中应用最广泛的一种。按ISO(国际标准化组织)分类,叉车属于工业起升搬运自装载车辆。它种类很多,用途广泛。它机械地把水平方向的搬运和垂直方向的起升紧密结合起来,有效地完成各种装卸搬运作业。

自托盘发明使用、集装运输开始,叉车(包括室内、室外叉车)即作为物料运搬的主要工具,在未来的很长一段时期内,不断实现功能创新、自动化程度越来越高的叉车亦将仍然在运搬领域占据主导地位。叉车由自行的轮胎底盘和能垂直升降、前后倾斜的货叉、门架等组成,主要用于件货的装卸搬运,是一种既可作短距离水平运输,又可堆拆垛和装卸载货车、铁路平板车的机械,在配备其他取物装置以后,还能用于散货和多种规格品种货物的装卸作业。

一、叉式装卸车的特点、作用及其型号

1. 叉车的工作特点

叉车在物流装卸作业中除了和港口的其他起重运输机械一样,能够减轻装卸工人繁重的体力劳动,提高装卸效率,缩短船舶与车辆在港停留时间,降低装卸成本以外,还具有它本身的一些特点:

(1)机械化程度高。在使用各种自动的取物装置或在货叉与货板配合使用的情况下,可以实现装卸工作的完全机械化,不需要工人的辅助体力劳动。

(2)机动灵活性好。叉车外形尺寸小,重量轻、能在作业区域内任意调动,适应货物数量及货流方向的改变,可机动地与其他起重运输机械配合工作,提高机械的使用率。

(3)可以“一机多用”。在配备与使用各种工作属具(图5-15)如货叉、铲斗、臂架、串杆、货夹、抓取器、倾翻叉等以后,可以适应各种品种、形状和大小货物的装卸作业,扩大对特定物料

的装卸范围,并提高其装卸效率。

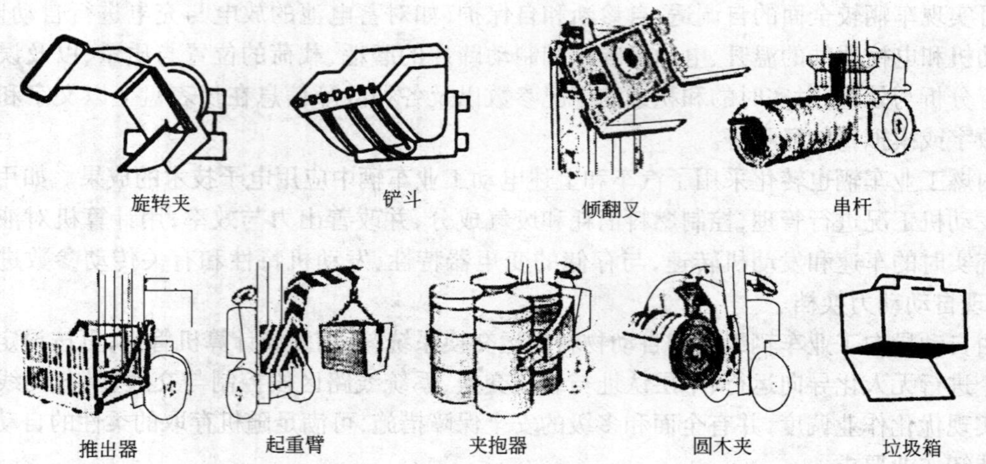

图 5-15 叉车的取物工具

(4)能提高仓库容积的利用率,堆码高度一般可达 3~5m。

(5)有利于开展托盘成组运输和集装箱运输。

(6)与大型起重机械比较,它的成本低、投资少,能获得较好的经济效果。

2. 叉车的作用及用途

叉车是一种无轨、轮胎行走式装卸搬运车辆。主要用于厂矿、仓库、车站、港口、机场、货场、流通中心和配送中心等场所,并可进入船仓、车厢和集装箱内,对成件、包装件以及托盘、集装箱等集装件进行装卸、堆码、拆垛、短途搬运等作业,是托盘运输、集装箱运输必不可少的设备。

叉车的主要工作属具是货叉。在换装其他工作属具后,还可用于对散堆货物、非包装货物、长大件货物等进行装卸作业以及对其进行短距离搬运作业。叉车用途非常广泛,它不仅广泛应用于公路运输、铁路运输、水路运输各部门,而且在物资储运、邮政以及军事等部门也有应用。

叉车作业时,仅依靠驾驶员的操作就能够使货物的装卸、堆垛、拆垛、搬运等作业过程机械化,而无需装卸工人的辅助劳动。多年来,由于成件货物的品种多、规格杂、外形不一、包装各异,所以对这些货种很难实现装卸作业机械化。叉车的问世,使这一难题得到了解决。这不但保证了安全生产,而且占用的劳动力大大减少,劳动强度大大降低,作业效率大大提高,经济效益十分显著。

叉车作业,可使货物的堆垛高度大大增加(可达 4~5m)。因此,船仓、车厢、仓库的空间位置得到充分利用(利用系数可提高 30%~50%);

叉车作业,可缩短装卸、搬运、堆码的作业时间,加速了车船周转;

叉车作业,可减少货物破损,提高作业的安全程度,实现文明装卸;

叉车作业与大型装卸机械作业相比,具有成本低、投资少的优点。所以,在各种运输方式中应优先选用叉车进行装卸作业。

3. 叉车的型号

叉车的型号标注,国家规定由五项组成:组型代号、主参数和动力形式(用燃料代号表示),传动方式和改进代号。

型号编制规则如下：

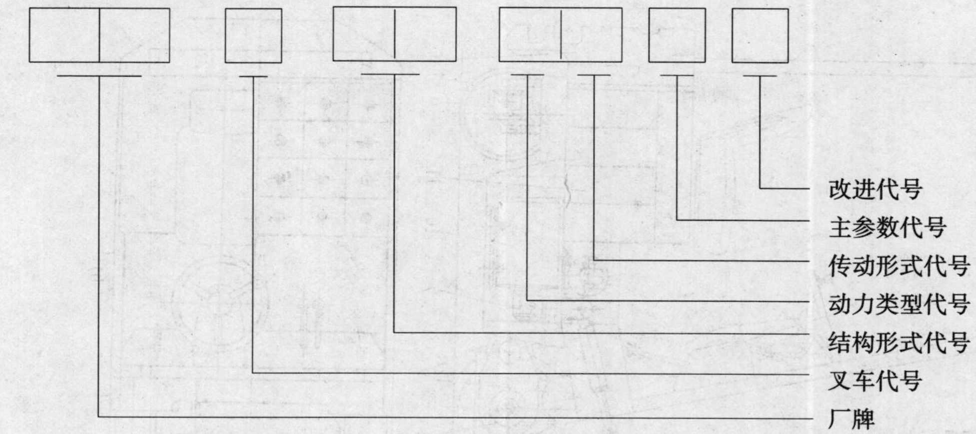

(1)厂牌。有的企业用两个汉语拼音字母表示,有的用两个汉字表示。厂牌由厂家自定；

(2)改进代号。按汉语拼音字母顺序表示；

(3)主参数代号。以额定起升质量(t)×10表示,原机械工业部部颁标准起升质量不乘10；

(4)传动形式代号。机械传动不标字母,动液传动标字母D,静液传动标字母J；

(5)动力类型代号。汽油机标字母Q,柴油机标字母C,液态石油气机标字母Y；

(6)结构形式代号。P表示平衡重式,C表示侧叉式,Q表示前移式,B表示低起升高度插腿式,T表示插入插腿式,Z表示跨人插腿式,X表示集装箱叉车,K表示通用跨车,KX表示集装箱跨车,KM表示龙门跨车。

例如:(1)CPQ10B——表示平衡重式叉车,以汽油机为动力、机械传动、额定起升质量1t、同类同级叉车第二次改进。

(2)CPCD160A——表示平衡重式叉车,以柴油机为动力、动液传动、额定起升质量为16t、同类同级叉车第一次改进。

(3)CCCD100——表示侧叉式叉车,柴油机为动力、动液传动、额定起升质量为10t、基型。

二、叉车的总体构造

叉车种类繁多,但不论那种类型的叉车,基本上都由以动力部分、底盘、工作部分和电气设备四大部分构成。由于这四大部分的结构和安装位置的差异,形成了不同种类的叉车。

平衡重式叉车(见图5-16)是叉车的一种最普通形式。现以该类叉车为例,讨论各部分的组成。

(一)动力部分

叉车动力装置的作用是供给叉车工作装置装卸货物和轮胎底盘运行所需的动力,一般装于叉车的后部兼起平衡配重作用。叉车动力形式及其性能比较见表5-1。

电动叉车的动力装置是蓄电池和直流串激电动机,它的驱动特性最接近恒功率软特性的要求,其牵引性能优于内燃机。此外,运转平稳无噪声,不排废气,检修容易,操纵简单;营运费用较低,整车的使用年限较长。缺点是:需要充电设备,基本投资高,充电时间较长(一般7～8h,快速充电2～3h),一次充电后的连续工作时间短,蓄电池怕冲击振动,对路面要求高。由于蓄电池容量的限制,电动机功率小,车速和爬坡能力较低。因此,蓄电池—电动机驱动的蓄

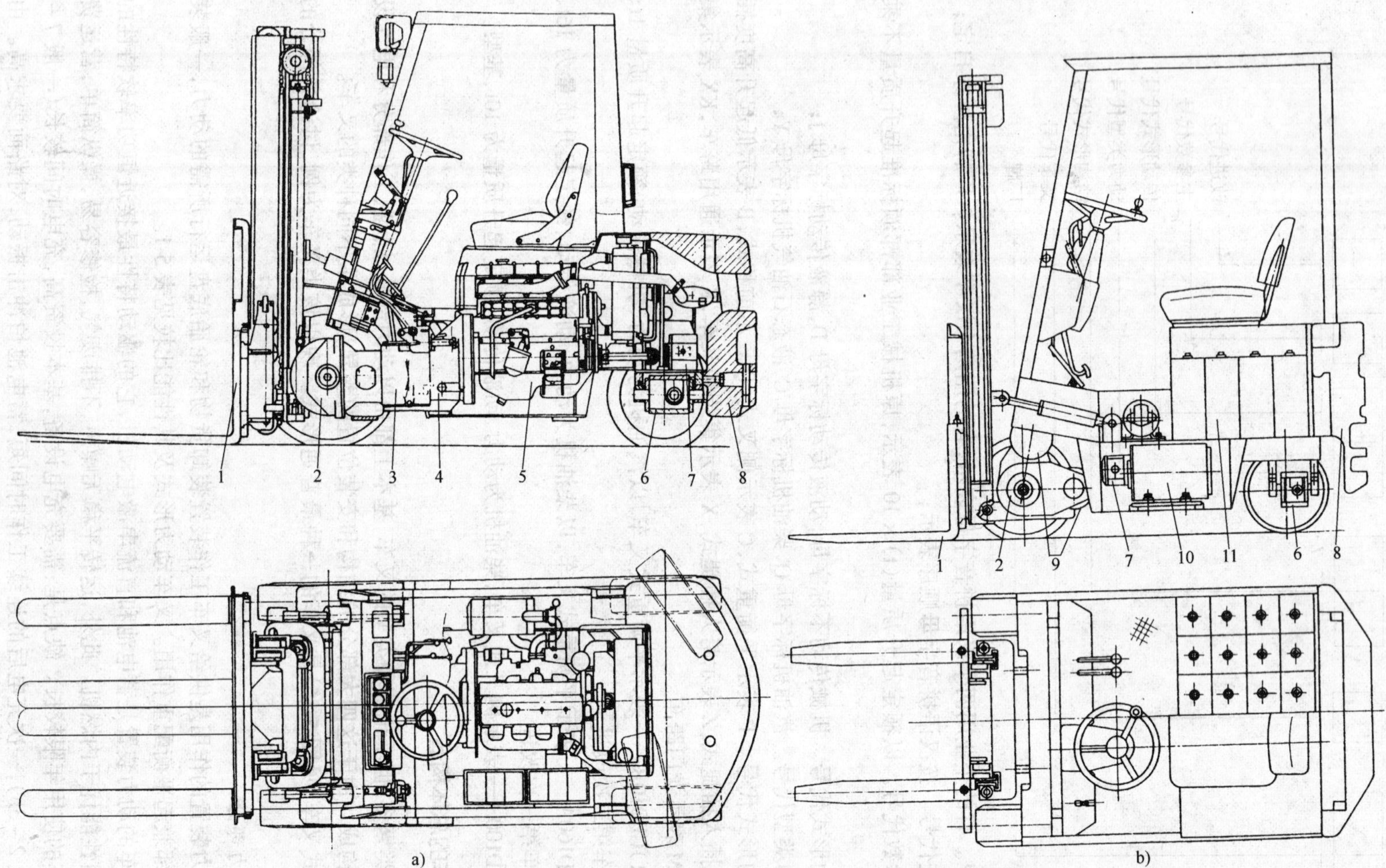

图 5-16　叉车典型结构

a)内燃平衡重式叉车;b)蓄电池平衡重式叉车

1-工作装置;2-驱动桥;3-变速器;4-离合器;5-发动机;6-转向桥;7-工作油泵;8-平衡重;9-牵引电动机;10-工作油泵电动机;11-牵引蓄电池组

电池叉车主要用于通道较窄、搬运距离不长、路面好、起重量较小、车速不要求太快的仓库和车间中。在易燃品仓库或要求空气洁净的地方,只能使用蓄电池叉车。冷冻仓库中内燃机起动困难。也应采用蓄电池叉车。

叉车各种动力形式比较 表 5-1

动力形式	内燃机			电动机	
	柴油机	汽油机		蓄电池	拖线
		汽油	液化石油气		
作业效率	高	高	较高	较低	低
起动性能	差	较好	较好	好	好
行驶速度	高	高	高	低	低
合理作业距离	长	长	较长	较短	短
运营费用	低	较高	较低	高	低
防止空气污染性能	较差	差	较好	好	最好
噪声	大	较大	较大	小	小
适用范围	大中起重量 室外场地	中小起重量 室外场地	中小起重量 室内外场地	中小起重量 室内外场地	中小起重量 室内场所

内燃机的机械特性不符合对叉车原动机恒功率软特性的要求,它的输出功率随着转速的增加而增大。因此,内燃机必须配装增大输出转矩的机械变速器、液力变矩器或液压传动装置等以后才能使用。内燃叉车和蓄电池叉车相反,它的主要优点是:不需要充电设备,作业持续时间长,功率大,爬坡能力强,对路面要求低,基本投资少。如果采用合适的传动方式,能获得理想的牵引性能。缺点是:运转时有噪声和振动,排废气,检修次数多,营运费用较高,整车的使用年限较短。因此,内燃叉车适于室外作业。在路面不平或爬坡度较大以及作业繁忙、搬运距离较长的场合,内燃叉车比较优越。一般起重量在中等吨位以上时,宜优先采用内燃叉车。

在内燃叉车中,采用柴油机最普遍,起重量 3t 以上的叉车基本上全都采用柴油机。这是由于柴油机耗油少,柴油价格较便宜(约为汽油价格的一半),排出的废气中所含的有害成分较少。但柴油机比较笨重,噪声、振动大。起重量较小的叉车可选用汽油机,它体积小、重量较轻,但耗油多;汽油价格贵,废气中有害成分较多,易着火。在国外还有采用液化石油气发动机的叉车,其燃料价格低,排出的废气也较少。

近年来,国内外内燃叉车使用液态石油气机作动力装置的日益增多,多为双燃料叉车,它的动力装置可采用汽油或柴油作燃料,也可采用液化石油气作燃料。德国使用液态石油气的叉车年增长率达 160%,美国、日本液态石油气叉车也日益增加。当前,反对车辆尾气污染的呼声越来越高。因此,在包括叉车在内的由内燃机驱动的工业车辆中,液态石油气机的使用更趋广泛。这是因为使用液态石油气机,不但可避免空气污染,减少公害而且还可减轻发动机磨损。延长发动机寿命。同时还可降低燃料费用。

(二)底盘

底盘接受动力装置的动力,使叉车运动,并保证其正常行走。它由传动系、行驶系、转向系、制动系组成。

传动系是接受动力并把动力传递给行驶系的装置。其各种传动形式比较见表5-2。

内燃叉车各种传动形式比较 表5-2

传动形式	机械	液力机械	液压	电力
制造难度	一般	较难	难	一般
传动效率	高	低	较高	较高
操纵方便性	差	好	好	好
作业效率	低	高	高	高
寿命	长	长	短	长
维修难易	易	较易	难	较易
价格	低	较高	高	高
使用范围	中小起重量工作不繁忙	大中小起重量工作繁忙	中小起重量工作繁忙	大中起重量工作繁忙

机械式传动系由摩擦式离合器、齿轮变速器、万向传动装置及装在驱动桥内的主传动装置和差速器组成;液力机械式传动系以液力变距器取代摩擦式离合器,其余部分与前者相同。

行驶系是保证叉车滚动运行并支撑整个叉车的装置。它由支架、车桥、车轮以及悬架装置等组成;叉车的前桥为驱动桥,这是为了增大有载搬运时的前桥轴荷,以提高驱动轮上的附着质量,使地面附着力增加,以确保发动机的驱动力得以充分发挥。其后桥为转向桥。转向装置位于驾驶员前方,变速杆等操纵杆件置于驾驶员坐位的右侧。

转向系是用来使叉车按着驾驶员的意愿所决定的方向行走的系统,叉车转向系按转向所需的能源的不同,可分为机械转向系和动力转向系两种。前者以驾驶员的体能为转向能源,由转向器、转向传动机构和操纵机构3部分组成:后者是兼用驾驶员的体能和发动机动力为转向能源的转向装置。在正常情况下,叉车转向所需能量,只有很小一部分由驾驶员提供,大部分是由发动机通过转向加力装置提供。但在转向加力装置失效时,一般还应当能由驾驶员独立承担汽车转向任务。叉车作业时,转向行走多变,为减轻驾驶员操纵负担,内燃叉车多采用动力转向装置。常使用的动力转向装置有整体式动力转向器、半整体式动力转向器和转向加力器3种。

制动系是使叉车减速或停车的系统。它由制动器和制动传动机构组成。制动系按制动能源可分为人力制动系、动力制动系和伺服制动系3种。前者以驾驶员体能为制动能源;动力制动系完全依靠发动机的动力转化而成的气压或液压形式的势能为制动能源;后者则是前两者的组合。

叉车底盘的组成及其他各部分的组成、功用和工作原理,与汽车很相似,所以该部分凡是与汽车相同的内容,因限于篇幅,恕不加以阐述,而与汽车不同的内容,将作一介绍。

在平衡重式叉车上,叉车后部设有平衡重,以平衡叉车前部的货物的质量,叉车的动力装置(内燃机)或蓄电池,一般装在叉车后部,以起到部分平衡作用。

(三)工作部分

叉车工作部分是直接承受全部货重,完成货物的叉取、升降、堆垛等工序的直接工作机构,由直接进行装卸作业的工作装置及操纵工作装置动作的液压传动系统组成。从设计制造和不同工作条件两方面要求，它有多种结构形式，图 5-17 是工作装置的基本型。

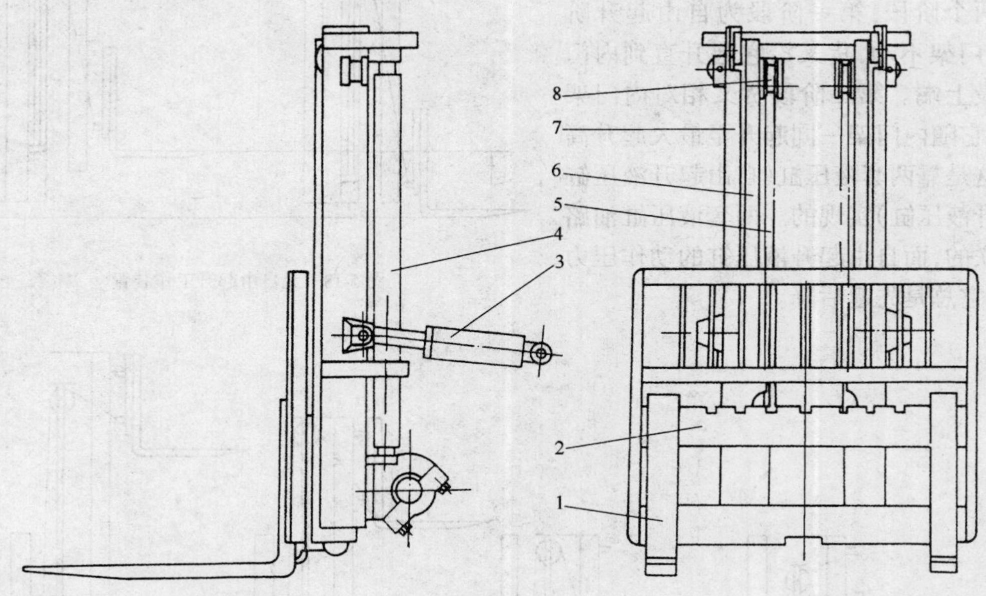

图 5-17　工作装置

1-货叉；2-叉架；3-倾斜液压缸；4-起升液压缸；5-起升链条；6-内门架；7-外门架；8-链轮

货叉是直接承载货物的叉形构件，它通过挂钩装在叉架上，两货叉间的距离可以根据作业的需要进行调整，由定位装置锁定。

叉架是由钢板焊接而成的结构件，具有滚轮组，内门架内侧具有上下方向的槽形轨道，叉架与内门架通过滚轮组、槽形轨道相接，使叉架沿内门架的轨道作上下运动。

内门架是由两个槽形型材作为立柱，和横梁组焊而成的框架结构，它与外门架的联接方式与叉架和内门架的联接方式一样，同样也只能沿外门架作上下的平动。

外门架同样是由槽形立柱和横梁组焊的框架结构。它的下部铰接在叉车驱动桥（前桥）上，借助于倾斜液压缸的作用，门架可以在前后方向倾斜一定角度。门架前倾是为了装卸货物方便，后倾的目的是当叉车行驶时，使货叉上的货物不至于滑落。

起升液压缸下端座在外门架横梁上，上端与内门架横梁和链轮联接。起升链条的一端与外门架下部联接，另一端绕过链轮与叉架相连，向液压缸通入压力油时，活塞杆以速度 v 向上运动并带动链轮、内门架以同样的速度 v 起升，由于动滑轮原理，链条牵动叉架以 $2v$ 速度起升。当液压缸全行程终了时，内门架处于外门架上方极端位置，叉架处于内门架上方极端位置。当泄掉油压时，货物或货叉等构件靠自身重力下降。

1．叉车工作装置的主要类型

1)按起升形式分类

(1)无自由起升式(图 5-18)　只要起升货叉，内门架也同时起升，且 $h=2h'$。

(2)部分自由起升式(图 5-19)　在货叉从地面起升到最大起升高度过程中可以分为三个阶段：第一阶段（自由起升阶段）货叉以液压缸 2 倍的行程起升，内门架不动，叉车的整车高度不变。第二阶段货叉以液压缸 2 倍的行程起升，内门架起升和液压缸的行程同步。第三阶段内门架与货叉同步以 2 倍的液压缸行程起升直到最大起升高度。

(3)全自由起升式(图 5-20)它的起升分为两个阶段:第一阶段为自由起升阶段,内门架不动,货叉沿它起升直到内门架的最上端。第二阶段货叉相对内门架不动,它随内门架一同起升至最大起升高度。这是靠两套液压缸(自由起升液压缸和起升液压缸)实现的。两套液压缸油路是并联的,而自由起升液压缸的动作压力低,故它总是先起后降。

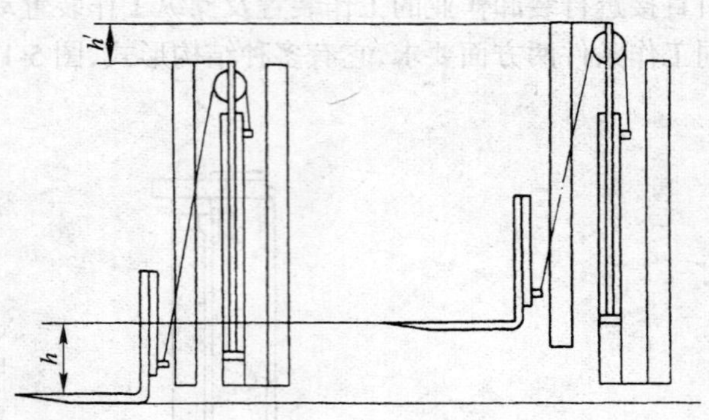

图 5-18 无自由起升工作装置

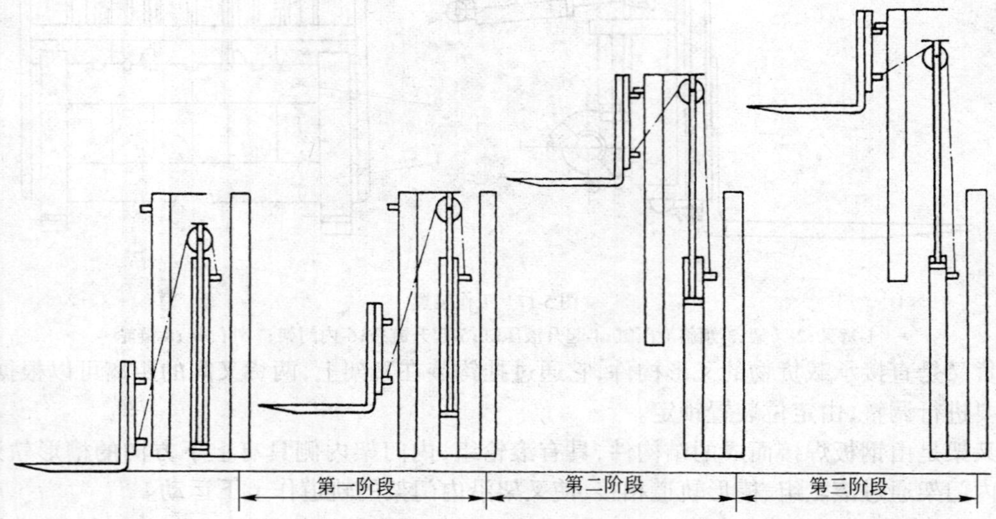

图 5-19 部分自由起升工作装置

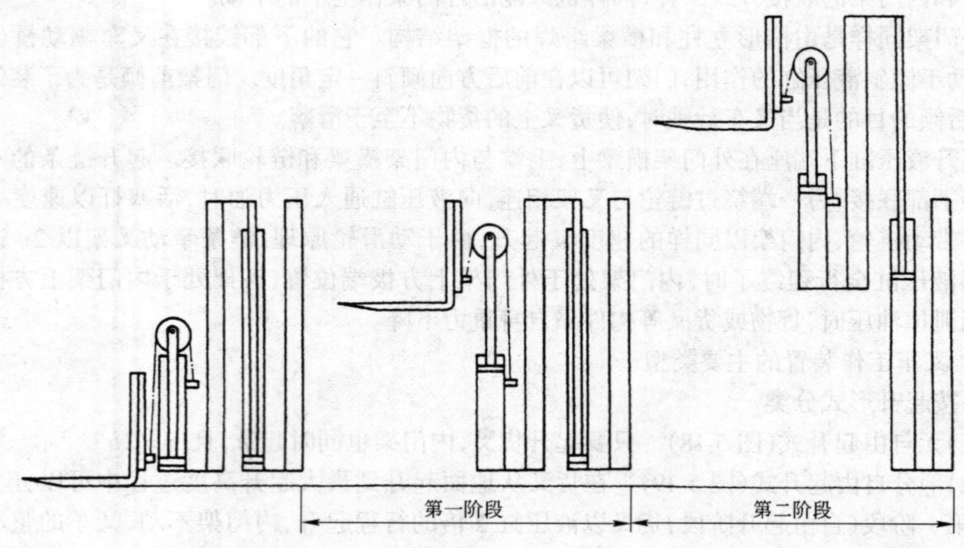

图 5-20 全自由起升工作装置

无自由起升工作装置的结构最简单，多用在露天场地起重量比较大的叉车上。出入于库房、车间的6t以下的叉车多用部分自由起升的工作装置。对于在低矮仓房和进入集装箱内进行装拆箱的3t以下的叉车，则必须采用全自由起升的工作装置。

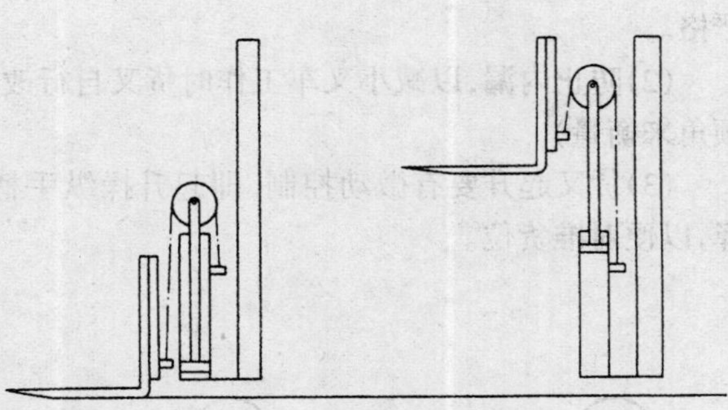

图5-21 单级门架工作装置

2)按门架的级数分类

(1)单级门架(图5-21) 它只有一个门架，叉架沿着它起升，液压缸也短，最大起升高度永远低于叉车高度，结构简单，刚性好，只有在起升高度很小的叉车上才用。

(2)两级门架 在单级门架的基础上多加了一个内门架。它的起升高度可以高于叉车的高度，是叉车上应用最多的一种形式。图5-18~图5-20都是两级门架结构。

(3)三级门架(图5-22) 在内外门架之间加了一个中门架，形成三节伸缩机构。它的起升高度与叉车全高相差悬殊，在要求起升高度大或叉车的全高受到限制时采用这种形式，其结构复杂，驾驶员的视野差。

3)按工作装置对叉车视野的影响分类

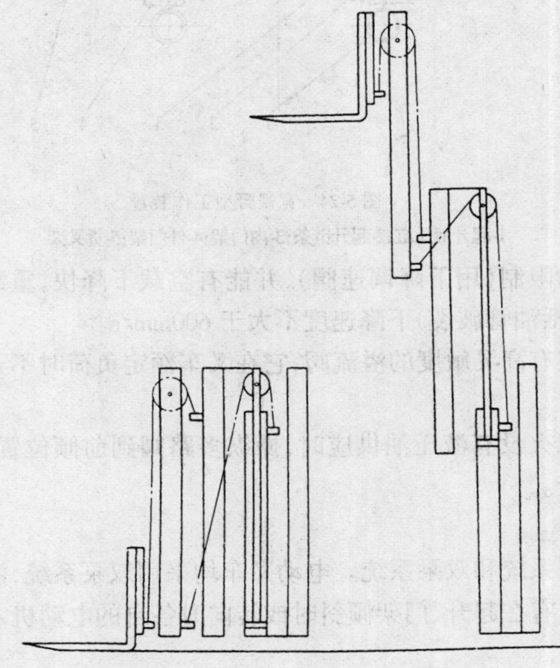

图5-22 三级门架工作装置

(1)普通型(图5-23) 单起升液压缸布置在门架的中央，对驾驶员观察货叉和前方的路面起了妨碍作用。

(2)宽视野型(图5-24) 由两个缸径比较小的液压缸布置在门架立柱的后侧，消除了液压缸对视野的影响。

单起升液压缸门架是早期出现的形式，由于结构简单，成本低，目前还有少量的叉车保留该形式。双液压缸宽视野门架是20世纪60年代末出现的结构，目前绝大多数叉车均为这种结构。

(四)电器设备

电气设备主要由蓄电池、叉车照明、各种警告、警报信号装置以及其他电气元件和线路组成。蓄电池叉车装有串激直流电机；内燃机叉车装有电动起动机；此外，汽油机叉车还有高压电火花点火装置。

(五)叉车液压系统

叉车的液压系统用于控制工作装置和转向装置，即由发动机或电动机带动齿轮泵并通过多路阀控制门架和货叉的升降或倾斜，通过转向器控制转向轮的转角。但内燃叉车传动装置中的控制油路不包括在内。

1. 叉车对液压系统的要求

(1)不允许液压油外漏而污染工作环境，特别是进集装箱和船舱内作业的叉车要求更为严格。

(2)防止内漏,以减小叉车工作时货叉自行改变起升高度和倾角(以货叉下滑量和门架自倾角来衡量)。

(3)货叉起升要有微动控制,即起升操纵手柄要有一段明显的行程使货叉缓慢起升或下降,以便对准货位。

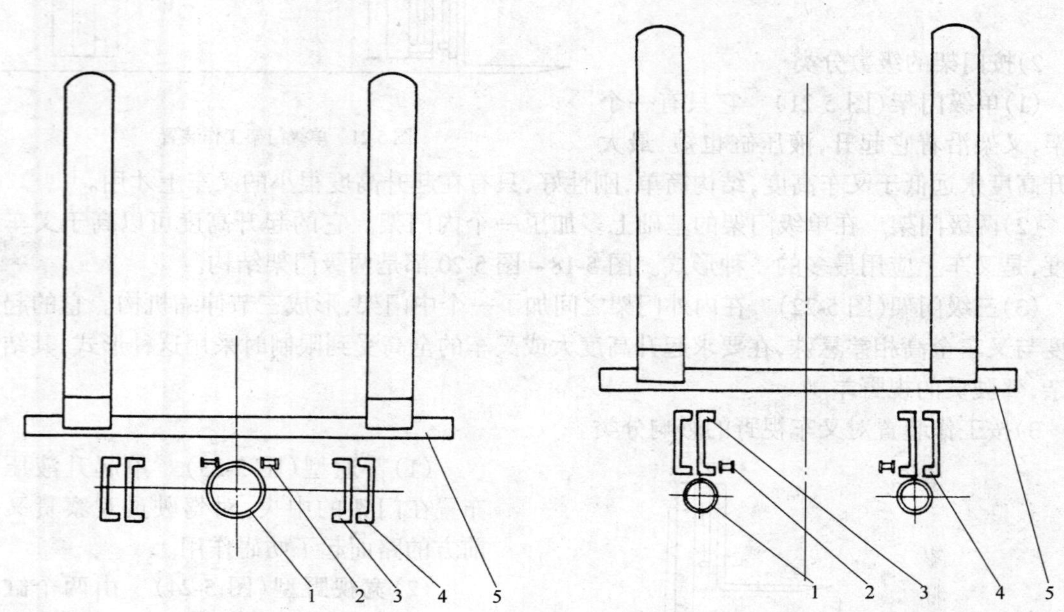

图 5-23　普通型工作装置

1-起升液压缸;2-起升链条;3-内门架;4-外门架;5-货叉架

图 5-24　宽视野型工作装置

1-起升液压缸;2-起升链条;3-内门架;4-外门架;5-货叉架

(4)货叉的最大下降速度在机构上能自动限制(用下降调速阀),并能有空载下降快,重载下降慢的特性,同时能保证在任何情况下(包括油管破裂)下降速度不大于 600mm/s。

(5)要有超载安全保护。通常在系统中装有高灵敏度的溢流阀,它在叉车额定负荷时不开启,而在超载 25%时要全开使货叉不能起升。

(6)具有门架倾斜自锁性能。当发动机熄火没有液压油供应时,操纵多路阀到前倾位置,门架不能靠荷重或自身重力前倾,以确保安全。

2. 叉车典型的液压系统

内燃叉车有单泵系统、转向负荷传感单泵系统和双泵系统。电动叉车均采用双泵系统,由不同的电动机分别带动工作泵和转向泵,且只有在起升、门架倾斜时或转向时各自的电动机才运转带动泵工作。

(1)单泵系统(图 5-25)　发动机带动泵(容积式)向系统供油,其流量随发动机的转速而变化。分流阀将油流分成两路,一路供给转向器,其流量恒定,不受泵的供油量和压力变化的影响,其最高压力由分流阀内部的限压阀调定。另一路流向多路换向阀,用于控制货叉的起升,门架倾斜以及属具的动作。它的内部有一溢流阀控制工作系统的最大油压。在控制倾斜液压缸的阀杆中还装设了一个液控止回阀,它在油路中处于倾斜液压缸前腔至油箱的油路中,与换向阀的阀口串联。当发动机熄火没有压力油充入液压缸后腔时,倾斜液压缸前腔内油液不能

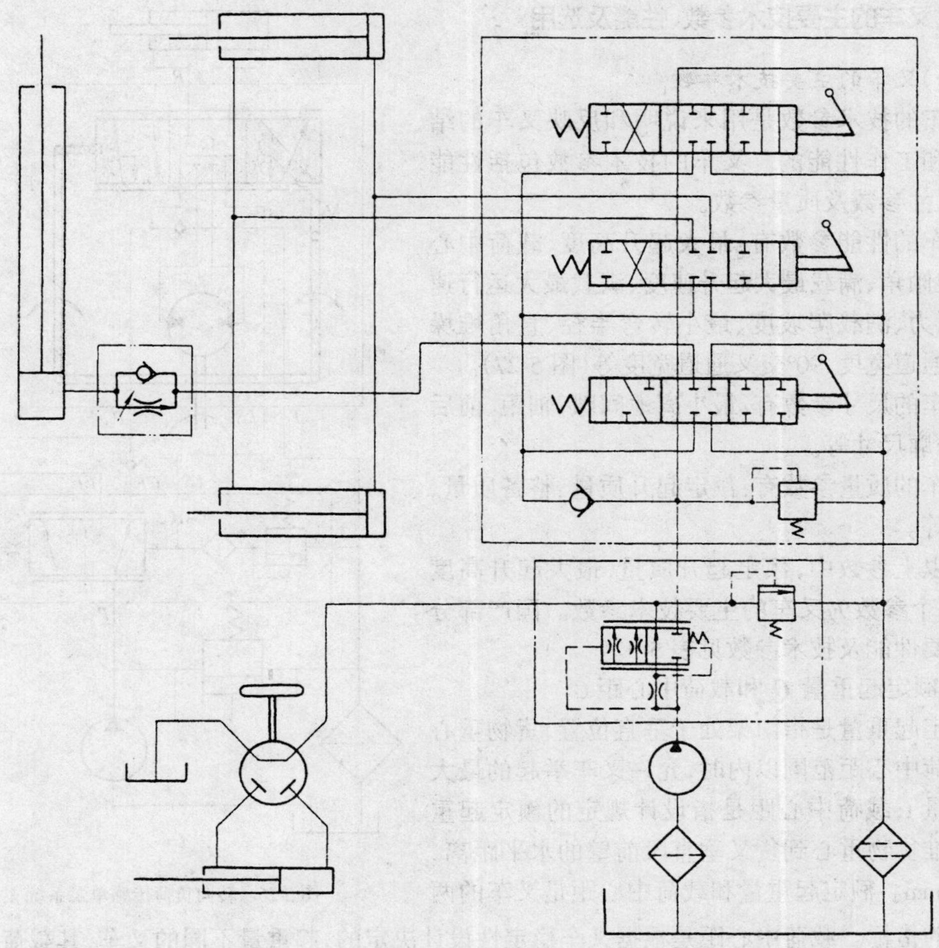

图 5-25 单泵液压系统

流回油箱，门架不能前倾，因而它起到安全作用，并能通过向倾斜液压缸后腔的供油量控制前倾速度。当下降调速阀与起升液压缸之间有软管联接时，起升液压缸的底部还应装限速阀。它在液压缸进油及液压缸以正常速度下降时均不产生节流作用；当油管爆裂，货物和货叉快速跌落时，产生节流作用以保证安全。为了减少管件，有时将分流阀与泵作成一体，有时将分流阀与多路阀作成一体。

单泵系统简单，叉车总体布置方便，但在油路中工作装置和转向装置互相影响带来附加的节流损失，且工作泵排量较大，仅适于中小吨位叉车采用。

(2)转向负荷传感单泵系统(图 5-26) 它是在单泵系统的基础上，采用负荷传感转向器和分流阀构成。分流阀向转向器的流量根据转向器的信号来决定，并优先保证。当转向器不工作时，分流阀只有很少的流量(控制油流)通过转向器回油箱，几乎全部的工作泵流量都去工作装置部分，它保留了上述单泵系统的优点，克服了缺点。

(3)双泵系统 它有两个泵分别向工作装置和转向装置供油，在转向泵的后面装有一个流量阀，当转向泵的转速随发动机变化时仍能保持以固定流量向转向器供油，从而保证了转向器操纵的稳定。它与单泵系统比较，系统损失较小，但总体布置较困难。

三、叉车的主要技术参数、性能及选用

(一)叉车的主要技术参数

叉车的技术参数是用来说明和反映叉车的结构特征和工作性能的。叉车的技术参数包括性能参数、尺寸参数及质量参数。

叉车的性能参数有:最大起升高度、载荷中心距、门架倾角、满载最大起升速度、满载最大运行速度、牵引力、满载爬坡度、最小转弯半径、直角堆垛的最小通道宽度、90°交叉通道宽度等(图 5-27)。

叉车的尺寸参数有:最小离地间隙、轴距、前后轮距、外廓尺寸等。

叉车的质量参数有:额定起升质量、整备质量、轴负荷等。

在以上参数中,额定起升质量,最大起升高度等 10 多个参数为叉车的主要技术参数。国产部分叉车主要性能及技术参数见表 5-3。

1. 额定起重量 Q 和载荷中心距 C

额定起重量是指门架处于垂直位置,货物重心位于载荷中心距范围以内时,允许叉车举起的最大货物质量 t;载荷中心距是指设计规定的额定起重量的标准货物重心到货叉垂直段前壁的水平距离,单位为 mm。额定起重量和载荷中心距是叉车的两个相关的指标。载荷中心距是根据叉车稳定性设计决定的,起重量不同的叉车,其载荷中心距是不一样的,具体见表 5-4 所示。

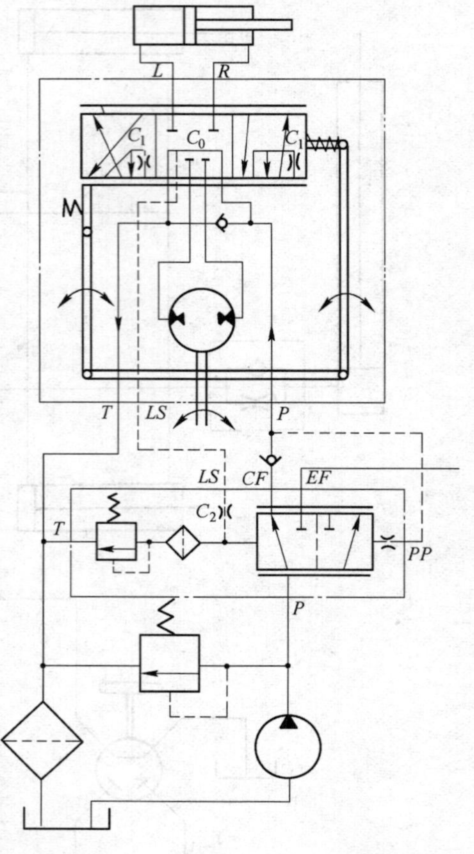

图 5-26 转向负荷传感单泵系统

国产部分叉车主要性能及技术参数

表 5-3

型号	最大起升质量	载荷中心距	最大起升高度	门架倾角(°)		最大起升速度	最大行驶速度	最大爬坡度	最小转弯半径	最小离地间隙	空车质量	动力装置		外形尺寸	生产厂家
	m_e (kg)	c (mm)	H_{max} (mm)	前倾	后倾	v_h (mm/s)	v_{max} (km/h)	i_{max} (%)	R_{min} (mm)	h_{min} (mm)	m_0 (kg)	形式	功率 (kW)	$L\times W\times H$ (mm×mm×mm)	
				充气轮胎											
AV12A	1200	500	2500	6	10	300	13.5	15	1650	50	2787	电动	8.8 7.6		A
合力 CPCD50	5000	600	3000	6	12	430	28	24	3250	190	7980	柴油	68	4660×1995×2560	C
合力 CPCD15	1500	500	3000	6	12	480	14.5	20	1970	110	2710	汽油	20.5	3145×1070×1995	C
MV15BA	1500	500	2500	5	10	430	20	18	1750	105	3050	汽油/液化气	40		B
HNCPCD60	6000	600	4000	6	12	290	22	20	3400	200	8500	柴油	59		B
H70D	7000	600	2850	6	12	340	22	24	3060	190	10450	柴油	74	4522×2272×2580	F
巨鲸 CPCD80	8000	600	3000	6	12	250	25	20	4200	180	9600	柴油		5257×2066×2600	E
巨鲸 CPC20C	2000	500	3000	6	12		21	20	2400		3500	汽油	36.7	3500×1150×2138	E

续上表

型号	最大起升质量	载荷中心距	最大起升高度	门架倾角(°)		最大起升速度	最大行驶速度	最大爬坡度	最小转弯半径	最小离地间隙	空车质量	动力装置		外形尺寸	生产厂家
	m_e (kg)	c (mm)	H_{max} (mm)	前倾	后倾	v_h (mm/s)	v_{max} (km/h)	i_{max} (%)	R_{min} (mm)	h_{min} (mm)	m_0 (kg)	形式	功率 (kW)	$L\times W\times H$ (mm×mm×mm)	
				充气轮胎											
DV25B	2500	500	3300	6	12	320	30	20	4000	250	14600	柴油	77		B
HNCPCD100	10000	600	3000	6	12	500	20	16	2230	110	3775	汽油	32.4	3625×1150×2070	C
HNCPCD30FB	3000	500	3000	6	12	450	18	18	2500	110	4650	柴油	36.8	3725×1250×2550	B
金雁 CCC3A	3000		3500			300	25	22	4300	170	5250	柴油	44.1	4420×2035×2700	D

注：A——湖南德士达叉车制造有限公司；

B——湖南叉车实业股份有限公司；

C——合肥叉车总厂；

D——镇江林业机械厂；

E——厦门叉车总厂；

F——德国林德公司厦门子公司。

内燃叉车性能表 表 5-4

参数名称	单位	性能参数							
起重量 Q	t	0.5	1	2	3	5	10	16	25
载荷中心距 c	mm	350	500	500	500	600	600	900	900
起升高度 H	m	2	3	3	3	3	3	3	3
满载最大起升速度 $v_{起}$	m/min	20	25	25	20	20	15	15	10
满载最大运行速度 $v_{行}$	km/h	12	17	20	20	22	25	25	25
满载最大爬坡度	%	15	20	20	22	22	22	20	20
最小外侧转弯半径 R_{min}	mm	1500	1800	2150	2700	3400	4000	5500	6500
门架前倾角 α	(°)	6	6	6	6	6	6	6	6
门架后倾角 β	(°)	12	12	12	12	12	12	12	12
最小离地间隙 h_{min}	mm	70	90	115	130	200	250	300	300

作业时，如果由于货物体积庞大，或货物在托盘上的位置不当，而使货叉上的货物实际重心超出了规定的载荷中心距，或者最大起升高度超过一定数值时，由于受叉车纵向稳定性的限制，叉车的稳定性会变差，起重量会相应减小，否则叉车将有倾翻的危险。货物实际重心超出载荷中心距越远，则允许起重量越小。

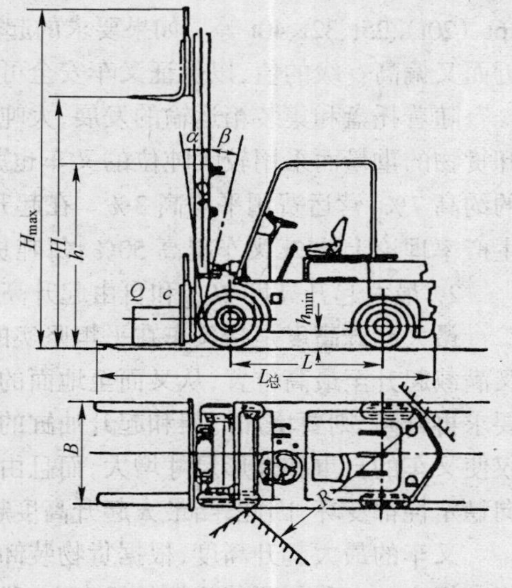

图 5-27 叉车的基本参数

图 5-28 为起重量 3t、以柴油机为动力的平衡重式叉车的载荷特性实例，该叉车的载荷中心距为 500mm。

另外，在实际作业时，货物重心与其体积、形状及在货叉上的放置位置等多种因素有关。因此，很难保证货物位置不变。为了便于评价和选用叉车方便，按不同的额定起升质量，规定了相应的 c 值（表 5-3）。

为保证叉车的纵向稳定性，必须找到允许起升质量与货物重心至货叉垂直段前壁间的实际距离 x 的关系。表示两者间的关系的曲线与 $m=m_c$ 时的直线共同组成了叉车的 $m—x$ 载荷特性曲线图 5-29a)。

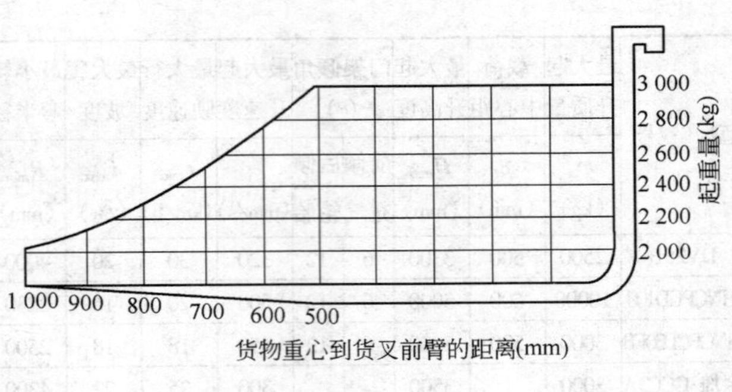

图 5-28 叉车的载荷特性实例

根据叉车纵向稳定条件得:

$$m(x+a)=m_e(c+a)$$

$$即:m=\frac{c+a}{x+a}m_e \quad (t) \quad (5\text{-}1)$$

式中:m——允许起升质量(t);

m_e——额定起升质量(t);

a——货叉垂直段前壁至前轮中心线的水平距离(mm)。

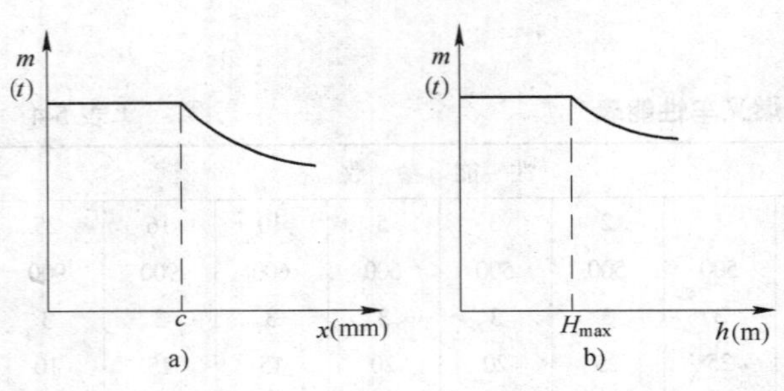

图 5-29 叉车的载荷特性曲线

a) $m—x$ 载荷特性曲线;b) $m—h$ 载荷特性曲线

对于某一辆叉车,其 m_e、c、a 值均为常数,故允许起升质量 m 与 x 呈双曲线函数关系,如图 5-29a)中载荷中心距 c 以外的一段曲线。

由图 5-29a)可知,当 $x<c$ 时,叉车的允许起升质量 m 可比额定起升质量 m_e 大些,但 m 值受液压系统的工作压力和叉车工作装置的有关零件的强度条件限制;当 $x>c$ 时,m 值取决于叉车的纵向稳定条件。

叉车的选用应按照本部门所需要装卸和搬运的货物质量,参考我国原一机部制定的《叉车基本形式和起升质量系列》标准或交通部制定的叉车标准(JT 5003—75),根据需要装卸和搬运货物的重量和货盘的尺寸来选用。额定起升质量系列为 0.5t、(0.75t)、1.0t、(1.5t)、2.0t、3.0t、(4.0t)、5.0t、(8.0t)、10t、(12t)、(15t)、16t、(20t)、25t、32t、40t 等。如果要求的起升质量与标准中的额定起升质量不一致时,可选用相近而又偏高一级的值,以保证叉车安全可靠的作业。

随着托盘和集装箱运输的发展,大吨位叉车有增多的趋势。从经济的角度看,增加每次装卸货物的重量而采用较大吨位的叉车也是比较合适的,据统计,国产 3t 内燃叉车的价格比 2t 的约高 7%,营运费用平均高 3%。在起升高度、行定距离和速度参数相同的情况下,3t 叉车的生产率理论上比 2t 叉车提高 50%,每吨货物的搬运装卸费约可减少 1/3。

2. 最大起升高度 H_{max} 和自由起升高度

最大起升高度是指叉车在平坦坚实的地面上,满载、轮胎气压正常,门架处于垂直位置,货叉满载起升至最高位置,从叉面至地面的垂直距离。港口叉车最大起升高度一般为 3~4m,若要求再升高,则要增加门架和起升油缸的高度,或者采用三节门架和多级作用的油缸,这样不仅使叉车的自重和外形尺寸增大,而且由于叉车的总重心位置提高,使叉车工作时的纵向和横向稳定性都变坏,因此,当最大起升高度超过一定数值时,必须相应减小叉车的允许起重量。

叉车的最大起升高度,根据货物装卸搬运的具体需要而定。如无特殊要求,应符合叉车的标准规定。在采用两节门架的叉车上,我国叉车的最大起升高度大多为 3m(表 5-3)。

增加门架和起升油缸的长度，或者采用三节门架和多级油缸，可以增加叉车的最大起升高度，但这不仅使叉车外形尺寸增加、整备质量增加，而且会使叉车的纵向倾翻力矩增大，稳定性降低。因此，当叉车起升高度超出规定值时，必须相应减小叉车的允许起升质量。表示叉车允许起升质量 m 与起升高度 h 的关系曲线，称为叉车的 m-h 载荷特曲线。当起升高度大于 H_{max} 时，允许起升质量要相应减少。

自由起升高度是指不改变叉车的总高时，货叉可能起升的最大高度。具有自由起升性能的叉车可在净空不小于叉车总高的库门通过或在低矮的船仓或车厢内作业。

3. 门架的倾角 $\alpha(\beta)$

门架倾角是指无载叉车在平坦、坚实的地面上，门架自垂直位置向前或向后倾斜的最大角度。门架前倾是为了便于叉取和卸放货物；后倾的作用是当叉车带货行驶时，防止货物从货叉上滑落，增加叉车行驶时的纵向稳定性。

门架前倾角 α 的作用是便于叉取和卸放货物，α 值一般要大于叉车在水平地面上叉卸托盘时的最小前倾角 α_1 与仓库地面的正常坡度角 α_2 之和，即 $\alpha > \alpha_1 + \alpha_2$（图 5-30），一般前倾角取 3°~5°。

图 5-30 前倾角 α 与 α_1 和 α_2 关系

门架后倾角 β 的作用是当叉车带货行驶时，防止货物从货叉上滑落，增加叉车载货行驶时的纵向稳定性。增大 β，可使叉车纵向稳定性较好。然而 β 的增大，往往受到叉车结构上的限制，一般后倾角取 10°~12°。

门架倾角还与轮胎的变形有关。对于充气轮胎叉车，空车叉货时，后轮负荷大，轮胎变形大，前轮负荷小，轮胎变形小，使门架的实际前倾角度小；叉车满载行驶时，前轮负荷大，后轮负荷小，门架的实际后倾角减小。因此，对于充气轮胎叉车，其门架前、后倾角都应适当加大（表 5-3）。

4. 起升速度 $v_{起}$

起升速度是指叉车在坚实的地面上满载时，门架处于垂直位置，货叉上升的平均速度。起升速度对叉车作业效率有直接的影响。提高起升速度是叉车发展的趋势，这主要决定于叉车的液压系统。过大的起升速度容易发生货损和机损事故，给叉车作业带来困难。蓄电池叉车由于受蓄电池容量和电动机功率的限制，其起升速度低于起重量相同的内燃叉车。大起重量的叉车，由于作业安全的要求和液压系统的限制，起升速度比中小吨位的叉车低。当叉车的最大起升高度较小时，过大的起升速度难于充分利用。根据港口装卸作业要求，起升速度以15~20m/min 为宜。货物下降速度一般都大于起升速度。

5. 最大运行速度 v_{max}

最大运行速度是指叉车满载时，在干燥、平坦、坚实的地面上行驶时的最大速度。

据统计，叉车作业时，行驶时间一般约占全部作业时间的 2/3。因此，提高行驶速度、缩短行驶时间对提高叉车作业生产率有很大意义。但是叉车主要用于装卸和短途搬运作业，而不是用于货运。它的作业特点是运距短、停车和起步的次数多，所以在运距为 100~200m 时，叉车能发挥出最好的效率；而运距超过 500m 时，则不宜采用叉车搬运。叉车不当地提高运行速度，不仅需要增大原动机功率，其经济性降低，而且作业时，一方面受到狭窄装卸通道的限制，另一方面还应保持货物完整无损，因此，即使有过高的速度，也难以得到经常利用、发挥。我国叉车系列标准中，蓄电池叉车最高车速一般为 13km/h；内燃叉车为 20km/h，最高不超过 28km/h。

叉车作业时，倒退行驶与前进行驶的机会基本均衡，因此，要求叉车比汽车有较多的倒档和较大的倒车速度。

6．最大爬坡度

叉车的最大爬坡度是指叉车在正常路面情况下，以低速档等速行驶时所能爬越的最大坡度，以度或百分数表示，分为空载和满载两种情况。叉车满载的最大爬坡度一般由原动机的最大转矩和低速档的总传动比决定。空载的最大爬坡度通常取决于驱动轮与地面的粘着力。由于港口路面场地较平坦，港口叉车最大爬坡度可在 10°以内。

选用叉车时，其最大爬坡度应满足叉车作业的具体要求，该值应不小于进出场地的最大坡度。国产叉车标准中，满载最大爬坡度参见表 5-3。

7．最小转弯半径 R_{min}

最小转弯半径是指在平坦的硬路面上，叉车空载低速前进并以最大转向角转弯时车体最外侧所划出轨迹的半径。采用较短的车身、外径较小的车轮、增大车轮转向时的最大偏转角等可减小转弯半径。三支点叉车由于转向车轮具有较大的偏转角（接近或等于 90°），在其他条件相同的情况下，其最小转弯半径比四支点叉车小。

叉车的最小外侧转弯半径是决定叉车机动性的主要参数。距转向中心最远处，通常是叉车尾部（平衡重处）。在货叉加长时，也可能是货叉尖处。

影响叉车最小外侧转弯半径的因素，除叉车的轮距、轴距、转向轮的最大转角外，还有叉车的外形尺寸、尾部形状、转向轮直径及叉车的支撑形式。因此，有些叉车的车身较短，尾部做成以较向中心为圆心的弧形，或接近圆弧的折线形；在满足使用条件、保证车轮必要的支撑能力前提下，尽量选用较小直径的轮胎，以减小叉车的转弯半径。因为增大转向轮直径，为使车轮转向偏转时不致与车体相碰，必须加大主销中心距，或减小车轮偏转角，其结果都会使最小外侧转弯半径增加。三点支撑的叉车，转向轮具有较大的偏转角（接近或等于 90°），其最小外侧转弯半径比四点支撑式叉车小。

8．最大牵引力

最大牵引力分为轮周牵引力和拖钩牵引力。

原动机发出的转矩，经过减速传动装置，最后在驱动轮轮周上产生切向力，称为轮周牵引力。当原动机输出功率为定值时，轮周牵引力与叉车行驶速度成反比。当原动机输出最大转矩，叉车以最低档速度行驶时，轮周牵引力最大。最大轮周牵引力不能大于驱动轮与地面的粘着力，否则，驱动轮将发生打滑现象。叉车的前桥是驱动桥，满载行驶时，前桥负荷大，粘着力大，此时，最大轮周牵引力一般决定于原动机的转矩和总传动比。空车行驶时，粘着力小，最大轮周牵引力又受粘着力的限制。

轮周牵引力在克服叉车行驶时本身遇到的外部阻力以后，在叉车尾部的拖钩上剩余的牵引力，称为拖钩牵引力。当叉车在水平坚硬的良好路面上以低档等速行驶时，叉车的外阻力仅为很小的滚动阻力，此时的拖钩牵引力最大。

牵引力大则叉车起步快、加速能力强、爬坡能力大、牵引性能好。由于叉车的运距短，停车起步的次数多，加速能力十分重要。在叉车的技术规格中，通常标出的是拖钩牵引力。当叉车作为牵引车作用时，必须知道它的拖钩牵引力。

9．最小离地间隙 h_{min}

最小离地间隙是指除车轮以外，车体上固定的最低点至车轮接地表面的距离。它表示叉车无碰撞地越过地面凸起障碍物的能力。

叉车车体最低点可能在门架底部、前桥中部、后桥中部、平衡重下部。车轮半径增加，可使离地间隙增加，但又会使叉车的重心提高，转弯半径增大，对叉车的稳定性、机动性改善是不利的。我国叉车规定的最小离地间隙见表 5-3。

10．直角堆垛的最小通道宽度和直角交叉的最小通道宽度

直角堆垛的最小通道宽度是指叉车在路边垂直道路方向堆垛时所需的最小通道宽度；直角交叉的最小通道宽度指叉车能在直角交叉处顺利转弯所需的最小通道宽度。转弯半径小、机动性好的叉车要求的通道宽度小。

11．自重和自重利用系数

自重是指包括油、水在内的叉车总重。

叉车自重利用系数通常有两种表示方法，一种是起重量与叉车自重之比，另一种是指起重量和载荷中心距的乘积与叉车自重之比。显然，自重利用系数值较大，表示在起重量和载荷中心距相同的条件下，叉车自重较轻，即材料利用较经济，结构设计较合理。由于叉车的载荷中心距并不相同，故后一种表示方法更为合理。

12．其他技术参数

除上述参数外，还有外形尺寸、前后桥负荷、轮压、轴距和轮距等。

外形尺寸，指叉车的总长、总宽和总高。货叉尖端至车体最后部的水平距离为总长；车体两侧最外部之间的横向距离为总宽。门架垂直、货叉落至最低位置时，车体最上端至地面的垂直高度为总高。为使叉车有较好的机动性，外形尺寸特别是车长应尽量减短。

部分国产叉车的主要技术参数列于表 5-5 与表 5-6。

部分国产叉车的主要技术参数 表 5-5

型号		CPC20 CPCD20	CPQ25 CPQD25	CPY30 CPYD30	CPQ40 CPQD40	CPC50 CPCD50A	CPC60 CPCD60A
额定起重量(kg)/载荷中心距(mm)		2000/500	2500/500	3000/500	4000/500	5000/500	6000/500
起升高度(mm)		3000	3000	3000	3000	3000	3000
自由起升高度(mm)		110	110	110	110	160	160
满载起升速度(mm/s)		550	550	500	400	400	400
门架倾角　前倾/后倾(°)		6/12	6/12	6/12	6/12	6/12	6/12
行驶速度(km/h)	前进	18	18	20	20	25	25
	后退	18	18	20	20	25	25
最小转弯半径(mm)		2170	2240	2330	2750	3300	3300
爬坡度(满载)(%)　机械/液力		20/20	20/20	20/18	20/18	－/20	－/20
长度(mm)		3495	3565	3740	4050	4810	4810
宽度(mm)		1150	1150	1280	1740	1910	1910
门架高度(mm)		2035	2035	2100	2200	2732	2732
护顶架高度(mm)		2070	2070	2170	2260	2450	2450
最小离地间隙(mm)		110	110	110	125	160	160

部分国产蓄电池叉车的主要技术参数　　表 5-6

型　　号	HBF15	HBF20	HBF25
额定载荷(kg)	1500	2000	2500
最大起升高度(mm)	3000	3000	3000
起升速度(空载/满载)(mm/s)	250/400	300/473	280/473
门架倾角(°)	6/12	6/12	6/12
行驶速度(空载/满载)(km/h)	11/13	10.5/12.5	10/12
最小转弯半径(mm)	1760	2060	2060
全长(mm)	2910	3215	3245
全宽(mm)	1070	1180	1180
门架高度(mm)	1995	1995	1995
护顶架高度(mm)	2090	2195	2195
蓄电池容量	48V-440AH(520AH)	48V-440AH(520AH)	48V-440AH(520AH)

(二)叉车的主要性能

叉车的各种技术参数反映了叉车的性能,主要性能有以下几个方面:

1.装卸性

装卸性指叉车起重能力和装卸快慢的性能。装卸性能的好坏对叉车的生产率有直接的影响。叉车的起重量大、载荷中心距大、工作速度高则装卸性能好。

2.牵引性

它表示叉车行驶和加速快慢、牵引力和爬坡能力大小等方面的性能。行驶和加速快、牵引力和爬坡度大则牵引性好。

3.制动性

它表示叉车在行驶中根据要求降低车速及停车的性能。通常以在一定行驶速度下制动时的制动距离大小来加以衡量。制动距离小则制动性能好。

4.机动性

它表示叉车机动灵活的性能。最小转弯半径小、直角交叉通道宽度和直角堆垛通道宽度小则机动性好。

5.通过性

叉车的通过性是指叉车克服道路障碍而通过各种不良路面的能力。叉车的外形尺寸小,轮压小、离地间隙大、驱动轮牵引力大,则叉车的通过性好。

6.操纵性

指叉车操作的轻便性和舒适性。如果需要加于各操作手柄、踏板及转向盘上的力小、驾驶员座椅与各操作件之间的位置布置得当等则操纵性好。

7.稳定性

叉车的稳定性就是指叉车抵抗倾覆的能力。稳定性是保证叉车安全作业的必要条件。对于正叉平衡重式叉车,由于货叉上的货物重心位于叉车纵向的车轮支承底面之外,当叉车满载码垛即货物举高、货叉前倾时或叉车在满载全速运行途中紧急制动,叉车受制动惯性力和重力作用的情况下,叉车都有可能在纵向丧失稳定,向前倾翻。当叉车高速转弯,或在斜坡上转弯,叉车受到离心力、侧向,风力、坡道分力等的作用,叉车有可能丧失横向稳定,向一侧翻倒。因此,为了保证叉车的安全作业,必须使叉车具有必要的纵向稳定性和横向稳定性。

叉车的稳定性由正确的设计即合理确定叉车各部分和平衡重的位置来保证,目前世界各国还通过试验来检查叉车的稳定性。在使用中,必须遵守操作规程,不得超重、超载荷中心距、超速作业。货物举得越高受到水平力(如制动惯性力、风力、离心力等)作用时叉车越易倾覆。因转弯时离心力与车速的平方成正比,所以不得超速转弯,以免翻倒。此外,稳定性还和叉车的支承形式有关,三支点叉车的横向倾覆边与叉车自重重心作用线比较靠近,使稳定力臂和稳定力矩较小,因而其横向稳定性比四支点叉车差。这些都应在操作使用中注意。

8. 经济性

叉车的经济性主要指它的造价和营运费用,包括动力消耗、生产率、使用方便和耐用的程度等。

(三)叉车的选用

1. 选择叉车的影响因素

传统的仓库设计,通常是先有了建筑物,再考虑其中的布局规划及机械设备,常常造成投资上的浪费。通过生产计划的分析及预测,选择合适的物流形式及储存方式,再进行土建的设计规划,或者二者同步进行,才能达到最佳的投资收益。叉车的选择与存储形式的设计是密不可分的,设备选型的失误,往往会造成实际操作中效率低下或者容易发生事故,严重的需拆除重建。所以在仓储系统初期设计及设备选型时,除了要考虑车型所适用的高度与巷道空间外,还要结合自身条件,进行其他因素的综合考虑。影响因素很多,以下仅举例说明:

1)托盘

大部分叉车都是以托盘为操作单位的,所以托盘的尺寸与形式往往影响叉车形式及规格的选择。操作不同深度与宽度的托盘,所需要的巷道空间不同。如果托盘及所载货物的重心超过了叉车的设计荷载中心,载重能力将下降。所以通常都建议采用标准规格的一种托盘形式,目前使用较普遍的是欧洲标准 800×1200 或 1000×1200 的四向叉取式托盘。它可适用于各种车型。

2)地坪

地坪的光滑度及平整度等状况极大地影响叉车的使用,尤其是使用高提升的室内叉车时。假设叉车的起升高度为 10m,如要在叉车的左右轮之间有 10mm 的高低差,那么在 10m 处就会造成将近 80mm 的倾斜,造成货架使用的危险。地坪的表面状况通常有三种情况,影响最大的锯齿状起伏的地面,应尽量避免;如果地面为波浪状起伏,在一定的距离外有一定的高度差,是可以允许的;最好的地面是平整光滑的地面,通常是经过表面处理的混凝土地坪。地坪需考虑的因素还包括承重能力,叉车轮压等。

3)电梯、集装箱高度等

如果叉车需要进出电梯,或者要在集装箱内部作业,则需要考虑电梯、集装箱的入口高度。叉车有几种门架形式可供选择,通常此时需要选择带大自由扬程的门架。

4)日作业量

仓库的进出货频繁度、叉车每天的作业量关系到叉车蓄电池容量或叉车数量的选择,以保证日常作业正常进行。

其他还要考虑如仓库作业高峰期、轮子材质、建筑限制等。

2. 叉车选用的原则

叉车的种类很多,形式规格各异,在流通管理中首先应了解叉车的选用原则,才能充分发挥叉车的使用价值,有以下两点:

(1)应首先满足使用性能要求。

选用叉车时应合理地确定叉车的技术参数,如起重量 Q、工作速度 v,起升高度、门架倾斜角度等。如果需要的起重量是非标准系列,则最好选用标准大于所需起重量,这样使用较经济;同时还要考虑叉车的通过性能是否满足作业场地及道路要求,如最小转弯半径 R_{min}的值、最小离地间隙以及门架最高位置时的全高、最低位置时的全高等。除此之外,选用叉车要求工作安全可靠,叉车要跑得快、停得下,无论在任何作业条件下,都要具有良好的稳定性。

(2)选择使用费用低、经济效益高的叉车。

选择叉车除考虑叉车应具良好的技术性能外,还应有较好的经济性;使用费用低、燃料消耗少、维护保养费用低等。可用重量利用系数和比功率大小,进行定量比较叉车的经济性。

重量利用系数 $K = Q/G$,它是叉车载重量 Q 和自重 G 比值;表明叉车制造、设计的综合水平。减轻叉车自重 G,不但节省原材料,降低生产成本,而且减少燃料的消耗和轮胎的磨损。

比功率 $f = N/(Q + G)$,表明叉车单位总重量(自重与载重之和)所需耗用的功率。它是叉车动力性能的综合指标,直接影响燃料消耗。

四、集装箱叉车

1. 集装箱叉车的用途和使用特点

集装箱叉车是用来对集装箱进行装卸、堆码及短距离搬运的专用叉车,是集装箱码头和货场常用的装卸设备。

集装箱叉车按照形式分为正面集装箱叉车和侧面集装箱叉车。侧面集装箱叉车类似于普通侧面叉车,门架和货叉向侧面移出,叉取集装箱后回缩,将集装箱放置在货台上,再进行搬运。其行走时横向尺寸小,需要的通道宽度较窄(约 4m)。但侧面集装箱叉车构造及操作较复杂,尤其操作视线差,装卸效率低,目前较少采用。而正面集装箱叉车操作方便,是常用的形式,其中又分为重载集装箱叉车、轻载集装箱叉车、空箱集装箱叉车、滚上滚下集装箱叉车等。

在集装箱码头和货场使用集装箱叉车的优点是:机动灵活,作业范围大;相对其他集装箱机械,其设备购置费用低廉;可一机多用,更换属具,可用来装卸搬运其他件货。

集装箱叉车也存在一些缺点:常用的正面集装箱叉车横向尺寸大,所需通道宽度大(约 14m),且堆码层数较少,使堆场面积和高度的利用率低;满载时前轮压大,对码头前沿和堆场通道路面的承载能力要求高;行走时视野被集装箱阻挡;对作业有一定难度。

相对于集装箱龙门起重机等来说,集装箱叉车的作业效率较低,因此不适用于大吞吐量的集装箱码头,一般用于集装箱吞吐量不大的综合性码头,或者作为专业集装箱码头、堆场的辅助性机械。

2. 正面集装箱叉车的性能和构造特点

集装箱叉车必须适应集装箱的特点,在性能参数上和构造上满足下列要求:

(1)起重量与各种箱型的总质量相一致。对于仅用货叉工作的叉车,其起重量等于集装箱总质量;对于采用顶部起吊吊具的叉车,其起重量等于集装箱总质量加上吊具质量。

(2)载荷中心距取集装箱宽度的1/2,即1 220mm。

(3)起升高度按堆码集装箱的层数来确定,留有少许工作安全间隙。

(4)为改善操作视线,将驾驶室的位置升高。

(5)采用顶部起吊能适用于更多的箱型,且视野较好,因而大多数重载集装箱叉车配备专用的吊具。

(6)为了便于对准集装箱角件锁孔或者箱底叉槽,货叉架应具有侧移功能(左右各移200~300mm)和在水平面内摆动的功能(左右各3°~10°)。

重载集装箱叉车的起重量大部分在40t上下,最大的可达52t。堆码层数大部分为2~3层,可达6层。一般配备伸缩式的顶部起吊集装箱的吊具。重载集装箱叉车的外形如图5-31所示。

由于现在大量的国际集装箱载货量达不到集装箱的额定质量,因此不一定要使用为满载集装箱而设计的重载集装箱叉车。从经济性考虑,发展了轻载集装箱叉车。选用轻载集装箱的起重量要根据实际情况决定。例如40ft集装箱的载货量平均只有18t左右,往往选用起重量为25t的集装箱叉车,即可装卸绝大部分集装箱。

空箱集装箱叉车是一种专门用来堆码和搬运空集装箱的叉车(图5-32)。它可以采用货叉、顶部起吊吊具或侧面起吊吊具,而以侧面起吊吊具最为安全可靠和效率最高,因而应用最多。为了提高场地利用率,其堆码集装箱的高度通常为3层至6层,可达7层至9层,所以这种叉车的起升高度很大,驾驶室也架得很高。其起重量一般为8t以内,可用起重量为15~20t的通用叉车将门架系统改型制成。

图5-31 重载集装箱叉车

图5-32 空载集装箱叉车

3. 集装箱叉车的专用吊具

集装箱叉车专用吊具的结构形式多种多样,但归纳起来分为顶部起吊吊具和侧面起吊吊具两大类型,前者应用于各种集装箱叉车,而后者仅应用空箱集装箱叉车。

顶部起吊吊具通过旋锁将集装箱顶部四个角件的吊孔锁住,从而实现从顶部吊起集装箱。

为了适应不同尺寸的箱型，吊具结构形式有固定式、主从式和伸缩式。其中伸缩式结构用得最多，它能适应各种规格的集装箱。顶部起吊吊具与叉车滑架的连接方式有刚性连接和柔性吊挂两种。刚性联接方式是用反置货叉直接插入吊具的连接孔内并将吊具固定，简单可靠，更换方便。为了对箱的需要，这种吊具除了可以伸缩外，还可以侧移(左右各 200 ~ 300mm)、水平面内摆动(左右各 3° ~ 10°)，有的还可在垂直面内摇摆(上下各 3°)。柔性吊挂的吊具则是通过四根链条或四个油缸将吊具吊挂在滑架上(见图 5-33)，该连接方式可以使吊具不需要在垂直面内摇摆的机构即可使吊具与集装箱的四个顶角件较好接合，并减少接合时的冲击损坏，但行走时晃动较大。

侧面起吊的吊具(图 5-34)则是用两个旋锁吊住空集装箱的两个顶角件，箱的侧面则压靠在吊具的垂直面上。它比顶部起吊吊具轻，比货叉装卸方便可靠。侧面起吊吊具具有伸缩机构及侧移机构等。

完备的吊具具有一套安全和信号装置，使得当：

(1)旋锁未全部插入孔内时，旋锁不能转动；

(2)吊具吊起集装箱时，旋锁不能开锁；

(3)集装箱放下时要完全被支承住，才能开锁。驾驶员可以根据状态信号灯了解情况，进行操作。

图 5-33　具有柔性吊挂属具的集装箱叉车

图 5-34　集装箱空箱侧面起吊吊具

4．滚上滚下集装箱叉车

对集装箱滚装船进行装卸、堆码和搬运作业时，需用滚上滚下集装箱叉车。由于滚装船舱内作业空间的限制以及码头前沿、跳板、船舱甲板承载能力的限制，滚上滚下集装箱叉车具有车身矮、门架低、外形高度小和允许轮压低的特点。为了减小轮压，有些滚上滚下集装箱叉车前桥常装六个车轮，其中四个是驱动轮，两外侧各另装一个独立悬挂的支持轮。当轴载较小时，外侧支持轮抬起，以减小转向时阻力矩；当轴载大时，左右外侧车轮自动放下，轮载由 6 个轮子负担。图 5-35 即为滚上滚下集装箱叉车外形图。

滚上滚下集装箱叉车一般都具有较大自由起升高度。

5．箱内作业叉车

集装箱箱内作业叉车是一种可在集装箱内进行堆码(装箱)或拆垛(拆箱)作业的平衡重式叉车，由于作业特点，它在性能上和构造上有下列要求和特点：

1)外形高度受限制

由于集装箱的外部高度、内部净空以及箱门高度都有规定，因而限制了箱内作业叉车的外形高度。根据国际标准和我国国家标准《通用集装箱最小内部尺寸》(GB 1834)的规定，表 5-7 列出了各种箱型的高度尺寸，并提出了箱内作业叉车的推荐外形高度。

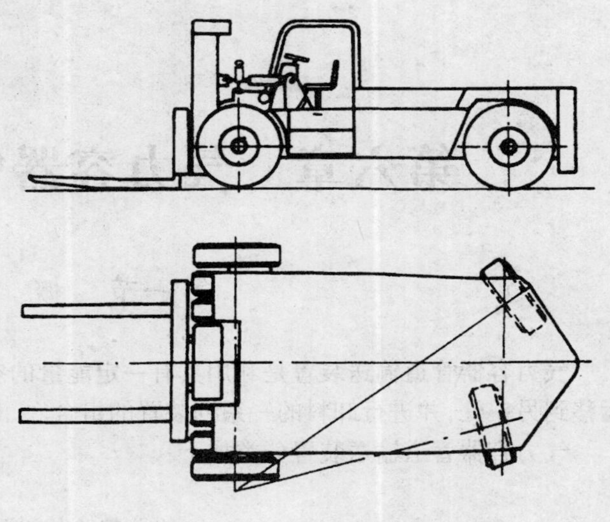
图 5-35 滚装集装箱叉车外形

由于叉车出入集装箱门要经过搭板，考虑到搭板有 15mm 的板厚，车顶尚要留一定的作业安全间隙，所以叉车外形高度要比箱门高度略小。叉车门架及护顶架均要限制在推荐的外形高度内，并要注意驾驶座椅的高度，使驾驶员坐上后，其头部离护顶架有少许间隙。

2)采用充分自由起升机构

集装箱高度尺寸及箱内叉车推荐高度 单位：mm 表 5-7

集装箱箱型	箱外部公称高度	箱内净空高度	箱门高度	箱门宽度	推荐的叉车外形高度
1AA、1BB、1CC、	2591	2350	2261	2286	2160
1A、1B、1C	2438	2197	2134	2286	2030

因箱内净空高度小，要在箱内进行装箱拆箱作业，必须采用充分自由起升的机构，自由起升高度以 1~1.5m 为宜。

3)轴压和轮压受限制

集装箱有一定的承载能力。叉车进箱作业时，车轮对箱底的集中载荷，应在其承载能力范围内。国际标准中有关集装箱箱底试验标准中规定：允许轴载为 5 460kg，每个车轮平均载荷 2 730kg。这一要求从而限制了箱内作业叉车的起重量不大于 2 500kg。

4)要防止污染和减小噪声

箱内作业空间狭小，提高了对防止空气污染和降低噪声的要求。使用电动叉车较为理想，如使用内燃机叉车，则需要装发动机净化装置和消声装置。

5)叉架应可侧移，并可配备多种属具

为了箱内作业时使货叉便于对准货位，或者使货物靠近箱壁堆放，要求货叉架能够侧移，侧移量为左右各 100mm。另外可更换各种属具，以适应不同货物，提高作业生产率。

第六章　气力容器管道输送装置

第一节　概　述

气力容器管道输送装置是利用具有一定能量的空气流，迫使物料沿着一定的管路从一处运移到另一处，并进行卸料的一系列装置的组合。

气力容器管道输送装置分类如下：

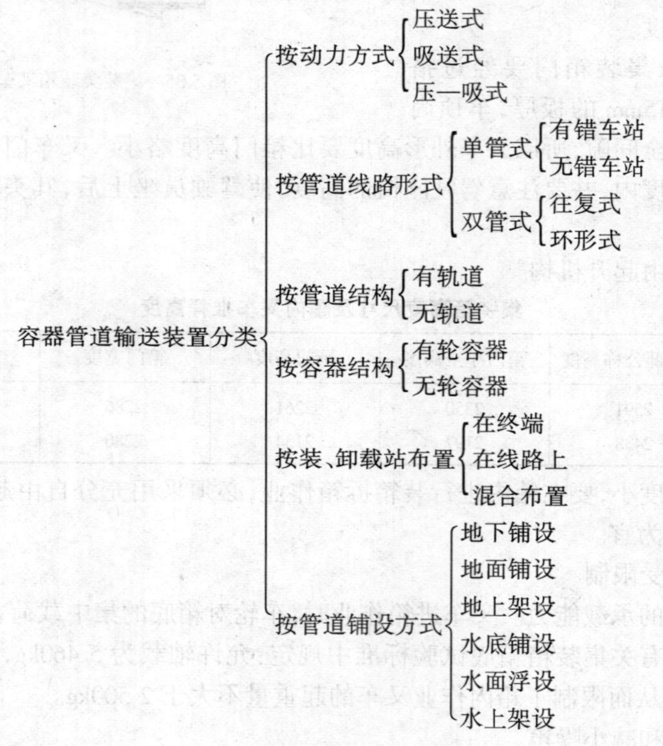

第二节　气力容器管道输送装置

有轮气力容器管道输送装置，在运输量 50～500 万 t/年和运输距离 3～100km 的使用范围内与铁路、公路、煤浆管道、索道、带式输送机等运输方式相比，气力容器管道在技术经济指标方面有一定的竞争力。由于技术的发展，输送能力已达到 1000 万 t/年。其适用范围见图 6-1。对于大宗散状物料的中、短途运输如铁路、水运散状物料的集结，热电厂或洗选厂的专线运输、铁路干线的分流等，气力容器管道输送是一种有效的运输手段。它可用于运输砂石、水泥、矿石、粮食、垃圾等。在不允许物料飞扬的场合，气力容器管道更显示出其独特的优越性。

无轮气力容器管道输送装置适用于质量小、尺寸小的零件、图书、文件、处方、试样、卡片、邮件、电报等小件物品的输送。

管道输送的主要特点：

(1)输送效率高；

(2)能耗较低；

(3)占地少，只是铁路和公路的 1/6～1/3，无论容器管道输送系统则基本不占地；

(4)安全可靠，不受自然环境的影响，不和其他交通运输方式互相影响；

(5)密闭运输，对环境无污染；

(6)对地形的适应性强，可以架设或埋设；

(7)管道线路设备简单，维修量小；

(8)主要缺点是有轮容器管道系统钢材用量和初始投资较大。

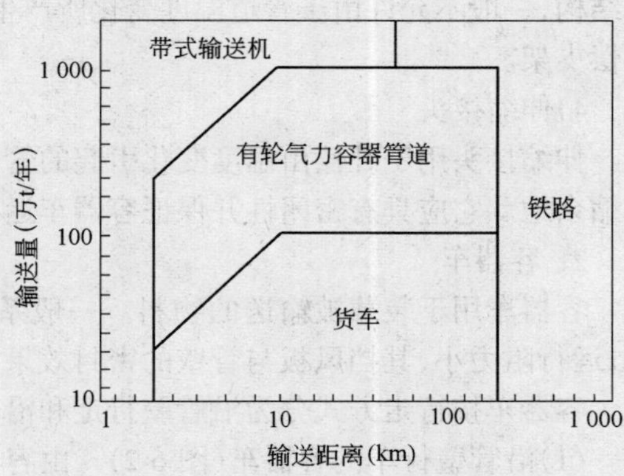

图 6-1 各种输送方式的适用范围

一、有轮气力容器管道输送系统的主要设备

有轮容器管道输送系统主要由管道、容器列车、列车发送装置、列车接收制动装置、装载装置、卸载装置、列车转送装置、动力装置(鼓风机和空压机)、道岔装置、列车的检修排出装置、气动系统及电气控制系统等组成。

1．管道

1)管子

组成线路的管子截面形式可以是圆的或矩形的。管子的材料有金属和非金属两大类。金属材料常用钢、球墨铸铁等。非金属材料常用钢筋混凝土和塑料等。容器管道系统多采用钢管，但已开始重视开发非金属材料管。钢管可以是直缝焊接管，也可以采用螺旋焊接管。直缝焊接管是以钢管壁作为容器车的支承，螺旋焊接管必须焊一根钢轨作为容器车的支承。

容器管道输送系统的管道是由多节管子联接而成的。系统对管道的要求是：

(1)联接处要齐平、光滑，以保证容器车能平稳地运行。

(2)密闭性好、保证不漏气。

(3)管道应有足够的强度和刚度，以承受容器车重力、动载荷、风载荷、热胀载荷和地震载荷等。

(4)能补偿由于温度变化而引起的伸缩。

(5)噪声、振动小，以减少对环境的影响。

(6)管道本身的磨损与腐蚀小，以延长使用寿命。

管子的联接方式有可拆式联接和固定焊接两种。

管道的铺设形式需根据现场地形情况选择，达到距离最短、充分利用空间和投资最少的目的。

2)支架

支架用来支承管道及附属部件。支架的强度和间隔需要考虑风力、地震和容器车运行的离心力所产生的水平载荷、动载荷和温度影响产生的纵向载荷，积雪及容器管道和支架的质量所产生的垂直载荷。

支架的结构有单支架、桁架型支架和悬挂式支架等多种形式。

3)鞍座

鞍座用于管道与支架或地基之间的联接。鞍座应能把从管道传来的载荷可靠地传递到下部结构，一般不允许由于管道温度变化所产生的伸缩影响传递到下部结构，除非采用弹性变形补偿支架。

4）伸缩接头

伸缩接头用于补偿由温度变化引起的管子伸缩，保证在预定的温度变化范围内有足够的伸缩余地。它应具有密闭性并保证容器车运行时不产生卡阻现象。

2．容器车

容器车用于装载被输送的物料。一般系统对容器车的要求是容量大，承载能力高，质量小，运行阻力小，其挡风板与管壁的密封效果好，运行平稳，噪声小，耐用、可靠。

容器车按行走方式分为沿管壁行走和沿轨道行走两类。

（1）沿管壁行车的容器车（图6-2） 由容器车体、车轮、悬挂装置、挡风板、缓冲器和联接器等组成。行走车轮安装在容器车体两端的悬挂装置上，一般每端的车轮数量为2～6个，呈辐射状分布，沿管壁运行。为了避免由于车轮的蛇形运动和转弯时离心力的影响使容器倾转，容器车体自由地吊挂在悬挂装置上，并能始终处于垂直状态，保证物料不被撒出。容器车体的形状取决于管道截面和被输送物料的形状和性质，可以是圆柱形、矩形或其他形状。容器的前端装有缓冲器，碰撞时起缓冲作用。容器挡风板上装有和管壁有一定间隙的密封圈。这样既可以获得较大的风压推力，又可以减少与管壁的摩擦力。

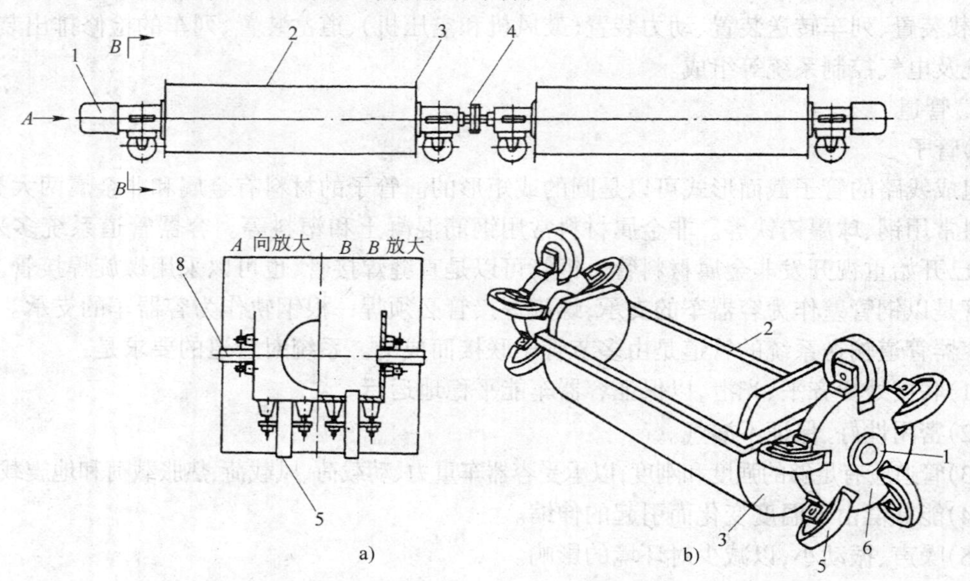

图6-2 沿管壁行走的容器车

a)矩形容器；b)台车形容器

1-缓冲器；2-容器；3-挡风板；4-联接器；5-承载轮；6-悬挂装置；7-盖子；8-导向轮

（2）沿轨道行走的容器车（图6-3） 它与沿管壁行走的容器车的主要区别是支承轮固定安装在容器车体的两端，沿铺设在管子中的轨道行走，并由两侧的导向轮导向，由扶持轮扶持。这种容器车结构简单，不磨损管壁，可以采用螺旋焊接管，也适用于钢筋混凝土管。

容器车又分为有盖和无盖两种，有盖的用于输送液体和粉尘状易飞扬的物料。

容器有底部开门的，主要用于一些连续卸料的系统和物料易于粘容器壁的场合。

在实际应用中，通常都是由几个容器车组成一组容器列车进行输送。容器列车的容器数量由容器的有效载质量、系统运输能力和其他作业条件确定。

容器车体的材料一般采用钢材，也有采用铝合金和玻璃钢的。车轮的材料有铸铁、钢、橡胶和工程塑料等。铁轮和钢轮滚动阻力小，车轮磨损少，但运行噪声大，必须考虑管道的磨损。橡胶轮运行噪声小，管道磨损少，但运行阻力大，车轮磨损大。工程塑料轮运行阻力小，车轮磨损小，管道磨损也少，但必须考虑高速运行时温升对车轮性能的影响。

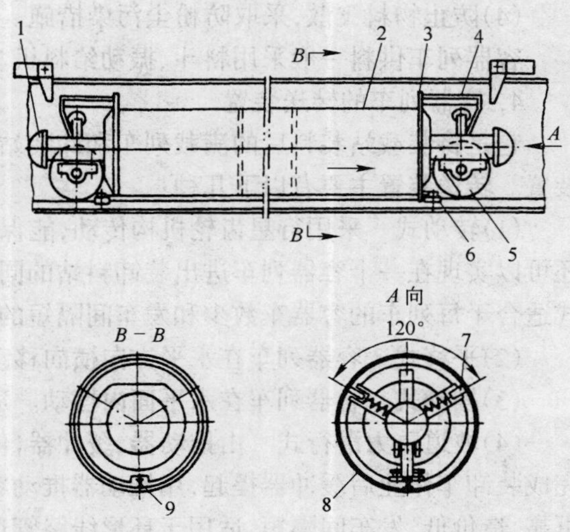

图 6-3　沿轨道行走的容器车

1-缓冲器；2-容器；3-挡风板；4-推头；5-承载轮；6-导向轮；7-扶持轮；8-管子；9-轨道

3．装载装置

根据运输对象或前后工序的设备情况，该装置的结构各不相同。对于一般松散物料由存料仓、输送机、自动定量加料装置和缓冲料仓等组成。

加料装置应考虑以下几点：

(1)为了缩短容器列车的发车间隔，应尽量减少容器列车加料的时间。

(2)保证容器列车准确定量加料。

(3)降低物料到容器列车的落料高度，减少加料冲击。

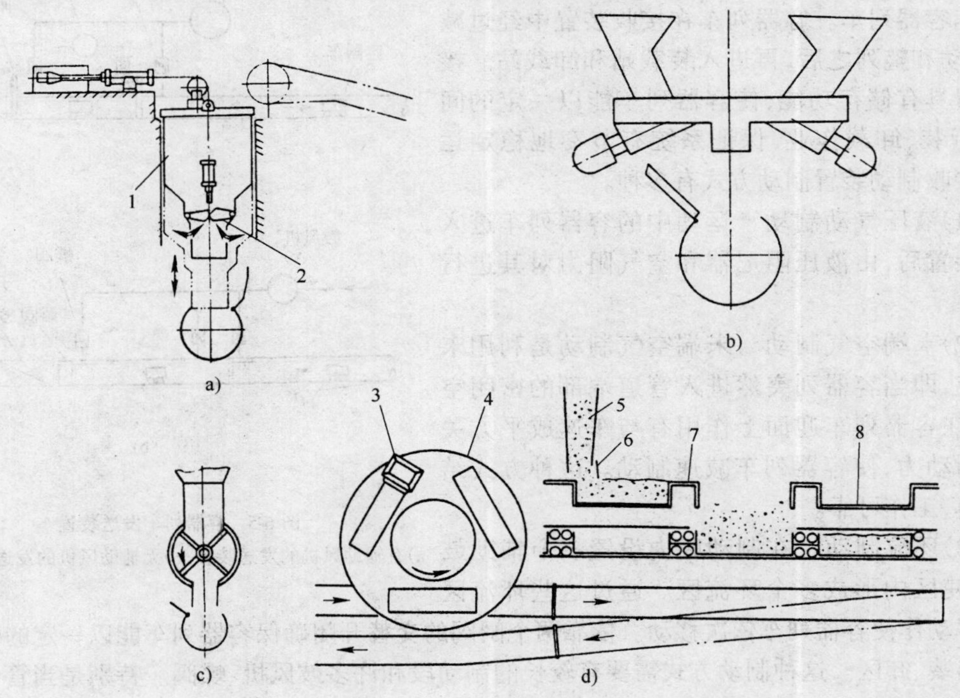

图 6-4　装载装置

a)料斗；b)振动给料机；c)旋转给料机；d)旋转台

1-升降式料斗；2-活动斗底；3、5-料仓；4、7-旋转台；6-挡板；8-底盖

(4)防止物料飞散，采取防粉尘污染措施。

容器列车供料一般采用料斗、振动给料机、旋转给料机以及电子秤配以旋转台，见图 6-4。

4. 容器列车的转送装置

它是将装载站装料后的满载列车和卸装站卸空后的空车从装载站和卸载站送到发送区的装置。转送装置主要有以下几种：

(1)转动式　采用行星齿轮机构传动，能保证容器列车绕轴心转动时始终处于水平姿态，还可以实现在一个容器列车进出装卸料站的同时另一个容器列车也能进行装卸作业。这种方式适合于每列车的容器车数少和发车间隔短的系统。其缺点是结构复杂。

(2)平移式　容器列车在水平方向横向移动。适于容器数多以及途中有装卸点的系统。

(3)摆动式　容器列车在水平面内摆动。适于容器数多的系统。

(4)坡道重力滑行式　由推动器、缓冲器(停车器)和倾斜管段组成。由缓冲器定位停车，完成装卸车作业后缓冲器提起，用推动器推动容器列车使其滑行到发送区段中。它结构简单可靠，造价低，发车间隔短，适用于环形线路管道系统。

5. 容器列车的发送装置

容器列车的发送装置用于将完成装、卸作业的容器列车按照规定的发车间隔送到管道中，并由主鼓风机产生的推动力使容器列车在管道中运行。发送装置由主鼓风机、蝶阀、闸阀、辅助风机和配管组成(图 6-5a)，也可采用倾斜管段，不设置辅助鼓风机，用瓣阀代替闸阀(图 6-5b)。

6. 容器列车的接收制动装置

接收制动装置用于接收从管线来的满载或空载高速容器列车。容器列车在接收装置中经过减速、制动和整列之后，再进入装载站和卸载站。接收装置具有储存功能，使容器列车能以一定的间隔进行装、卸载作业，保证系统有节奏地稳定运行。接收制动装置制动方式有多种。

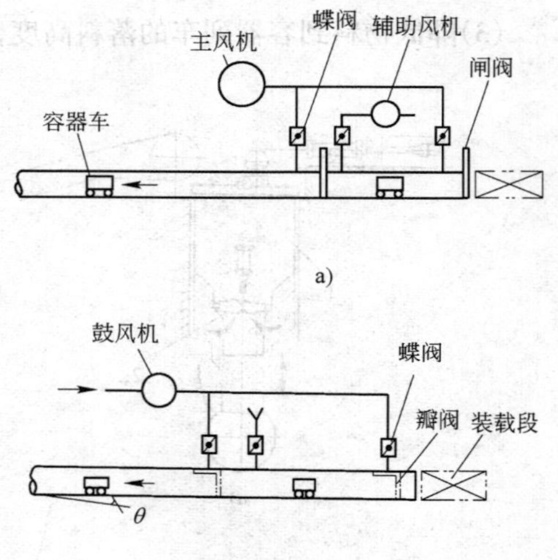

图 6-5　容器列车发送装置

a)有辅助风机的发送装置；b)无辅助风机的发送装置

(1)液压气动制动　运动中的容器列车进入制动装置后，由液压阻尼器和空气阻力对其进行制动。

(2)末端空气制动　末端空气制动是利用末端效应，即当容器列突然进入管道端部的密闭空间时，在容器列车迎面上作用有与车速成平方关系的制动力，使容器列车减速制动。这种方式结构简单，工作可靠。

(3)环流制动　在制动区内设置多个辅助鼓风机，使区内形成多个环流区。通过这些环流区的顺序动作使容器列车依次移动。依靠两个闸阀的交替开闭确保容器列车能以一定的时间间隔送出装、卸区。这种制动方式需要有较长的制动段和许多鼓风机、蝶阀。特别是当管子直径很大时，用鼓风机传送重载容器列车就更困难。

(4)可控速度制动　这种方式是设置有排气孔的可调加速阀和制动阀(或增加一个平衡阀)，利用检测元件测定容器列车的运行速度和管道内压力，并将这些数据送入到比较仪与设定值进行比较，由比较仪控制上述两阀的开闭。这种方法的优点是机械结构简单，容器列车的速度得到控制，减少了冲击，但是控制系统复杂。

(5)重力—空气缓冲制动　这种方法是将制动区管线、装载段和卸载段抬高，以使容器列车进入装、卸载站时大部分的动能转换成势能。这一段的作用可视为缓冲区。容器列车的运行速度是通过管道上的传感器测定的。比较仪接收传感器的信号将它与设定值相比较，用比较后的信号控制两个排气口的加速阀和减速阀。

7. 卸载装置

一般采用旋转翻车机卸料。根据物料的特性和系统的要求也有采用底开门且容器列车不停车的卸料方式，以便缩短卸料时间和发车间隔。但这种容器列车结构复杂，可靠性低。

8. 动力装置

动力装置包括鼓风机和空气压缩机。鼓风机提供容器列车在管线中运行所需的动力。可以采用离心鼓风机或罗茨鼓风机，其规格型号及数量由管道系统的空气动力计算确定。为了提高系统工作的可靠性，必须装设一个或几个备用鼓风机组。

空气压缩机提供0.5～0.6MPa的稳定压力给各气控系统。为了提高系统工作的可靠性，空气压缩机系统也应设置备用机组。

9. 道岔装置

道岔装置是用于改变容器车运行路线的装置，一般用于多点装卸和在管道线路中途有装卸点的系统中。

道岔设置在容器列车错车区段、管道分岔处和容器车送入和送出区段。控制道岔可以用自动和手动方式。常用道岔有转台道岔和平移道岔两种(图6-6)，转台式道岔比平移道岔分岔角度大。

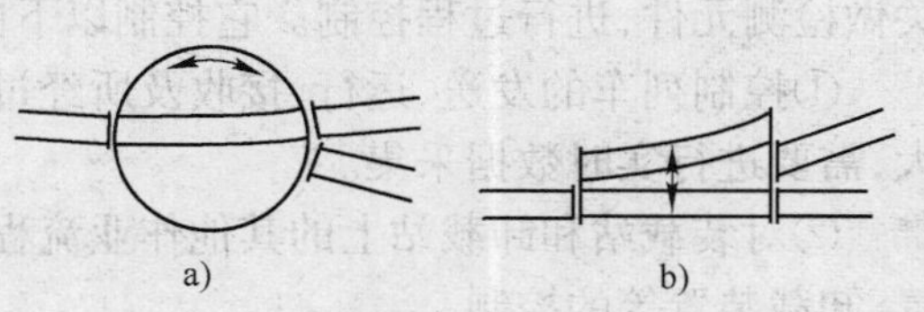

图6-6　道岔装置示意图

a)转台道岔；b)平移道岔

10. 中间增压站

当输送距离较长时，或线路爬坡角和爬升高度较大时，需在线路中途设置中间增压站。中间增压站主要由鼓风机组、空压机组、接收段、发送段及其他配件构成。它的作用是使管线中保持一定的压力。对于控制完善的系统可以不设接收段，实现不停车增压。设置中间增压站的距离要经过计算得出，一般输送距离在5～8km配置一个中间增压站。

11. 列车的引入—引出装置及技术保养段

列车的引入—引出装置用于把管道中的列车引出管道，送到开口槽道以便按使用规程进行检查、技术维护或修理，或将开口槽道中准备好的列车引入运输管道。当管道中列车不多或运输距离不长时，该装置设在道岔区或装(卸)载站区内。对于大型的管道系统需设置较为完善的技术维护段。对于运输垃圾、混凝土之类的管道系统，技术维护段中必须设置清洗机。

12. 容器列车的故障检查

容器列车除进行定期检修外，在每个运行循环中都对容器列车的运行阻力进行一次自动检测，并将检测不合格的列车通过引入—引出装置，用已装备好的合格列车进行替换。也可采用遥测车轮轴承温升的方法检出故障列车。

13. 电气控制

气力容器管道输送系统是一个规模庞大，技术复杂，终端分散且相距甚远的全自动化系统。其控制系统主要由各站的可编程序控制器、中控室计算机、各种参量的检测装置及位置检测元件等组成(图6-7)。控制系统有以下4种功能：

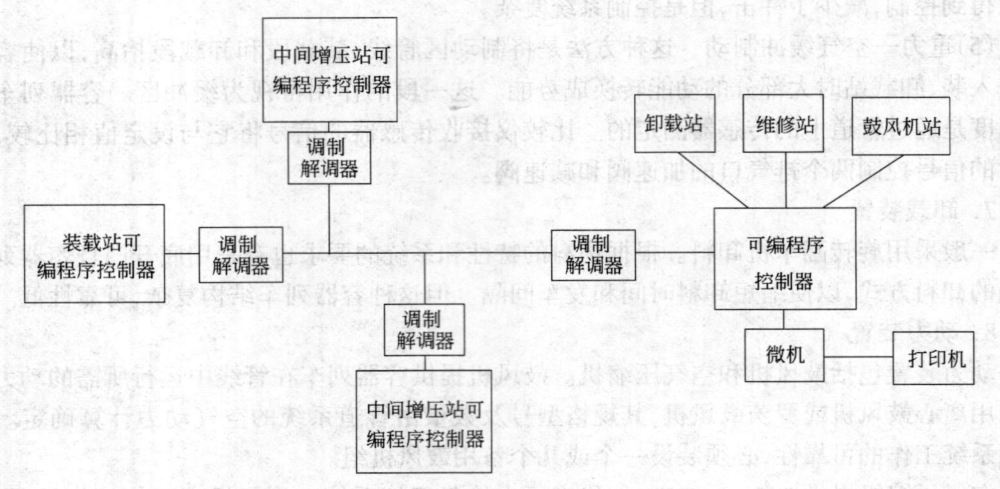

图 6-7 电气控制系统配置

(1)过程控制　采用可编程序控制器做主控机,用安装在管线上和站房的光电管和接近开关做检测元件,进行过程控制。它控制以下内容:

①控制列车的发送、运行、接收及所经过的道岔。由于空气动力不稳定使小车运行随机性大,需要进行实时数据采集。

②对装载站和卸载站上的其他作业流程进行控制。主要指对鼓风机、空气压缩机、装载装置、卸载装置等的控制。

(2)远距离数据传输　随着管线长度的增加,自动化程度的提高,就需要进行远距离数据和信息传输。对于一般距离短的管道,装、卸载站的 PLC 系统经由模块连接进行站间的联锁。长距离的数据传输可采用光纤和微波技术。

(3)计算机管理　建立管理数据库,进行管道的生产和事故管理。它具有查询及报表编制功能,包括日、周、月、年报表,物料种类的统计,坏车及故障统计等。

(4)系统监视　可以采用一般的模拟屏,也可以采用计算机的彩色屏幕显示或两者兼用。图形监视系统采集各机构的实时数据,并显示在屏幕图形上。图形显示内容包括全线运转状态、系统各主要部分运转状态的选择显示,故障即时显示及其他显示。监控系统检出故障时用声音报警,并在屏幕图形上显示。必要时用打印机打印文字记录。

为了提高系统工作的可靠性,必须采用先进可靠的位置和状态检测元件。采用有抗其他光线干扰能力的红外光源、光电开关和非接触式的接近开关。

二、有轮气力容器管道输送系统的总体设计

1. 有轮气力容器管道输送系统的设计原则

气力容器管道系统总体设计应着重解决以下几个问题:

(1)容器管道系统列车的起动、加速、稳定运行、减速制动及与其相适应的自动定量加料、自动卸料、中间增压等的自动控制问题。由于系统的自动化程度高,必须具有完善的监测、联锁保护功能。

(2)根据所需的运输量认真选择管径和输送路径,它们直接影响投资费用。

(3)合理确定系统的自动化水平。对于长距离、大运量容器管道系统,需要高度自动化;对

于距离较短和运输能力较小的系统，可以采用自动化水平较低的电气控制或机械化控制。

(4)正确提出对各部件设计和选用的要求，使系统能实现可靠高效的运行。

2. 有轮气力容器管道输送系统的设计程序及内容

设计内容如表 6-1 所示，设计程序见图 6-8。

气力容器管道输送系统设计内容 表 6-1

项目名称	内容
原始设计条件	运输始点及终点，线路布置、物料种类、运输量、运行时间、系统富裕量
初选系统能力	管子直径、容器主要尺寸及初选结构、列车的容器数、发车间隔
管道研究	管道弯曲半径，弯管加工方式
配管工程研究	架设方式、基础工程条件、特殊结构、防蚀、防噪声方法
决定容器规格	容器长度、容积，容器质量、轮子负荷
决定容器传送方式	传送方式及结构
研究运行控制方式	列车在管道中起动、停止，鼓风机位置和数目，管道中容器的检测
决定发送段、制动段	发送段、接收制动段数目及长度
决定临界发生间隔	研究各有关机构的工作状态和动作时间
决定物料装卸方法、能力	给料方式、给料装置结构、容器的装卸效率
系统总布置简图	将各初选部件组成系统总图
流程框图	系统各设备动作顺序及控制要求

3. 有轮气力容器管道输送系统的方案选择

方案的选择应根据用户要求和现场条件的可能综合考虑。

(1)管道截面　通常采用圆形截面。对易粘壁的物料(如混凝土等)可采用矩形截面，容器用底开式卸料。管径的大小直接影响基建投资和运营费用，应特别注意。过大的直径将增加投资，过小的直径则增加空气动力能耗。

物料特性对管道的选择有很大影响。物料尺寸和形状影响到管径大小的选择，过大的块状物料应破碎处理。

(2)运输线路坡度　一般可以达到 15%。但在确定管线系统的坡度时，应尽量避免很陡的上坡角，因为，过大的上坡角会使系统动力消耗明显增大。重载列车的上坡角一般不应超过 3°。管道线路的转弯半径推荐大于管道直径的 40 倍。

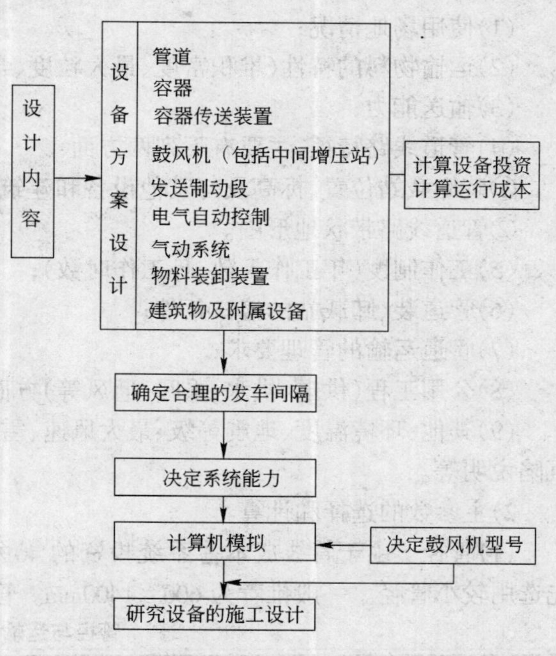

图 6-8　气力容器管道输送系统设计程序

(3)鼓风机的风压　一般在 0.1 ~ 1MPa 的范围内。如果压力要求大于此范围，应设增压站。

(4)容器列车的运行速度　在确定速度时必须综合考虑管线的寿命、噪声和节能。高速度可减少在管道中同时运行的列车数,降低空气压力,减轻管道负荷。但是,速度高则造成轴承和车轮磨损快,增加管线振动和噪声,增加能耗。小车最大速度可达 18m/s,一般推荐用 6~15m/s。

(5)装、卸载站形式　容器管道的输送能力在很大程度上取决于终端站的装、卸效率和辅助作业的效率。应根据系统的用途、物料特性和生产率要求选择装、卸站的形式。

(6)风压方式　吸气式系统适用于运量小、距离短的场合。压送式适用于高速、大运量及长距离的运输。距离 5km 以上的货物运输系统常采用压—吸式。

(7)线路形式　根据运输量和运输距离不同选择单管或双管(或环线系统)线路。单管系统运量小,距离短,发车间隔长,效率低,但设备简单,造价低。单管系统一般运距在几百米到几公里,生产率小于 30 万 t/年;双管系统则运量大,输送距离长。年运量 50~100 万 t/年时,宜采用自动化双管系统。

(8)管道结构　多数采用无轨管道。无轨管道采用直缝焊管,要求容器车的车轮座能绕中心轴回转,以保证在运行中容器车保持平衡位置不会随意翻滚造成物料撒出。有轨管道的管子则可以采用螺旋焊管或用水泥管,但有轨管比无轨管制造工艺复杂。

(9)系统自动化程度　主要决定于系统的运输能力和运输距离。大运量、长距离必须采用高度自动化控制。

4. 有轮气力容器管道输送系统的计算

1)设计条件

进行设计前需明确的条件有:

(1)使用场地情况;

(2)运输物料的特性(堆积密度、最大粒度、含水量);

(3)输送能力;

(4)管道线路特征,主要有下列两方面:

①装卸载站位置、标高及与其他设备和建筑物的关系;

②管道线路带状地形图。

(5)工作制度(年工作天数、日工作时数);

(6)管道装、卸载站的接口条件;

(7)管道运输的管理要求;

(8)公用工程(供电、供水、采暖、通风等)方面的条件;

(9)其他:环境温度、地震等级、最大风速、雪载荷、降水量、冻土层深度、地面耐压力、地面沉陷说明等。

2)主参数的选择和计算

(1)管径　由于管线成本占系统投资的 40%~70%,因此在满足运输能力的条件下应优先选用较小管径。一般推荐为 600~1400mm。管道直径与运输量的关系见表 6-2。

管径与运输量的关系　　表 6-2

运输量(10^4t/年)	管道直径(mm)	运输量(10^4t/年)	管道直径(mm)
100	600~1000	500	1000~1400
200	800~1200		

(2)容器的装载容量　容器的尺寸受管道直径和弯曲半径的制约,容器车的直径和长度通常按下式计算:

$$D_c = 0.8D$$

$$L_c = (3 \sim 4)D,\text{重载车可高达 } L_c = 8D$$

式中：D_c——容器车体直径(mm)；

D——管道直径(mm)；

L_c——容器车体长度(mm)。

考虑容积系数后，容器的容积 $V = (1.17 \sim 1.54) \times D^3$。

(3)一列车中的容器车数　容器车数需根据运输能力计算选取，通常推荐容器车数 $n \leqslant 8$，最大可达12。常用的容器车数为3~5辆。车数太少，运输能力低，车数多，装、卸载站长，列车动载荷大。因此恰当地选择列车的容器车数非常重要。

管径与列车的容器车数配合选择，需要考虑管线的情况。在运输量不太大，运距短，管道的线路投资所占比例不大时，管径可以取大些，列车的容器车数可以少些，这样可以简化装、卸载站，降低成本。对于长距离管线，管道的投资大，因此最好缩小管径，增加列车的容器车数。但都必须进行优化选择，使其在满足运输能力条件下，达到最低的动力消耗和最小的投资。但为了便于工人进入管道内检修，最小管径一般不小于600mm。

(4)容器列车的发车间隔　当管道系统的管径确定及每列车的容器车数相同时，发车间隔越短，运输能力越高，所以应尽量缩短发车间隔。但发车间隔又受到物料装、卸和列车转送时间的限制。由于所采用的管道系统方案及各部件的结构各不相同，因此发车间隔可为数十秒至数分钟。

(5)运输能力　容器管道年运输能力

$$Q = nVH\frac{3600}{T} \quad (\text{m}^3/\text{年})$$

式中：n——列车的容器车数；

V——容器的有效容积(m^3)；

H——年工作小时数(h)，一般取6500~7000；

T——容器的发车间隔(s)。

在计算管道运输能力时，必须考虑有一定的储备(储备系数 K_B)，使需要的设计运输量 Q 满足

$$QK_B \leqslant Q_{max}$$

$$Q_{max} = nVH\frac{3600}{T_{min}}$$

式中：Q_{max}——管道系统允许的最大运输能力(m^3/年)；

T_{min}——管道系统允许的最短发车间隔(s)。

在以年计算运输量时，因停工造成的运输量损失，可在一年内逐步补上，故可采用 $K_B = 1.05 \sim 1.15$。在以日计算系统运输量时，停工造成的损失须在一天内补上，应采用 $K_B = 1.25 \sim 2$。在选用储备系数 K_B 数值时，需根据具体工程是否已有储备料仓及料仓储备量大小等情况研究确定。当系统的输入和输出有足够的缓冲容量或所给定的每天工作小时数和每年的工作日数较少时，可以选择较小的值；否则宜取较大值。$L_c = 3D \sim 4D$ 范围的容器车管道运输能力可参见图6-9。

对于只有一列车运行的最简单的单管系统，规定出列车在装载站和卸载站上的停留时间后，该系统的运输能力由列车的允许最大平均速度和运输线路的长度确定。

(6)容器列车的运行速度　参看前述。

(7)列车数　在长度为 L 的管道中列车数为

$$n_1 = \frac{L}{vT}$$

式中：n_1——列车数；

L——管线长度(m)；

v——列车平均速度(m/s)；

T——发车间隔(s)。

在长度 L 的管线段中最大列车数 $n_{max} = n_1 + 1$。由于列车所经过的线路有上坡、下坡，管线中空气密度也有变化，列车实际运行并不稳定。因此，最终的列车数需采用数学模型用计算机进行模拟计算，同时还要考虑在接收段中的储存车数、装卸站上的工作列车数，还应包括备用的和维修中的列车数。

(8)动力计算　容器车在管道中的运动原理如图 6-10 所示。

①容器车在管道中的运动方程如下：

容器车受空气的推力

$$F_t = A(p_r - p_f) = \frac{1}{2}\rho \mid v - u \mid (v - u) C_d A$$

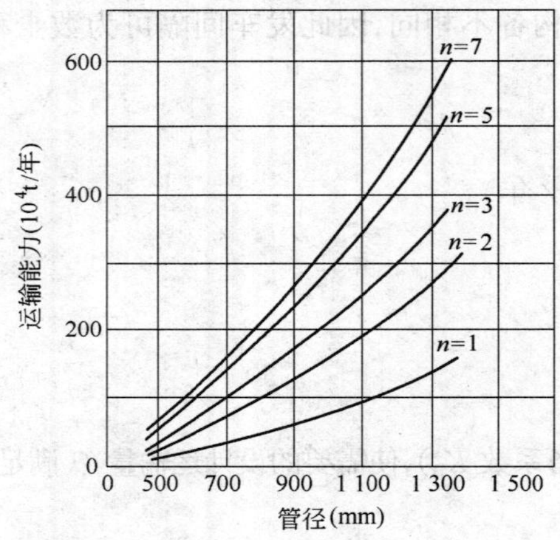

图 6-9　运输能力曲线

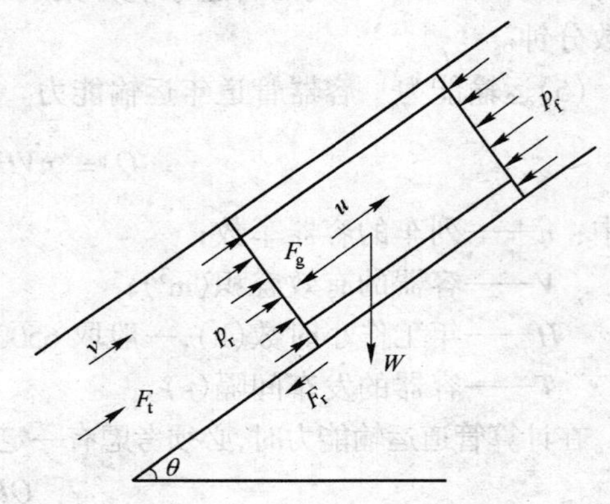

图 6-10　容器车在管道中的运动原理

容器车的运行阻力

$$F_r = f_r mg\cos\theta$$

容器车的重力产生的阻力

$$F_g = mg\sin\theta$$

则容器车的运动方程为

$$A(p_r - p_f) - mg(f_r\cos\theta + \sin\theta) = m\frac{du}{dt}$$

式中：A——管道横截面积(m^2)；

p_r——容器车后方气体压力(Pa)；

p_f——容器车前方气体压力(Pa)；

ρ——空气密度(kg/m^3)；

v——管道中空气速度(m/s)；

u——容器车运行速度(m/s)；

C_d——阻力系数；

A——管道横截面积(m^2)；

f_r——容器车车轮滚动阻力系数；

m——容器车质量(kg)；

θ——管道坡度(°)。

通常阻力系数 C_d 值通过试验获得。当容器车的挡风板直径 d 和管道直径之比值 K 越大时，C_d 值也越大。但 K 值大，对管道加工和安装精度要求也更高。K 值可在 0.95～0.98 范围内选择。对长度 $L_c=3D\sim4D$ 的容器车，其 C_d 值可以参考图 6-11。

②相对速度　当容器车匀速运动时，容器车与空气的相对速度

$$u_r=\sqrt{\frac{2mg(\sin\theta+f_r\cos\theta)}{\rho C_d A}}$$

当阻力系数 C_d 越大时，u_r 就越小，这可降低动力消耗。

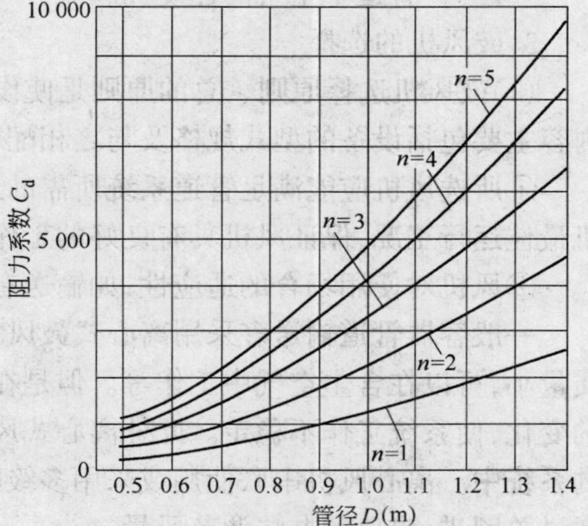

图 6-11　阻力系数 C_d 曲线

③管道系统的负载压力　主要由以下 4 部分组成：

$$p=p_1+p_2+p_3+p_4 \quad \text{(Pa)}$$

$$p_1=\frac{1}{2}\rho v^2\left(\frac{\lambda_1 L}{D}+\Sigma\xi_1\right)$$

$$p_2=\frac{1}{2}\rho v_1^2\left(\frac{\lambda_2 l}{d}+\Sigma\xi_2\right)$$

$$p_3=\frac{Lmg(\sin\theta+f_r\cos\theta)}{tA(v-u_r)}$$

$$p_4=\frac{m(v-u_r)}{At_a}$$

式中：p_1——输送管道中空气流动所需压力(Pa)；

p_2——供气管道中空气流动所需压力(Pa)；

p_3——推动全部容器车运动所需压力(Pa)；

p_4——容器车加速到匀速运动所需压力(Pa)；

λ_1——输送管道中空气沿程阻力系数；

L——输送管道长度(m)；

D——输送管道直径(m)；

ξ_1——输送管道中空气局部阻力系数；

v_1——供气管内空气速度(m/s)；

λ_2——供气管内空气沿程阻力系数；

l——供气管长度(m)；

d——供气管直径(m)；

ξ_2——供气管内局部阻力系数；

t——容器列车发车间隔(s)；

t_a——容器加速时间(s)。

上述压力计算是按平均方法考虑的。实际上由于空气的压缩性及线路侧形等均会产生影响，故尚须利用计算机对全部容器车在全线的运行过程进行模拟后，求出精确的压力值。此外，还需考虑停机后的再起动所需的压力，最后确定管道系统所需的最大压力 p_{max} 作为选择鼓风机的依据。

④管道系统所需空气流量

$$Q_k = vA \quad (m^3/s)$$

式中：A——管道横截面积(m^2)；

v——管道中空气的速度(m/s)。

3)鼓风机的选择

(1)鼓风机选择原则　总的原则是使设备在工作系统中能安全可靠、经济地运行，选择的内容主要包括设备的型式规格及与之相配套的原动机功率。应考虑以下几方面：

①所选风机应能满足管道系统所需的最大压力 p_{max} 和流量 Q_k，使系统工况尽量接近鼓风机最佳运行工况，保证风机具有良好的工作稳定性。

②风机对使用场合的适应性，如输送有爆炸危险的物品时应采用防爆风机等。

一般容器管道输送多采用离心式鼓风机和罗茨鼓风机。离心式鼓风机优点是结构简单，质量小，可以在含尘空气中工作等。但是在管道系统的压力变化时，鼓风机的风量会发生很大的变化，使系统工作不稳定。此外离心式风机产生的风量较大，但压力较低，一般用于压损小的系统中。离心风机串联使用或采用多级叶轮可增大压差，但效率有所降低。这种风机可以通过关闭进、出口的办法调节风量。

罗茨鼓风机结构紧凑，风压较大，工作时流量稳定，系统压力变化时，风量变化不大，但噪声较大，要求进入的空气较清洁。它不能用开闭阀门来调节风量，只能通过改变转速进行风量调节。罗茨鼓风机必须空载起动。

(2)鼓风机压差　鼓风机的压差 p_b 应满足

$$p_b \geqslant p_{max}K \quad (Pa)$$

式中：p_{max}——管道系统最大负载压差(Pa)；

K——备用系数，通常取1.2。

(3)鼓风机流量

$$Q_b = K_n Q_k$$

式中：Q_k——管道系统所需的流量(m^3/s)；

K_n——考虑系统泄漏及设备性能变化的备用系数，一般取1.15~1.3。

(4)鼓风机(离心式)功率

$$P = \frac{Q_b p_b}{\eta_d \eta_b} \times 10^{-3} \quad (kW)$$

式中：η_d——机械传动效率(%)；

η_b——鼓风机效率(%)。

(5)动力指数　指将单位质量的物料输送单位距离时所消耗的能量，是衡量输送系统经济

性的指标之一。动力指数

$$K_d = \frac{P}{QL} \quad [\mathrm{kW \cdot h/(t \cdot km)}]$$

式中：P——系统消耗的功率(kW)；

Q——计算生产率(t/h)；

L——输送距离(km)。

三、无轮气力容器管道输送系统

无轮气力容器管道的输送筒不设导向轮，依靠导向挡风环在管道内滑动。一般用于输送尺寸小、质量小的物料。

1. 无轮气力容器管道输送系统的主要设备

该系统由输送管、输送筒、发送器、接收器、道岔、动力装置和控制系统等组成。

1)输送筒

输送筒是输送物料用的载体，要求其质量小，操作方便，耐冲击，耐磨损，输送筒前后漏气少，需要的转弯半径小，并能保持被输送物料的性能。

输送筒由筒体、导向挡风环、盖及闭锁器等组成，见图6-12。筒体的直径和长度根据被送物品的尺寸来设计，直径一般为20～150mm，长度一般为75～400mm。导向挡风环的作用是减少输送筒在管内运行过程中的空气泄漏，以保持足够的气压和气量，同时还作为筒体在管内滑行的支承件。因此，要求具有耐磨性和耐冲击性并便于更换。

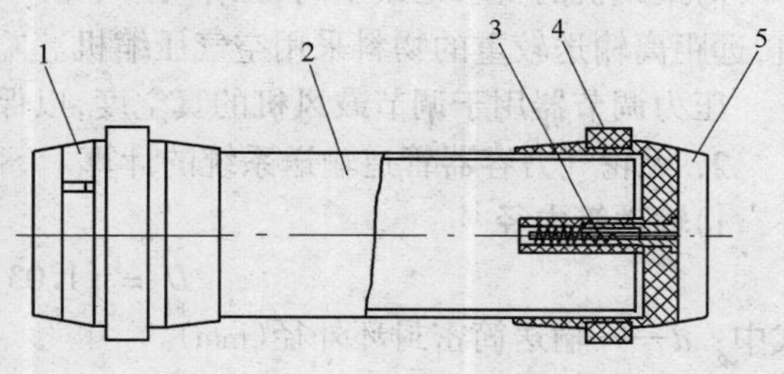

图6-12　输送筒

1-端盖；2-筒体；3-闭锁器；4-导向挡风环；5-缓冲橡胶

筒体两端有盖和闭锁器，防止物品从筒中掉出。闭锁器有止动、滚珠、卡口、按钮等形式。盖也可设在筒体侧面。

2)发送器

发送器是将输送筒引入输送管道的装置。常用的有末端式、中间式、侧面式。末端发送器(图6-13)安装在线路的末端。输送筒由喇叭形管口投入，管口的盖子有密封垫，在管道中的负压作用下紧贴在喇叭形管口上，保证输送系统的密封性。中间发送器(图6-14)安装在线路途中，输送筒从支管口投入。侧面发送器具有侧面装料孔。后两种发送器安装在通过式中间发送站中。

3)接收器

接收器(图6-15)是从管道中接收输送筒的装置。输送筒从管道7进入，在惯收的作用下进入旁通阀5，由于制动管4中末端效应的制动作用使输送筒减速，进入接收导槽1。用通过式中间接收器(图6-16)时，输送筒经岔道、旁通阀、排气阀落入接收箱内。

4)道岔

道岔用以在多支管系统中改变输送筒的运动方向。常用的道岔有舌板道岔(图6-17)和回转道岔(图6-18)。

5)动力装置

动力装置为管道提供动力空气源。它包括鼓风机、消声器、过滤器、压力调节器及配管等。

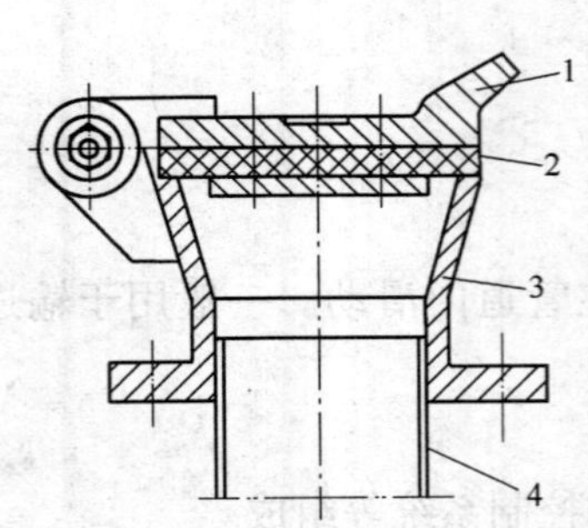

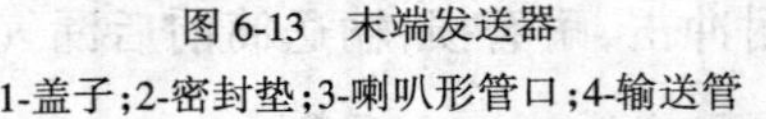

图 6-13　末端发送器

1-盖子;2-密封垫;3-喇叭形管口;4-输送管

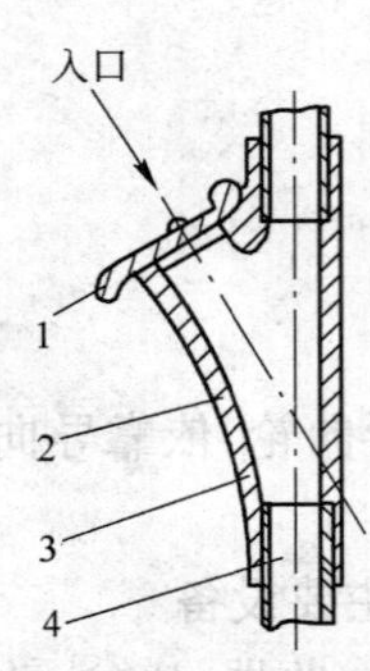

图 6-14　中间发送器

1-盖子;2-阻尼橡胶;3-支管;4-输送管

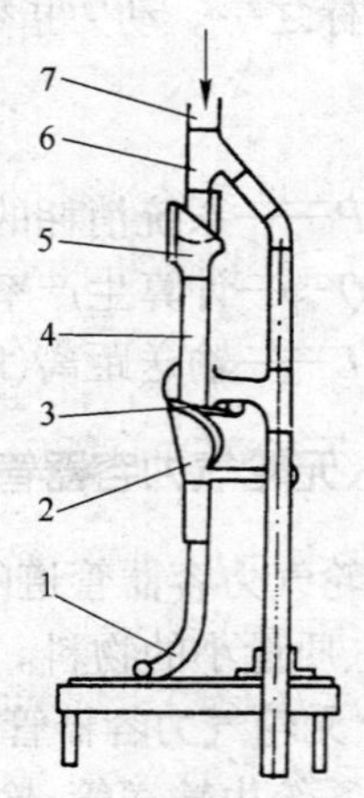

图 6-15　末端接收器

1-接收导槽;2-漏斗;3-排出阀;4-制动管;5-旁通阀;6-三通管;7-输送管

对鼓风机的要求是效率高,工作可靠,噪声小,能适应频繁起动等。一般采用罗茨式鼓风机,远距离输送较重的物料采用空气压缩机。

压力调节器用于调节鼓风机的真空度,以保证气力输送装置稳定地工作。

2. 无轮气力容器管道输送系统的计算

1)输送管内径

$$D = (1.03 \sim 1.12)d$$

式中:d——输送筒密封环外径(mm)。

2)弯管最小曲率半径

$$R_0 = \frac{(l - r_c)^2}{4(2D - d_1 - d - 2\delta)} - \frac{D}{2}$$

式中:l——输送筒长度(mm);

d_1——输送筒外径(mm);

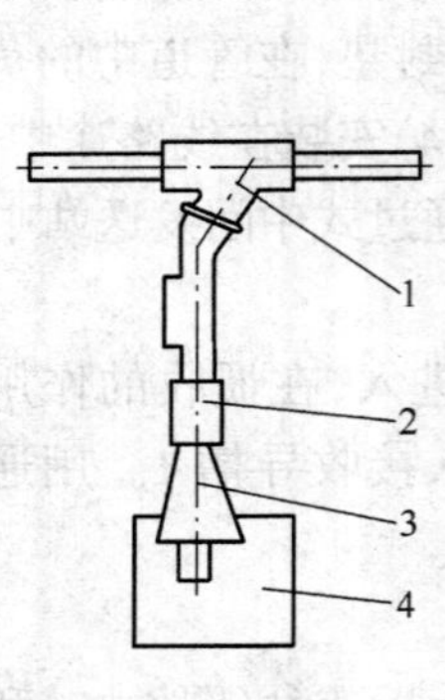

图 6-16　中间接收器

1-道岔;2-旁通阀;3-排气阀;4-接收箱

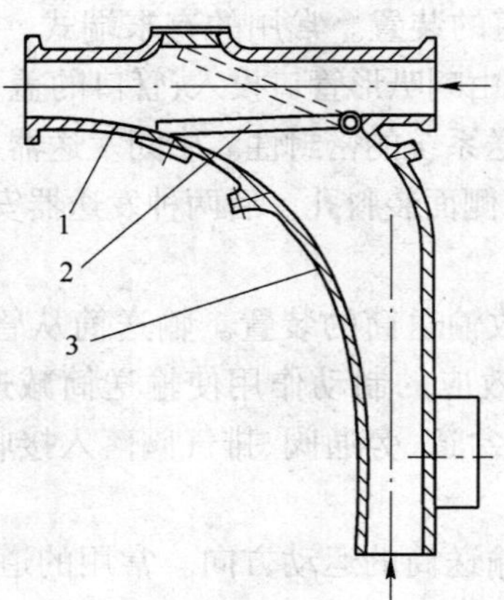

图 6-17　舌板道岔

1-壳体;2-舌板;3-弯管

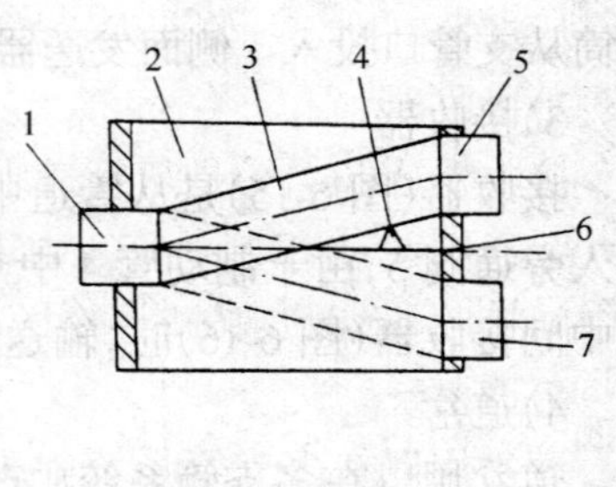

图 6-18　回转道岔

1、5、7-输送管;2-壳体;3-回转管;4-支承;6-轴

r_c——输送筒两端圆角半径(mm)；

δ——管壁与输送筒之间的缝隙(mm)，取3～5。

3)输送筒的起动速度(在水平管中)

$$v_s = \sqrt{\frac{2fmg}{C_x A\rho}}$$

式中：f——输送筒与管壁的滑动摩擦系数；

m——输送筒及载物的质量(kg)；

g——重力加速度(m/s^2)；

A——输送筒最大载面积(m^2)；

C_x——正面阻力系数；

ρ——空气密度(kg/m^3)。

4)输送筒的悬浮速度

$$v_f = \sqrt{\frac{2mg}{C_x A\rho}}$$

5)管道中的空气速度 v

空气速度 v 按下列公式计算：

$$q_1 v^3 - q_2 v^2 - q_3 = 0$$

式中：q_1、q_2、q_3——与管道沿程阻力系数有关的系数。

计算出的空气速度 v 应按输送筒在垂直段和出口处稳定运动条件进行校验，即

$$v \geqslant (1.5 \sim 2.1) v_f$$

6)输送筒的平均速度

$$u_{cp} = (v - v_s) k_T$$

式中：k_T——管线系数，取1.1～1.5，复杂的输送管线取大值。

7)压力损失

(1)空气在输送管中的压力损失

$$\Delta p_T = \left(\lambda \frac{L}{D} + \Sigma\xi\right) \frac{\rho v^2}{2} \quad \text{(Pa)}$$

式中：λ——沿程阻力系数；

ξ——输送管中局部阻力系数；

L——输送管长度(m)。

(2)空气在供气系统(包括过滤器、消声器、管道附件等)中的压力损失一般可取

$$\Delta p_g = 1 \sim 2\text{kPa}$$

(3)在水平管段物料起动的压力损失

$$\Delta p_s = \frac{m(v - v_s)}{A t_s} \quad \text{(Pa)}$$

式中：t_s——起动时间(s)。

(4)在水平管段物料等速运动的压力损失

$$\Delta p_1 = \xi_1 \frac{\rho v_s^2}{2} \quad \text{(Pa)}$$

式中：ξ_1——局部阻力系数(水平段)。

(5)在垂直上升段物料等速运动的压力损失

$$\Delta p_v = \xi_2 \frac{\rho v_f^2}{2} \quad \text{(Pa)}$$

式中：ξ_2——局部阻力系数(垂直段)。

(6)水平弯管中的压力损失

$$\Delta p_b = \xi_3 \frac{pv_0^2}{2} \quad (Pa)$$

$$v_0 = v - (v - v_s)\beta_b$$

式中：v_0——空气相对速度(m/s)；

β_b——阻力系数(水平弯管段)。

(7)垂直弯管中的压力损失

$$\Delta p_e \approx 1.5\Delta p_v \quad (Pa)$$

(8)系统总压力损失

$$\Delta p = K_b(\Delta p_T + \Delta p_g + \Delta p_m) \quad (Pa)$$

式中：K_b——安全系数，取1.1~1.5；

Δp_m——附加压力损失(Pa)，对于周期发送的系统，取Δp_s、Δp_1、Δp_v、Δp_b、Δp_e中的最大值；对于连续发送的系统，取Δp_s、Δp_1、Δp_v、Δp_b、Δp_e的和。

8)鼓风机流量

$$Q = 1.1vA \quad (m^3/s)$$

式中：A——管道横截面积(m^2)。

9)鼓风机功率

$$P = 1.1\frac{\Delta pQ}{\eta_b \eta_d} \times 10^{-3} \quad (kW)$$

式中：η_b——鼓风机效率(%)；

η_d——机械传动效率(%)。

当与总管联接的几条输送线同时工作时，按干线的最大压力损失和所需的总风量选择鼓风机。

第三节　悬浮气力输送机

一、悬浮气力输送机

物料在垂直管道中主要受到重力和空气动力的作用(因空气浮力很小，可忽略)。当气流速度很小时，作用在物料上的空气动力不足克服重力的作用，物料颗粒将向下沉降；当气流速度逐渐增大，使作用在物料颗粒上的空气动力$P_{气}$和重力mg相平衡(图6-19)，这时物料颗粒就可脱离管壁而在管内处于悬浮状态。在垂直管中，使物料处于悬浮状态的气流最小速度称为悬浮速度$v_{悬}$。只有当气流速度大于悬浮速度时，物料才能被悬浮输送。因此，悬浮速度是悬浮气力输送的重要参数，它可通过计算求得或由实验测定。

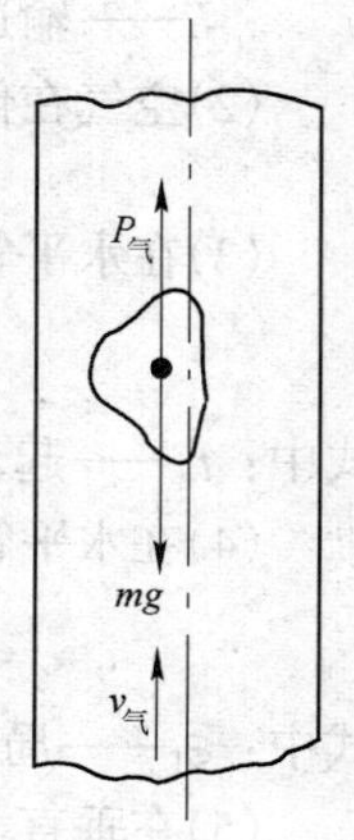

图6-19　悬浮状态

在水平管道内，物料颗粒的受力情况比较复杂，但当输送气流速度足够大时，也能使物料颗粒克服其自身重力而悬浮在气流之中。

1. 气力输送机的类型及工作原理

气力输送装置形式较多，但广泛采用的是使散粒物料呈悬浮状态的输送形式，对这种形式，按其工作原理可分为吸引式、压送式和混合式三种。此外，还有一种变态的悬浮输送形式——空气槽。

气力输送机主要用于散粮卸船、卸车作用，虽然形式很多，结构各异，但归纳起来由下列几部分组成：供料器、输料管、卸料器、滤尘器、卸灰器、风管、鼓（抽）风机、分离器、消声设备等。

1）吸送式气力输送机

如图 6-20 所示，它运用鼓风机从整个管路系统中抽气，将整个系统抽至一定真空度，使管道内的气体压力低于外界大气压力（即形成一定的真空度），吸嘴外的空气透过物料间隙与物料形成混合物，从吸嘴被吸入输料管，并沿管路输送，到达卸料点时，由分离器把物料与空气分离出来。这时，这种混合流的速度急剧下降并突然改变运动方向，使悬浮在空气中的物料失去其原流动速度，与空气分离而坠落在卸料器底部。物料从卸料器处卸出，通过卸料器口将物料卸于带式输送机上或直接卸在仓库或车船内。空气则通过风管经除尘器除尘后再通过鼓风机、消声器等排入大气中。

吸送式气力输送机的优点是供料简单方便，多在港口中用于车船卸料，它可以装一根吸料管，也可装几根吸料管而从几个供料点上吸取物料。由于真空的吸力作用，供料简单方便，吸料点不会粉尘飞扬，但输送距离不能过长，因为随着输送距离增加，阻力将会加大，这就要求提高空气的真空度，而吸送系统的真空度不能起过 50 ~ 60kPa（0.5 ~ 0.6个大气压），否则，空气变得稀薄，携带能力降低，使管道堵塞，以至影响正常工作。此外，吸送式气力输送机要求管路系统严格密封，避免漏气。为减少鼓风机的磨损，要对进入鼓风机的空气认真除尘，以防鼓风机早期磨损。

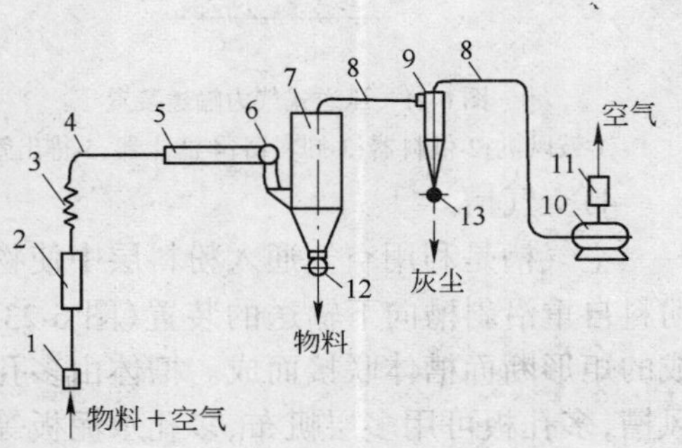

图 6-20　吸送式气力输送机示意图

1-吸嘴；2-垂直伸缩管；3-软管；4-弯管；5-水平伸缩管；6-铰接弯管；7-分离器；8-风管；9-除尘器；10-鼓风机；11-消声器；12-卸料器；13-卸灰器

2）压送式气力输送机

压送式气力输送机中的空气在高于大气压的正压状态下工作，如图 6-21 所示，鼓风机把压缩空气压入管道，与由供料器装入的物料形成混合流，沿输料管送至卸料点，在那里物料通过分离器卸出，空气则经风管和除尘器而排入大气中。

压送式气力输送机可以实现较长距离和较高生产率的输送，也可由一个供料点输送到几个卸料点。由于通过鼓风机的是清洁空气，鼓风机的工作条件较好。其缺点是卸货时易引起尘土飞扬，必须卸于密闭型的车厢、船舱和仓库内。此外，这种装置的供料器要把物料送入高于大气压的输料管中，要增设一套供料装置，因而结构比较复杂。

3）混合式气力输送机

混合式气力输送机是由吸引式和压送式两部分组成。如图 6-22 所示，在吸引部分，物料从吸嘴 1 经吸料管 2 被吸进分离器 3。在分离器 3 内，分离后的物料落入压送部分的管道，分离后的空气流经滤尘器 4 后，被鼓风机 5 送入压送部分的管道，二者在此混合并继续完成输送工作。

气力输送机兼有吸送式和压送式的特点，可从数点吸入物料并压送至若干卸料点，且输送距离较长。但它的结构较复杂，而且鼓风机的工作条件较差，因为进入鼓风机的空气含尘较多。

当卸货地点没有装卸设备时，船舶可在甲板上配置混合式气力输送机以便自行卸货，将物料从舱内吸出再压送到岸上。

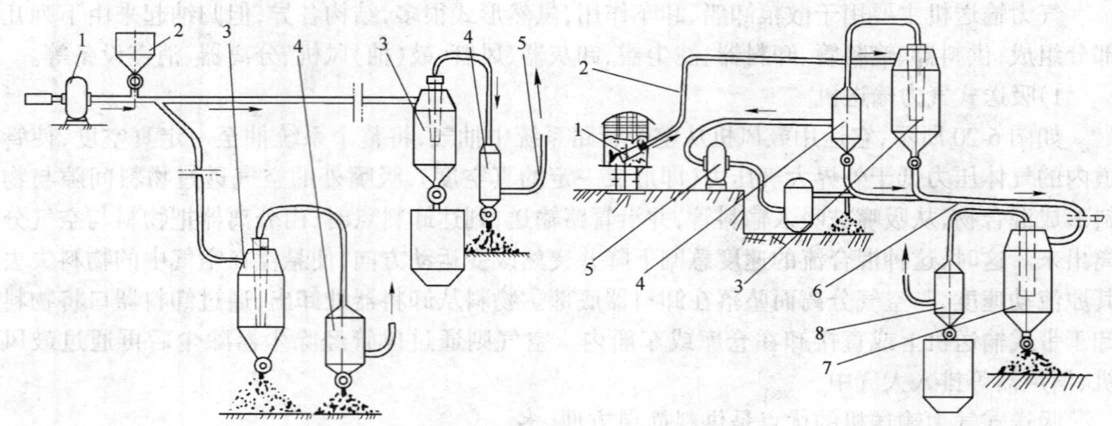

图 6-21　压送式气力输送装置

1-鼓风机；2-供料器；3-卸料器；4-滤尘器；5-排出管

图 6-22　混合式气力输送机

1-吸嘴；2-吸料管；3-分离器；4、8-滤尘器；5-鼓风机；6-输料管

4)空气槽

空气槽是利用空气通入粉料层中使物料流态化(粉料的摩擦角减小，流动性增加)，并依靠粉料自重沿斜槽向下输送的装置(图 6-23)。斜槽向下倾斜约 4°～10°。它由若干段薄钢板制成的矩形断面槽体联接而成。槽体由多孔板将它们分隔成上下两部分，上部为料槽，下部为通风槽，多孔板可用多层帆布、多孔水泥板等制造。低压(约 5000Pa)的压缩空气吹入通风槽后，通过密布孔隙的多孔板均匀分布在物料颗粒之间，使物料层流态化，并在重力作用下沿料槽输送至卸料口，通过料层的空气可由排气口经布袋过滤排出。

空气槽没有运动的部件，磨损小，结构简单，无噪声，工作可靠，管理方便，动力消耗非常小，仅为螺旋输送机所需功率的 1/100。其缺点是输送的物料有局限性，只宜输送流动性好的干燥粉状物料，如散装水泥输送。此外，空气槽的布置有斜度要求，只能向下输送。

2. 气力输送装置的特点

气力(以空气作介质)输送装置与其他连续作用装卸机械相比，有两个根本不同点，其一是靠密闭的管路输送，其二是输送过程没有回程。气力输送机的这两大特点，使其具备了许多优点，这些优点是其他输送机所没有的，其主要优点是：

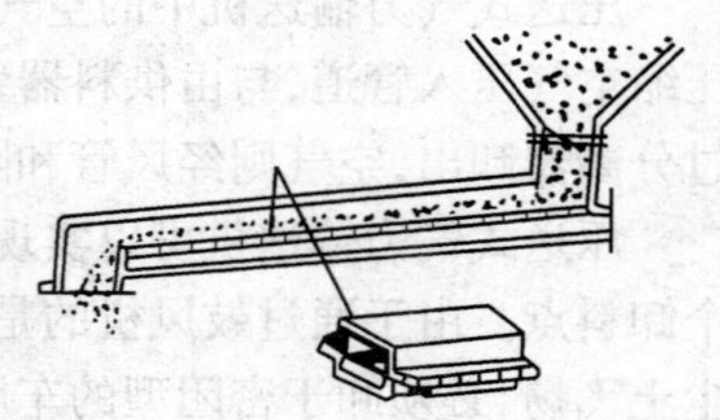

图 6-23　空气槽

(1)由于物料在管道内输送，具有密封性，因此不仅大大减少了作业场所的灰尘，改善了劳动条件，提高了劳动生产率，并且有利于实现自动化，而且减少了物料的损失，提高了货物质量，同时可使作业不受天气条件限制；采用气力输送机只需很少工人操作管理，操作简便。对于像粮谷之类比较松散的货物，可以把吸粮机的吸料软管伸到舱内不易到达的地方进行清舱，特别是对于从油船或小木船内卸粮，可以大大减轻装卸工人在船舱内的繁重体力劳动。气力输送装置用于散运水泥，由于在密闭系统内运输，灰尘可大大减少。气力输送机只要加装一些控制设备，很易实现自动操作。

(2)结构简单，输送管道断面尺寸小，没有牵引构件，不需空返分支。各部件加工方便，重量轻，投资少，且机械故障少，维修方便；同时管理和装卸方便，如果把输送过程和生产工艺过

程结合起来(例如能同时进行干燥、加热、冷却、分选、粉碎、混合和除尘等工艺),可实现流水作业自动化;

(3)输送生产率高,装卸成本低,可多台同时操作,可缩短卸货时间,加速车船周转,节省费用等。

(4)有利于实现散装运输,节省包装费用,降低成本。

气力输送机的主要缺点是:

①消耗动力较大;

②与输送物料相接触的管道及其他构件容易磨损,尤其在输送磨损性较大的物料时更甚;

③对输送物料的品类有一定限制,主要是被运物料的粘度和湿度,不能输送怕碎和易于粘结成团的物料;

④鼓风机的噪声大,若消声设备不好,会造成噪声公害。

二、气力输送机的性能参数及选用

1. 气力输送机的主要性能参数

气力输送机的主要参数包括:技术生产率、混合比、输送风速、风量、输料管径、压力损失、功率、单位功率消耗指标等。

1)技术生产率(计算生产率)Q

气力输送机的容量和规格一般由其生产率来确定。技术生产率是指一台气力输送机在符合设计技术条件下每小时输送物料的数量(t/h),它是设计和选用输送机的主要参数。它应根据装卸的需要和技术可能性确定。按照交通行业标准(JT 5012—81)规定,我国港口吸粮机技术生产率、系列为 20、40、80、120、200、400、600、800t/h,目前国内最大的吸粮机生产率为 400t/h(广州、湛江港)。

生产率的大小由下式计算:

$$m = 3.6\gamma \cdot \mu \cdot V/g \quad (\text{t/h})$$

式中:γ——空气重度;$\gamma = 12\text{N/m}^3$;

m——质量生产率(t/h);

μ——混合比,即在单位时间内输送的货物的质量 m_h 与在同时间内所消耗的空气质量 m_k 之比,$\mu = m_n/m_k$,其值见表 6-2;

V——空气消耗量(m^3/s)。其中:

$$V = \frac{\pi D^2}{4} \cdot v \qquad (\text{m}^3/\text{s})$$

式中:D——输送内径(m);

v——气流速度(m/s),其值见表 6-3。

货物混合比及气流速度　　表 6-3

货 物 名 称	混 合 比 μ	气流速度 v(m/s)
谷物	2 ~ 25	22 ~ 26
水泥	20 ~ 100	9 ~ 25
煤粉	20 ~ 100	6 ~ 20
砂	30 ~ 20	30 ~ 70

将第二式代入第一式得:

$$m = 0.29\gamma \cdot \mu \cdot vD^2$$

如果生产率给定，那么输送管道直径也可由上式来求得，即：

$$D = \sqrt{\frac{m}{0.29\gamma \cdot \mu \cdot v}}$$

气力输送机所需电机功率 P：

$$P = (p - p_1)V/\eta \quad (\text{kW})$$

式中：p——输送管道中的初压力(kPa)；

p_1——输送管道中的终压力(kPa)；

V——空气消耗量(m^3/s)；

η——抽气机(或鼓风机)总效率，$\eta = 0.5 \sim 0.7$。

总压差$(p - p_1)$是空气和物料的混合流经过输送管道、卸料器、滤尘器时总的压力损失。

2)混合比 μ

混合比是气力输送机在单位时间内所输送的物料重量 $G_{物}$ 和空气重量 $G_{气}$ 之比：

$$\mu = \frac{G_{物}}{G_{气}}$$

从上式可见，输送一定量的物料时，空气消耗量是与混合比成反比的。混合比数值越大，意味着输送定量物料所需的空气量和功率消耗越少，且可选用管径较小的管道和容量小的分离、除尘等设备。但是混合比数值增大，会使系统中的压力损失增加，还可能发生料管堵塞，所以要求采用高压鼓风机，因而混合比的大小要受到鼓风机压力的限制，同时还取决于气力输送装置的类型(吸送或压送)、输送距离、输送风速、输料管直径和物料性质等。一般吸送式的混合比较小，目前最高通常不超过 40~50，而在压送式系统中，混合比变化范围很大，高的可达 300~400。选择混合比的可靠方法是由实验确定，也可参考气力输送实例和有关资料确定。

3)输送风速 $v_{气}$

输送风速是指输送物料的气流速度，它是气力输送的一个重要参数。如果输送风速选择过低，容易造成管道堵塞，选择过高则会增加动力消耗及管道和部件的磨损，增大部件的尺寸，还可能造成物料破碎。合理的输送风速应是能够保证物料正常悬浮输送的最低风速。

输送风速 $v_{气}$ 通常可根据物料悬浮速度 $v_{悬}$ 和经验系数来确定，取

$$v_{气} \geqslant Cv_{悬} \quad (m^3/s)$$

式中：C——经验系数，对于在垂直管中输送松散物料取 1.3~1.7；在水平管中输送松散物料取 1.8~2.0；管路中有二个弯头或布置较复杂时取 2.4 以上。

悬浮速度 $v_{悬}$ 与物料的重度、粒度、形状、表面状态和输料管直径、空气密度等有关。悬浮速度集中反映了被运物料的主要物理特性，是气力输送计算中具有实用意义的原始数据。吸粮机主要吸送的散粮悬浮速度范围：小麦为 9.5~10m/s；稻谷为 8~9m/s；黄豆为 12~14m/s；玉米为 11~12m/s。其他散货的 $v_{悬}$ 的值可参照有关资料选定、计算或测定。

4)风量 $Q_{计}$ 和鼓风机风量 $Q_{机}$

计算风量是指不包括装置的漏气量在内的有效风量，按下式计算：

$$Q_{计} = \frac{Q}{\mu\rho_0} \quad (m^3/h)$$

式中：Q——技术生产率(t/h)；

ρ_0——标准技术状态(大气压力 101 325Pa、温度 20℃、相对湿度 50%)下的空气密度，

$\rho_0 = 1.2 \times 10^{-3} t/m^3$。

在选用风机的风量时,要将漏气量考虑进去。此外,还要考虑由于气力输送系统内空气重度变化对所需风机风量的影响;例如对一台真空度较大的吸粮机(装置内的压差大于15kPa)来说,吸嘴接通大气,吸嘴处的空气压力等于大气压,进入吸嘴以后真空度逐渐加大,到鼓风机进口处真空度最大。也就是说,空气从吸嘴进入后,在管路系统中经历一个逐步减压的过程。随着压力减小,空气会膨胀,空气重度会减小,其变化按等温过程计算,由等温过程气体状态方程可知:$P_{气}/\gamma_{气}$ = 常数,空气的绝对压力 $P_{气}$ 与空气的重度 $\gamma_{气}$ 成正比:

$$\frac{P_0}{\gamma_0} = \frac{P_{进}}{\gamma_{进}}$$

即:

$$\gamma_{进} = \gamma_0 \frac{P_{进}}{P_0} \quad (N/m^3)$$

式中:P_0——标准大气压力,$P_0 = 101325Pa$;

$P_{进}$——鼓风机进口处空气的绝对压力(Pa);

$\gamma_{进}$——鼓风机进口处空气的重度(N/m^3);

γ_0——标准状态下的空气重度(N/m^3)。

由于空气进入吸粮机的重量流量和风机进口处的空气重量流量相等,因此可得:

$$Q\gamma_0 = Q_{进}\gamma_{进}$$

$$Q_{进} = \frac{Q_0\gamma_0}{\gamma_{进}} \quad (m^3/h)$$

式中:Q_0——单位时间进入吸粮机的标准状态下的空气体积(m^3/h);

$Q_{进}$——单位时间通过鼓风机进口处的空气体积(m^3/h)。

所以,考虑漏气量和空气重度变化的影响后,鼓风机的风量 $Q_{机}$ 应按下式计算:

$$Q_{进} = \frac{Q_{计}\gamma_0}{(1 - K_{漏})\gamma_{进}} \quad (m^3/h)$$

式中:$K_{漏}$——漏气量系数,通常取0.1~0.2。

5)输料管内径 $Q_{料}$

Q 按下式计算:

$$Q_{料} = \sqrt{\frac{4Q_{计}}{3600\pi n v_{气}}} = 0.018\sqrt{\frac{Q_{计}}{n v_{气}}}$$

式中:n——一台吸粮装置上同时工作的输料管数目。

6)鼓风机功率 N

鼓风机所需的功率可按下式计算:

$$N = \frac{Q_{机} P_{机}}{3.6 \times 10^6 \eta_{机} \eta_{传}} \quad (kW)$$

式中:$\eta_{机}$——鼓风机的效率,一般为0.6~0.8;

$\eta_{传}$——机械传动效率。

综上所述,由于鼓风机功率与鼓风机的风量、压力成正比,而鼓风机所需风量与风速成正比,与混合比成反比,鼓风机所需的压力则近似与风速的平方成正比。因此,尽力降低输送风速、争取较高的混合比和改进各部件的结构、降低输送系统的压力损失等都是一些对降低气力输送能量消耗有效的途径。

2. 气力输送机的选用

近年来，气力输送已广泛应用于国民经济各部门，不仅用来送粉末状物料，而且也用于输送块状物料（如矿石、块煤等）。但一般要求物料颗粒尺寸不大于 50mm，或规定为最大的物料颗粒尺寸不超过输料管内径的 0.3～0.4 倍，否则会造成供料装置卡塞现象。

为克服气力输送装置能耗大、磨损严重的缺陷，目前正发展一种新型的、直接利用较大的空气压力来推动物料输送的气力输送机，被称为“推动输送”或“静压输送”。其输送原理不是依赖管内速度为 10～30m/s 的气流使物料呈悬浮状态来输送，而是依靠速度不大（通常只为 4～6m/s），但压力较高（通常为 147～294kPa）的空气来推动输送。因而，在同样生产率下，静压输送的空气耗量大大降低，并且由于输送速度小，故整个系统能耗低。

目前，还有一种运行式气力输送机，它是把气力输送装置直接装在厢式或罐式汽车或其他车辆上，以汽车发动机动力为输送系统的动力，共同完成对粉末物料的远距离运输和实现装卸自动化。这种形式很适用于货流量不大的场所。

气力输送作为一种较先进的技术现已得到越来越广泛的应用。随着生产实践和科研工作的不断深入，气力输送技术必将日益完善而获得更大的发展。

气力输送装置的选用，必须根据物料的性质和形状、输送距离和线路、输送量以及当地具体条件和要求来决定。在交通运输部门，往往需要直接从车辆、船舱或仓库内吸取货物。因此，吸引式较压送式更合适。

第七章　包装机械

第一节　概　述

一、包装机械的范畴及作用

包装工业是保证国民经济顺利发展的重要环节,其发展水平在一定程度上反映了商品经济及科学技术的发展水平。现代商品生产中,作为沟通生产与消费的重要环节——产品包装正日益向高度机械化、自动化方向发展,其优越性主要体现在以下几个方面:

(1)劳动生产率大大提高　由于包装机械综合了多种学科的技术成果,从而使包装效率几倍乃至几十倍地提高,其中不少机械包装是手工所不能实现的。

(2)产品质量稳定　机械化、自动化包装有效地摆脱了人为因素的影响,产品的包装主要由机械本身进行操作、调节及控制,故能使产品质量稳定可靠。

(3)劳动条件改善　实现包装机械化后,对于有害、危险、易污染物品的包装,可使操作者免于直接接触,防止污染;同时也可使操作者摆脱紧张重复的手工操作以及繁重的体力劳动,使劳动条件大为改善。

(4)综合效益提高　由于包装作业的机械化、自动化,提高了生产效率和产品质量,在美化商品、保护商品、促进销售等方面提供了有力的保证,减少了物料损耗,降低了包装成本,从而使投入产出比大大降低,提高了包装的综合效益。

包装机械应用范围甚广,涉及食品、医药、化工、邮电、出版、机械、电子、纺织、钢铁、冶金以及军工等各个领域,其中以食品行业应用最多,约占50%。

广义地讲,供包装工业使用的机械技术装备均属包装机械范畴,它包括:①包装材料制造及包装容器加工机械;②包装装璜印制机械;③直接完成产品包装过程的包装机械。由于行业的交叉与发展,通常将其仅限定在完成包装过程机械的范围内,即完成全部或部分包装过程的机器称为包装机械。包装过程包括计量充填、裹包、成形、封口等主要包装工序以及与其相关的前后工序,如清洗、堆码和拆卸等。

二、包装机械的分类及组成

包装机械有多种分类方法:

(1)按包装材料和容器分,可分为塑料包装机、纸袋包装机、玻璃瓶包装机及马口铁罐头包装机等。

(2)按被包装物物理性能分,可分为液体、粉料及颗粒料包装机,粘稠体包装机等。

(3)按应用行业分,可分为食品包装机、医药包装机、粮食包装机等。

(4)按包装工艺方法分,可分为真空包装机、收缩包装机、拉伸包装机等。

(5)按功能分,分类如下:

- 包装机械
  - 充填机
  - 封口机
  - 裹包机
  - 清洗、干燥、杀菌机
  - 标签机
  - 集装、拆卸机
  - 辅助包装设备
  - 多功能包装机
    - 充填—封口机
    - 灌装—封口机
    - 箱成型—充填—封口机
    - 袋成型—充填—封口机
    - 热成型—充填—封口机
    - 开箱—充填—封口机
    - 开袋—充填—封口机
    - 真空包装机
    - 泡罩包装机

包装机械属专用自动机,构件运动较多,包装机械主要由动力、传动、控制以及执行等4大系统组成。

①动力系统　通常可由电、液、气等不同动力源进行驱动,如电动机、油马达、气马达等。

②传动系统　该系统的功能是改变原动机的运动速度和形式,即改变其转速,或将旋转运动改变为直线往复运动以及将连续转动变为间歇步进运动等。

本系统有机械、液压、气动和电气等4种形式。机械式多用于高、中速包装机;气动式在作间歇运动的大型低速包装机中应用较广;电气式常与机械式联用,实现前级大范围调速;液压式除对运动平稳性要求较高的包装机外应用较少。

③控制系统　以自动或手动方式控制动力、传动、执行等系统,使之工作相互协调,并对包装过程、工作参数、产品质量、故障等进行监控。在自动控制系统中通常采用时间控制、行程控制、数字控制以及自适应控制等系统。

④执行系统　用以完成包装过程及包装辅助操作,由一系列相关装置构成。完成直接包装过程的装置为包装执行装置,它可完成成型、充填、封口、裹包、贴标、捆扎等工序;完成包装辅助操作的装置有包装材料、包装物料供送与传送以及成品输出等装置。

三、包装机械的发展趋势

为了适应不断发展的包装工业需要,以及满足各行各业对日新月异的商品的包装要求,包装机械的发展趋势是:

(1)大量采用高新技术,不断提高自动化水平。自动化程度是衡量包装机械技术水平的重要标志,其内容包括自动控制(工艺过程、工作参数、产品质量、运行故障、安全防范等控制)和自动检测(包装物、包装容器及材料、包装产品、包装过程等检测)两个方面。由于大量采用了微电子、远红外、传感等高新技术,特别是微型计算机的应用,使上述两个方面的水平迅速提高,从而简化了产品结构,减少了人工操作,提高了包装质量。

(2)在促进单机高速化的同时,注意提高系统效率。高速化是提高包装机械生产效率的主要途径,为此,不断提高包装速度已成为总的发展趋势,其主要途径是在提高自动化水平的同时不断改进结构。与此同时,还将更多的注意力投向提高整个包装系统的生产效率上,使高速化向深层次发展,使包装系统更加经济合理。

(3)在发展专用机同时,积极开发通用机型。对于某些形状、尺寸基本固定,生产批量较大的包装物如卷烟、糖果等,为了提高生产效率,简化产品结构,便于专业化生产,往往有各种相应的专用设备进行包装,但近年来由于多品种小批量的商品市场需求以及中、小型用户的发展,多功能通用包装机械发展十分迅速,其适应范围也愈来愈广。

(4)大力开发辅助设备,促进连续化包装生产线的发展。单机联线生产效率的提高,除主机因素外,各种辅助设备也相当重要。为此,全面地系统地开发各种包装辅助设备已引起普遍关注,如用于包装容器、包装物及包装产品的各种整理、转向、运送装置,检测装置,打印装置等的开发,大大提高了包装生产线的效率和自动化程度。

(5)提高标准化水平,发展"积木式"包装机械和生产线。为缩短包装机械制造周期,降低生产成本,便于组织工业化生产及方便用户使用和维修,整机和部件的标准化、系列化将逐步深化。通过不同传动装置及执行机构等的组合,便可形成不同的包装机械。

第二节　计量充填机械

一、概述

计量充填是产品包装的一个重要工序。计量充填机械是指将产品按所需的精确量充填到包装容器内的机械。充填液体的机械特称灌装机。计量充填机械一般由物料供送装置、计量装置、下料装置等组成。它可以作为一种单机单独使用,也可与各种包装机组成机组联合工作。

计量充填机械的分类及特点见表 7-1。

计量充填机械的分类及特点　　表 7-1

类　别	工 作 原 理	特　点	应 用 范 围
容积式充填机	将产品按预定容量充填到包装容器内	结构简单,设备体积小,计量速度高,计量精度低	适用于 500mL 以下的小剂量充填或对计量精度要求不高或物料密度稳定的场合
称重式充填机	将产品按预定质量充填到包装容器内	结构复杂,设备体积较大,计量精度高,计量速度较低	适用于对包装计量精度要求较高的场合
计数充填机	将产品按预定数目充填到包装容器内	结构较复杂,计量速度高	适用于条(块)状和颗粒状等规则物品的计量

二、容积式充填机

容积式充填机的分类、工作原理与特点见表 7-2。

容积式充填机的分类、工作原理及特点　　表 7-2

类　别	工　作　原　理	特　点	应　用　范　围
量杯式充填机	采用定量的量杯将物料充填到包装容器内	工作速度高,计量精度低,结构简单	适合于颗粒较小,且均匀的物料,计量范围在 200mL 以下为宜
柱塞式充填机	采用可调节柱塞行程而改变产品容量的柱塞量取产品,并将其充填到包装容器内	计量精度高,工作速度低,计量范围易于调节	适用较广,粉、粒料及粘稠类物料均可用
气流式充填机	采用真空吸附的原理量取定量容积的产品,并采用净化压缩空气将产品充填到包装容器内	计量精度高,可减少物料的氧化	主要用于医药行业、化工行业粉料的计量
螺杆式充填机	通过控制螺杆旋转的转速或时间量取产品,并将其充填到包装容器内	结构紧凑,无粉尘飞扬,计量范围宽	主要用于粉料计量或小颗粒料计量
计量泵式充填机	利用计量泵中齿轮的一定转数量取产品,并将其充填到包装容器内	结构紧凑,计量速度高	适用于液状、颗粒状、粉状物料的计量
插管式充填机	将内径较小的插管插入储粉斗中,利用粉末之间的附着力上粉,到卸粉工位由顶杆将插管中粉末充填到包装容器内	计量范围小,计量精度低	主要用于医药行业药粉的充填
定　时充填机	通过控制产品流动的时间或调节进料管的流量而量取产品,并将其充填到包装容器内	结构简单,计量精度低	主要用于液体的充填

容积式充填机每次计量的质量取决于每次充填的体积与充填物料的密度。

三、称重式充填机

称重式计量充填机的分类、特点及应用范围见表 7-3。

(1)单秤斗称量充填机(图 7-1)　其工作原理是:物料从上进料斗 4 输入,通过下进料斗 3,由粗供料机构 8 和细供料机构 2 分别向秤斗 11 供料。当秤斗 11 内物料达到预定质量值的 80% ~ 90% 时,粗供料机构 8 停止供料,仅由细供料机构 2 继续供料。当秤斗 11 内的物料质量达到预定数值晥,开斗机构 9 动作,使秤斗打开,物料通过下料斗 1 进入包装容器内。物料排完后,秤斗复位,开始下一个循环。工作过程中,秤斗内物料的质量由称量机构 7 检测。

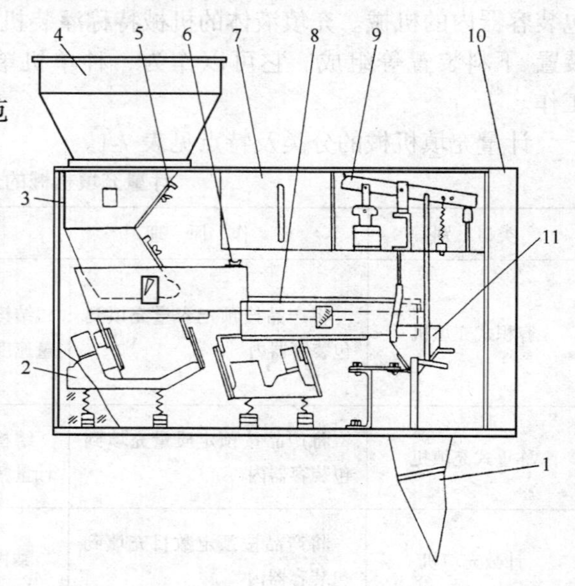

图 7-1　单秤斗称量充填机

1-下料斗;2-细供料机构;3-下进料斗;4-上进料斗;5-闸板;6-流量控制机构;7-称量机构;8-粗供料机构;9-开斗机构;10-控制系统;11-秤斗

(2)无秤斗称量充填机(图 7-2)　直接将包装容器作为秤斗,因而省去了开斗机构。其工作原理同单秤斗称量充填机。

称重式计量充填机的分类、特点及应用范围　表 7-3

类　别	称　重　方　式	特　点	应　用　范　围
无秤斗称量充填机（毛重充填机）	在填充过程，物料连同包装容器一起称重	产品结构简单，易于在生产线中布置，单台秤工作速度可达 40 次/min	用于易结块或粘滞性强的产品的包装，不适于包装容器质量较大或质量变化大的场合
单秤斗称量充填机	由单台秤称出预定产品的质量，并将其充填到包装容器内	工作速度较低，一般不超过 25 次/min，当物料粒度变化大或物料易粘秤斗时，称量精度一般不高	用于流动性较好、颗粒均匀的物料的称量。适宜于单独使用
多秤斗称量充填机	由多台秤（一般 2～4 台）各自称出预定产品的质量，并将其分别充填到包装容器内	工作速度成倍于单秤斗称量充填机	用于流动性较好、颗粒均匀的物料的称量，适宜于与包装机联合工作
多斗电子组合式称量充填机	由多台秤各自称出一定的质量，然后通过微处理机将某几个秤斗的质量组合起来，使之最接近预定的质量，并将其充填到包装容器内	计量速度高，可达 160 次/min，计量精度高，设备体积大，造价高	可用于粒度不均匀及形状不规则的物料的计量
连续式称量充填机	应用连续称量检测和自动调节技术，确保在连续运转的输送机上得到稳定的物料的质量流，然后进行等分截取，以得到各个相同的定量份额	计量速度高，计量精度较低	可用于粒度均匀、小颗粒状物料的计量。计量范围一般在 500g 以下

(3)多秤斗称量充填机　一般由一个储料斗、多台供料器、多套称量系统、多个秤斗、多套开斗机构、一个漏斗等构成。图 7-3 为一种双秤斗称量充填机。其工作原理与单秤斗称量充填机基本相同，所不同的是由于采用了多套称量系统，因而工作效率可以成倍提高。

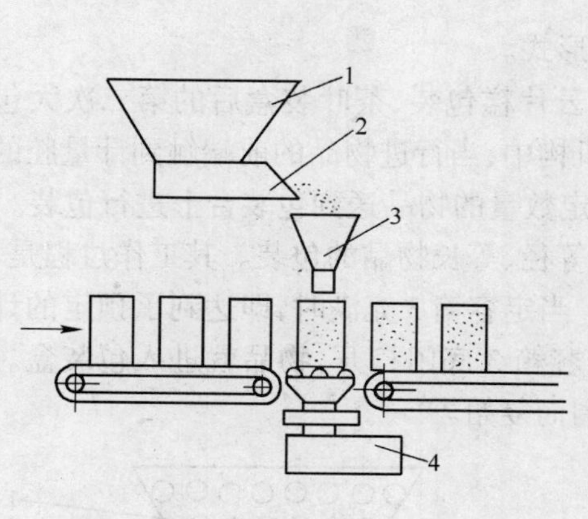

图 7-2　无秤斗称量充填机

1-料斗；2-加料器；3-漏斗；4-称量机构

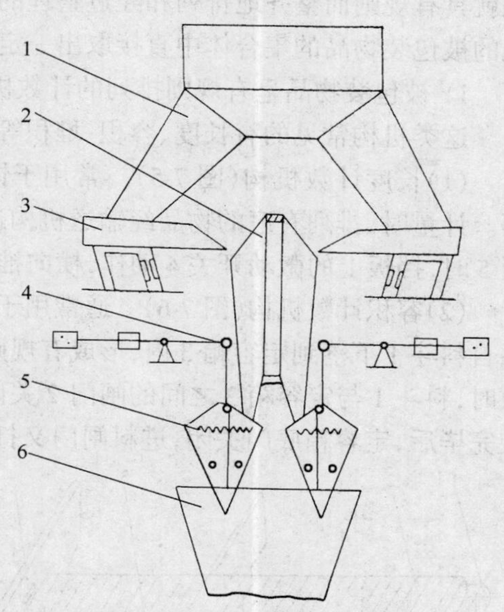

图 7-3　双秤斗称量充填机

1-上进料斗；2-导管；3-供料机构；4-称量机构；5-秤斗；6-漏斗

(4)多斗电子组合式称量充填机(图 7-4) 又称电子组合秤。其工作原理是:开机后,由控制单元使料斗和称重斗都装满物料。接着传感器测出称重斗内的物料质量,以电信号的形式送到组合控制单元进行组合。如果是 n 个称重机,可能的组合模式有 2^n-1 种。从中选出最佳组合,在斗驱动单元控制下,只有参与最佳组合的称重斗闸门 9 被开启,将其物料倒入收集漏斗 11 中。驱动单元使对应的空斗的闸门 7 打开,把物料加到称重斗 8 中,并控制振动加料器给空料斗再次加料。

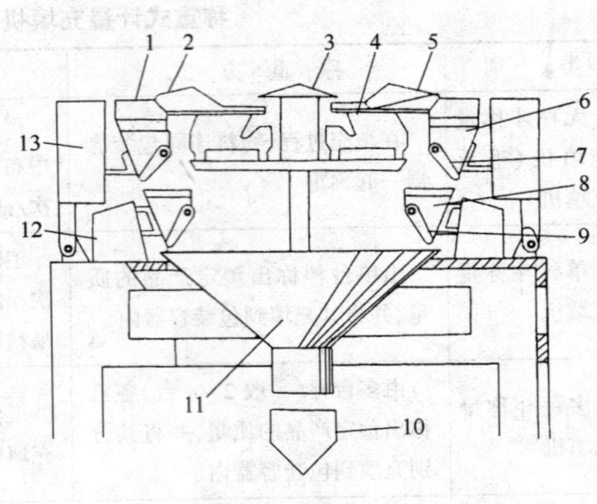

图 7-4 电子组合秤
1-称重台;2-振动加料器;3-振动式喂料台;4-电磁振动器;5-导料槽;6-料斗;7-料斗闸门;8-称重斗;9-称重斗闸门;10-包装容器;11-收集漏斗

(5)连续式称量充填机 一般由称量检测装置、电子调节系统、物料输送装置、等分截取装置等构成。其工作原理是:物料加入料斗内,通过闸门落到胶带上,再经过胶带连续送到秤斗内,然后落到配料转盘上。配料转盘是一种具有等分格子的圆盘。圆盘按给定的转速作等速回转运动,盘中的每个格子在回转中所截获物料的质量相同。当物料转到卸料工位时,物料就从格子的底部经漏斗落入包装容器内。称量过程中,胶带上物料的厚度由闸门控制。胶带上物料的质量由其下部的称量装置检测。

四、计数式充填机

计数定量的方法分为两大类:第一类是被包装物品具有一定规则的整齐排列,其中包括预先就具有规则而整齐地排列和经过整理的排列,然后再对这些排列进行计数。第二类是从混乱的被包装物品的集合体中直接取出一定个数。

1. 被包装物品呈有规则排列的计数机构

这类机构常见的有长度、容积、堆积等几种计数形式。

(1)长度计数机构(图 7-5) 常用于饼干包装、云片糕包装、茶叶装盒后的第二次大包装等。计量时,排列有序的物品经输送机构送到计量机构中,当行进物品的前端触到计量腔的挡板 5 时,挡板上的微动开关 4 动作,横向推板 3 将一定数量的物品送到包装台上进行包装。

(2)容积计数机构(图 7-6) 通常用于具有一定等径、等长物品的包装。其工作过程是:物品自料斗 1 下落到定容箱 3 内,形成有规则的排列。当定容箱 3 充满时,即达到了预定的计量数时,料斗 1 与定容箱 3 之间的闸门 2 关闭,同时定容箱 3 底门打开,物品就进入包装盒。包装完毕后,定容箱底门关闭,进料闸门又打开,如此周而复始。

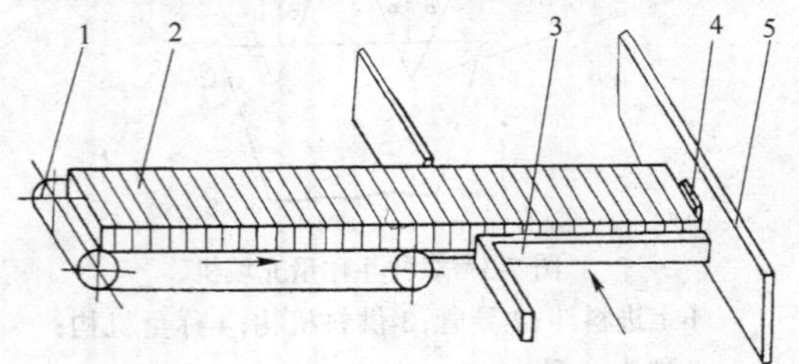

图 7-5 长度计数机构示意图
1-输送带;2-被包装物品;3-横向推板;4-微动开关;5-挡板

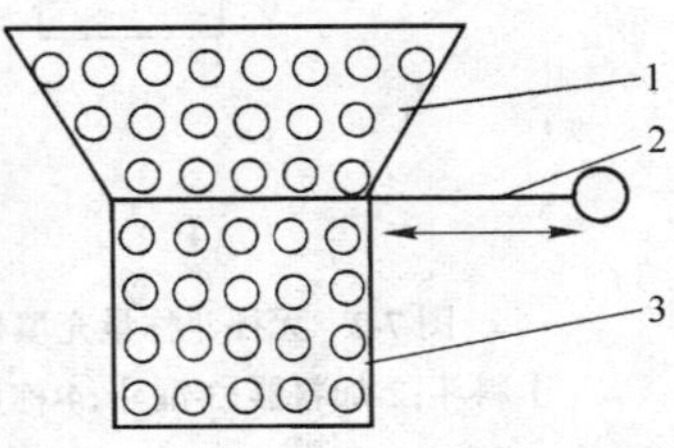

图 7-6 容积计数机构示意图
1-料斗;2-闸门;3-定容箱

(3)堆积计数机构(图 7-7) 包装时,计量托体与上下推头协同动作,完成取量及大包装工作。首先托体 1 作间歇运动,每移动一格,则从料斗 2 中落送一包至托体 1 中,托体移动 4 次后完成一大包的计量充填。这种机构主要用于几种不同品种的组合包装。

2. 被包装物品呈杂乱形状的计数机构

这类机构主要用于颗粒状、块状物品的计数。常用的有转盘、转鼓、推板等形式。

图 7-8 为转鼓式计数机构,转鼓运动时,各组计量孔眼在料斗中搓动。物品靠自重充填入孔眼。当充满物品的孔眼转到出料口时,物料靠自重落入包装容器中。这类计数机构主要用于小颗粒物品的计数。

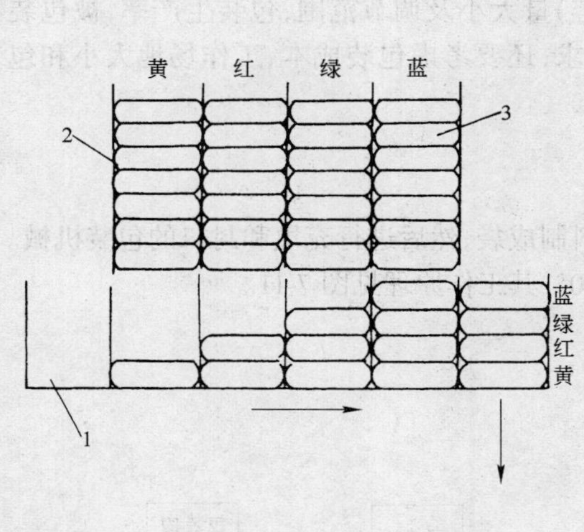

图 7-7 堆积计数机构示意图
1-托体;2-料斗;3-被包装物品

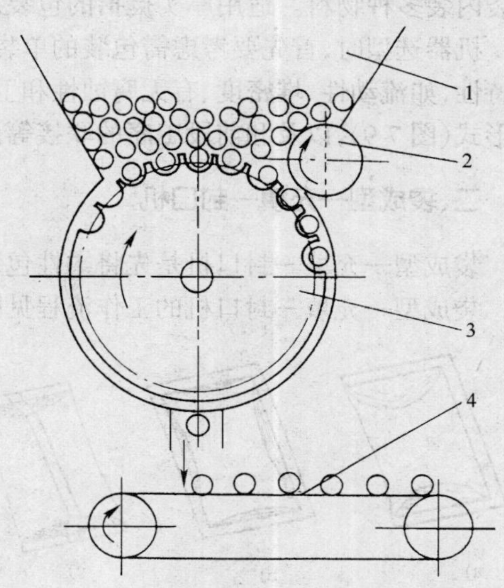

图 7-8 转鼓式计数机构示意图
1-料斗;2-拨轮;3-计数转鼓;4-输送带

第三节 袋装机械

一、概述

袋装机械是以柔性包装材料为容器的多功能包装机,可对粉料、颗粒料、小块状料、不含气液体、固液混合体进行包装,也可进行真空包装和气体置换包装。

袋装机械使用的包装材料为各种塑料单膜、复合薄膜或涂塑纸等。

袋装机械的分类如下:

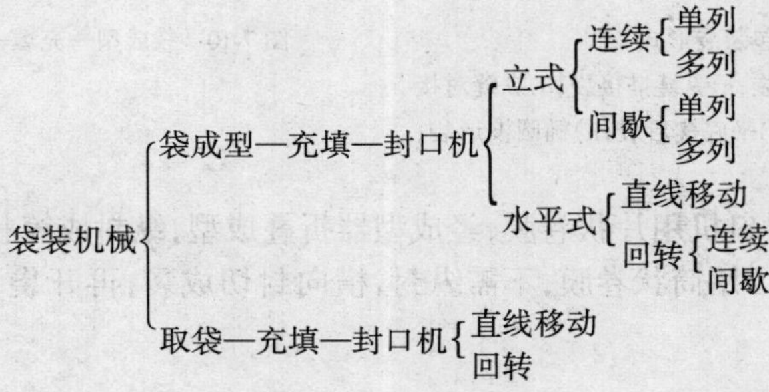

袋成型—充填—封口机制袋和充填在一台机器上完成，工艺紧凑，适用包装材料的范围广。其立式机型，工艺路线纵向布置，包装物料下落路程长，对袋底冲击较大。包装材料的宽度决定制袋宽度，而袋高可调节。水平式机型，工艺路线为水平方向，配有开袋装置。充填时，物料对袋底冲击小。包装材料的宽度决定制袋的高度。

取袋—充填—封口机使用预先制好的包装袋，机器可完成取袋、开袋、充填、封口等工作。包装动作均在工序盘或工序链间间歇运动过程中完成，各执行机构按工艺顺序布置在盘或链的旁边。一般为水平式，故占地面积较大，但对袋型和袋尺寸变化适应性好，容易实现同一包装袋内装多种物料。适用厚实挺括的包装袋。

机器选型时，首先要考虑需包装的单袋质（容）量大小及调节范围，包装生产率，被包装物的特性，如流动性、堆密度、有无腐蚀性和卫生要求；还要考虑包装成本、工作场地大小和包装袋形式（图 7-9），以及和前段工序的联接等。

二、袋成型—充填—封口机

袋成型—充填—封口机是先将柔性包装材料制成袋，然后进行充填和封口的包装机械。

袋成型—充填—封口机的工作流程见图 7-10。其工作原理见图 7-11。

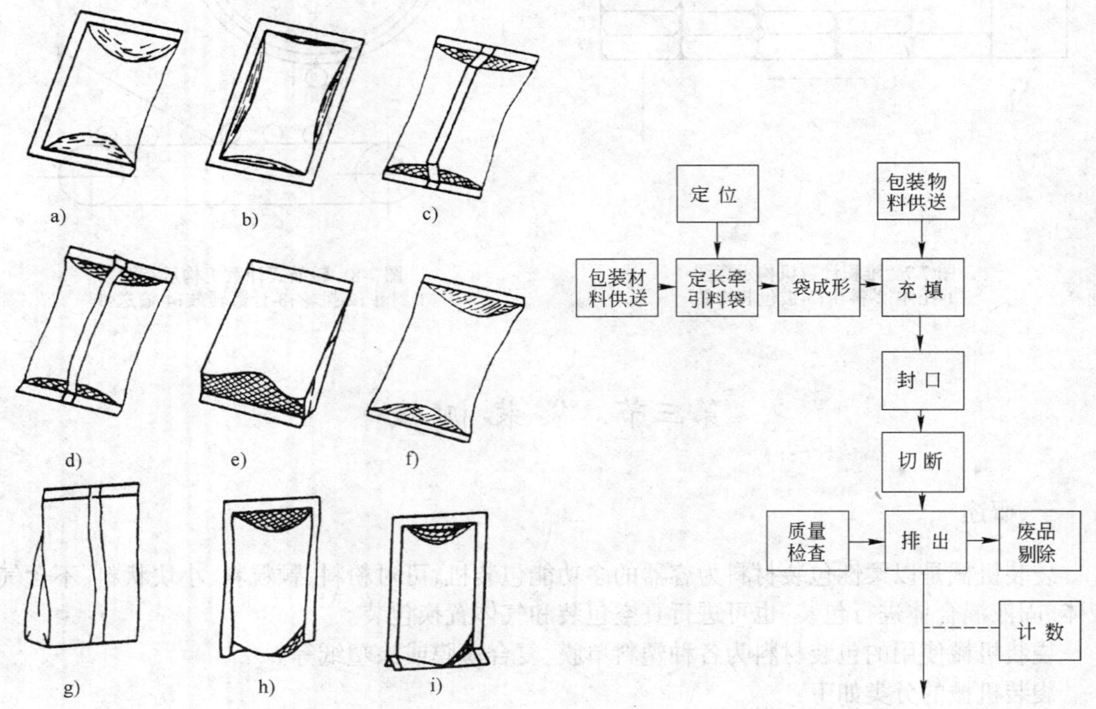

图 7-9 包装袋形式

a)三边封口袋；b)四边封口袋；c)纵缝搭接袋；d)纵缝对接袋；e)侧边折叠袋；f)筒袋；g)平底楔形袋；h)椭圆楔形袋；i)底撑楔形袋

图 7-10 袋成型—充填—封口机的工作流程

袋成型—充填—封口机用片状卷膜，经成型器折叠成型，纵封成筒状，横封成袋，充填后封口，完成包装过程。也可用筒状卷膜，不需纵封，横向封切成袋，再开袋、充填、封口，即完成包装过程。

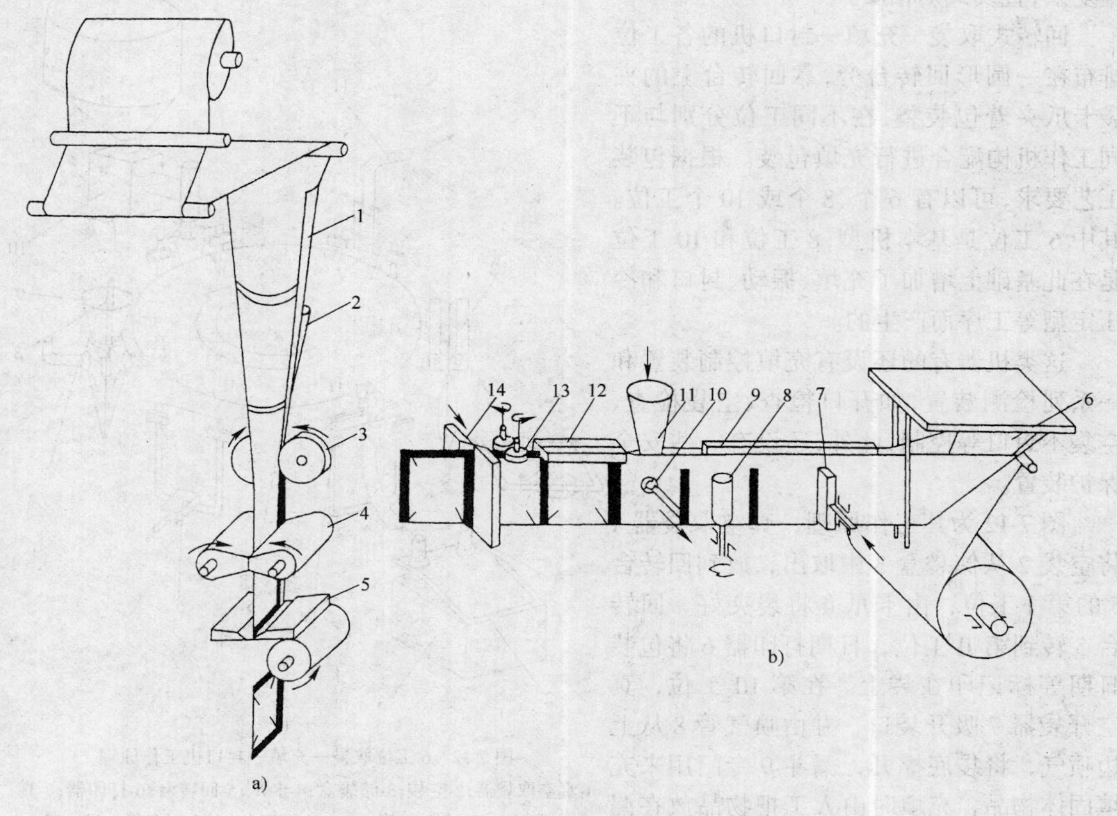

图 7-11 袋成型—充填—封口机的工作原理

a)立式连续型;b)水平间歇式

1-象鼻式成型器;2-充填料斗;3-纵封辊;4-横封辊;5-回转切刀;6-三角形成型器;7-纵封辊;8-牵引辊;9-隔离板;10-开袋吸头;11-加料管;12-横封器;13-牵引辊;14-切刀

袋成型—充填—封口机采用热封原理对包装袋口进行封合,通常有以下几种方式:

(1)恒温热封 用电热丝、热管等加热元件对板形、棒形、带形和辊形热封头恒温加热,热封头对塑料包装材料进行压合封接。此法简单、方便,但不适合受热易收缩、变形分解的薄膜。

(2)脉冲热封 用镍铬电热丝作加热元件,热封头与包装材料接触加压后,瞬时通以低电压大电流,并在保持压力条件下冷却,完成封合。其封口强度高,外观质量好,对薄膜适应性强,尤其适于受热易变形分解的包装材料。但封合时间长,影响包装速度,不适合连续工作的包装机。

(3)高频封口 此为介质加热封口方法。塑料薄膜夹压于通过高频电流的平行封头间,在强电场作用下,薄膜中双偶极子不断改变方向,相互碰撞、摩擦而生热,并在压力下封合。此法封口强度高,适于阻抗高的材料,如聚氯乙烯、聚酯薄膜等。

(4)超声波封口 超声源发出的超声波使薄膜封口处因高频振动而摩擦瞬时生热。适用的薄膜种类多,尤其是其他方法难封的薄膜。但超声源设备投资大,应用受限制。

三、取袋—充填—封口机

这类包装机按总体布局分为直线式和回转式两种。回转式结构紧凑,使用普遍,但传动布置复杂,直线式则相反。

回转式取袋—充填—封口机的各工位排布在一圆形回转台旁,靠回转台上的夹袋卡爪夹着包装袋,在不同工位分别与不同工作机构配合进行充填包装。根据包装工艺要求,可以有 6 个、8 个或 10 个工位。其中 6 工位是基本机型,8 工位和 10 工位是在此基础上增加了充填、振动、封口和冷压定型等工序而产生的。

这类机器有的还设有充填控制装置和一系列检测装置,如开口检查、空袋检查、空袋不封口等控制,此外,还设有一些安全保护装置。

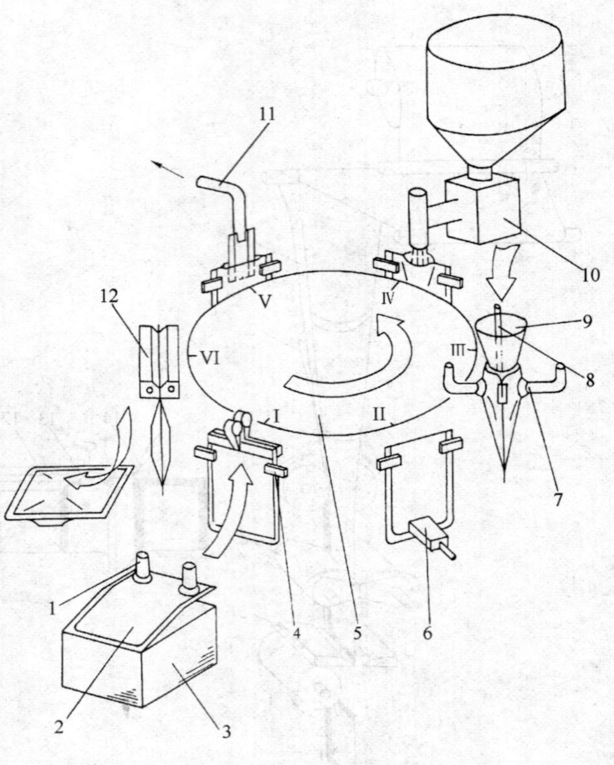

图 7-12　6 工位取袋—充填—封口机工作原理

1-真空取袋器;2-空袋;3-储袋盒;4-卡爪;5-回转台;6-打印器;7-真空开袋器;8-喷气管;9-漏斗;10-充填器;11-抽气装置;12-封口器

图 7-12 为其工作原理，真空取袋器 1 将空袋 2 从储袋盒 3 中取出，放到回转台 5 的第 I 工位，由卡爪 4 将袋夹好。回转台 5 转到第 II 工位，日期打印器 6 将包装日期等标记印在袋上。在第 III 工位，真空开袋器 7 吸开袋口，并由喷气管 8 从上边喷气，将袋底撑开，漏斗 9 专门用来充填固体物品，充填时由人工把物品放在漏斗里，物品即沿漏斗滑下，进入袋中。在第 IV 工位，由充填器 10 进行液体、粘性体或粉末、颗粒等流动性物品的充填。在工位 V，从两面推袋口使其合上，并由抽气装置 11 抽出袋内的空气。在第 VI 工位，由封口器 12 封口并排出成品。

第四节　真空与充气包装机

一、概述

真空包装机是将产品装入包装容器后,抽去容器内部的空气,达到预定真空度,并完成封口工序的机器。

充气包装机是将产品装入包装容器后,用氮、二氧化碳等单一或混合气体置换容器中的空气,并完成封口工序的机器。

为了达到更好的包装状态,还可以先抽真空后充气(一般为惰性气体),即采用真空充气包装机。

这类包装机械除完成上述主要功能外,往往还增添部分辅助功能,如自制容器、称量、充填、贴标、打印等。

真空包装机可用于食品、医药、纺织品、文物资料、五金及电子元件等各种固体、半流体、液体的包装。

真空包装机不适用于脆性、易结块、易变形、有尖锐棱角的物品的包装。真空包装不能抑制厌氧菌的繁殖和酶反应引起的食品变质、变色，因此，常采用冷藏、速冻、脱水、加热、紫外线照射、盐腌制等辅助方法来解决。

真空与充气包装机械的分类：

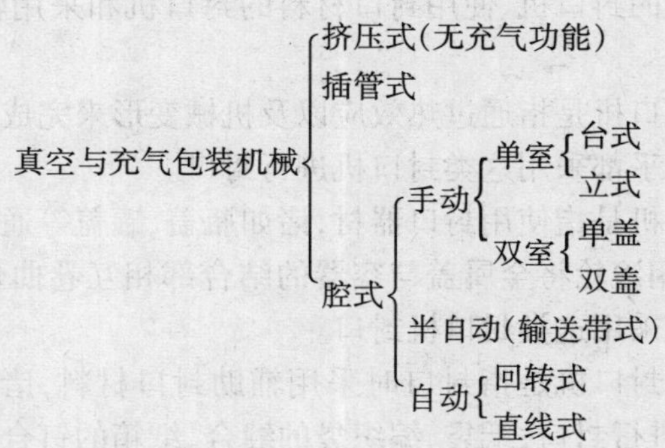

二、插管式真空与充气包装机

插管式真空与充气包装机的原理见图 7-13。它是将物品 6 放入包装袋 5 中，开口处套插在插管上，然后通过抽气阀 1、充气阀 2 进行抽真空、充气，再由热封装置 4 封口，冷却后，取下成品，即完成一包装循环。

插管式真空与充气包装机的结构见图 7-14。其主要部件是插管、热封装置等。

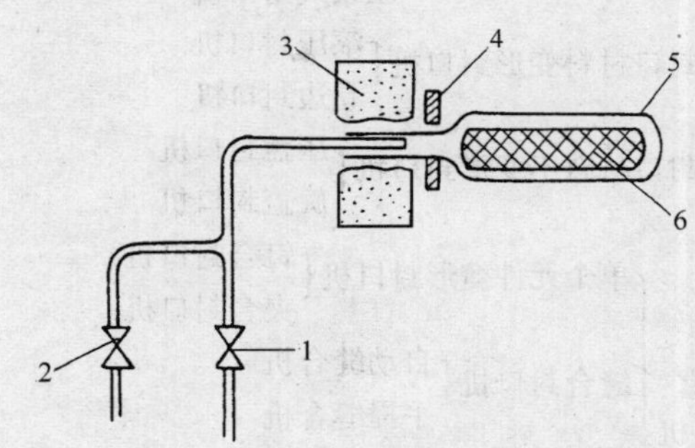

图 7-13 插管式真空与充气包装机原理

1-抽气阀；2-充气阀；3-海绵垫；4-热封装置；5-包装袋；6-包装物品

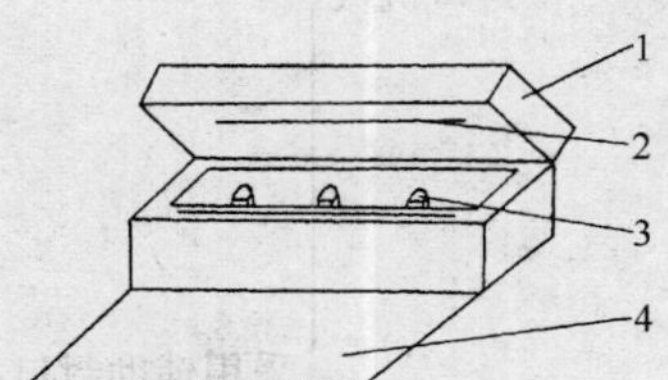

图 7-14 插管式真空与充气包装机结构

1-上盖；2-热封装置；3-插管；4-台板

插管口通常为鸭嘴形，管径 $\phi2 \sim \phi5$mm。当封口长度较长时或为提高生产力可并列安装多个插管，如 400mm 封口长度上可安装 4 个插管。插管也可制成可旋转式的，根据需要增减。插管一般用铸铝制成。

热封装置对包装袋封口区加压加热，完成封口。

三、腔式真空与充气包装机

腔式真空与充气包装机原理见图 7-15。它是将包装物品 6 放入包装袋(或杯、盒)7 中，然后置入真空室 8，通过真空泵 1 和抽气阀 2 抽真空充气，封口冷却后取下成品。

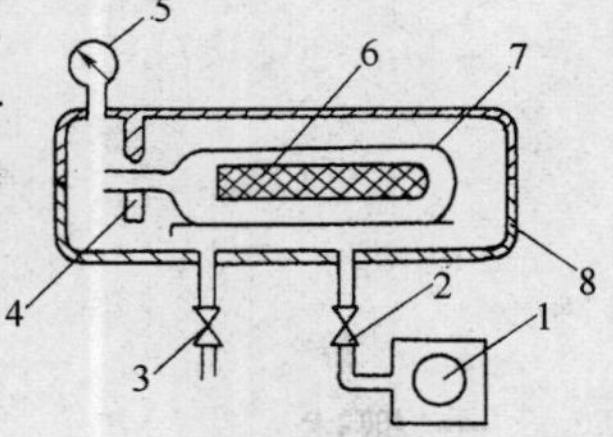

图 7-15 腔式真空与充气包装机原理

1-真空泵；2-抽气阀；3-充气阀；4-热封装置；5-真空表；6-包装物品；7-包装袋；8-真空室

第五节 封口机械

封口机械是指在充填工序之后，对包装容器进行密封封口的包装机械。按封口方式的不同可分为不使用封口材料的封口机、使用封口材料的封口机和采用辅助封口材料的封口机三大类型。

不使用封口材料的封口机是指通过热效应以及机械变形来完成包装容器封口的机械。用热塑性材料制成的容器几乎都采用这类封口机进行封口。

使用封口材料的封口机是指使用封口器材，诸如瓶盖、罐盖等通过旋合瓶盖或滚压金属盖使之变形使容器封口，或用滚轮将金属盖与容器的结合部相互卷曲勾合使容器封口，三片罐、二片罐、玻璃瓶、玻璃罐都采用这类封口机封口。

采用辅助封口材料的封口机是指封口时采用辅助封口材料，诸如U形钉、卡，缝纫线，胶带，粘合剂等对包装容器进行封口；纸袋、编织袋的缝合、纸箱的钉合、面包袋、糖果袋的捆扎均采用这类封口机械。

封口机械的分类如下：

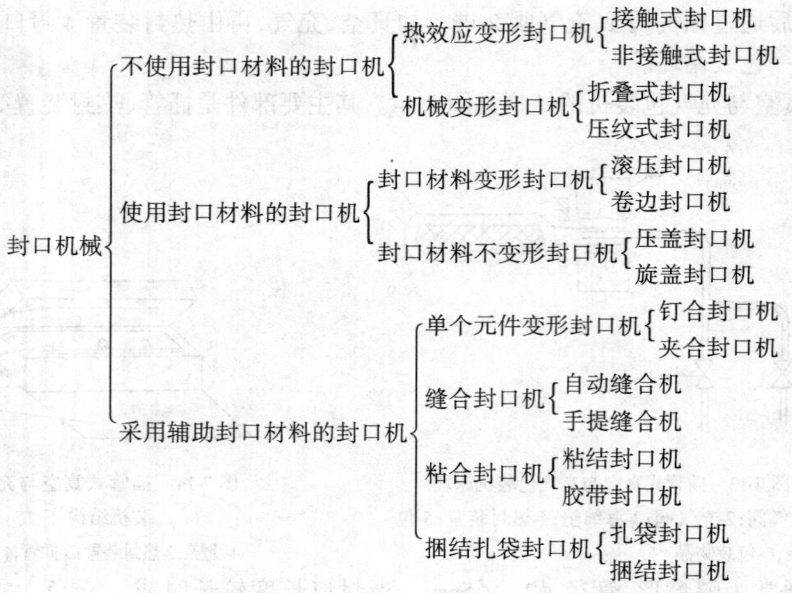

第六节 裹包机械

一、概述

用纸、塑料薄膜以及经模切压痕的纸板盒坯等挠性包装材料覆盖物品，并经折叠、扭结、热合、粘合、缠绕、收缩等操作，使被包装物全部或部分得以裹包成形，实现上述功能的包装机械称为裹包机械。

裹包机械主要用于对块状物品进行包装，既可包装单体物品，如糖果、雪糕、单块饼干、面包、方便面、香皂等；又可包装成组集合物品，如放入浅盘中的各种散装物品，如口香糖、成条卷烟、成组化妆品等；同时还可对已包物品进行装饰性裹包，如各种已装盒的化妆品、药品、茶叶等透明纸包装。

根据裹包方式的不同，裹包机分类如下：

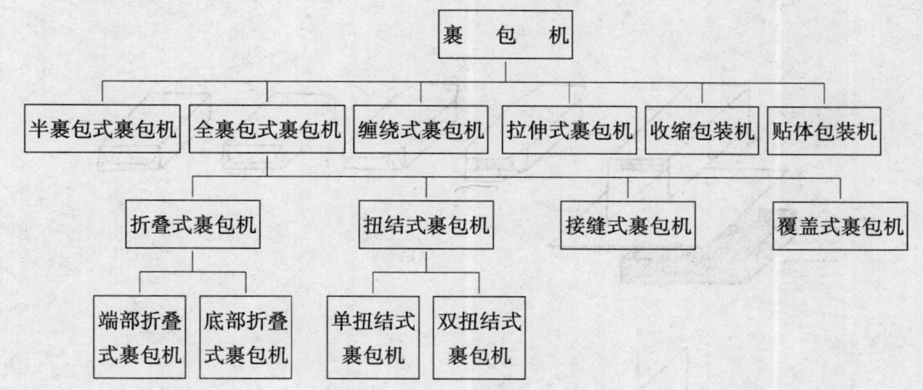

采用各类裹包方式包装的成品形态如图 7-16 所示。

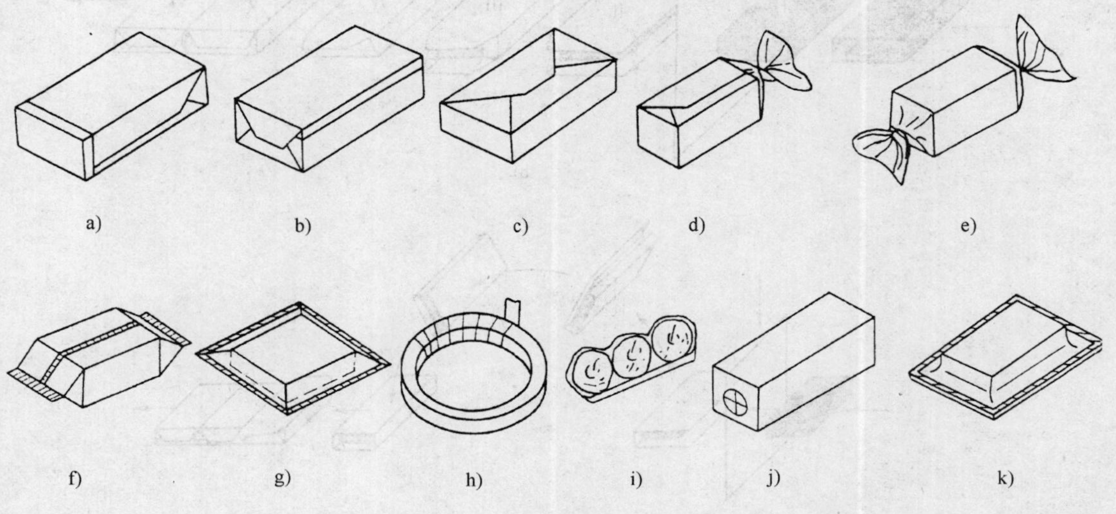

图 7-16　各类裹包形态示意图

a)半裹包；b)端部折叠；c)底部折叠；d)单扭结；e)双扭结；f)接缝式；g)覆盖式；h)缠绕式；i)拉伸式；j)收缩包装；k)贴体包装

二、折叠式裹包机

折叠式裹包机是采用挠性包装材料(如纸、塑料薄膜等)围绕被包物品并进行折叠裹包的包装设备。按折叠部位的不同可分为端面折叠式(简称端折式)和底面折叠式两种。这类裹包机常用来包装糖果、巧克力以及卷烟和小盒茶叶等的外包装。

常见的端折式裹包机包装工艺有 3 种：

(1)物品作上下及左右运动(图 7-17a)。包装工序之间的传送一般为间歇式，折叠处的粘结采用粘合剂或热封封接,包装速度不高,通常为 40 ~ 160 包/min。这种机型(如图 7-18 所示)适用于较大尺寸长方形物品的包装,包装外观整齐,应用广泛。

(2)物品在一条直线上运动(图 7-17b)。工序间传送为连续式,故包装速度较高,一般为 100 ~ 250 包/min,最高可达 500 包/min。

(3)物品作平移和翻转运动(图 7-17c)。该机型的特点是占地面积小,适合于轻型圆筒状物品包装。

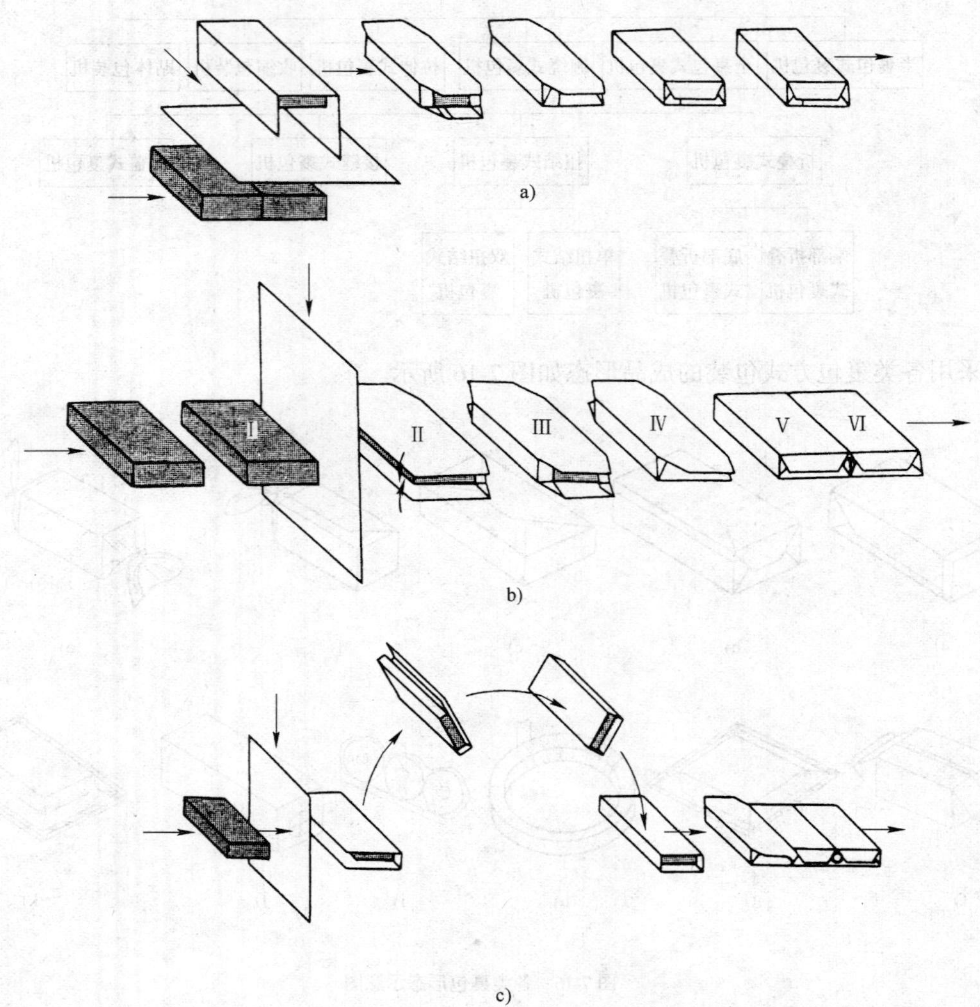

图 7-17 常见端折式裹包机裹包工艺

a)物品作上下及左右运动;b)物品作直线运动;c)物品作平移及翻转运动

图 7-18 为一种比较典型的双端折叠式裹包机的工作原理。该机用于对已包装好的小包卷烟等立方体物品外裹包一层玻璃纸,以作装饰及防潮之用。

被包装物 14 由输送带 15 整齐排列送至工位 I,真空送纸辊 10 和 12 将已按定长切断的包装材料 11(玻璃纸)送到待包位置。随后推料板 13 以步进方式逐一将工位 I 的待包物品沿两真空送纸辊内侧推送到工位 II。推送过程中经上下固定折纸板作用,使包装材料围绕被包物形成"匚"形的三面裹包。此时侧面折纸板1向上运动使底部侧面伸出的包装材料上折成"[" 形,随后下托板2上推将物品送至工位Ⅲ。此时包装材料又被固定折纸板折成"⌐⌉"形,形成对物品的四面裹包。作前后往复运动的侧面热封器3将物品侧面搭接的包装材料热合。在工位Ⅲ堆满4个物品后,折角器9前进折角,并将被包物推至第Ⅳ工位。此间伸出的包装材料另一侧经固定折角器作用被折角,端面折纸板4向上运动进行下端折。随后上托板5将被包物品向上推至第Ⅴ工位,在此过程中上部两端伸出的包装材料经固定上端折板作用完成上端折。在工位Ⅴ,左右端面热封器6和8将已端折的包装材料热合。最后输出推板7将成品输出,每次2包。

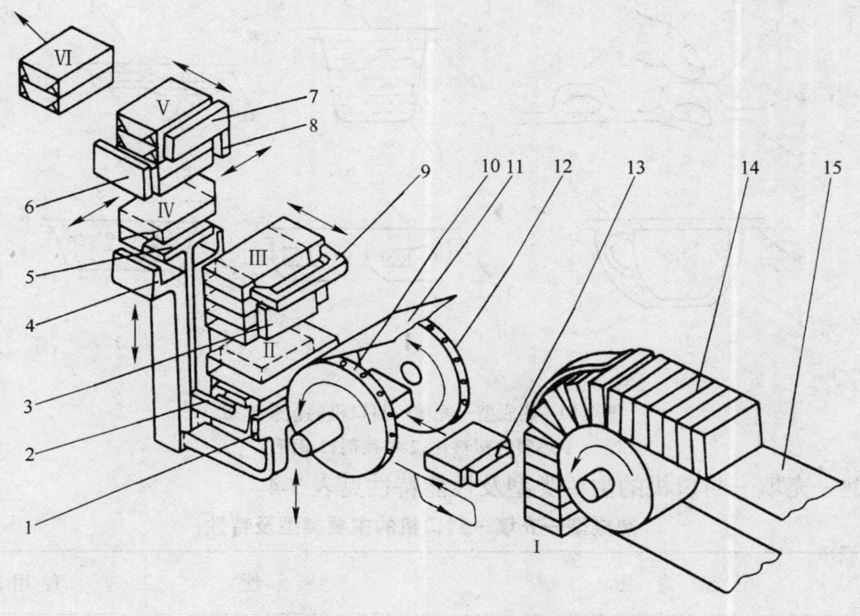

图7-18 双端折叠式裹包机的工作原理

1-侧面折纸板;2-下托板;3-侧面热封器;4-端面折纸板;5-上托板;6-左端面热封器;7-输出推板;8-右端面热封器;9-折角器;10、12-真空送纸辊;11-包装材料;13-推料板;14-被包装物;15-输送带

三、接缝式裹包机

该类裹包机是以纸/PE、OPP/PE、PET/Al/PE等热塑性塑料薄膜作为包装材料裹包物品,并对伸出的包装材料进行热压封接的包装设备,可自动连续完成物品和包装材料的供送、裹包、封口、切断、成品排出等工序,有的还具有打印、记数、抽真空等附加功能。由于其进料、裹包、封切等工序沿水平方向进行,包装成品袋呈"I"型三边封口,外形如枕头,故又称为卧式枕型包装机。

接缝式裹包机应用范围十分广泛,主要用以对成形块状物品(如方便面、面包、月饼、饼干、轴承、日用工业品、文化用品等)进行包装,如采用浅盘亦可包装零散物品。

接缝式裹包机的包装规格可在一定范围内调节,其最大包装尺寸可达长700mm、宽200mm、高125mm。该机包装速度一般为25~250包/min,用于包装糖果等小型块状物的专用机包装速度可达800~1000块/min。

第七节 热成型—充填—封口机

热成型—充填—封口机是在加热条件下使热塑性片材制成包装容器,然后进行充填、封口的机器。其包装物品的形态如图 7-19 所示。其包装材料分为上下两层,通常下层(也可为上层)采用热塑性塑料片作为成型膜。经加热成型为所需形状的容器,一般推荐使用厚度为 0.15~0.3mm;上层(也可为下层)采用铝箔、玻璃纸、复合薄膜等较薄的材料,作为覆盖膜与容器热合,推荐厚度为 0.02mm 左右。

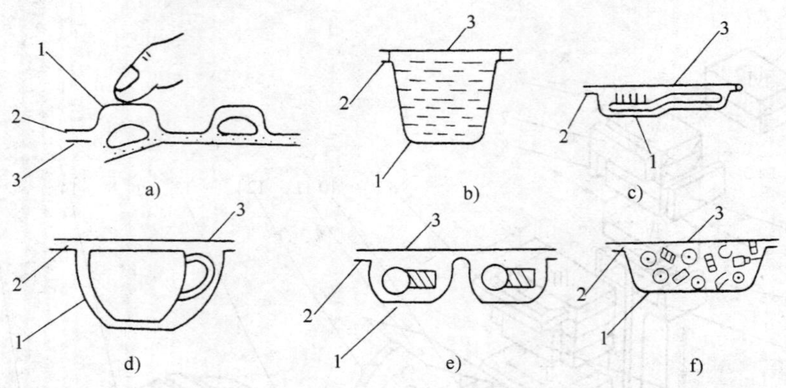

图 7-19 热成型—充填—封口机的包装形态

1-热塑性塑料片;2-粘接剂;3-铝箔

热成型—充填—封口机的主要类型及性能特性见表 7-4。

热成型—充填—封口机的主要类型及特性 表 7-4

类型	示意图	特性	使用范围
直线间歇式	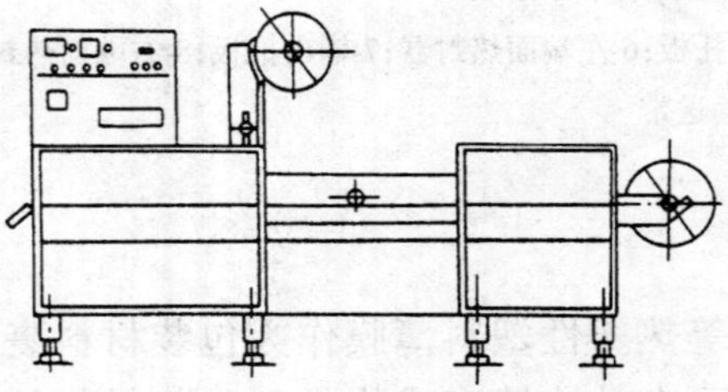	包装尺寸大,成型容器深,壁厚均匀,美观,间歇工作,速度低	适于包装各种尺寸及深度的块状、粉状、粘流状及液态物料
连续滚筒式	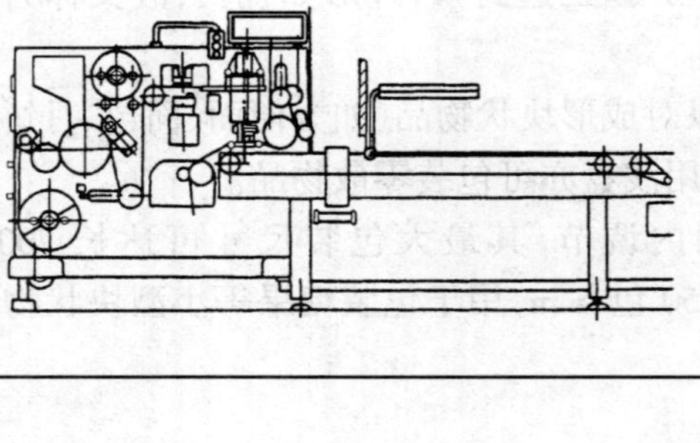	生产率高,成型快,起泡尺寸小,成型均匀性差	适合小尺寸固状物料,单一品种大批量生产

续上表

类型	示意图	特性	使用范围
立式滚筒式		结构简单,成型尺寸小,速度低,造价低	适于小尺寸固状物料,小批量生产

热成型—充填—封口机除了表 7-4 所列的通用机型外,还有真空—充气—充填—封口机和无菌化热成型—充填—封口机等机型。

直线间歇式热成型—充填—封口机的结构及工作原理

直线间歇式热成型—充填—封口机的全部工艺过程均沿直线方向顺序完成。

图 7-20 为直线间歇式热成型—充填—封口机的工作示意图。工作时,各执行机构在主传动机构的驱使下作步进间歇移动,首先,成型塑片进入加热部位加热,当塑片温度达预定温度后,前进至成型工位,在此已软化的塑片被抽吸或压制成预定形状的容器。继续前移达充填工位,在此充填入物料,必要时可采用 2 次或多次充填,充填完成后,移至覆膜封合工位。这时覆膜与成型容器相互吻合,在热压下封合,接着冲裁、成品输出,废物由余料机构收集。

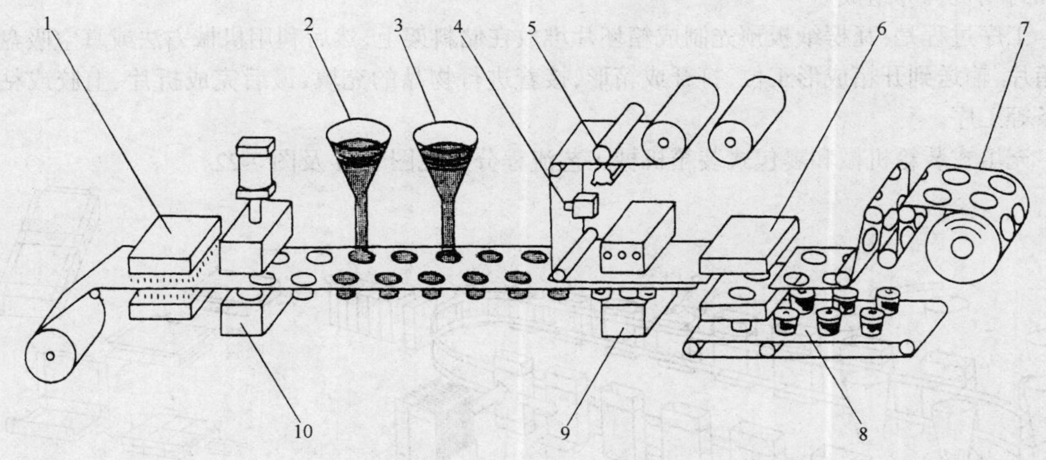

图 7-20 直线间歇式热成型—充填—封口机工作示意图

1-加热;2-第 1 充填;3-第 2 充填;4-光电传感器;5-薄膜架;6-冲裁;7-余料;8-成品;9-热封;10-成型

直线间歇式热成型—充填—封口机主要技术参数见表 7-5。该机上通常还设有一些辅助装置,如光电定位装置、杀菌装置、抽真空和充气装置等,可根据包装不同物料的需求选择。

直线间歇式热成型—充填—封口机的主要技术参数　　　表 7-5

项　目		参	数					
成型面积(mm^2)		280×90	300×90	300×120	350×120	400×150	400×200	450×200
最大成型深度(mm)		60	60	60	80	80	100	100
工作效率(模/min)		10~14	10~14	10~14	15~17	15~17	15~17	15~17
电热机功率(kW)		2.5	2.5	3.0	3.5	3.5	4	4
电热功率(kW)	成　型	2.5	3.0	3.5	3.8	4	4.5	4.8
	封　口	1.6	2.0	2.5	2.8	3	3.5	3.8
质量(kg)		600	980	2000	2500	3500	6000	6200
长×宽×高(mm)		3400×650×1650	4500×750×1650	5000×800×1650	7736×1180×1170	8470×1210×1200	1500×1100×2000	1500×1100×2000

第八节　装箱机械

一、概述

随着工业化大生产发展的需要,批量输送物品已成为一种经常采用的形式。为保护物品,便于运输,促进销售,将物品按一定方式,一定数量装入箱内,然后封箱,完成这些工序的机器称为装箱机械。

因装箱物料品种不同,装箱用箱子的材质和规格形式多样,主要有瓦楞纸板箱、木板箱和塑料箱等。瓦楞纸板箱具有价格低、简单实用、体轻、吸振和缓冲等优点,应用广泛。

根据装箱方式的不同,装箱机械分为充填式装箱机械和裹包式装箱机械两类。

装箱机械具有开箱、充填、封口等功能,系统由箱片供送机构、开箱成形机构、装箱充填机构和封箱机构等组成。

工序过程是:瓦楞纸板预先制成箱坯片堆放在储料架上,然后利用机械方法或真空吸盘吸出箱片,输送到开箱成形工位,打开成箱形,接着进行物品的充填,最后完成折片、上胶或粘贴封条等工序。

充填式装箱机械和裹包式装箱机械工艺流程分别见图 7-21 及图 7-22。

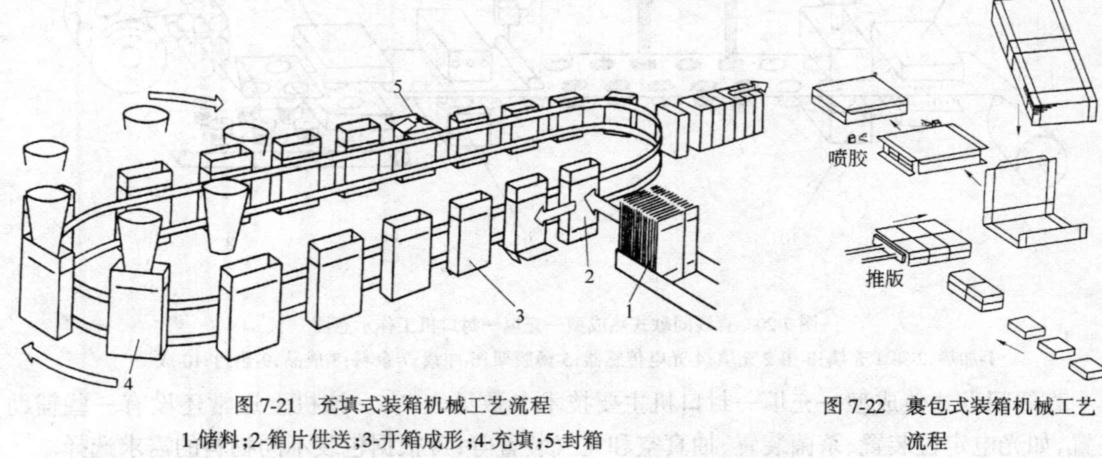

图 7-21　充填式装箱机械工艺流程
1-储料;2-箱片供送;3-开箱成形;4-充填;5-封箱

图 7-22　裹包式装箱机械工艺流程

二、装箱机械的分类

充填式装箱机械分类如下：

(1)水平装箱机　能够完成将单个的听、罐、纸盒、集合包装物品按一定数量和一定方式沿着水平方向推入箱内。其类型见表 7-6。

水平装箱类型　表 7-6

类　型	原　理	示意图
单层装箱	单层物品作为整件一次或多次推入箱内	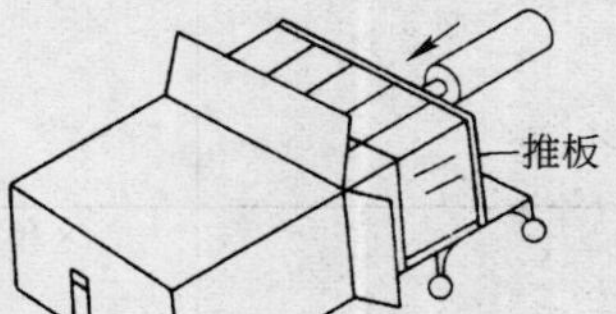 推板
多层装箱	两层或两层以上物品一次或多次推入箱内	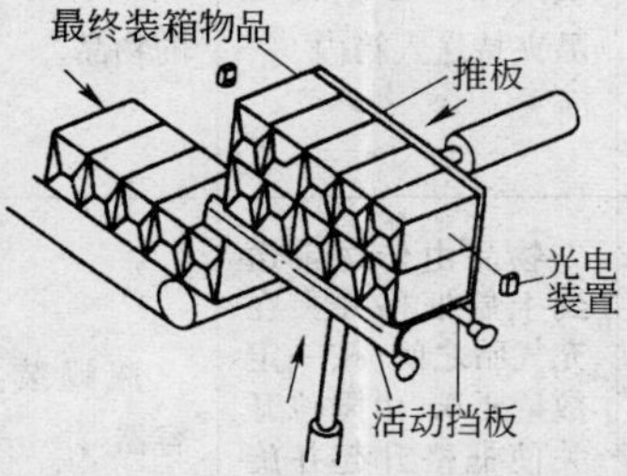 最终装箱物品 推板 光电装置 活动挡板

(2)垂直装箱机　将物品沿垂直方向装入瓦楞纸板箱或木箱，适用于瓶装物品和软袋物品的装箱。其类型见表 7-7。

垂直装箱类型　表 7-7

类　型	原　理	选用范围	示意图
跌落装箱	利用物品自身重力落入箱内	软袋装物品	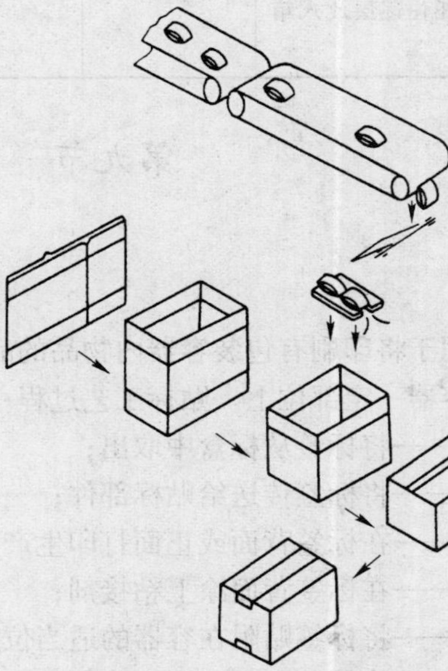

续上表

类　型	原　　理	选用范围	示　意　图
夹头装箱	夹头机构夹住容器颈部，将物品吊入箱内	瓶、罐装类物品	
夹送装箱	一对作反方向转动的机械辊子，把物品夹持送入箱内	具有平行六面体形状的物品	
反转装箱	物品由传送带送到上层框格并夹在充气胎之间，按一定数量要求，由限位开关使框格升起并旋转180°使瓶口朝下装入箱内	瓶罐装类容器	充气胎 物品传送带 框格
托放装箱	物品预先放在纸制托盘中，通过输送机构和气动控制，由弹簧片和柔性带联接托住逐层放入箱内	易破、易碎和脆性物品	

第九节　贴　标　机

一、概述

贴标机用于将印刷有包装容器内物品的品名、成分、功能、使用及开启方法、商标图案等的标签粘贴在容器一定部位上。贴标工艺过程一般包括以下几个基本工序：

(1)取标——将标签从标盒中取出；

(2)传送——将标签传送给贴标部件；

(3)打印——在标签背面或正面打印生产日期、产品批次等数码；

(4)涂胶——在标签背面涂上粘接剂；

(5)贴标——将标签贴附在容器的适当位置；

(6)熨平——将粘贴在容器表面的标签进一步抚平、贴牢，消除皱折、鼓泡、翘起等缺陷，使标签贴得平整牢靠。

在高速贴标机上还设有“无瓶不取标”、“无标不涂胶”等保护装置，以及故障检测、报警、停机等装置。

二、贴标机械的类型

贴标机的类型如下：

- 贴标机
  - 按自动化程度分
    - 半自动贴标机
    - 全自动贴标机
  - 按容器运动形式分
    - 直线式贴标机
    - 回转式贴标机
  - 按贴标机构分
    - 龙门式贴标机
    - 滚动式贴标机
    - 真空摆杆式贴标机
    - 真空转鼓式贴标机
    - 机械转鼓式贴标机
  - 按标签形式分
    - 页片式标签贴标机
    - 卷盘式标签贴标机
  - 按粘接剂类型分
    - 湿敏胶标签贴标机
    - 热敏胶标签贴标机
    - 压敏胶标签贴标机
  - 按容器的形状分
    - 圆柱形容器贴标机
    - 异形容器贴标机

龙门式贴标机如图 7-23 所示。标签存放在标签盒 2 中并由压标重块 3 压紧，取标辊 1 每转动一周，自标签盒 2 中取出一张标签。标签通过拉标辊 4、涂胶辊 5 涂上胶水，然后沿导轨 8 自由下落，在导轨的底部保持直立状态。需要贴标的包装件通过龙门架时，将标签取走，然后经过两排毛刷 10 之间的通道，标签被抚平、贴牢在包装件上。

该类贴标机只能用于粘贴宽度大致等于半个瓶身周长的身标。由于标签是靠本身的自重下落至贴标位置的，生产能力受到一定的限制，并且存在标签粘贴位置不够准确的问题。但由于结构简单，适合中小型工厂使用，生产能力约为 1500 ~ 1800 瓶/h。

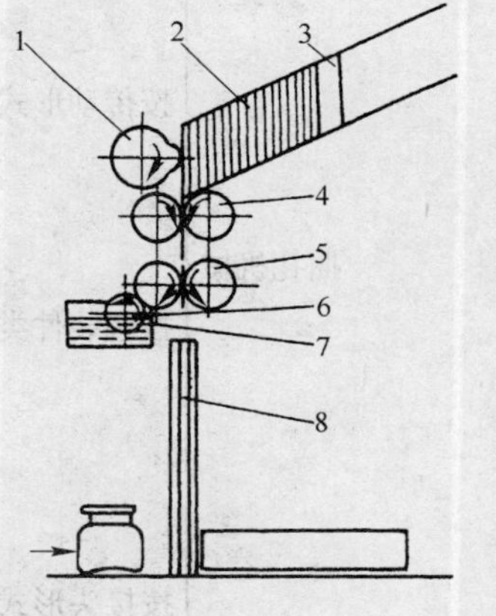

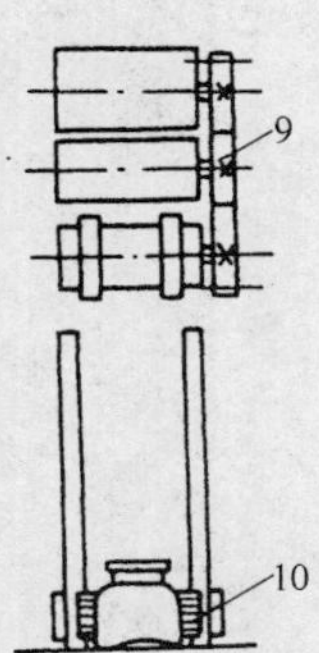

图 7-23 龙门式贴标机

1-取标辊；2-标签盒；3-压标重块；4-拉标辊；5-涂胶辊；6-胶辊；7-胶水槽；8-导轨；9-传动齿轮；10-毛刷

第十节 捆扎机械

一、概述

捆扎机械是用带或绳将一个或多个包件紧束在一起的机械，它属于外包装设备。

利用机器捆扎替代传统的手工捆扎，不仅可以加固包件，减少体积，便于装卸保管，确保运输安全，更重要的是可大大降低捆扎劳动强度，提高工效，因此它是实现包装机械化、自动化必不可少的设备。

捆扎作为最普遍应用的包装技术之一，随着社会生产的发展和商品流通的加快，使捆扎机械的应用越来越广泛，服务领域几乎遍及国民经济的各个行业，不仅在制造业，而且在运输、通信、出版、商业和服务业等非生产制造业都已大量使用。

捆扎机械的品种繁多，适应性较强，小的可捆扎市场上零售的袋装物品，如水果、蔬菜等。大的可捆扎几十吨重的集装物品或托盘装货物。包件的形状可以是方形、圆柱形或圆环形等，可以捆扎木箱、铁箱、纸箱等硬包装件或其他软包装件。

捆扎材料以钢带和塑料带的应用最为普遍。塑料带因其具有较低的使用成本和较强的机械适应性，强度适中，手感柔软，制造方便，无锈蚀污染，正逐渐替代其他捆扎材料，塑料带捆扎机已成为使用最为普遍的捆扎机械。

捆扎机械的分类如下：

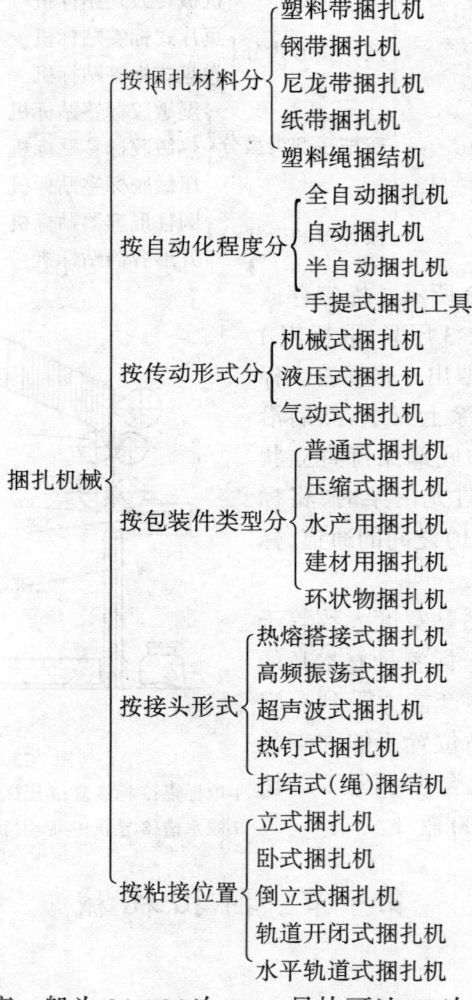

自动捆扎机的捆扎速度一般为 24 ~ 34 次/min，最快可达 62 次/min，半自动捆扎机捆扎速度为 14 ~ 33 次/min。在标准型全自动和自动捆扎机上最小捆扎尺寸为 50mm × 80mm，最大捆

扎尺寸可达 800mm × 800mm，在适用于流水线作业的低台自动捆扎机上，最大捆扎尺寸已达 1800mm × 1000mm。而半自动捆扎机是利用手工穿带进行捆扎的，在机器结构上不设置送带轨道，因此，捆扎尺寸不受限制。

二、机械式自动捆扎机

机械式自动捆扎机采用机械传动和电气控制相结合，无需手工穿带，可连续或单次自动完成捆扎包线。可适用于纸箱、木箱、塑料箱、铁箱及包裹、书刊等多种包件的捆扎。由于我国目前基本上使用塑料带作为捆扎材料，利用热熔搭接的方法使紧束包线的塑料带两端粘合，从而达到捆扎包件的目的，因此，本章所介绍的均是以塑料带（绳）作为捆扎材料的各种捆扎机器。

1．机械式自动捆扎机的工作原理

自动捆扎工作过程由送带、拉紧、切烫、粘接 4 个环节组成，其工作原理见图 7-24。

（1）送带（图 7-24a）　送带轮 3 作逆时针转动，利用轮与捆扎带的摩擦使捆扎带 4 沿轨道 1 运动，直至带端碰上止带器 2 的微动开关（或者控制送带时间），使捆扎带处于待捆位置。

（2）拉紧（图 7-24b）　右爪 7 上升压住带端，送带轮 3 作顺时针方向转动，利用摩擦使捆扎带沿轨道 1 退出，这时轨道中的叶片在捆扎带的拉力作用下松开，使捆扎带继续退出直至紧束在包件表面，张紧臂 8 随之向下摆动，将带子完全拉紧。

（3）切烫（图 7-24c）　左爪 9 上升将二层捆扎带压住，隔离器 6 退出而烫头跟进，开始将捆扎带两端加热，这时压力块 10 上升切断捆扎带。

（4）粘接（图 7-24d）　烫头退出至起始位置而压力块 10 继续上升，将两层已加热的捆扎带两端压粘在一起，完成一次捆扎动作。

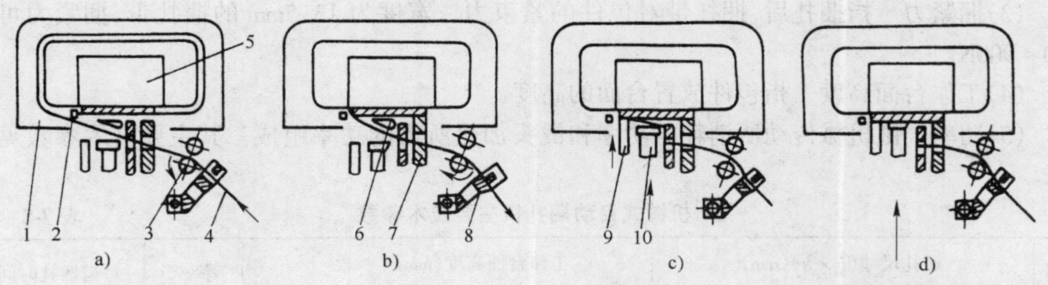

图 7-24　机械式自动捆扎机工作原理

a）送带；b）拉紧；c）切烫；d）粘接

1-轨道；2-止带器；3-送带轮；4-捆扎带；5-被捆包件；6-隔离器；7-右爪；8-张紧臂；9-左爪；10-压力块

机械式自动捆扎机主要由送退带机构，张紧机构、封缄机构、传动机构和轨道机构等组成，见图 7-25。

2．机械式自动捆扎机的类型

目前我国最常用的自动捆扎机可分为以下 5 种：

（1）普通型捆扎机　这是应用最为广泛的通用型自动捆扎设备，能适应包件尺寸在 800mm × 800mm 以下的各类包件捆扎，多为单机使用。

（2）低台型捆扎机　与普通型不同的是这种捆扎机具有较低的工作台面，便于大型包件的上机捆扎。工作台面有带输送带和不带输送带两种，前者可与生产线配套使用，其带盘装置一般都与主机分离或直接装在机器的外侧面，以方便带盘装卸，最大捆扎尺寸可达 2000mm ×

2000mm。

(3)侧置型捆扎机　为适应带托盘的包件和特大包件的捆扎,考虑到托盘结构的特殊性和尽可能降低工作台面,必须将机器的传动系统和烫合粘接部件配置在轨道的侧面上,犹如将低台型捆扎机翻转 90°,使捆扎带的接头移至包线的侧面。

(4)双轨道型捆扎机　为提高捆扎工作效率,将二套送退带部件和轨道部件配置在一台机器上,使之在同一捆扎周期内同时捆扎二次,通过同步捆扎,达到提高工作效率的目的。

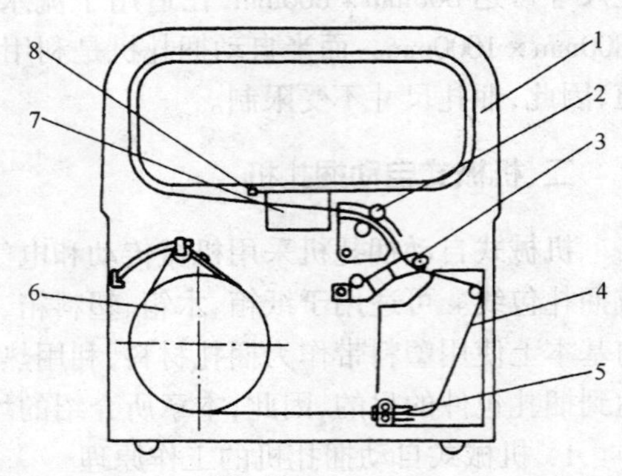

图 7-25　机械式自动捆扎机

1-轨道机构;2-送退带机构;3-张紧机构;4-捆扎带;5-预送带机构;6-带盘;7-封缄、传动机构;8-止带器

(5)压力型捆扎机　这种机器适于捆扎体积大、密度较小的包件,如棉毛、纤维制品。通过顶部预压装置将置于工作台面的包件进行压缩,减少体积,然后再进行捆扎,最大压紧力可达 2×10^4N。

3. 机械式自动捆扎机的主要技术参数

(1)捆扎尺寸　分最大捆扎尺寸和最小捆扎尺寸。前者是指轨道框架内最大线捆扎的包件尺寸,而后者则考虑到热合台大小的限制,规定了包线的最小尺寸应稍大于热合台的宽度。

(2)每道捆扎时间　指每完成捆扎包件一次,其捆扎全部动作所需的时间。一般为 2.5 ~ 7s。

(3)捆紧力　指捆扎后,捆扎带对包件的紧束力。宽度为 13.5mm 的捆扎带,捆紧力可达 700 ~ 900N。

(4)工作台面高度　指包件放置台面的高度。

(5)功率　由机械传动所消耗的功率和烫头加热所需的功率组成。其主要技术参数见表 7-8。

机械式自动捆扎机主要技术参数　　表 7-8

组号	捆扎尺寸($b\times h$)(mm)		工作台面高度(mm)		功　率(kW)	每道捆扎时间(s)
	最　大	最　小	普 通 型	低 台 型		
1	600 × 400 600 × 600 600 × 800 800 × 600	100 × 50	750 ~ 900	350 ~ 500	≤0.8	≤4
2	800 × 800 800 × 1000 1000 × 600 1000 × 800 1000 × 1000	150 × 100			≤0.8	≤5
3	600 × 1200 800 × 1200 1000 × 1200	300 × 250	—	350	≤1.0	≤7

4. 机械式自动捆扎机的运行调试

在捆扎过程中，由于被捆包件的大小、种类及捆扎带的变化，都会对捆扎效果带来影响，为此，必须针对不同的包件和捆扎带，对机器进行相应的调整。

1)捆紧力调整

由于被捆包件有木箱、铁箱、纸箱、塑料箱或其他软包装件。因此，所需的捆紧力是不同的，对于木箱，铁箱等硬包件，需要较大的捆紧力，而纸箱或其他软包装件所需的捆紧力则较小。在工作时只要改变张紧盘上的调整螺母，通过螺杆改变捆紧力的大小。但要注意的是，刻度盘上的指示值只能是相对值而不是绝对值，必须通过试捆才能达到理想的捆紧。

2)烫头温度的调整

以塑料带作为捆扎材料的捆扎机是以烫头对捆扎带两端的瞬时加热，使之达到熔融状态后加压搭接而达到捆扎目的。因此，烫头温度的变化将直接影响接头的粘合质量，温度过高，会使捆扎带两端熔化过度出现炭化现象，影响接头强度，而且有时还会由于凝固缓慢，使搭接后两端容易被包件挣开。烫头温度过低，则带子两端未达到熔融状态而无法粘接，或粘接后产生崩带现象。

理想的烫头温度与带的材料、厚度及烫头在捆扎带两端中间加温时间有关，又受电源电压、气温高低的影响，因此必须通过温控电路，使烫头工作温度始终与所需的工作温度(250~370℃)保持平衡，并在连续工作时给予温度补偿。这种系统一般都利用测温元件，使测量得到的温度与要求的工作温度进行比较，并将它们的差值经过放大后去控制烫头电热元件的电流，使之达到要求的工作温度。

3)隔离器与烫头距离的调整

隔离器是将上下两端捆扎带分隔，使烫头能顺利插入两带之间加热。当烫头插入时隔离器开始后退，两者之间的距离以 4~6mm 为宜。如间距太小，机器在使用一定时间后因机件磨损而造成烫头与隔离器间距越来越少直至顶撞，给正常粘接带来困难。如间距太大，则会使烫头未插入两带之间而隔离器已经退出，带子两端会碰在一起使烫头无法插入，也就无法加热粘接。因此两者间距一般以带宽的$\frac{1}{3}$为宜(见图 7-26)，而正确的安装位置，则以烫头复位时的顶端相对隔离器端部中间偏上的高度为宜。

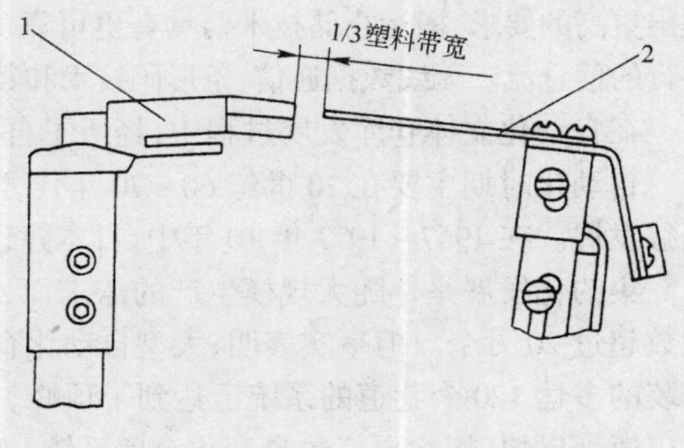

图 7-26 隔离器与烫头距离

1-隔离器；2-烫头

4)储带量的调整

适当的储带量是保证捆扎机正常连续工作所必需，储带量过少则不能保证每道捆扎所需的带子长度，而过多则由于储带箱的空间有限，使过多的带子滞留在箱内造成捆扎带弯曲变形，影响带子在轨道内通行。因此，可通过储带箱下部预送带机构的拉簧调节，当带子太多时可把拉簧调松，当送带不足时则把拉簧调紧。

第八章 自动化立体仓库

第一节 概 述

自动化立体仓库又称自动化高架仓库和自动存储系统(AS/RS系统,Automatic Storage/Retrieval System)。它是一种基于高层货架、采用电子计算机进行控制管理、采用自动化存取输送设备自动进行存取作业的仓储系统。自动化立体库是实现高效率物流和大容量储藏的关键系统,在现代化生产和商品流通中具有举足轻重的作用。

自动化立体库系统最早在美国诞生。20世纪50年代初美国开发了世界上第一个自动化立体仓库,并在60年代即采用计算机进行自动化立体仓库的控制与管理。日本在1967年制造出第一座自动化立体仓库,并在此后的20年间使这一技术得到广泛应用。进入20世纪80年代,自动化立体仓库在世界各国发展迅速,使用范围涉及几乎所有行业。

我国于1973开始研制自动化立体库,由北京起重与运输机械研究所与北京自动化研究所共同研制我国第一座自动化立体仓库,并在北京汽车制造厂应用。但我国自动化立体仓库的发展速度比较缓慢,这主要与国民经济的发展有很大关系。

随着现代工业生产的发展,柔性制造系统、计算机集成制造系统和工厂自动化对自动化仓库提出更高的要求,搬运仓储技术要具有更可靠、更实时的信息,工厂和仓库中的物流必须伴随着并行的信息流。无线数据通信、条形码技术和数据采集越来越多地应用于自动化立体仓库系统。

在自动化立体仓库发展过程中,经历了自动化、集约化、集成化和智能化几个发展过程。

自动化时期主要在20世纪60~70年代,随着计算机技术的发展,自动化立体仓库得到了迅猛发展。在1967~1977年10年中,日本建设了超过8000套自动化立体仓库系统。

集约化发展是伴随大规模生产的需求而发展的。其规模曾经发展到超过100个巷道,货位数超过20万个。但事实表明,大型自动化仓库系统已不再是发展方向。美国Hallmark公司安装的多达120个巷道的系统已达到了顶峰。为了适应工业发展的新形势,出现了规模更小,反应速度更快,用途更广的自动化仓库系统。它结合先进的控制技术,应用到分段输送和按预定线路输送方面,保持了高度的柔性和高生产率,满足了工业库存搬运的需要。而大规模的立体仓库系统一般应用于大型配送中心。

集成化的标志是随着信息系统尤其是ERP系统的发展,立体仓库信息系统与ERP系统共享信息,在网络的概念下集成(Internet或Intranet等)。

智能化发展表现在物料的处理智能化和故障处理智能化。在分布式系统中,物料调度的智能化为物流提供了最佳的解决方案。

自动化仓库是生产物流的重要组成部分。生产物流是从原材料采购开始,并最终将产品送达用户。物料经过采购运输、入库、存放、生产出库/再入库,加工制造,最后进入成品库以及成品外运等一系列过程。

自动化立体仓库的基本优势包括:

(1)科学储备,提高物料调节水平。

作为仓库,立体仓库首先应具有储存的功能。系统应能对物料进行科学的管理,使物料合理存放,提高处理效率,适应储存与生产的工艺要求。

(2)有效地衔接生产,加快物资周转,降低成本。

作为生产过程的中间环节,立体仓库应具有原材料、在制品和成品的缓冲存储功能。在自动化和机械化设备处理下,自动化程度提高,各种物料库存周期缩短,从而降低了总成本。

(3)为企业的生产指挥和决策提供有效的依据。

自动化仓库是企业信息系统的重要组成部分,尤其在集成化的环境下,物流信息系统与企业信息系统成为有机的整体。企业的领导者根据库存信息制定相应的战略和计划,指挥、监测和调整企业的活动。

自动化立体仓库的社会效益和经济效益主要来自以下几方面:

(1)由于使用高层货架存储货物,存储区可以大幅度地向高空发展,充分利用仓库地面和空间,因此节省了库存占地面积,提高了空间利用率。目前世界上最高的立体仓库已达70m。立体仓库单位面积的存储量是普通仓库的5~10倍。采用高层货架储存并结合计算机管理,可以实现货物的先入先出原则,防止货物的自然老化、变质、生锈或发霉。立体仓库也便于防止货物的丢失及损坏,对于防火防潮等大有好处。集装箱化的存储也利于防止货物搬运过程中的破损。

(2)自动存取AS/RS使用机械和自动化设备,运行和处理速度快,提高了劳动生产率,降低操作人员的劳动强度。同时,能方便地纳入企业的物流系统,使企业物流更趋合理化。

(3)计算机控制能够始终准确无误地对各种信息进行存储和管理,减少了货物处理和信息处理过程中的差错,而人工管理则不能做到这一点。同时借助于计算机管理还能有效地利用仓库储存能力,便于清点和盘库,合理减少库存,加快资金周转,节约流动资金,从而提高仓库的管理水平。

(4)自动化仓库的信息系统可以与企业的生产信息系统联网,实现企业信息管理的自动化。同时,由于使用自动化仓库,促进企业的科学管理,减少了浪费,保证均衡生产,从而也提高了操作人员素质和管理人员的水平。

(5)自动化立体库对于提升企业形象,具有巨大的社会经济效益。如联想电脑公司自动化物流系统,自建成后,接待了国内外团体1000多次,其中包括许多国家元首、企业界的代表等。这对提升企业形象产生了巨大的作用。

第二节　自动化立体仓库的基本构成与分类

一、自动化立体仓库系统的基本构成

自动化立体仓库发展到今天,新型设备层出不穷。但从传统的意义上看,自动化立体仓库包括以下主要内容:

(1)高层货架　货架是构成自动化立体仓库的最基本单元。在很多非自动化立体仓库中,货架也是构成立体仓库的必需的部分。

(2)巷道堆垛机　巷道堆垛机完成单元货物入库到货格和从货格中取出的操作,是自动化立体仓库系统的重要设备。

(3)输送系统　输送系统主要负责自动化立体仓库外围的自动输送。其设备有数十种之

多，如辊子输送机、链条输送机、有轨小车、自动导向小车（AGV）等。在配送系统中，分拣系统也是输送系统的基本内容。

（4）计算机控制与管理系统　计算机系统是构成自动化立体仓库系统的不可缺少的部分。这包括各种可编程控制器、监控计算机、管理计算机等。信息采集系统（如条码系统、称重系统、尺寸检测装置等）也通常包括在内。

（5）托盘　作为自动化立体仓库不可缺少的部分，托盘负责物料的装载与存储。

（6）其他　为了完成立体仓库的操作，根据实际情况还应配置叉车、托盘搬运车、起重机等外围设备。

对于立体仓库构成而言，还应包括土建、消防、通风、照明等多方面的内容。共同构成完整的系统。

二、自动化立体仓库系统的分类

自动化立体仓库是一个复杂的多学科的自动化系统，其分类方式尚无定论，一般有以下几种分类方式。

1．按建筑形式分

按建筑形式可以分为整体式和分离式。整体式是指货架除了储存货物以外，还可以作为建筑物的支撑结构，就像是建筑物的一个部分，即库房与货架形成一体化结构。分离式是指储存货物的货架独立存在，它在建筑物内部。它可以将现有的建筑物改造为自动化仓库，也可以将货架拆除，使建筑物用于其他目的（参见图 8-1）。

2．按自动化程度分

按自动化程度可分为全自动和单机自动立体仓库。全自动立体仓库由中央计算机进行控制，计算机直接发送货物入库指令和出库指令，一般由管理级、监控级和控制级构成。全自动化立体仓库是自动化立体仓库的主要形式。

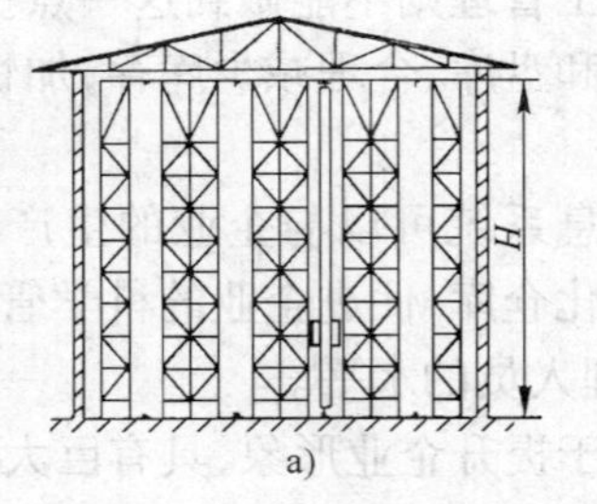

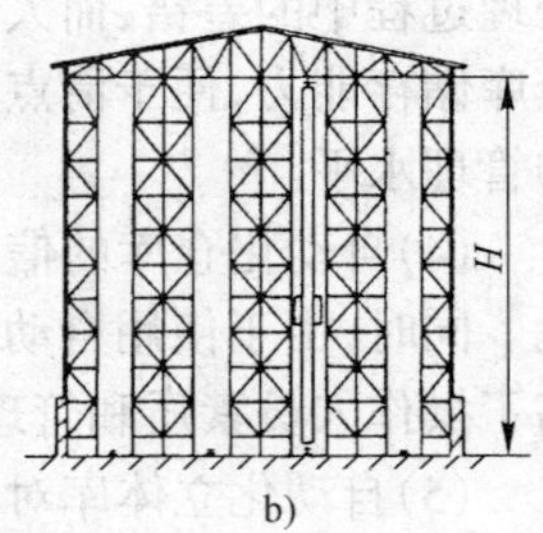

图 8-1　整体式与分离式仓库示意图

a)整体式；b)分离式

单机自动立体仓库一般不设中央计算机。计算机管理系统与设备脱节。托盘入库和出库指令由人工或计算机产生，然后通过人工传送到堆垛机设备，完成入出库操作。

还有一类立体仓库，由高层货架和高架叉车构成，但采用 RF 等设备构成信息系统的自动化和无纸化。这一类立体仓库称为人工高架库。

3．按用途分

按立体仓库的用途可以分为生产用仓库和流通用仓库。生产用仓库是指工厂内部为了协调工序和工序、车间和车间、外购件和自制件物流的不平衡而建立的仓库，它能保持各生产工序间进行有节奏的生产。

流通性仓库是一种服务性仓库，它是企业为了调节生产厂和用户间的供需平衡而建立的仓库。这种仓库进出货物比较频繁，吞吐量较大，一般都和销售部门有直接联系，如配送中心。

4．按自动化仓库与 ERP 系统的紧密程度分

按自动化仓库与 ERP 系统的紧密程度可分为独立型、半紧密和紧密型仓库。独立型仓库是指

从立体仓库的信息系统与ERP系统毫无联系，或ERP系统根本不存在。它是独立运行的系统。这种仓库具有自己的计算机管理、监控、调度和控制系统。早期的立体仓库一般属于这种类型。

半紧密型仓库是指它的操作流程、仓库的管理、货物的出入和经济性与其他厂（或部门、或上级单位）有一定关系，而又未与其他生产系统直接相联。即信息连接属于半紧密型。

紧密型仓库实现物流系统与ERP系统的紧密连接，信息共享。立体库与工厂内其他部门或生产系统直接相联，两者间的关系非常紧密。有时，物流系统成为ERP的一部分或外部系统。

第三节　立体仓库钢结构货架

一、货架的种类

货架的分类同样没有标准模式。以下介绍几种货架的分类方式：

1．按照货架组合形式分

按照货架组合形式可以分为组合式货架和焊接式货架。焊接式货架是早期货架的主要形式。货架材料一般采用型钢（角钢、槽钢、工字钢等）。焊接式货架的优点是承载能力好，刚性好，适宜在单元重量较大（如大于3t）和高度较高（大于30m）的场合使用。

组合式货架推出时间不长（约15年），但由于安装方便，利于规模化生产，可以任意调节等优点，现在已成为货架的主流产品，尤其在超市等场合，组合式货架占据绝对优势。

组合式货架还进一步分为全组合货架和半组合货架。

2．按照货架载货方式分

按照货架载货方式可分为牛腿式货架和横梁式货架。牛腿式货架其特点是一个货格只存放一个托盘。整个货架由若干个独立的货架片通过多层水平联杆及垂直面拉杆组成，如图8-2a）所示。牛腿式货架特别适合于单元重量较大而货物体积较小的物料。

横梁式货架允许在一个货格内存放多个托盘（如图8-2b所示）。整个货架由若干独立的

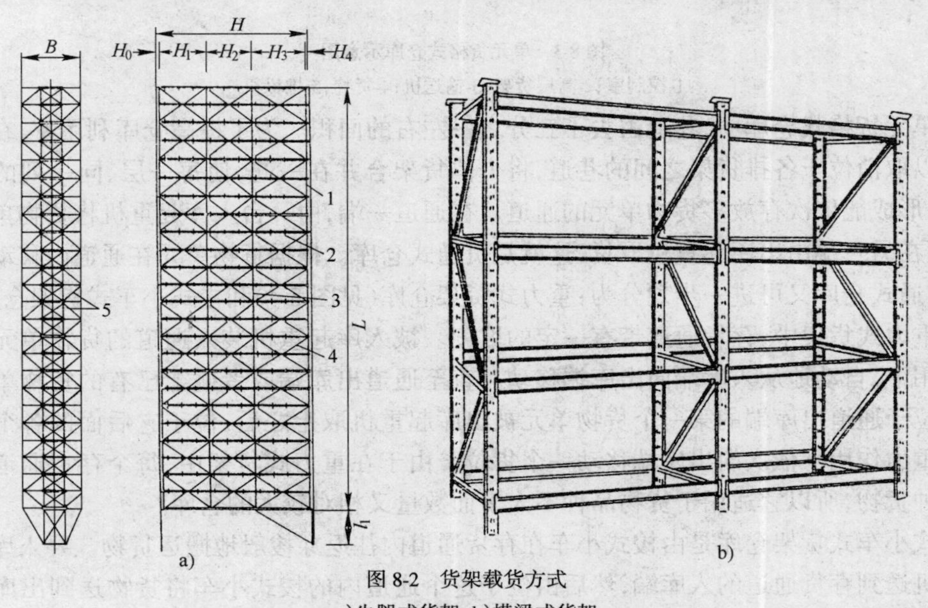

图8-2　货架载货方式

a)牛腿式货架；b)横梁式货架

货架片通过横梁和加强片连接而成。横梁式货架在一定程度上可以节约货架材料,适合物料较轻的应用场合。

3. 按照货架构造形式分

按货架构造形式可分为单元货格式、贯通式、水平循环式和垂直循环式仓库。单元货格式仓库(见图 8-3)是使用最广、适用性较强的一种仓库形式。其特点是货架沿仓库的宽度方向分成若干排,每两排货架为一组,其间有一条巷道供堆垛起重机或其他起重机作业。每排货架沿仓库纵长方向分为数列,沿垂直方向又分若干层,从而形成大量货格,用以储存货物。在大多数情况下,每个货格存放一个货物单元(一个托盘或一个货箱)。在某些情况下,例如货物单元比较小,则一个货格内往往存放二三个货物单元以便充分利用货格空间,减少货架投资。

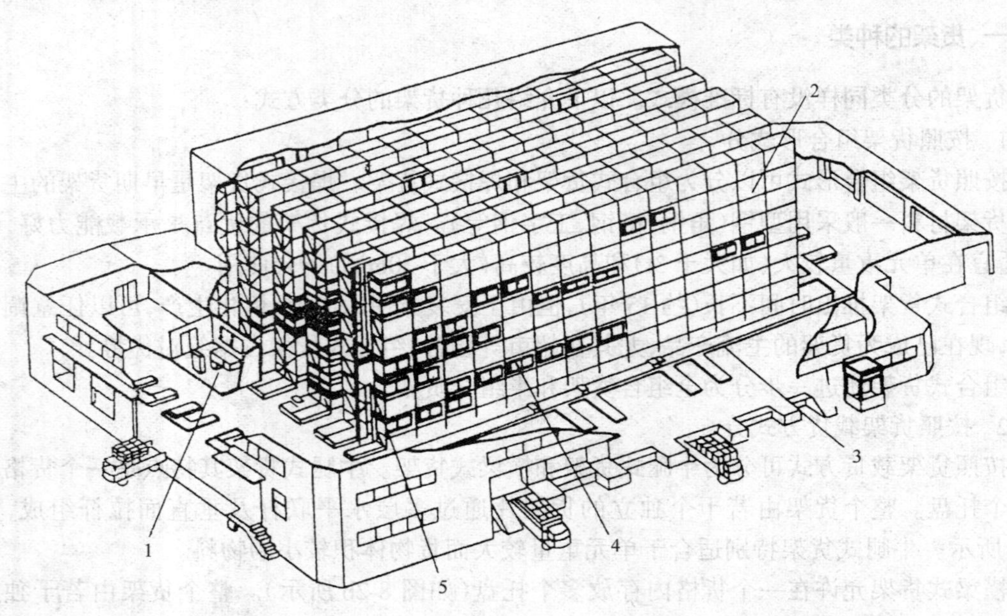

图 8-3 单元货格式仓库示意图

1-控制室;2-高层货架;3-输送机;4-货物;5-堆垛机

在单元货格式仓库中,巷道占去了三分之一左右的面积。为了提高仓库利用率,在某些情况下可以取消位于各排货架之间的巷道,将个体货架合并在一起,使每一层、同一列的货物互相贯通,形成能依次存放多货物单元的通道。在通道一端,由一台入库起重机将货物单元装入通道,而在另一端由出库起重机取货,这就是贯通式仓库。根据货物单元在通道内移动方式的不同,贯通式仓库又可进一步划分为:重力式货架仓库(见图 8-4)和梭式小车式货架仓库。

在重力式货架中,存货通道带有一定的坡度。被入库起重机装入通道的货物单元能够在自重作用下,自动地从入库端向出库端移动。直至通道出库端或者碰上已有的货物单元停住为止。位于通道出库端的第一个货物单元被出库起重机取走之后,位于它后面的各个货物单元便在重力作用下依次向出库端移动一个货位。由于在重力式货架中,每个存货通道只能存放同一种货物,所以它适用于货物品种不太多而数量又相对较大的仓库。

梭式小车式货架仓库是由梭式小车在存货通道内往返穿梭般地搬运货物。要入库的货物由起重机送到存货通道的入库端,然后由位于这个通道内的梭式小车将货物送到出库端或者依次排在已有货物单元的后面。出库时,由出库起重机从存货通道的出库端取货物。通道内的梭式小车则不断地将通道内的货物按顺序搬到通道口的出库端，给起重机"喂料"。送种货架结构比重力式货架要简单得多。梭式小车可以由起重机从一个存货通道搬运到另一通道。

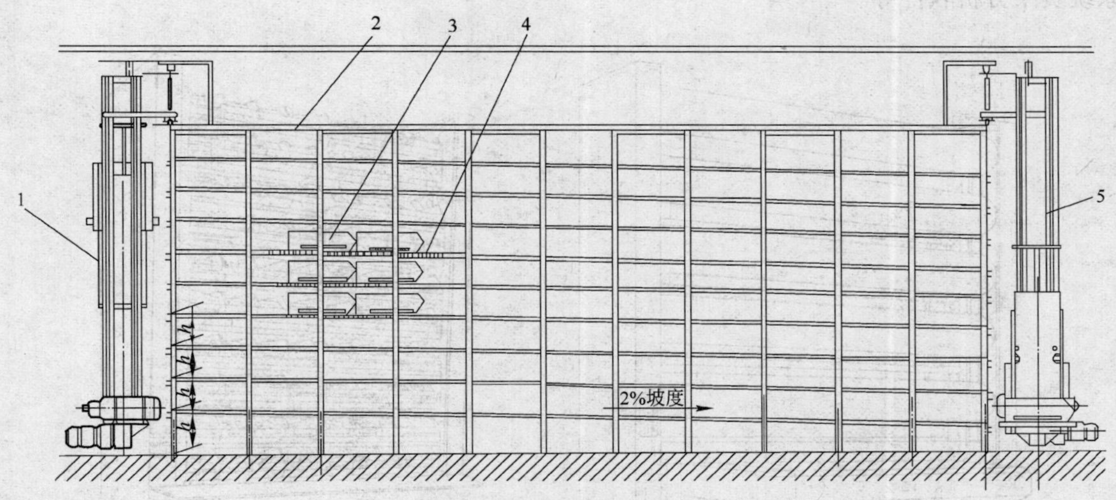

图 8-4 重力式货架仓库示意图

1-入库起重机；2-货架；3-货物单元；4-滚子；5-出库起重机

必要时，这种小车可自备电源。水平旋转式货架本身可以在水平面内沿环形路线往复运行。每组货架由数十个独立的货柜构成，如图 8-5 所示，这些货柜由一台链式输送机串联起来。每个货柜下方有支承滚轮，上部有导向滚轮。输送机运转时，货柜便相应地运动。需要提取某种货物时，操作人员只需在操作台上给予出库指令，相应的一组货架便开始运转。当装有该货物的货柜来到拣选口时，货架便停止运转。操作人员可从中拣选货物，货柜的结构形式根据所存货物的不同而变更。

图 8-5 各种货柜

水平旋转式货架仓库十分适合小件物品的拣选作业。这种仓库简便实用，能够充分利用建筑空间，对土建没有特殊要求，在作业频率要求不高的场合是很适用的。

垂直旋转式货架式(见图 8-6)与水平循环货架仓库相似，只是把水平面内的旋转改为垂直面内的旋转。这种仓库的货架本身是一台垂直提升机，提升机的两分支上都悬挂有货格，提升机根据作用命令可以正转或反转，使需要提取的货物降落到最下面的取货位置上。送种垂直旋转货架特别适用于存放长的卷状货物，像地毯、地板革、胶片卷、电缆卷等。这种货架也可用于储存小件物品。

二、货架的设计计算

选择何种货架形式应根据实际需求进行。本节仅论述高层单元式货架的设计计算。

高层货架因为承载能力要求较高，装载的货物一般较贵重，而且货架本身的高度也较高(最高可达 50m)，所以货架的计算非常重要。

货架计算一般采用有限元法进行整体分析。但为了简化计算过程，一般情况下，均选择部分货架片进行分析。

现成的有限元分析软件很多，如常用的 SAP 系列软件、ANSYS 有限元分析软件、NASTRAN 有限元分析软件等，国内也有专用的货架分析软件，如北京起重与运输机械研究所开发的 WH 系统货架分析软件等。

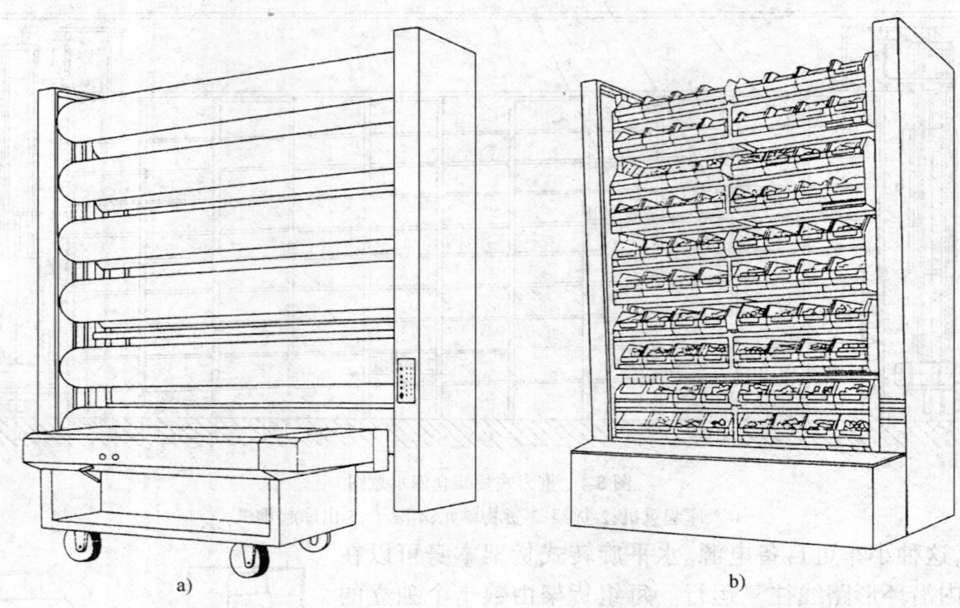

图 8-6　垂直旋转式货架仓库示意图

1．计算模型

计算模型一般以实际的结构作为分析对象。单元划分比较简单，因为货架结构属于杆系结构，一般采用梁单元和杆单元即可以解决问题。结点设计采用自然结点。

研究表明，在实际货架计算时，当货架片大于 6 片后，计算结果已非常接近。所以一般选用 6 片货架进行分析。单元数控制在 1000 个左右。

2．工况设计

货架的受力工况主要考虑两种典型工况：正常工作工况和地震工作工况。大多数高层货架均应进行地震工况的力学分析。

载荷分布主要有：

(1)自重载荷；

(2)货物载荷(正常工况按 100%充实率计算，地震工况按 80%充实率计算)；

(3)堆垛机侧向力(堆垛机放置货物时的侧向力)；

(4)地震载荷(按照当地的地震等级进行计算)。

3．结果分析

对计算结果的分析与评价非常重要，一般应注意以下问题：

1)模型问题

由于横梁与立柱的连接方式既不属于完全的刚性连接，也不属于铰接，所以，当采用梁单元进行分析时，横梁受力计算结果比实际受力小，这是不安全的；当采用拉杆作为单元进行分析时，横梁受力计算结果比实际的值大，这是偏于保守的。

另一方面，立柱的受力分析结果应根据实际货架承载的货物进行分析，当货物是均匀的情形，即每一托盘的货物重量基本处于设计水平时，计算的结果是符合实际的；但当托盘货物相差较大时，如百货配送，计算结果处于比较安全保守，会对实际设计产生影响。

2)数据分析

一般的有限元计算结果数据量很大，直接分析结果往往非常困难，必须借助后处理分析工具进行分析。有些软件本身具有后处理功能，但有些软件没有，所以需要利用其他的工具，如数据库工具进行分析，得出计算报告。

第四节　巷道堆垛机

巷道堆垛机的全称为巷道式堆垛起重机，是自动化立体仓库的关键设备之一，负责将托盘货物送到货架中储存和从货架中取出。正是由于这种特性，有时也将自动化立体仓库称为自动存储系统（AS/RS，Automatic Storage/Retrieval System）。

巷道式堆垛机的分类

巷道堆垛机是随着立体仓库的出现而发展起来的专用起重机（见图 8-7）。其作用是在高

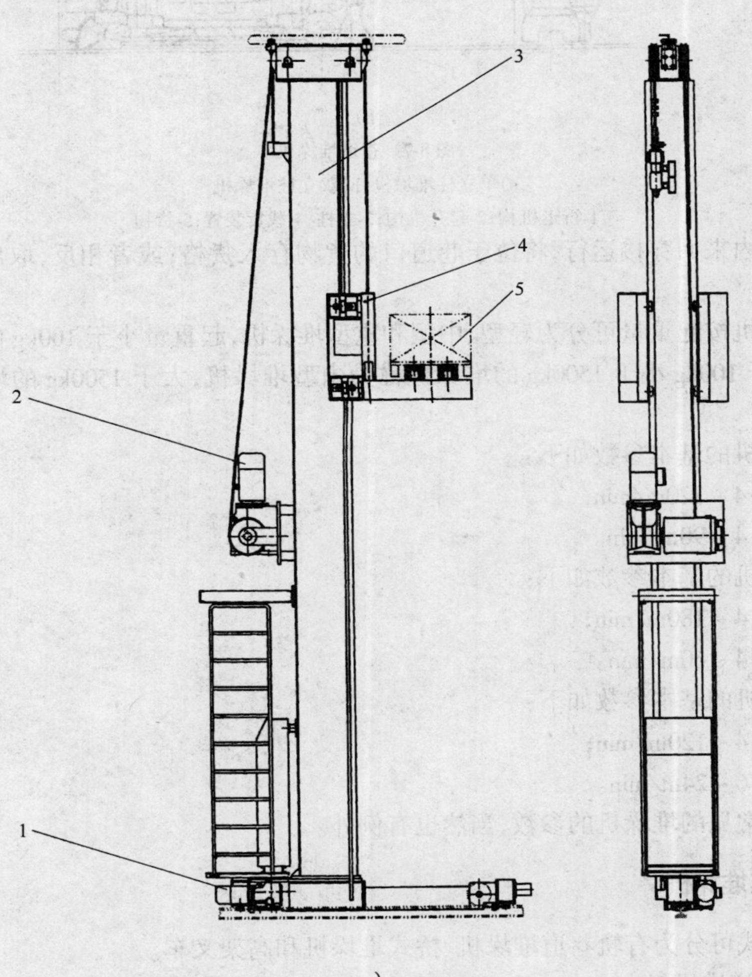

图　8-7

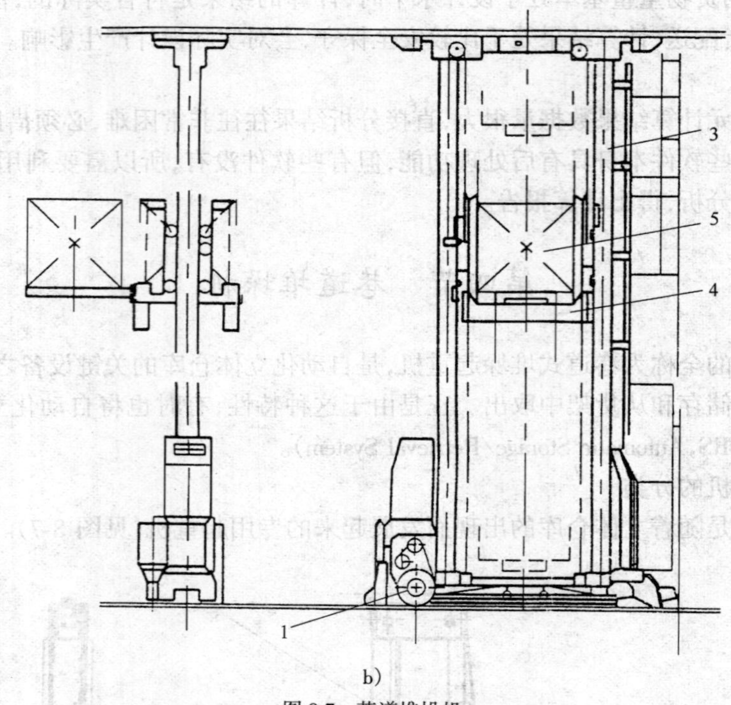

b)

图 8-7　巷道堆垛机

a)单立柱堆垛机;b)双立柱堆垛机

1-行走机构;2-起升机构;3-立柱;4-载货装置;5-货物

层货架的巷道内来回穿梭运行,将位于巷道口的货物存入货格;或者相反,取出货格内的货物运送到巷道口。

巷道堆垛机按起重量可分为轻型、中型和重型堆垛机,起重量小于 100kg 的堆垛机称为轻型堆垛机,大于 100kg 小于 1500kg 的堆垛机称为中型堆垛机,大于 1500kg 的堆垛机称为重型堆垛机。

轻型堆垛机的基本参数如下:

行走速度:4 ~ 320m/min;

提升速度:4 ~ 90m/min。

中型堆垛机的基本参数如下:

行走速度:4 ~ 180m/min;

提升速度:4 ~ 60m/min。

重型堆垛机的基本参数如下:

行走速度:4 ~ 120m/min;

提升速度:6 ~ 24m/min。

以上是一常见的堆垛机的参数,当然也有例外。

一、巷道式堆垛机

按结构形式可分为有轨巷道堆垛机、桥式堆垛机和高架叉车。

1. 有轨巷道堆垛机

有轨巷道堆垛起重机通常简称为堆垛机,它是由堆垛叉车和桥式堆垛机演变而来的。目前，在自动化立体仓库中应用最广的是巷道式堆垛机。

2. 桥式堆垛机

桥式堆垛机是基于桥式起重机的一种堆垛设备。在立体仓库应用中，桥式堆垛机也在一些场合得到应用，但由于出入库能力、高度和自动化程度限制，它仅适用于出入库频率不高或存放长形原材料和笨重货物的仓库。

3. 高架叉车

高架叉车是由叉车演变而来的。高架叉车相对巷道堆垛机和桥式堆垛机，具有较好的灵活性，既可以在巷道中使用，也可以在巷道外使用，并可以根据需要随时增减，因此，广泛应用于高度较低(一般高度在 10m 以下)、自动化程序较低的场合。

二、巷道堆垛机的基本构成

1. 金属结构

堆垛机的金属结构由立柱、上横梁和下横梁组成一个框架。整机结构高而窄。机架可以分为单立柱和双立柱两种类型。双立柱结构的机架由两根立柱和上、下横梁组成一个长方形的框架，适用于起重量较大或托盘尺寸较大的的场合。单立柱式堆垛机只有一根立柱，结构比较紧凑且外形美观，但由于载货台与货物对单立柱的偏心作用，以及行走、制动和加速减速的水平惯性力的作用对立柱会产生动、静刚度方面影响，适合于托盘尺寸小的场合。

堆垛机沿天地轨运行。为防止框架倾倒，上梁上装有导引轮。

2. 运行机构

在堆垛机的下横梁上装有运行驱动机构和在地轨上运行的车轮。一般采用地面驱动方式。这种方式一般用两个承重轮，沿敷设在地面上的轨道运行。在堆垛机顶部有水平轮沿天轨(在堆垛机上方辅助其运行的轨道)运行。除了直道外，堆垛机还可以设计走弯道，从一个巷道转移到另一个巷道工作，从而达到减少设备的目的。

3. 起升机构

起升机构负责载货台的上下运动。堆垛机的起升机构由电动机、制动机、减速机、卷筒或链轮以及柔性件组成，常用的柔性件有钢丝绳和起重链等。卷扬机通过钢丝绳牵引载荷台作升降运动。除了一般的齿轮减速机外，由于需要较大的减速比，因而也经常见到使用蜗轮蜗杆减速机和行星齿轮减速机。在堆垛机上，为了尽量使提升机构尺寸紧凑，常使用带制动器的电机减速机。

如前所述，起升机构的工作速度对于不同工作范围的堆垛机差异较大，一般在 12 ~ 48m/min，最高可达 90m/min(轻型堆垛机)。速度较高时(超过 24m/min)，一般采用变频闭环调速方式。起升一般设定低速，用于平稳停准和取放货物时的“微升降”作业。

4. 载货台及货叉机构

载货台是货物单元的承载装置。对于只需要从货格拣选一部分货物的拣选式堆垛机，载货台上也可以不设货叉装置，只有平台供放置盛货容器之用。

货叉装置是堆垛机的特殊工作机构。取货的那部分结构必须根据货物外形特点设计。最常见的是一种伸缩货叉，也可以是一块可伸缩的取货板，或者其他的结构形式。

伸叉机构装在载货台上，载货中在辊轮的支撑下沿立柱上的导轨作垂直行走方向的运动(起重)，垂直于起重一行走平面的方向为伸叉的方向。堆垛机的操作平台一般设在堆垛机的底座上，工人在此处可进行手动或半自动操作。

图 8-8 描述了货叉机构的组成。

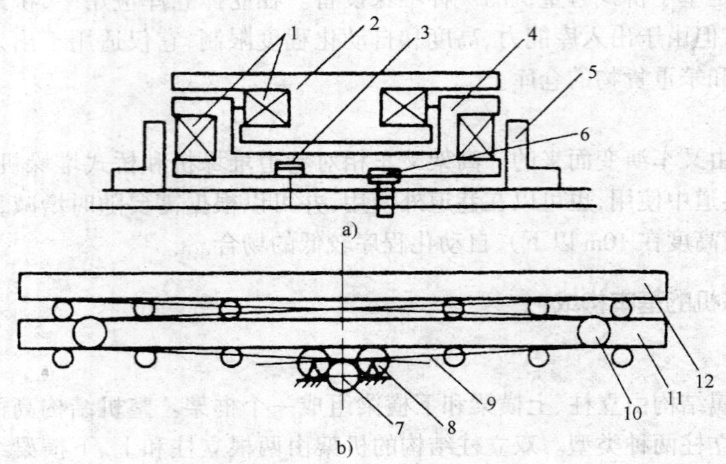

图 8-8 货叉结构图

a)侧视图;b)纵向视图

1-滚针轴承;2、12-上叉;3-导向轮;4、11-中叉;5-下叉;6-齿条;7-主动齿轮;8-从动齿轮(与中叉底部齿条相啮合);9-链条;10-链轮

三、巷道堆垛机的认址、通讯和控制系统

电控系统主要包括电力拖动、控制、检测和安全保护。在电力拖动方面,目前多采用交流变频闭环调速方式,其他调速已很少应用。对堆垛机的控制一般采用可编程序控制器和计算机等,堆垛机必须具有自动认址、货位虚实等检测以及其他检测功能。电力拖动系统要同时满足快速、平稳和准确三个方面的要求。

堆垛机的认址方式多种多样,最常用的认址方式有认址片认址和旋转编码器认址。目前,采用激光测距仪测距和旋转编码器认址的认址方式被认为是最先进的方式。

堆垛机的通讯一般采用远红外通讯方式。该方式具有较强的抗干扰能力。此外,早期的堆垛机也有采用电缆小车进行通讯的设计,采用电载波方式进行通讯的设计也较成熟。

四、巷道堆垛机的安全装置

堆垛机是一种起重机械,它要在又高又窄的巷道内高速运行。为了保证人身及设备的安全,堆垛机必须配备有完善的硬件及软件的安全保护装置,并在电气控制上采取一系列连锁和保护措施。除了一般起重机常备的安全保护措施(如各机构的终端限位和缓冲、电动机过热和过电流保护、控制电路的零位保护等)外。还应根据实际需要,增设各种保护。

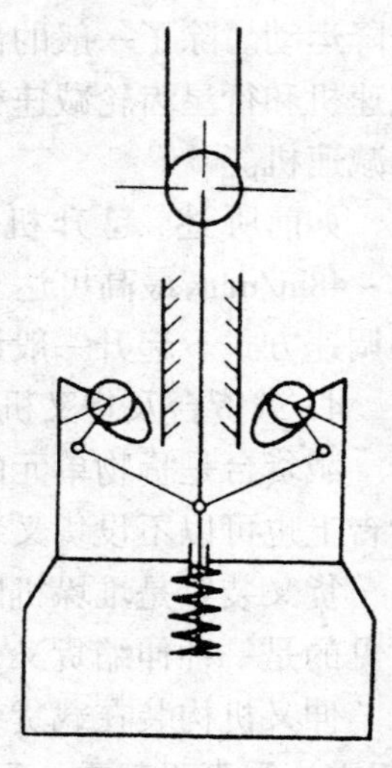

图 8-9 断绳保护装置

主要的安全保护装置有:

(1)终端限位保护 在行走、升降和伸缩的终端都设有限位保护。

(2)连锁保护　行走与升降时,货叉伸缩驱动电路切断;相反,货叉伸缩时,行走与升降电路切断(微升降可以)。行走与升降运动可同时进行。

(3)正位检测控制　只有当堆垛机在垂直和水平方向停准时,货叉才能伸缩。即货叉运动是条件控制、以认址装置检测到确已停准的信息为货叉运动的必要条件。

(4)载货台货物尺寸检测　在行走和提升过程中,始终要求货物在设定的范围之内。

(5)载货台断绳保护　当钢丝绳断开时弹簧通过连杆机构凸轮卡在导轨上阻止载货台坠落,正常工作时提杆平衡载荷的重量,弹簧处于压缩状态。凸轮与导轨分离。见图 8-9。

(6)超速保护装置　当载货台速度大于设定速度时,超速保护装置起作用,将载货台抱死。

(7)断电保护　载货台升降过程中若断电,则采用机械式制动装置使载货台停止不致坠落。

除此之外,堆垛机还有许多特殊的保护措施。

第五节　分拣设备和穿梭小车

输送设备在自动化立体仓库系统中起连接立体仓库与外部设备(车辆、生产线等)的作用,是立体仓库系统中选用灵活性非常大的一类设备。

输送设备包括的种类非常多,其中链式输送机/辊子输送机(参见第四章)是最普通的输送设备,几乎所有的自动化立体仓库均采用此类设备。其次是分拣设备和穿梭小车本节主要讲述分拣设备和穿梭小车。

一、分拣设备

物料的分拣包括物料的拣选、输送、分类与合流,分拣设备是物流系统尤其是物流配送系统中是极其重要的组成部分。人工分拣不但效率低,耗费劳动力,而且分错率很高。目前,大型的物流配送系统,往往一天需要处理 20000 ~ 30000 个订单,人工分拣无法完成如此规模的分拣工作。因此,为了提高分拣效率和准确率、提高服务水平、节省劳力,缩短分拣时间,均采用自动分拣装置。

在自动分拣系统中,分拣作业包括信息处理和分拣设备。分拣的方法很多,但通常根据以下方式进行分拣:

(1)根据物品形状、重量和形式分拣。

(2)根据用户、订单和目的地进行分拣。

分拣的主要过程是:物品通过输送设备顺序进入识别区域,经过识别后进入分拣机构。控制器根据识别信息来控制分拣机构把物品进行分类,并把分拣后的物品送到指定位置。

1. 分拣机构的种类

分拣操作主要是通过分拣机构按分拣指令来完成。分拣机构种类繁多,在实际设计中应根据实际需要来选择。常用的分拣机构如下:

(1)侧推式分拣机构　图 8-10 所示为气缸侧推式分拣机构。这种分拣方式主要由机构直接去推、挡物品,强制物品离开主线进入分流输送线。图 8-11 所示为链条带动侧推式分拣机构。这是一种高速直角分拣机构。图 8-12 所示为旋转挡臂式分拣机构。

这些分拣机构优点在于机构简单,造价便宜。但是直接突然冲击物品侧面,对于防冲击类物品不宜采用此分拣方法。

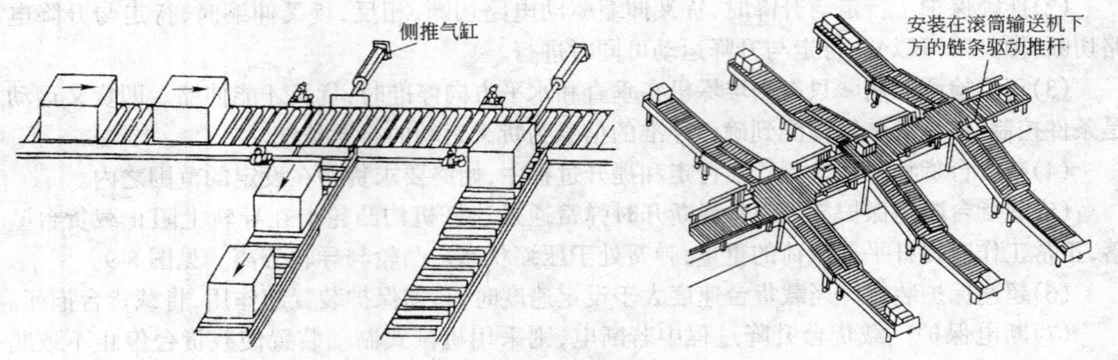

图 8-10 气缸侧推式分拣机构　　图 8-11 链条侧推式分拣机构

(2)导向式分拣机构　所谓导向式分拣机构是指利用浮起链条、传送带、滚筒或轮子等把被分流物品抬离主输送线,而引导流入分流输送系统中。图 8-13 所示为浮动链式和浮动 V 带分拣机构。图 8-14 所示为轮子浮动式分拣机构。当被分拣物品进入浮动轮子时,根据分拣指令,高速旋转的浮动轮子迅速上浮起来,把来自主线的物品抬起来,在浮动轮子的引导下分流到分拣输送线上,从而达到分拣目的。

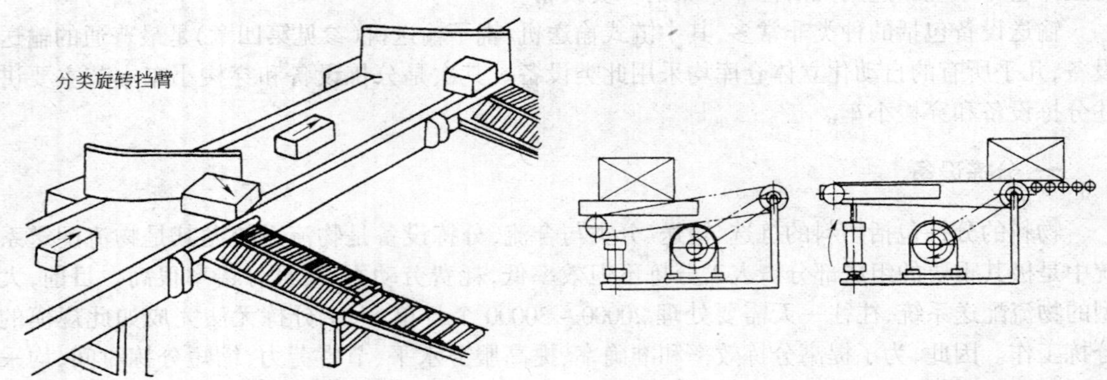

图 8-12 旋转挡臂式分拣机构　　图 8-13 浮动链式和浮动 V 带分拣机构

V 带或链式输送机可以上下运动。当物体接近分拣线时,浮动式分拣输送机立即向上浮起来。从而迅速改变了物体的运动方向,实现了物体分拣的目的。

从工作原理看出,导向式分拣机构要求物品不能太高太窄,否则易于倾倒。

(3)滑块式分拣机构　所谓滑块式分拣机构是利用滑块在输送机的滑杆上前后滑动来推移分流物品,从而达到分流目的,如图 8-15 所示。根据物品长度来组合不同数量的滑块,每分钟可分流 150 次,最大可推动 100kg 左右。驱动滑块移动的动力一般是电磁力。

(4)斜带式分拣机构　图 8-16 所示,物品在倾斜带上输送前进,到分流位置时,倾倒盘按箭头方向打开,使物品滑离主输送线而实现分流动作。

(5)倾倒板式分拣机构　这种机构的分拣方式是当物品到达分流位置时,倾倒板突然向上转动,把物品倾倒出来。这种分拣方法效率高,每分钟可达 200 次。但是对物品冲击大,要求物品在分拣之后没有方位要求,如图 8-17 所示。

(6)落入式倾斜分拣机构　图 8-18 所示为落入式倾斜分拣机构。分拣方法是当物品从主输送线来到分拣位置时,分拣机构突然抬起来,物品自然落入分流线的滑槽中。这种方法成本较低。

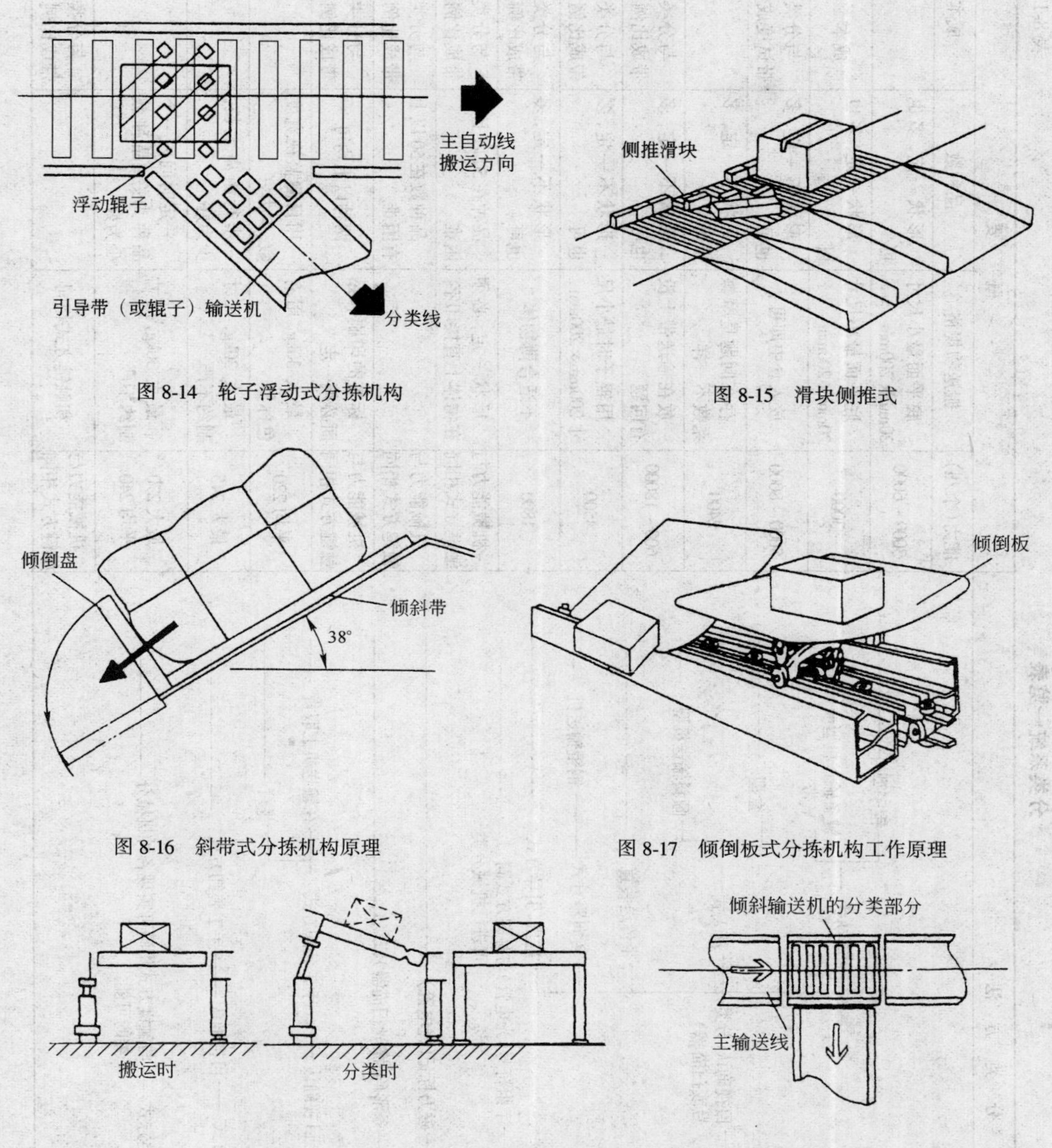

图 8-14　轮子浮动式分拣机构

图 8-15　滑块侧推式

图 8-16　斜带式分拣机构原理

图 8-17　倾倒板式分拣机构工作原理

图 8-18　落入式倾斜分拣机构工作原理

2．分拣系统一览表

不同的分拣方式其分拣能力、负载能力、要求物品规格和成本均不一样。表 8-1 所示为分拣系统一览表。

3．分拣识别传感器

物流中心的分拣工作之所以能高效而正确进行，关键在于有精确的各种分拣识别系统。在分拣系统中根据物品特性选择相适应的识别传感器。传感器将物品特性信息送入计算机，在通过信息处理之后，通知相应的分拣机械进行分拣作业。

一般物品特性有：重量、外形大小、颜色、条形码、文字数字等。根据这些物品特性，可选择相应的识别传感器，通过传感器可以识别物品特性。

分类系统一览表

表 8-1

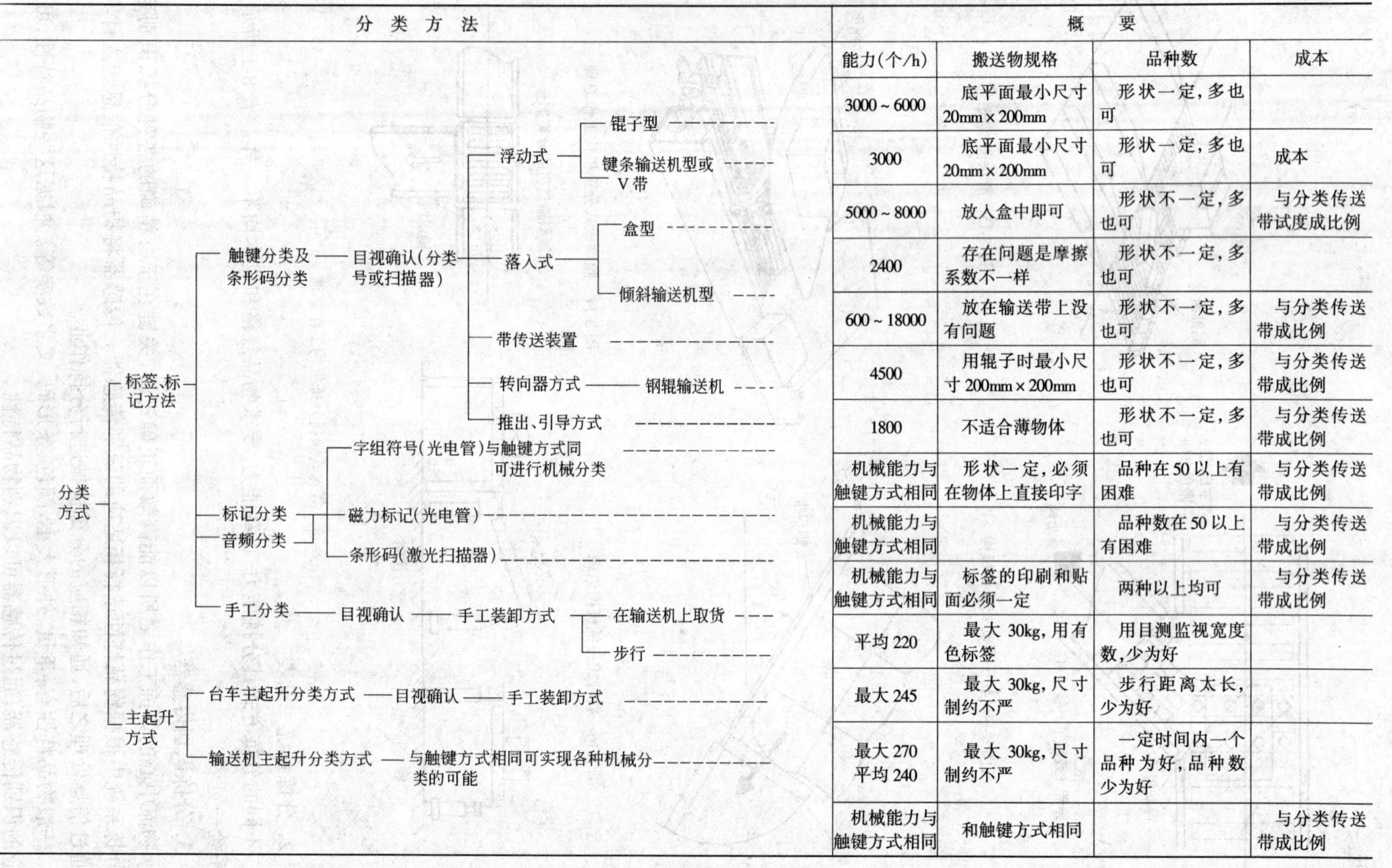

分类方法	能力(个/h)	搬送物规格	品种数	成本
分类方式—标签、标记方法—触键分类及条形码分类—目视确认(分类号或扫描器)—浮动式—锟子型	3000～6000	底平面最小尺寸20mm×200mm	形状一定，多也可	
分类方式—标签、标记方法—触键分类及条形码分类—目视确认(分类号或扫描器)—浮动式—键条输送机型或V带	3000	底平面最小尺寸20mm×200mm	形状一定，多也可	成本
分类方式—标签、标记方法—触键分类及条形码分类—目视确认(分类号或扫描器)—落入式—盒型	5000～8000	放入盒中即可	形状不一定，多也可	与分类传送带试度成比例
分类方式—标签、标记方法—触键分类及条形码分类—目视确认(分类号或扫描器)—落入式—倾斜输送机型	2400	存在问题是摩擦系数不一样	形状不一定，多也可	
分类方式—标签、标记方法—触键分类及条形码分类—目视确认(分类号或扫描器)—带传送装置	600～18000	放在输送带上没有问题	形状不一定，多也可	与分类传送带成比例
分类方式—标签、标记方法—触键分类及条形码分类—目视确认(分类号或扫描器)—转向器方式—钢辊输送机	4500	用锟子时最小尺寸200mm×200mm	形状不一定，多也可	与分类传送带成比例
分类方式—标签、标记方法—触键分类及条形码分类—目视确认(分类号或扫描器)—推出、引导方式	1800	不适合薄物体	形状不一定，多也可	与分类传送带成比例
分类方式—标签、标记方法—标记分类/音频分类—字组符号(光电管)与触键方式同可进行机械分类	机械能力与触键方式相同	形状一定，必须在物体上直接印字	品种在50以上有困难	与分类传送带成比例
分类方式—标签、标记方法—标记分类/音频分类—磁力标记(光电管)	机械能力与触键方式相同		品种数在50以上有困难	与分类传送带成比例
分类方式—标签、标记方法—标记分类/音频分类—条形码(激光扫描器)	机械能力与触键方式相同	标签的印刷和贴面必须一定	两种以上均可	与分类传送带成比例
分类方式—标签、标记方法—手工分类—目视确认—手工装卸方式—在输送机上取货	平均220	最大30kg，用有色标签	用目测监视宽度数，少为好	
分类方式—标签、标记方法—手工分类—目视确认—手工装卸方式—步行	最大245	最大30kg，尺寸制约不严	步行距离太长，少为好	
分类方式—主起升方式—台车主起升分类方式—目视确认—手工装卸方式	最大270 平均240	最大30kg，尺寸制约不严	一定时间内一个品种为好，品种数少为好	
分类方式—主起升方式—输送机主起升分类方式—与触键方式相同可实现各种机械分类的可能	机械能力与触键方式相同	和触键方式相同		与分类传送带成比例

图 8-19 所示为传感器分拣。有的识别方法需要特殊的识别设备，如条形码的识别需要激光条码扫描仪，视觉识别需要摄像机等。图 8-20 为通用传感器分拣，图 8-21 为测量用传感器分拣。

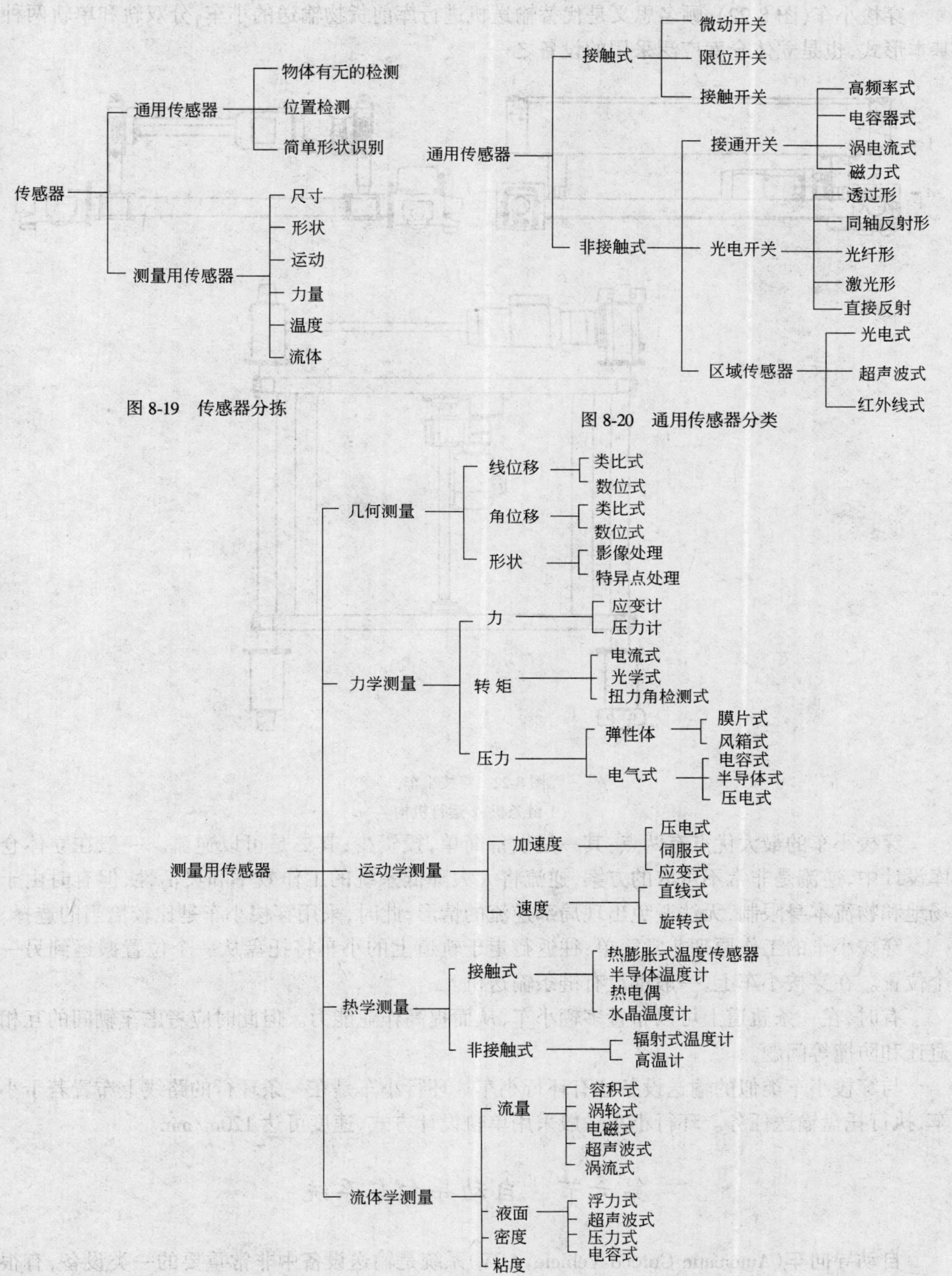

图 8-19　传感器分拣

图 8-20　通用传感器分类

图 8-21　测量用传感器分类

二、穿梭小车

穿梭小车(图 8-22),顾名思义是代替输送机进行库前货物输送的小车,分双轨和单轨两种基本形式,也是立体仓库广泛采用的设备之一。

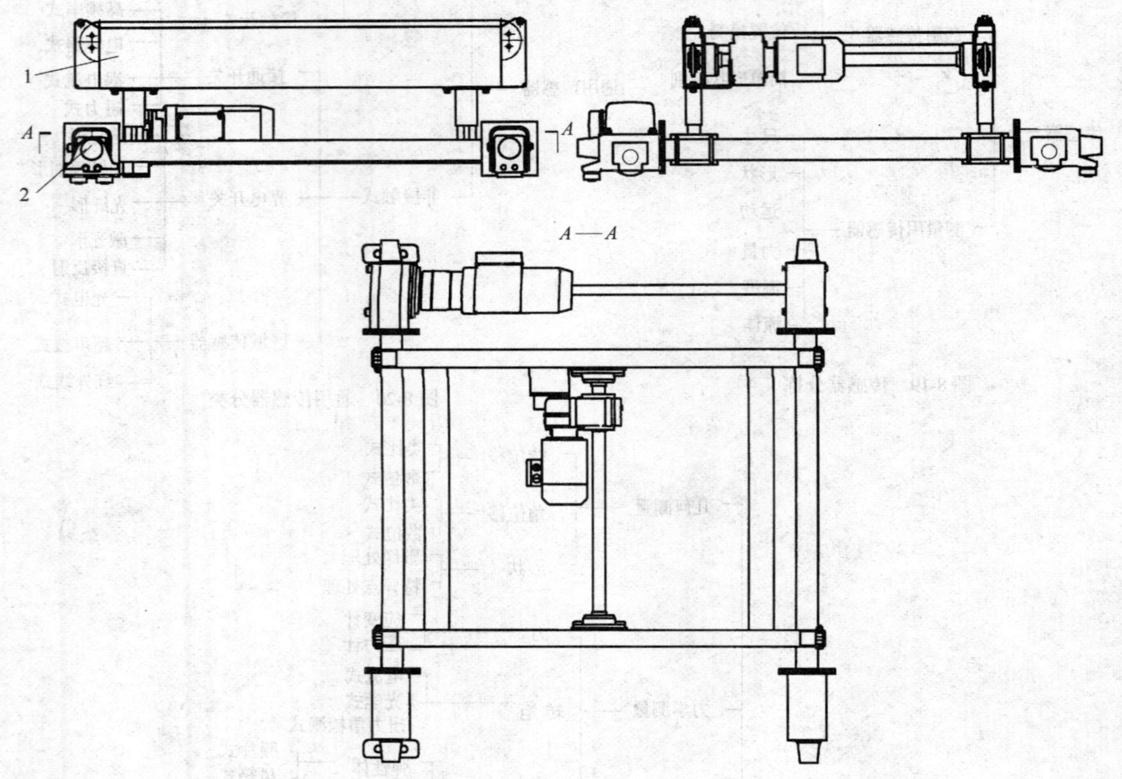

图 8-22 穿梭小车

1-链条机;2-运行机构

穿梭小车的最大优点有两点:其一是设备简单,投资少;其二是可以逆流。一般在立体仓库设计中,逆流是非常不可取的方案,逆流将大大降低系统的工作效率和灵活性,但有时由于场地和物流本身限制,无法避免出现局部逆流的情形,此时,采用穿梭小车是比较恰当的选择。

穿梭小车的工作原理非常简单:往返行走于轨道上的小车将托盘从一个位置搬运到另一个位置。在穿梭小车上,一般都设有链条输送机。

有时,在一条轨道上可以布置多辆小车,从而提高作业能力。但此时应考虑车辆间的互相避让和防撞等问题。

与穿梭小车类似的输送设备还有环行小车。环行小车是在一条环行的路线上布置若干小车,执行托盘输送任务。环行小车一般采用单轨设计方式,速度可达 120m/min。

第六节 自动导向车系统

自动导向车(Automatic Guided Vehicle,AGV)系统是输送设备中非常重要的一类设备,有很多专著作过专门论述。

自动导向车可自动装载货物,并按预先设置的路线自动行驶,其自动作业的基本功能分为自动载货、自动行驶、自动停准和自动卸货。

AGV 由于其独特的功能,其优势表现在很多方面:

(1)可以十分方便地与其他物流系统实现自动联接,完成物流及信息流的自动联接。如从立体仓库到生产线的联接、立体仓库到立体仓库的联接,均可以通过无线通信完成信息的自动传递,从而实现自动化物流。

(2)AGV 的最大优势是由于采用埋设地下通信电缆或采用激光制导技术,能够保持地面的平整和不受损坏。在许多需要其他交通、运输工具交叉运行的场合,如生产线等,应用十分广泛。

(3)AGV 输送对于减少货物在运输过程中的损坏,降低工人的劳动强度等均具有积极意义。

(4)AGV 系统本身具有较高的可靠性,能耗较低,这些特点均使得近年来 AGV 得到了广泛的应用。

世界上第一台 AGV 是在 1958 年研制成功的。当时由于受到通信技术和电子技术的限制,其控制器采用的是真空管。

20 世纪 60 ~ 70 年代,AGV 的技术与应用达到了一个高峰。主要用于汽车制造业和柔性加工线。欧洲成为最先使用的国家,随后,美国和日本开始发展。到 90 年代初,全世界拥有量超过 10000 套,AGV 台数超过 20000 台。

我国 AGV 的研究从 20 世纪 70 年代开始,北京起重与运输机械研究所、沈阳自动化所、清华大学等 10 余个单元进行了研究。目前我国 AGV 应用约有 100 多家单位,AGV 数量超过 500 台。

AGV 的应用非常广泛。主要有以下几个方面:

1. AGV 在制造业中的应用

制造业中主要应用于物料分发、装配和加工制造三个方面。物料分发包括生产工序间的物料移送和仓储作业中的物料移送,统计资料表明物料分发并不是 AGV 的主要用处。制造加工单元之间的物料搬运是加工制造中 AGV 应用的重要方式,如在 FMS 中的应用。由于每个 FMS 中 AGV 的数量不多,总的来说该领域 AGV 的应用是十分有限的。

就 AGV 的数量和重要性来说,装配作业是 AGV 的最为主要的应用环节,汽车工业是 AGV 的重要应用领域。美国通用汽车公司 90% 的 AGV 用于汽车装配线;仅 10% 用于物料搬运。西欧各国用于汽车装配的 AGV 占整个 AGV 数量的 57%,德国尤为突出,竟高达 64%。电子工业是 AGV 的新兴用户。由于传统的传送带运输方式很难完成多品种,中(小)批量元器件的送发,而 AGV 能提供柔性最好的输送,可以很方便地通过对 AGV 的输送工艺路线进行编程,使其按所要求的路径和方式到达装配线的指定位置。在净化室中,AGV 更可大显身手,它可满足净化要求极高的操作。

2. AGV 在重型机械中的应用

在重型机械行业中,AGV 主要用来运送模具和原材料(如成卷带钢等),因而要求 AGV 承载量大,通常为 2.2 ~ 4.5t,最大者可达 6.3t。配备了功率较大的移载装置也是这类 AGV 的特点。在 AGV 上配备大型机器人用以对大型金属构件进行喷漆(如飞机骨架的喷漆)是 AGV 在重型行业中的应用之一。

3. AGV 系统在烟草行业中的应用

在烟草行业中，AGV 的应用比较广泛，主要用于辅料从立体仓库到生产工位的输送。

烟草行业由于其经济效益较好，已成为 AGV 试点应用的最好行业。在中国，云南玉溪烟草集团公司 1996 年实施物流自动化时，共引进了 52 台 AGV，构成庞大的 AGV 系统。此后，中国众多的烟草公司纷纷实施物流系统，并把 AGV 作为必须的项目加以应用。

4．AGV 在非制造业中的应用

在非制造业中，AGV 的应用越来越普遍。在码头应用的集装箱 AGV 系统，其承载能力可以达到 14t，并应用 GPS 技术进行导航，是目前最先进的系统。现代化的医院中安装的 AGV 系统，可把取样从门诊部自动运送到中央化验室，把药物、医疗用品、食品、衣着用品从中央物料管理中心输送到医院的各个部门。邮政部门也采用 AGV 将邮件进区台的邮件输送到处理处，将处理区的邮件输送到邮件出区台。为了加大运输量，邮政部门使用的是牵引式 AGV 系统，一次可以牵引多台邮件车。大型办公楼也开始安装 AGV 系统，用以运送邮件、电文和包裹到各个分区部门。宾馆业采用 AGV 把食品从厨房运送到客房。AGV 也可作为机器人的"脚"，使机器人可在更大范围内自动完成作业，如在 AGV 上配备机器人用于光整水泥地面。在具在核辐射危险的地方，常将 AGV 机器人用于核材料的搬运。总而言之，AGV 的应用越来越广泛。

一、AGV 系统的基本构成

1．AGV 系统构成

AGV 系统由导向系统（由导向线路、地面地址器、工作站设定器等组成）、自动输送系统、数据传输系统（电控制柜、通信电缆等组成）、管理系统、安全保护系统及周边设备组成，如图8-23所示。

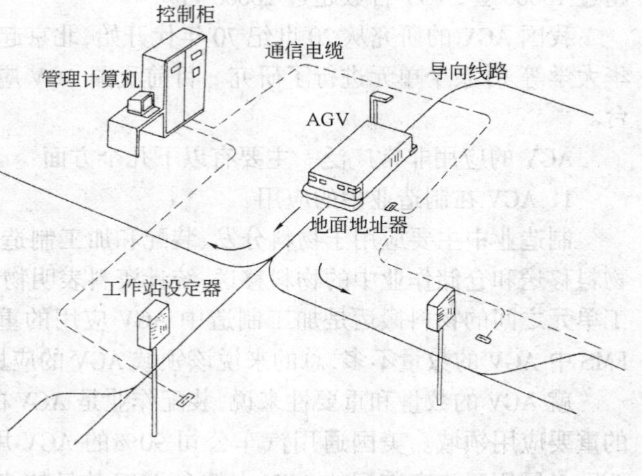

图 8-23　AGV 系统的构成

AGV 根据用途不同有多种形式，其基本特点是无人驾驶自动导向运动。

2．AGV 的导向方式

根据导向原理的不同，自动导向车的导向方式可以分为以下几种。

1)外导式导向系统

外导式导向系统是在车辆的运行线路上设置导向信息媒体，如导线、磁带、色带等，由车上的导向传感器捡拾接收导向信息（如频率、磁场强度、光强度等），再将此信息经实时处理后用以控制车辆沿运行线路正确地运行。应用最多的是电磁导向、光学导向和激光导向方式。

(1)电磁导向系统（图 8-24）　利用电磁感应的原理，在沿运行线路的地面上设置一条宽约 5mm、深约 15mm 的地沟，在地沟中敷设导线，并加有 2～35kHz 的交变电，以形成沿导线扩展的交变电磁场，车辆上的捡拾传感器接收此信号，并根据信号场的强度判断使车辆沿埋线跟踪导向运行的正确方向。

电磁导向有单频制导向和多频制导向两种方式。单频制方式是在整个线路上均提供单一频率振荡电磁信号，通过接通或断开各线路段的馈送电流来规定运行线路，引导车辆运行。这种导向方式要求有集中的控制站，并在各线路交叉和分支处装设传感标志（如磁铁等）及分支线段的通断接口。多频制方式是线路中每个环线或分支线都设置自己的线路频率,分别由不同频率的振荡器来馈电。而每台车辆按运行的需要设定其运行频率。只有当车上的设定频率与某一线段的频率一致时,车辆才能沿该线段导向前进。

导引电源选择的原则是将抗干扰性能放在首位,灵敏度则是第二位的。目前导引电源一般采用功率输出的正弦波振荡器产生的交变电,低频的振荡频率较为有利,可大大提高抗干扰能力,对无线电通信不会产生不良影响,固有频率范围一般选择在 2~35kHz 之间。电磁导引方式具有不怕污染,电线不会遭到破坏、便于通信和控制、停位精度较高的优点。另外,还可以在同一沟槽内敷设通信电缆,以节省开挖沟槽的投资。电磁导引方式的缺点是,虽然开挖沟槽,敷设导引线并不困难,但是还是具有一定的工作量,改变和扩充路径也较麻烦,路径附近的铁磁体可能会干扰导引功能。

电磁导引常配以固定点的通信方法,即在停泊点如缓冲站进行通信。采用此种导引方式一个地面控制站最多可控制多达 50 台 AGV。

(2)光学导向系统　采用涂漆的条带来确定行驶路径的导引方法称为光学导引。AGV 上有一个光学检测系统用以跟踪涂漆的条带,具体说来有两种导引原理。

其一是所谓的识别式原理。由于地面颜色与漆带颜色的不同,漆带在明亮的地面上为黑色;在黑暗的地面上为白色。经小车上的紫外光源照射后,漆带会呈现不同的颜色。AGV 上的光学检测器上装有两套光敏元件,分别处于漆带的两侧。当 AGV 偏离导引路径时,光敏元件检测到的亮度将不等,由此形成信号差值,利用这个信号差值,AGV 的控制系统就可以控制小车的运动方向,使其回到导引路径上来。由于周围环境的光线可能影响光电元件的检测效果,故常在此种反射光检测系统上加上滤光镜以保证 AGV 不会发生误测。

其二是所谓反射式原理,图 8-25 是光学带反射方式的原理图。利用反射式原理导向,路径为 25mm 宽含荧光粒子的漆带,经车上检测系统的紫外光照射,这些荧光粒子会发射出引发光线,而这种引发光线的光谱在周围环境中是不存在的,所以不会受到干扰。AGV 上的一个扫描镜对导引路径进行扫描并把引发光反射到光感受器从而将信号转发给计算机。根据漆带中心光强最大,而两侧边光强最小的原理很容易找出 AGV 偏离的方向从而修正方向保证跟踪导引路径。

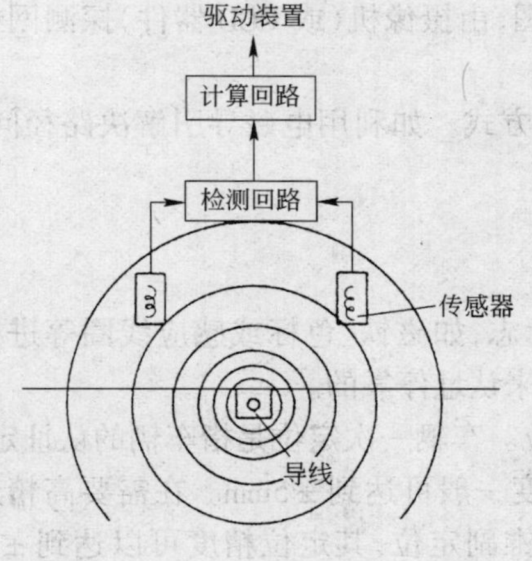

图 8-24　电磁导向方式的工作原理

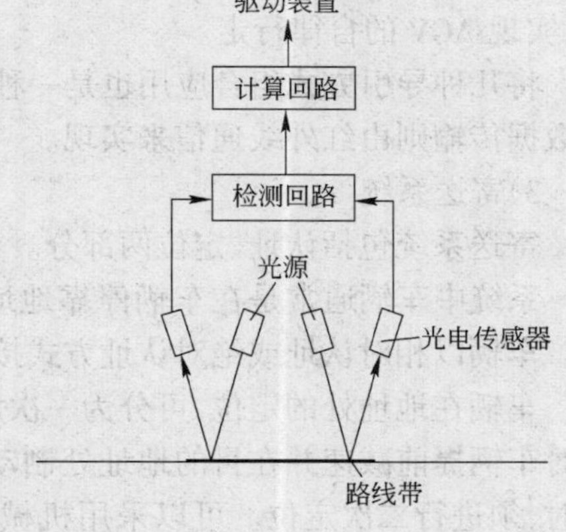

图 8-25　光学带反射方式的工作原理

光学导引方式的优点是路径长度不限，且易于更改与扩充。漆带可在任何类型地面上涂置。漆带须保持清洁和完整，并需定期重涂与更新。

与电磁导引相比，光学导引方式的漆带本身不具有能量，故称为无源导引方式。电磁导引方式则称为有源导引方式。

2)自导式导向系统

自导式导向系统一般是采用坐标定位原理，即在车上预设定运行线路的坐标信息，并在车辆运行时，实时地检测出实际的车辆位置坐标(如用三固定点测位等)，再将两者比较、判断后控制车辆导向运行。

(1)行驶路径轨迹推算导向法导引　采用该导引方式的 AGV 的计算机中储存有距离表，通过与测距法所得的方位信息比较，AGV 就能推算出从某一参数点出发的移动方向。这种导引方式最大的优点在于路径布局具有极好的柔性，只需改变软件即可更改路径。此种导引方式的缺点在于精度较低，主要原因是各种测距法所得到的方位信息精度不高。

(2)惯性导航(导引)　采用该导引方式的 AGV 的导向系统中有一个陀螺仪，用以测量加速度。陀螺仪的坐标调整成平行于 AGV 的行驶方向，当小车偏离规定路径时，则会产生一个垂直于其运动方向的加速度，该加速度可立即被陀螺仪所测得。惯性导引系统的计算机对加速度进行二次积分处理可算得位置偏差从而纠正小车的行驶方向。由于该导引系统只是从陀螺仪的测试值推导出 AGV 的位置信息，因此容易产生偏差，需用另一套绝对导航系统定期进行重新校准。此导引方法价格昂贵，较难推广使用。

(3)环境映射法导引　该导引方式通过对周围环境的光学或超声波映射(imaging)，AGV 上周期性地产生其周围环境的当前映像(map)，并将其与存储在存储器内的映像进行比较，以此来判断 AGV 自身方位。极好的柔性是此种导引方法的优点，而映射传感器的价格昂贵和精度不高则是其缺点。

(4)激光导航导引　目前流行的 AGV 导向装置是激光导向装置。其基本原理是通过安装在车身上的高速旋转的激光发射装置，检测安装在地面、墙体表面的反射板，利用 GPS 原理进行位置及方位的确定。从而调整自身姿态，达到控制的目的。激光导引装置由于安装简单，定位精度高，调试方便等特性，逐渐成为主要的导引方式。

(5)其他方式导引　除了以上几种导引方式外，还有一种导引方式是在地面上用两种颜色的涂料涂成网格状，利用车载计算机存储的地面信息图，由摄像机(或 CCD 器件)探测网格信息，实现 AGV 的自律行走。

将几种导引方式组合应用也是一种比较好的导引方式。如利用电磁导引解决路径问题，而数据传输则由红外线通信来实现。

3)寄送系统

寄送系统包括认址、定位两部分。

系统中车辆通常是在车辆停靠地址处设置传感标志，如磁铁、色标或感应线圈等进行认址。车辆以相对认址或绝对认址方式接收此标志信号来认址停靠的。

车辆在地址处的定位，可分为一次定位和二次定位。车辆一次定位是指车辆的认址定位，这时车辆提前减速并在目的地址处制动停车，停车精度一般可达到 ±5mm。在需要高精度定位时，须进行二次定位。可以采用机械定位方法如圆锥副定位，其定位精度可以达到 ±1mm 以上。这种方法是由车上的可动锥副与地面的因定锥副配合来达到的。这时不是定位整个自动小车，而是定位车上的承载机构，以达到高精度定位的目的。

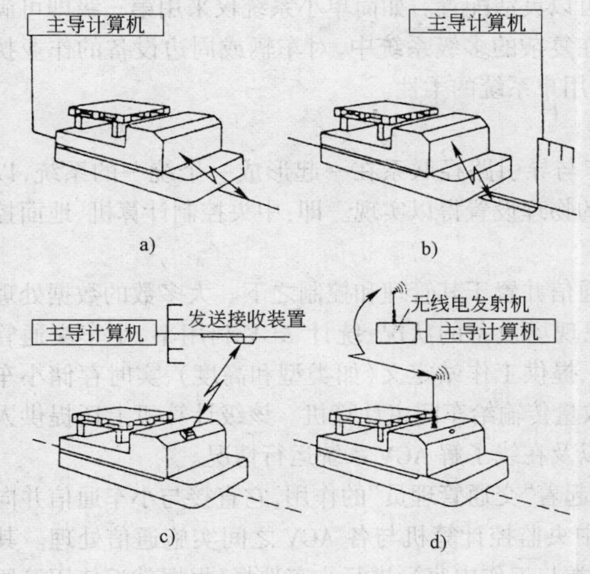

图 8-26 数据无线传输方式

a)单线感应；b)双线感应；c)红外光传输；d)无线传输(调频)

4)数据传输系统

系统中数据的传输要抗环境和自身各类噪声的干扰，通常以逐句或逐段数据双向校验的软件手段确保可靠传输。在地面设施之间一般采用有线传输方式，而在流动的车辆和固定的地面设施之间，则必须采用无线传输方式。常用的数据无线传输方式见图 8-26。

数据感应传输是将要传输的数据以 55～95kHz 频率载波，沿车辆运行的路线或通信段点处设置数据传输导线或线圈，车上设置感应数据接收器，接收感应数据信号并以调制/解调方式通过接口（如 RS232)进行地面与车辆间的对话。常用双线制方式，即导向信号与数据信号分线设置。若两者共线设置，则为单线制方式。感应数据传输技术正逐步被日益成熟可靠的无线电调频(FM)和红外数据传输技术所替代。各种传输技术的比较见表 8-2。

AGV 传输技术比较 表 8-2

无线数据传输方法	传输距离(m)	传输速率(B/s)	干扰因素	费用与安装
感应(双线/单线)	0.1～0.3	110～2400	电磁场，铁、磁物质	费用高，安装繁杂
无线电调频(FM)	(室内)500 (室外)10000	1200～2400	无线电波，障碍物折/反射	费用中等，安装简单
	1～20 10～150	300～9600	温度，直接日光照射，障碍物折/反射	费用中等，安装较易

5)周边设备

在系统中根据作业工艺要求还可设置其他地面设备，如接受/交付货物的站台、通道门、电梯以及充电站等。

二、AGV 系统的控制与管理

1. AGV 系统的控制与管理层次

AGV 系统的控制与管理一般分为三级，即计划管理级、过程处置级和作业执行级。其控制与管理采用模块化层次结构(图 8-27)，即按功能划分为不同层次的控制模块，在层次之间再以标准化的接口来协调管理。在各个层次之中也依此处理。这样就保证了系统运行的整体性、灵活性、透明性和有效性，使系统建立的软硬件投入经济，运行可靠。

系统层次设置根据用户对作业规模、功能

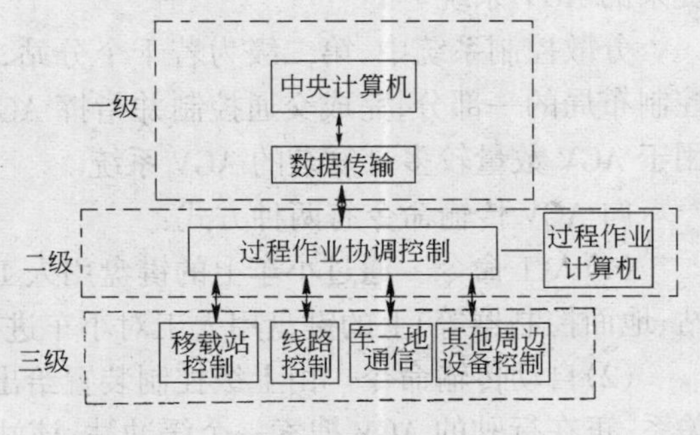

图 8-27 AGV 系统分级管理控制层次示意图

服务、信息量大小和数据处理要求的不同,可以灵活配置。如简单小系统仅采用第三级即可满足要求;一般系统用第二、三级即可。又如在复杂的多级系统中,对车辆或周边设备的作业执行和调度指令可以在每一级中实施,以增大用户系统的柔性。

2. AGV 的控制

简单地说,AGV 控制的目的就是将小车与导引路径联系在一起形成一个统一的系统,以完成物料的输送。三级控制可以通过不同的物理设置得以实现。即:中央控制计算机、地面控制器和车载处理器。

中央控制计算机可以与车间主计算机通信并置于其管理和控制之下。大多数的数据处理功能(决策、评定等)均在此有完成。如监视现场设备的状况、统计 AGV 利用率、小车交通管制、跟踪装载、制定目标地址(From-To 指令)、提供工作站定义(如类型和高度)、实时存储小车的地址并将 AGV 的位置与装载物的类型、数量传输给车间主计算机。该级计算机上还提供人—机界面,供用户生成报告、更改产品数据以及在线了解 AGV 系统运行情况。

地面控制器(站)又称“数据集中装置”,起着“交通管理员”的作用,它直接与小车通信并向小车提供格式化的具体命令。实质上它在中央监控计算机与各 AGV 之间实施通信处理。其主要功能为提供行车道选择(根据装载物种类与工作内容),进行小车选择(根据就近使用等原则),将准确的目标地址、最迟到达时间、移载及升/降高度信息传输给 AGV,提供输送优先权与顺序要求和失效的导引路径信息,产生导引路径的电频率(对电磁导引而言),提供小车避免互撞的信息以及收集所有来自自动化仓库、传送带和按钮面板的输入/输出信息。

对车载处理器总的要求为实时记录 AGV 的位置,解释并执行从地面控制器(站)传送来的命令,并能监控车上的安全装置。具体说可分为非智能型和智能型两种类型。

非智能型没有数据处理能力,要求输入如启动、加速/减速等命令,并要求提供用于导引小车到达最终目的地址的外部控制(这些控制指令往往是 AGV 在指定地点如停泊站处获取的)。

智能型的车载处理器的功能包括:AGV 之间分段行使规定,自动选择路径,速度、加/减速度控制,控制移载,在规定时间内小车从工作站脱开,向工人显示作业信息和提供内装式自诊断能力。最后,如果中央监控计算机或地面控制器(站)失灵则应具备降级模式运行的能力。

对于 AGV 系统来说分级控制一般可分为集中控制系统和分散控制系统两大类。

集中控制系统的特点在于其第二级(地面控制站)有一个具有分派控制功能的微型计算机。作出出判定下一个分派 AGV 选择和闲置 AGV 等待位置的选择。还包括与中央计算机、各缓冲站、自动充电站以及与各 AGV 通信的能力。集中控制系统适用于 AGV 数量较少,不太复杂的 AGV 系统。

分散控制系统中,第二级为若干个分站,它们被设置在 AGV 路径配置的周围。每一分站控制布局的一部分,完成交通控制并指挥 AGV 达目的地址,完成移载任务。分散控制系统适用于 AGV 数量较多且复杂的 AGV 系统。

向 AGV 传输命令有两种方式:

(1)人工命令　通过小车上的键盘用人工对其进行编程;通过远距离控制装置(如控制分站、地面控制器等)上的键盘用人工对小车进行编程。

(2)自动传输命令　由上级控制装置给出命令,或按出租车方式接受命令——按照固定的关系,正在行驶的 AGV 搜索一个缓冲站,该站有一装载件正在等待。

3. 运行线路的控制

AGV 的路径选择控制是 AGV 系统的基本控制功能之一。对于具有多环路、分支环路和旁路环路的复杂环路，AGV 应选择哪一条可能的路径以最短距离或最少时间到达目的地址是一个路径规划问题。在规划决策已定的情况下，任何实现在分岔路口的路径选择是一个控制方法问题。目前常用的方法有频率选择法和路径开关选择法。

频率选择法主要用于电磁导引的场合。在分岔点处，用数条通以不同频率电流导引线将 AGV 引入相应的数条路径。当 AGV 驶入分岔点时，它读出地面上的识别码以确认自己的位置，再根据预定程序的目的地址，AGV 便可以选择应跟踪的频率来完成路径选择。

路径开关选择法使用单一频率的导引线并将导引路径分割成若干区段，借助于装在相应区段附近地面上的控制装置对该区段的导引线进行独立的通电与不通电控制，从而完成路径选择。这种控制操作是由运行于各区段的 AGV 来完成，当一台 AGV 驶近分岔点时，它与有关区段的控制装置进行通信，告知它要沿哪条路径驶向目的地址，该装置便启动与其相连的地面开关，接通相应区段导引线之电源而断开其他分支线的电源，这样便导引 AGV 驶入正确的路径。

4. 移载与周边设备的控制

将物料装到 AGV 上或从 AGV 上取下物料放置到缓冲站上的操作过程称为 AGV 的移载。有多种移载方式。

(1)人工移载　用升降叉车进行直接或单元装卸或人工装卸均属此类。人工将挂车与牵引式 AGV 脱开并将其推到指定工作站，将物料从 AGV 上的简单滚道推到固定的滚道上也称为人工移载。

(2)自动联接与脱开　AGV 驶入一侧支线并自动与挂车脱钩；AGV 驶入一目标侧支线自动与一组等待的挂车联接并驶往下一目的地址。

(3)自动移载　AGV 上设有可升降的移载台。移载台的升降一般采用液压传动方式，移载台上可设有链传动移载机构、动力滚道以及皮带移载装置。各种移载装置常用电机减速系统驱动。为了顺利移载，AGV 必须精确停位以便移载机构与地面缓冲站能自动交接。用于手工拣选物料的缓冲站对 AGV 的停位精度要求较低，停位允差小于 ± 10mm 即可。如缓冲站是服务于加工中心，即加工缓冲站，移载物料是加工托盘(即加工中心的可更换的工作台面)则要求 AGV 精确停位，停位允差一般应小于 ± 0.2mm。AGV 要达到如此高的停位精度往往需采用三级停位控制，即接近加工缓冲站时根据地面识别码信息，AGV 自动减速并自然停准，其误差一般是 ± 10mm ~ ± 15mm。到达目标地址后，在光学或其他类型传感器的控制下进行进或退的蠕动，以便进一步停准，其停位精度可达 ± 5mm。移载台下降使其上之锥孔进入固定在缓冲站地面上的锥销而达到 ± 0.1mm ~ ± 1mm 的最终停位精度。

(4)车载机器人的移载方式　AGV 上装有移载机器人，当 AGV 停准目的地址时使用机器人装卸工件或其他作业。

5. AGV 系统管理

所谓 AGV 系统管理是指及时和有效地分派 AGV 到某地址完成指定的动作的监控管理。常用的方法有：

(1)车上分派法　人工操作 AGV 上的控制面板完成 AGV 的编程和其他功能设置。这是最简单且较灵活的形式。

(2)车外调用系统法　简单的车外调用系统为装卸站附近的一个控制器按钮，它给出一个停车信号，使任何经过的 AGV 在该站停泊以便完成装卸操作，然后通过车上控制面板编程分派 AGV。复杂的车外调用系统为多个沿环路缓冲站附近的地面控制面板，在面板上进行管理操作不仅可以调用某一 AGV，而且还可以对 AGV 进行分派。

(3)远距离分派终端　在中央控制室操作员根据 CRT 图形显示器直观地了解各 AGV 的位置和状态，通过键盘操作把各 AGV 分派到接受区，自动移载。

(4)物流管理系统分派法　物流管理系统的上层管理计算机根据车间生产计划及系统现状形成目的地址(From-TO 指令)及作业指令并传输给下层监控级计算机，该计算机分派 AGV 并将作业完成情况和 AGV 状况等信息报告上层管理计算机。

三、AGV 系统的设计步骤

AGV 系统作为一种物料搬运系统，其开发应用须经过整体规划、方案设计、参量调整、分析验证和作业评价等步骤。

1. 整体规划

整体规划以确定对系统的总体要求，其具体内容如下：

(1)确定被搬运物料的类别、尺寸、质量以及是否托盘化等。

(2)确定搬运能力，即单位时间内搬运处理的物料或托盘数量。

(3)确定作业周期，即自动导向小车的平均工作循环时间。

(4)确定作业点的位置和数量。

(5)对系统柔性、可靠度的要求。

2. 方案设计

方案设计是对系统的布置和参量的设计，其内容包括：

(1)自动导向小车作业运行路线网络布置。

(2)自动导向小车暂存/缓冲路线的长度设计和布置。

(3)自劲导向小车类型选择和数量配置。

(4)发送/接收工作站类型选择、数量配置和固定位置的确定。

(5)其他周边设备的选型、配置。

3. 计算机模拟

计算机模拟是 AGV 系统设计的重要步骤，是对方案设计的分析、论证、参量调整和优化。通过计算机模拟，对 AGV 系统的搬运能力、作业周期、队列等待时间、托盘(载荷)滞留时间、在线托盘(载荷)库存量、设备利用率、设备阻塞/故障时间、设备等待/维护时间、投资利润率/回收期等进行评价和优化，使系统的设计更为实用。

四、AGV 系统的安全与故障防止

AGV 系统是无人化作业的物料搬运系统，安全性是十分重要的，要针对自动导向小车、周边设备和地面系统采取技术性与管理性的综合安全保障措施。

对 AGV 系统的故障统计的结果表明，一般控制系统的故障约占 15%～20%，移载和周边设备的故障约占 10%，其余大部分故障均出在导向系统和自动导向小车上，因此，应特别重视它们的设计、加工和安装调试等。同时，在系统的使用和管理上也应采取措施，如要认真进行对系统操作人员的培训与考核，加强操作人员对作业现场的监督，维护良好的作业环境等。

安全保护设计应考虑到以下几点：

(1)对于临时性障碍，如行人、箱盒等，应在探测到障碍物时使 AGV 平稳减速直到停止。

当障碍物移开后,系统应能自动运行。

(2)对于固定障碍物,如墙、柱等,则应在设计中提供干预措施,尽量远离障碍物。

第七节 托盘与货箱

托盘和货箱是立体仓库中的不可缺少的设备。通用托盘广泛应用于国民经济的各个领域,本节对托盘作简要介绍。

对立体仓库而言,托盘与货箱是构成一个存储单元或运输单元的载体。

一、托盘的种类

托盘种类繁多、性质不同、尺寸规格多样。

从托盘的形状分类,有平托盘、箱式托盘、柱式托盘、轮式托盘等多种;

从托盘材质分类,有钢制托盘、塑料托盘和木制托盘等,货箱一般由钢材制成。

图 8-28 是托盘的示意图。

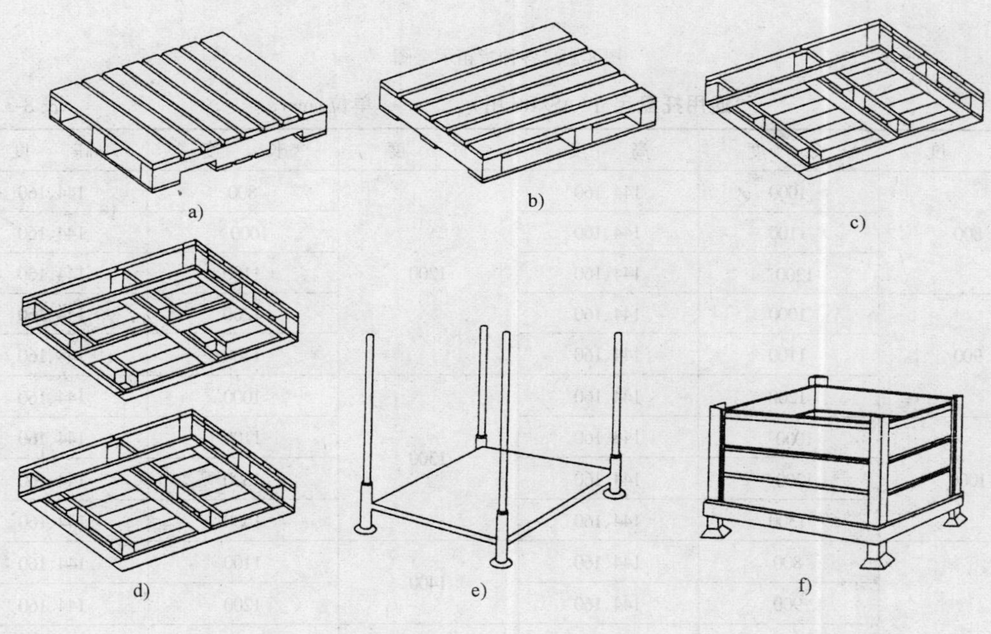

图 8-28 托盘的结构形式

图 8-29 是各种货箱的示意图。

二、托盘的设计

托盘的设计应考虑托盘的尺寸、使用场合、流通范围等情形。在设计中,还应对物料进行分析。尽量让 80% 以上的物料能有效地存放在托盘(货箱)内。

托盘的基本尺寸如表 8-3。

关于公差要求,根据规范,托盘长度和宽度制造误差为 - 3mm,两对角线误差为 - 5mm。设计中应满足各插口的尺寸要求:

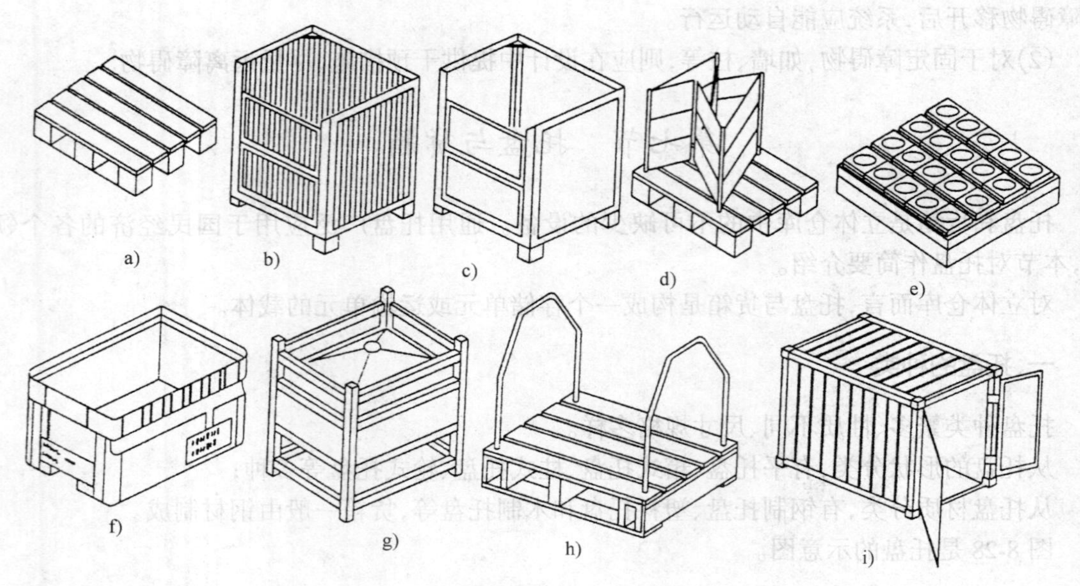

图 8-29　各种货箱示意图

通用托盘尺寸(AS/RS 用)　　单位:mm　　表 8-3

宽　度	长　度	高　度	宽　度	长　度	高　度
800	1000	144、160	1200	800	144、160
	1100	144、160		1000*	144、160
	1200*	144、160		1100	144、160
900	1000	144、160		1200	144、160
	1100	144、160		1400	144、160
	1200	144、160	1300	1000	144、160
1000	1000*	144、160		1100	144、160
	1200*	144、160		1300	144、160
	1300	144、160		1500	144、160
1100	800	144、160	1400	1100	144、160
	900	144、160		1200	144、160
	1100*	144、160	1500	1300	144、160
	1200	144、160	1150	1150	144、160
	1300	144、160			
	1400	144、160			

注:* 号者为常用托盘。

(1)插入口及底部开口宽度　如图 8-30 所示,其中 L 方向是为堆垛机设计的;W 方向是为叉车设计的。L_1 及 W_1 的宽度一般不小于 100mm。

(2)插口高度　对叉车而言,一般插口高度为 65 ~ 85mm,对堆垛机货叉而言,应根据实际需要进行设计,一般为 80 ~ 100mm。

在设计中还要考虑到强度及刚度的要求。一般情形下,平托盘在 AS/RS 中满载变形不得超过0.5%。

三、托盘的试验

托盘虽然简单，但托盘在AS/RS系统中使用非常重要。所以，一般均要对托盘进行测试和检验。测试和检验的内容很多，但主要包括以下部分：

(1)托盘的尺寸检测　应对托盘的各种尺寸进行检测，看是否满足设计要求。因为该检查是全面检查，且托盘数量较多，一般可制作一定的检测器具辅助检测，以加快检测速度。

(2)托盘承载试验　首先应检查托盘在满载荷状态下的变形情况。一般采用抽查即可。

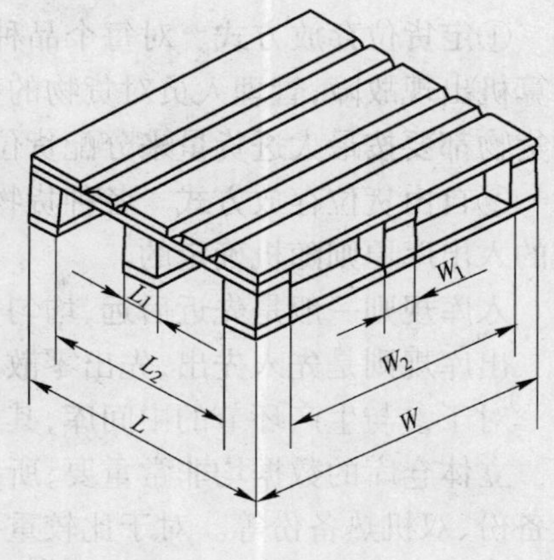

图8-30　托盘插口示意图

(3)破坏性试验　对托盘进行破坏性试验包括两个方面的内容：

①托盘的最大承载能力试验。该试验一般在托盘制造厂进行。

②托盘抗跌落试验。即让托盘在一定高度沿对角线方向自由跌落，检查其变形状况和损坏状况等。

第八节　自动化仓库计算机管理系统

立体仓库计算机管理系统是自动化仓库的重要组成部分，其主要作用在于：

(1)应用计算机进行仓库管理，可采用最优化技术，减少物资储备量和资金积压，加快流动资金的周转。

(2)计算机存储的大量库存信息，能及时、准确、全面地反映库存状况，以便进行库存分析和预测，合理地编制生产和进货计划，避免停工待料的损失，从而提高了生产率。

(3)应用计算机进行货位管理，可大大提高货位的利用率，减少仓库的面积。

(4)计算机不但能对账目和货位进行管理，还能参与控制，向下级控制机传送作业命令，从而缩短了生产辅助时间，而且比人工管理更准确。

(5)当前ERP系统已为很多企业所接受。立体仓库必须实现与ERP交换信息和集成。立体仓库的计算机管理是立体仓库不可缺少的部分。

一、计算机仓库管理系统的主要功能

计算机用于仓库管理，其系统应具备下列主要功能：

(1)账目管理　管理计算机存有仓库中货物的品种、数量、价格、生产厂家等各种大量的数据，使管理人员通过计算机能及时掌握库存货物的情况，还可以进行财务的计算和管理。

(2)库存管理　为了满足生产的需要，仓库库存货物应保有一定的数量。库存太多，会造成资金积压及管理费用增加；库存太少，则影响正常生产。不同的原材料和生产备件要求的储存量不同，其最佳值的选择要通过优化设计来确定。不同的系统，不同用途的仓库，其优化原则是不同的。

(3)货位管理　对于自动化立体仓库，货位管理是计算机管理系统的一个重要功能。货物入出库的货位分配是由管理计算机按照一定的规则来进行的。货物的存放方式有：

①定货位存放方式　对每个品种的货物分配固定的货位。采用此种方式的优点是，一旦计算机出现故障，管理人员对货物的存放地址仍很清楚，不会造成混乱。但缺点是，由于对每种货物都要按最大进货量来分配货位，所以要求的货位较多，使货位利用率降低。

②自由货位存放方式　各种货物并无固定的存放货位。入出库货物的存放地址是按照一定的入出库原则随机确定的。

入库规则一般是先近后远，均匀分配，先存放低层，后存放高层，下重上轻。

出库规则是先入先出，先出零散，尽量腾出货位。

对于参与生产环节的中间库，其入出库规则除遵循上述规则外，还与工艺要求密切相关。

立体仓库的数据均非常重要，所以必须考虑备份策略。备份的方式很多，如磁带备份、磁盘备份、双机热备份等。对于比较重要的系统，最好用双机热备份系统。

③划分区域随机存放方式　对于品种较多或每个品种要求存放货格大小不同时可用这种方式。这是前面两种方式的混合应用。同一类型不同品种的货物存放在一个区域的货格里，但在指定区域已经无空货位时，也可借用其他区域的货位。此种方式，在计算机出现故障时，管理人员也能较容易地找出每个品种货物存放的货位。

(4)信息跟踪的数据管理　对于与生产紧密联系的中间库，如半成品库、工艺库等，由于存放的同一物品在原始、半成品、成品状态有不同的性能，应按不同品种处理。在这样的生产过程中，必须对每一物品在每一工艺流程中的技术数据记录在案。计算机对物品的技术数据进行管理时，要跟踪每一物品在每一生产环节中的数据变化、存放地址以及目前的工艺状况，作为进一步加工时区分不同品种和技术分析的依据。

上述的各项功能均具有输入、修改、删除、汇总、查询及打印报表等能力。

二、计算机管理系统的设计

1. 硬件设计

1)计算机管理系统的组成

计算机管理系统的组成有三部分，见图 8-31。

(1)主机部分仓库管理计算机一般选用微机。在物品品种很多，工艺路线很复杂的情况下，也可选用小型机。内存大小由使用的操作系统及语言所要求的硬件配置来决定，一般为 560MB ~ 1GB。硬盘的存储量主要取决于信息量的多少，一般为 48GB。

(2)显示终端的数量取决于输入和输出数据的地点数。简单的管理系统，只需要一个带键盘的主控终端作为数据输入和显示之用。对于多地点输入输出数据的系统，要选用多个带键盘的智能终端。远离主机的远程终端，若距离大于 100m，应加 RS232C 与 RS422 通信接口转换器或调制解调器。

(3)打印机用于打印报表和程序。

(4)为了防止突然断电时管理机丢失正在读写的信息和损坏硬盘，管理系统应配有不间断电源(UPS)。

2)双机管理系统

如果数据十分重要或数据量很大时，为了防止数据的丢失，可使用备份计算机。即用两台计算机进行数据管理，按其特点又可分为冷备份和热备份两种。

(1)冷备份　两台计算机没有任何电气联系，管理人员分别向两台计算机输入相同数据，

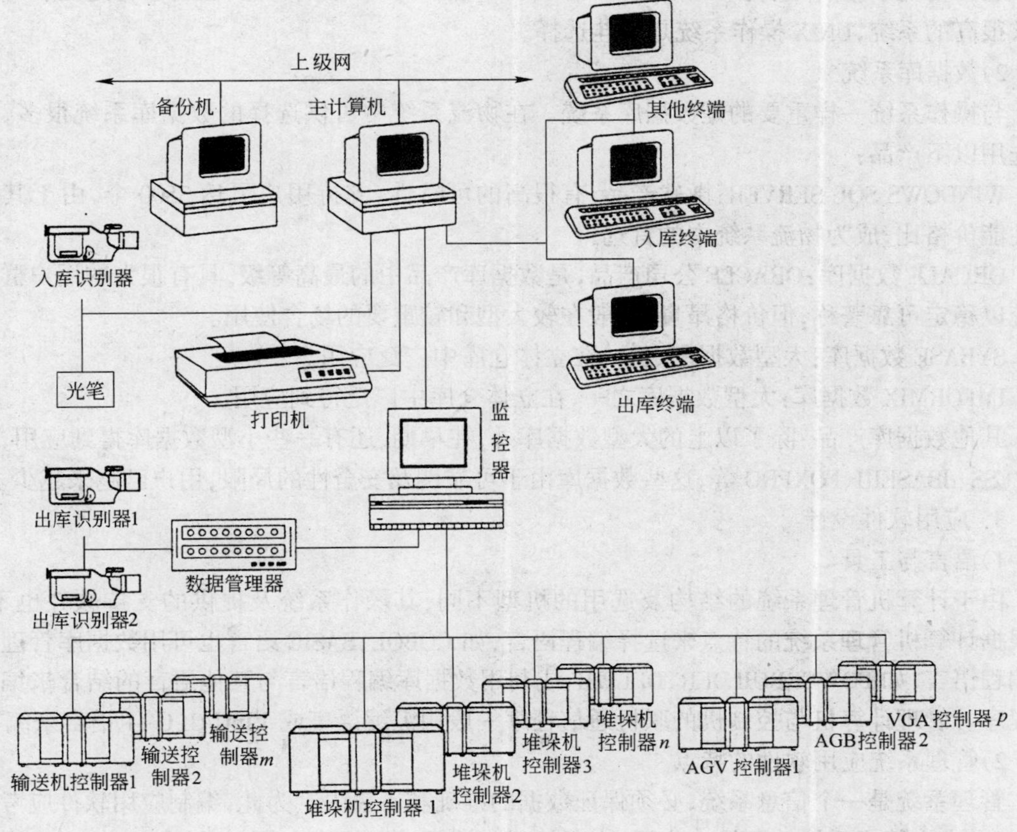

图 8-31 计算机系统的基本构成

或向一台计算机输入数据，及时用软盘把数据拷贝到另一台计算机上。

(2)热备份　两台计算机用硬件联接，管理人员通过一个键盘同时向两台计算机输入相同数据。

3)联机的计算机管理系统

对于需与下级控制机(如可编程序控制器等)联接的计算机管理系统，需要考虑有联机通信接口。对于近距离(小于 100m)的系统可用 RS232C 接口，远距离可用电流环接口或 RS422 接口或加调制解调器。

4)供电要求

因为计算机运行在工业现场，为了抑制来自电源的干扰，要求从变电所单独引入一路电源向管理系统供电。

5)接地要求

要装有专用地线，接地电阻应小于或等于 10Ω。

2. 系统软件设计

1)操作系统

系统软件中重要的一部分是操作系统。目前系统采用的体系结构一般为客户机/服务器模式，有些场合为浏览器/服务器模式，过去曾有采用主机/终端模式的。不论采用何种模式，都要求服务器方的操作系统强壮可靠。

通常情况下,操作系统采用的是 WINDOWS NT SERVER 系列产品,但对于稳定性和可靠性要求很高的系统,UNIX 操作系统是最佳选择。

2)数据库系统

与操作系统一样重要的是数据库系统。在物流系统中可供选择的数据库系统很多,但一般选用以下产品:

WINDOWS SQL SERVER:微软产品,有很高的可靠性,支持用户可达 3500 个,由于其优异的性能价格比,成为物流系统中的首选;

ORCALE 数据库:ORACLE 公司产品,是数据库产品中的最高等级,具有很大的用户群。其系统以稳定可靠著称,但价格昂贵,一般在较大型和较重要的场合使用。

SYBASE 数据库:大型数据库之一,在立体仓库中广泛应用。

IMFORMIX 数据库:大型数据库之一,在立体仓库中广泛得到应用。

其他数据库产品:除了以上的大型数据库外,在早期,还有一些小型数据库得到应用,包括 ACCESS、dBASEIII、FOXPRO 等,这些数据库由于可靠性及安全性的局限,用户已越来越少。

3. 应用软件设计

1)语言与工具

由于计算机管理系统的结构及选用的机型不同,其操作系统及提供的支持软件也不同。可根据计算机管理系统的特点来选择编程语言,如 COBOL、BASIC 语言也可用数据库管理系统的编程语言,如 POWERBUILDER、DELPHI,或利用数据库编程语言与其他语言的结合来编写管理程序。管理计算机与控制机的联机通信程序一般用汇编语言或 VISUAL C ++ 语言来编写。

2)管理系统应用软件的特点

管理系统是一个信息系统,必须保证数据的准确和不丢失。为此,编制应用软件应考虑:

(1)进入管理系统前要输入密码,密码核对正确后才允许进入管理系统。

(2)对已存入的数据修改时,必须要输入二次密码,防止对数据的随意更改。

(3)数据校核要严格。每输入一组数据都要提醒操作人员进行校核,如有错误应及时修正。管理机还应根据系统规定的各种限定参数,如数据范围(最大值、最小值)等以及通过逻辑判断对输入数据进行检查和核对,如不正确,要及时报错。对不合理的数据不予存入。

(4)数据备份要完整。发入出库命令时,应同时打印入出库单据,作为管理系统的基本资料。每正还要打印工作日志。工作日志除包括当天的作业命令外,还应包括修改数据的记录。硬盘上的数据文件应定时复制到软盘上作为数据备份。万一硬盘有故障,数据备份软盘、入出库单据及工作日志等就是恢复数据的依据。货物的明细表文件和货格表文件是库存的综合文件,也是最重要的文件,一般存放在硬盘上。入出库文件和工作日志有关文件是流水账,应与明细表、货格文件存放在不同的存储介质内,一般存放在软盘里。万一硬盘有故障,易于恢复数据。入出库文件随着时间不断增长,存储量会变大,必须定期更换软盘并保存,以便日后查询。

3)程序结构

管理软件功能多,程序量大,为了增加管理系统的灵活性,应采用模块式结构。模块间应相对独立,整体层次清晰,易于总体联接和装配;程序应调整方便,功能的增加和修改对全局影响较小。

4)可靠性与安全性措施

管理计算机与监控机联机通信软件要有提高可靠性的措施,以保证管理机与监控机之间正确无误地交换信息。这些措施主要有：

(1)通信双方以指定的报文格式进行数据交换。传送数据时,要有应答处理;传送出错(如丢失字符、帧错误、奇偶错等)可重复发送;如果多次发送仍不成功,应给出错误信息显示,并作相应的处理。

(2)对接收的信息要做多方面校验,如奇偶校验、BCC 或 CRC 校验等。

(3)应防止错误的重发送。如果传送数据正确,但应答信号丢失或回送信息错误,均可能引起重发送完全相同的作业命令,造成误动作。为此,通信软件要有防止错误重发送程序。

5)管理与控制联机接口

在自动化仓库中，管理计算机与监控机通过通信接口相联。管理机根据优化原则，以及设备的现行状态确定入出库地址，通过通信线直接向监控机发送作业命令，不需要人工再次键入作业命令，以提高生产率，减少操作错误。管理机与监控机按照通信协议互换信息。管理机向监控机发送作业命令，如作业方式（入或出库）、地址和表示工艺路线的特征码。监控机向管理机返回各机械设备的工作状态（正常运行或故障状态）和作业命令完成情况以及故障类别等。

自动化仓库只是物流系统的一部分,物流系统各个部分的管理计算机应通过网络形式联接起来,组成一个完整的信息系统,达到共享资源、及时交换信息的目的。如与 ERP 系统、SCM 系统联接。

三、条形码信息识别与管理

1. 物料自动识别

物料管理的基本技术是对物料进行自动识别和跟踪。自动识别是指在没有人工干预下对物料流动过程中某一活动关键特性的确定。这些关键特性包括产品的名称、数量、设计、质量、物料来源、目的地、体积、重量和运输路线等,每一关键特性都与生产活动有关。这些数据被采集处理后,能用来确定产品的生产计划、运输路线、路程、库存、储存地址、销售生产、库存控制、运输文件、单据和记账等。

物料信息可以通过声、光、磁、电子等多种介质获取。具体实现是在生产的关键部位配置自动识别装置,将每一处所获取的信息经过计算机网络系统传输,并进行统一处理,从而实现在整个生产过程中对物料的信息跟踪。

物料信息识别与跟踪是物流系统信息管理的基础,也是整个企业管理的基础。现代化企业无论是采用 MRP II 还是 ERP 管理,都离不开物料信息的识别与跟踪。

2. 条形码及码制

现代生产物流系统中,广泛采用条形码自动识别技术。这是因为条形码具有读取快、精度高、使用方便、成本低、适应性好等优点。条形码技术的发展历史几乎与计算机发展历史一样长。它最早出现在 20 世纪 40 年代,真正得到应用和发展则是近二十年的事。1970 年美国 ADHOC 委员会制定出 UPC 码。1973 年美国食品杂货业统一使用 UPC 码作为此行业的标准码制。从此,条形码便在世界范围推广应用。此后,各种码制纷纷产生。128 码和 93 码在 80 年代后期被推出。1983 年,39 码、交叉 2 ~ 5 码和 Codebar 码都先后制订了 ANSI 标准。一些行业为适应各自的需要,也开始建立自己的标准码制。在物流系统中常用的是 39 码和交叉宽窄不同的 2 ~ 5 码。

条形码符号是由一组规则排列的、黑白相间的条纹组成的图形符号。根据排列规则的规定,这组图形符号用来表示数字、字符及符号等信息。阅读时,当一光束通过条形码符号时,由于条形码条与间隔反射率的不同,反射回来的光的强度也随之不同。利用光敏元件接收它并输出与之对应的高低电平,此脉冲经译码转换变为可输入到计算机的信息。例如,图8-32是39码的示例。

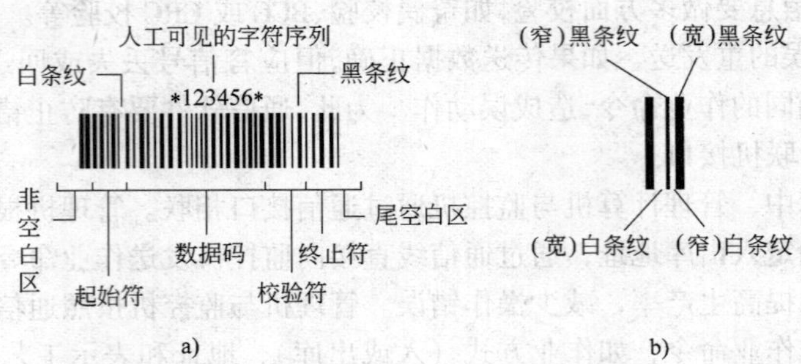

图 8-32　39码示例

a)完整结构;b)编码规划

每一组完整的条码由下列几部分组成:

(1)起始符　一组特定的条码。一般位于完整条码的头部。阅读时,首先从起始符开始,表示该组条码开始读入。起始符可以避免连续阅读时几组条码互相混淆,或由于阅读不当丢失前面的条码。

(2)终止符　它与起始符作用类似,是条码终止的标志。

(3)数据码　紧接着起始码的是数据码。它用来表示一定的数据。这是条码的核心,是所要传递的主要信息。

(4)校验码　数据码之后是校验码。它能过对数据字符的一种算术运算,对所译出的条码进行校验,以确认所阅读信息的正确性。

(5)头、尾空白区　为了保证条码扫描器的光束到达第一个条纹之前,能够达到较稳定的速度。黑白相间条纹的头部与尾部画有一空白区域是必要的。条形码一般可以双向阅读,因此尾部空白作用与头部空白区间相同。

3.39码

39码起源于美国,它是第一个字母数字式码制。此码制特别适用于需用字母、数字作为物品标识的应用场合。并且,由于字符集全、编码严谨、条码位数与数据范围不限,因此广泛用于物流管理系统、汽车制造业、机械加工业、工业自动化等行业和领域。39码是离散型的(即字符之间有不代表信息只起分隔作用的空白区)、自校验的、长度可变的码制。它的字符集包括0~9的数字、A~Z的26个字母以及几个特殊符号(—、·、Space、*、$、/、+、%)。条型码以(*)号作为起始终止符。总共有44个字符。每个39码字符有5个条(3宽,2窄)和4个空(1宽,3窄)。即9个元素中有3个宽元素,6个窄元素。这就是39码名称的由来。

4.二维条码

一维条码的局限性表现在:首先,必须通过联接数据库的方式提取信息才能明确条码所表达的信息含意,因此在没有数据库或者不便联网的地方,一维条码的使用就受到了限制;其次,一维条码表达的只能是字母和数字,不能表达汉字和图像,在一些需要应用汉字的场合,一维条码便不能很好地满足要求;另外,在某些场合下,大信息容量的一维条码通常受到标签尺寸的限制,也给产品的包装和印刷带来了不便。

二维条码的诞生解决了一维条码不能解决的问题，它能够在横向和纵向两个方位同时表达信息，不仅能在很小的面积内表达大量的信息，而且能够表达汉字和存储图像。二维条码的出现拓展了条码的应用领域，因此被许多不同的行业所采用。

二维条码可以分为堆叠式二维条码和矩阵式二维条码。堆叠式二维条码形态上是由多行短的一维条码堆叠而成，矩阵式二维条码以矩阵的形式组成，在矩阵相应元素位置上用点表示二进制“1”，用空表示二进制“0”，由点的排列组合确定代码的含义。具有代表性的堆叠式二维条码包括 PDF417、Code49、Code 16K 等。有代表性的矩阵式二维条码包括 Code One、Aztec、Date Matrix、QR 码等。二维条码可以使用激光或 CCD 阅读器识读。

堆叠式二维条码中包含附加的格式信息，信息容量可以达到 1KB，例如：PDF417 码可用来为运输/收货标签的信息编码，它作为 ANSI MH10.8 标准的一部分为“纸上 EDI”的送货标签内容编码，这种编码方法被许多的工业组织和机构采用。

矩阵式二维条码带有更高的信息密度（如：Data Matrix、Maxicode、Aztec、QR 码），可以用为包装箱的信息表达符号，在电子半导体工业中，将 Data Matrix 用于标识小型的零部件。矩阵式二维条码只能被二维的 CCD 图像式阅读器识读，并能以全向的方式扫描。

二维条码能够将任何语言（包括汉字）和二进制信息（如签字、照片）编码，并可以由用户选择不同的纠错级别以便在符号残损的情况下恢复所有信息的能力。二维条码的诞生是为了满足更大量数据的管理需求。图 8-33 是二维条码示意图。

条码可以直接印刷在被扫描的物品上或者打印在标签上，标签可以由供应商专门打印或者现场打印。

图 8-33　PDF417 二维条码示意图

所有条码都有一些相似的组成部分。它们都有一个空白区，称为静区，位于条码的起始和终止部分边缘的外侧。由特殊的起始和终止字符标示符号的开始和结束。校验符在一些符号法中是必须的，它可以用数学的方法对条码进行校验以保证译码后的信息正确无误。二维条码与一维条码具有许多相同的成分，它同时还包括信息量、排列顺序以及纠错的功能。矩阵式符号没有标志起始和终止的模块，但它们有一些特殊的“定位符”，定位符中包含了符号的大小和方位等信息。矩阵式二维条码和新的堆叠式二维条码能够用先进的数学算法将数据从损坏的条码符号中恢复。

在使用中，阅读矩阵式二维条码必须使用 2D CCD 条码阅读器，二位图像式 CCD 条码阅读器同样能阅读一维线性条形码和堆叠式二维条码。使用二维图像式 CCD 条码阅读器可以全向识读任何一种符号。尽管每一种阅读器都有它的优越性，但是若要从一个条码系统中获得最大的效益，所选用的扫描器就要求与应用的需求相对应。

5. 条形码识别

1）条形码物料自动识别系统的主要元素

一个条形码物料自动识别系统的主要元素有：

（1）载有此活动内容的条形码；

（2）能够自动读入条形码的装置——条形码自动阅读器（扫描器和译码器）；

（3）把读入的信息传送到处理器的通信系统；

(4)处理器；

(5)执行处理器命令的动作机构。

物料信息的载体码条在前进过程中通过条形码自动阅读器读入后，送到中央处理机进行处理分析和判断，然后发出命令，指挥动作机构执行。使物料被送到指定的方位。参见图 8-34。

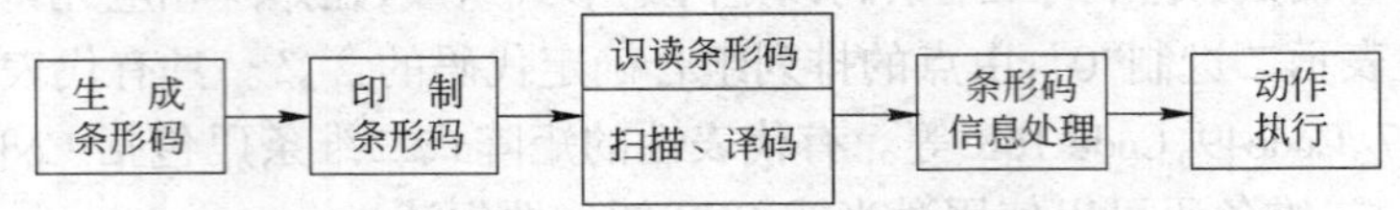

图 8-34 条形码自动识别系统工程流程

2)条形码的生成与印制

首先要选择码制。码制选择可根据使用目的、使用环境、信息表达量来选择。目前国际上广泛使用的条形码制有 UPC/EAN 码、39 码、25 码、库德区码、CODE93、CODE128 等。

条形码制确定后，要将所标识物品进行编码。关于编码的方法和原则在后序章节中再讨论，这里不再详述。然后是印制条形码。

物流识别中，当用条形码表征货物的特征信息时，可以在线生成所需要的条形码标签；在以某些固定的标牌形式区分货物时，例如，以立体仓库中每一存储货位作为对应被分配到该货位上的货物标识信息，由于货位编码是固定的，所以这时可以离线加工条形码标签。设计条形码标签时，应满足一般的印刷质量要求，如尺寸精度、PCS 值等。为确保动态物流的可靠识别，还需结合标签可占空间、阅读视场、物流速度、扫描周期等确定条形码符号的几何尺寸。在特殊环境下或反复使用的标签可以外加护膜或采用塑料、金属等材料制成。条形码印刷方法分为机械类和电子类两种。机械类印刷是在印刷设备上进行条形码印刷。电子类印刷是利用打印机在计算机控制下进行条形码印制。前者适于大批量固定号的条形码印制。后者可通过计算机软件随时更换数据和印制相应的条形码，它更适合在线实时印制。

3)条形码的读入

自动识别的条一步是条形码的读入。条形码的读入是由扫描器和译码器完成的。

扫描器利用光电转换技术对条形码符号进行扫描，获取条形码信息。一种扫描器是手工移动扫描器。例如，由操作者手持光笔 CCD(电荷耦合器件)条形码阅读器扫描或手持激光条形码阅读器扫描。前者多用于出/入库单的录入；后者则常用于盘库等；另一种是激光扫描器固定不动，条形码在扫描器前移动通过时进行扫描，被称为固定式自扫描条形码阅读器，可对条形码远距离自动识别，不需任何人工操作。因此在物流识别与跟踪中广泛使用。第三种是全向式阅读器(CCD 阅读器)。这种阅读器如同一摄像头。当条形码进入摄像区，条形码的整体信息直接被摄入。其特点是，阅读器与符号之间不必相对移动，无论条形码以什么角度进入阅读区都能正确被读入。

为满足对物流信息采集的连续性、实时性和多采集点的要求，有必要采用多点条形码数据采集系统。经常使用的多通道管理器可对多点条形码信息进行管理。此外，运用射频通信(RFDC)技术可使数据采集系统具有更好的柔性。

译码器是分析阅读器读入的信号，并解译出条形码的编码信息。衡量一个译码器优劣的主要指标是误码率和首读率。误码率表示对一组数据进行识别，其中可能出现一个错误数据的概率。首读率是对一组条形码进行一次性识别，其中识别成功的概率。一个符合质量标准的译码器，在条形码符号印刷质量比较好的情况下，误码率要求在 $10^{-8} \sim 10^{-9}$以下。首读率在90%以上。扫描器与译码器可以是分开的,也可以组合在一起,称为条形码阅读器。条形码阅读器的主要技术指标是扫描距离、扫描速度、分辨率、景深、阅读视场和首读率等。设计人员可以根据识别对象、识别方式、距离、大小及其他环境条件选择。

4)条形码信息的通信与传输

阅读并被译码的信息通常需要传送到中央处理计算机进行处理。一般在条形码译码器内部可由单片机或专用集成电路来完成译码及传送。它与中央处理计算机采用串行接口或键盘接口。由于条形码识别与生产控制流程、信息管理作业等相关,因此还需要建立相应的条形码数据采集系统。将各点、位获取的条形码信息通过网络传输,集中进行处理。

6. 条形码应用

如何运用条形码技术实现对物料的管理,更多涉及到管理系统的本身。在现代生产物流系统中运用条形码管理主要有两个作用,识别物料和跟踪物料。

识别物料是在一些特定的位置将物料与其携带的条形码信息进行对比,判断物料的有关属性(材料、尺寸、数量等),以与其他物料的区别。跟踪则是连续在不同位置对同一物料的条形码信息进行判别。以获取该物料在整个生产过程中的历史信息。

1)条形码编码设计

条形码可以携带多种信息:如托盘号、零件号、批号、设备进入顺序号和数置等,可根据实际使用进行设计。

例如,在生产过程中,可以给零件进行编号,一种零件给定唯一一个零件号。零件号和批号对于一个零件来说是固定不变的,为不变信息。

在物料管理中,常常采用对托盘进行编号的方式管理货物。托盘在整个储存、加工或传送过程中不变。托盘与物料建立对应关系后,就可以通过对托盘的管理控制实现对物料的管理控制。

码制的选择一般根据条形码携带信息量的要求来定,一般采用39码或25码。

2)条形码管理方案

在该物流系统中,一般要进行码盘注册、托盘入库、托盘出库等过程。所以条码的阅读主要是在这些过程中完成。一般在组盘过程中采用手持阅读器或无线手持阅读器(即RF设备),而在入出库输送机上,则设置固定条码阅读器。固定条码阅读器在托盘经过时自动阅读,从而获得托盘信息,完成托盘的自动识别。

物流系统采用条形码管理有以下优点:

(1)唯一跟踪每个零件,这是柔性加工系统所需要的。条形码技术使系统自动化程度进一步提高。

(2)信息的输入量和信息容量大大增加,出错率大为降低。

(3)条形码系统适应性很强,是键盘输入无法比拟的。同时,整个系统成本也较低,很适于工业自动化领域。

(4)可实现无人化操作和无纸化操作(在RF应用中尤其如此)。

第九节　自动化立体仓库总体规划

一、总体规划的基础数据

作为立体仓库总体规划的基础数据,应包括如下内容:

1．物料的分类信息

自动化立体库不要求将工厂100%的货物都存放在库内。一般情形下，要求将大部分物料存放在立体仓库内即可。关于存放量的“度”的把握，应根据实际情况区别对待。

货物分类可以按照其尺寸分类，也可以按ABC分类，即根据入出库的分布情形进行分类。从而提供对库区划分和托盘设计的指导。

2．物理空间的限制

对于一个立体仓库来说，一般均存在物理空间的限制。这就要求设计人员充分考虑实际需要，最大限度满足客户需求。

3．出入库能力的要求

出入库能力的要求决定了设备的能力与数量。间接地决定了投资规模。一般情形下，能力太大往往造成浪费。

4．库容量的需求

对库容量的需求应建立在可靠的统计分析基础之上。理想的规划应保持库容量大于实际的10%～15%。

5．控制水平的需求

决定一项立体仓库工程投资的关键还包括自动化水平的需求。一般而言，自动化程度越高，投资越大。随着科学技术的发展，一般的选择是采用较高的自动化水平。需知，在短时期内的改造，意味着重复投资和浪费！

6．技术经济原则

自动化立体仓库的总体设计，不可避免地应考虑技术的可行性和经济性。一般情况下，对自动化程度的过分追求并不能获得最佳的效果，往往还会造成资金的过大投入。

经济原则是指在总体设计中，对于各种设计方案应按货币指标和实物指标进行比较选择，如投资、经营费用、投资回收期（或折旧费）、劳动生产率、材料消耗、货物完好率以及运输工具停机时间等。同时，在选择仓库的参数和立体布置方案时，必须考虑到各种特殊的因素和技术经济指标。

二、立体仓库布置与规划

自动化仓库是建立在众多硬件设备支持的基础之上的，一切设想必须通过具体的设备来实现。物流路线以及设备的布置对工厂生产物流（图8-35）是至关重要的。

1．物流路线及设备布置

一个良好的仓库平面布置和合理的设备配置可以使企业物流更加合理化，避免内部运输迂回重复。在其他条件相同的情况下，占地面积越小，总平面布置越紧凑，建造时的土方工程量越小，各种道路和路线将越短，建设投资费用也越低。投入生产后，因库区布置合理，物料运输路线短，生产联系方便，物流通畅。

物流路线及设备布置的规划原则：

1）最小移动距离原则

保持仓库内各项操作之间的最经济距离。物料和人员流动距离能省则省，尽量缩短，以节省物流时间，降低物流费用。

2）直线前进原则

要求设备安排、操作流程应能使物料搬运和储存按自然顺序逐步进行，避免迂回、倒流。

3)充分利用空间、场地的原则

包括垂直与水平方向，在安排设备、人员、物料时应予以适当配合，充分利用，即保持设备的适当空间以免影响工作。

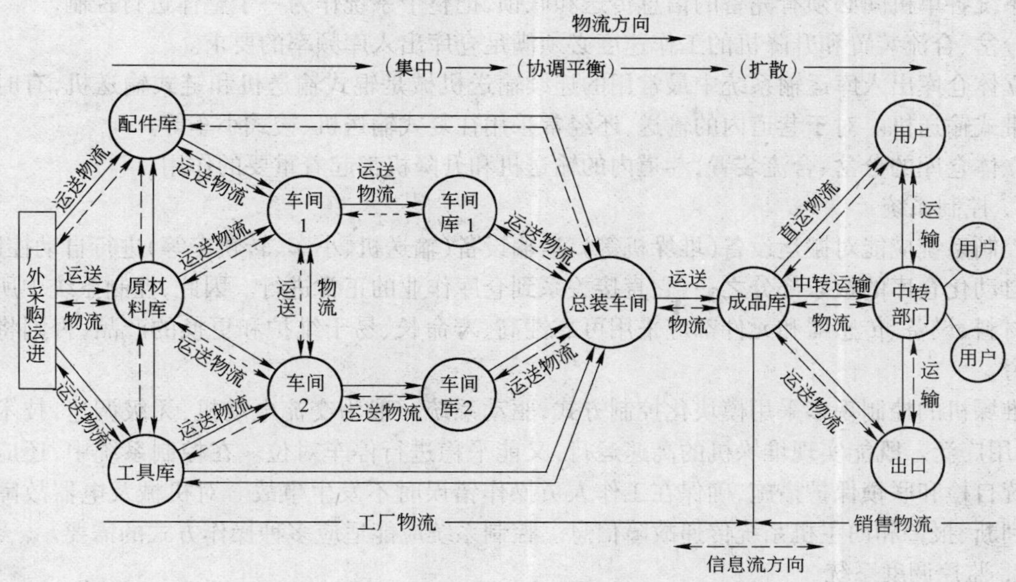

图 8-35　工厂物流示意图

4)生产力均衡原则

维持各种设备、各工作站的均衡，使全库都能维持一个合理的速度运行。

5)适宜库内运输原则

库内运输路线必须保持畅通，设有专供搬运物料或人员行走的通道。

6)顺利进行原则

保持生产过程顺利进行，而无阻滞，又称为最佳流程原则。

7)保持“再布置”的弹性原则

要便于在必要时设备能适当做重新安排，留出一定的空间，供材料搬运及检验人员活动用，也能保持适当的弹性。

8)整体原则

凡是对物流路线及设备布置有影响的因素都要综合考虑。

2．库内设备

高层货架和巷道式堆垛机是物流系统中的重要设备，一般情形下均应根据实际的需求选取最佳的参数匹配，从而达到合理布置的总体要求。

3．输送系统

自动化仓库本身是一个物流子系统，对于采用堆垛机的立体仓库还必须利用各种输送机、叉车、自动搬运小车、升降机或其他机械将高货架区和作业区联成一体，构成出入库运输系统，最终形成立体仓库的物流系统。自动化仓库采用哪种输送装置要根据货物的类型、装运条件和仓库的结构等情况决定。随着科学技术的进步，货物输送装置在技术性能和应用水平上不断提高。

输送系统必须具有高度可靠性。在立体仓库内，运输系统一旦发生故障也会使整个仓库受到影响。所以，要求出入库运输系统各个环节上的设备可靠、耐用、维修方便。对于自动控制的系统应设置手动控制作后备。

系统各单机间必须有完备的信息传送和联锁，把整个系统作为一个整体进行控制。

分岔、合流装置和升降机的工作速度必须满足仓库出入库频率的要求。

立体仓库出入库运输系统中最常用的连续输送机械是辊式输送机和链式输送机，有时也采用带式输送机。对于巷道内的输送，还经常采用往复式输送机、梭式小车等。

立体仓库的分岔、合流装置，巷道内的输送机和升降机都起着重要的作用。

4. 控制系统

控制系统应能对搬运设备(堆垛机等)、运输设备(输送机、小车、转轨车等)进行自动控制，它是自动化仓库的核心部分之一，它直接关系到仓库作业的正常进行。因此，控制系统中所使用的材料、设备、传感器和元件都应采用可靠性高、寿命长、易于维护和更换的产品，否则将后患无穷。

堆垛机的控制现多采用模块化控制方式，驱动系统一般为交流电动机，无级调速，技术成熟，应用广泛。既能实现堆垛机的高速运行，又能平稳进行停车对位。在控制系统中，还应采取系统自检和联锁保护措施，确保在工作人员操作错误时不发生事故。对机械及电器故障能进行判断、报警和向主机系统传递故障信息。控制系统应能适应多种操作方式的需要。

5. 监控调度系统

过程监控是实现自动化仓库实时控制的重要组成部分。在自动化仓库的实际作业过程中，需要对作业信息及运行设备(如堆垛机、输送机等)的状态进行监视和管理。

监控高度系统根据主机系统的作业命令，按运行时间最短、作业间的合理配合等原则对作业的先后顺序进行优化组合排队，并将优化后的作业命令发送给各控制系统，对作业进程进行实时监控。

监控操作台可以对机械设备的位置、动作、状态、货物承载及运行故障等信息进行显示，以便操作。人员对现场情况进行监视和控制，并可通过操作台上的控制开关或键盘对设备进行紧急操作。

6. 计算机管理系统

自动化仓库的信息管理是基于现代信息管理理论和现代控制理论而创立的一个分支。对于一个自动化仓库来说，它可以是独立的，但对于一个企业，它又是其企业资源计划系统(ERP)或供应链系统(SCM)的一个子系统。它不仅对信息进行管理，也对物流进行管理和控制，集信息流和物流于一体，是现代化企业物流和信息流管理的重要组成部分。

计算机管理系统(主机系统)是自动化仓库的核心，它一般由较大的计算机组成，有的构成计算机网络；它应具有大容量、高速度、强大的功能，这个系统处理整个仓库生产活动中的主要数据。

三、设计参数的选择

1. 堆垛机作业周期的计算

堆垛机的作业周期可分为平均单一作业循环时间和平均复合作业循环时间。一般按照国家标准或欧洲标准进行计算。

1)平均单一作业周期

平均单一作业周期的计算如图 8-36 所示，以入出库位于同一点的情况进行说明，根据 FEM 标准进行计算的公式如下：

$$T=(T_{P1}+T_{P2})/2$$

式中：T——平均单一作业循环时间(s)；

T_{P1}——从入库点开始到 P_1 点入库作业后再回到入库点时间总和；

T_{P2}——从入库点开始到 P_2 点入库作业后再回到入库点时间总和。

2)平均复合作业周期

平均复合作业周期(图 8-37)是指入库作业完成后紧接着进行出库作业作业的时间总和。计算公式如下：

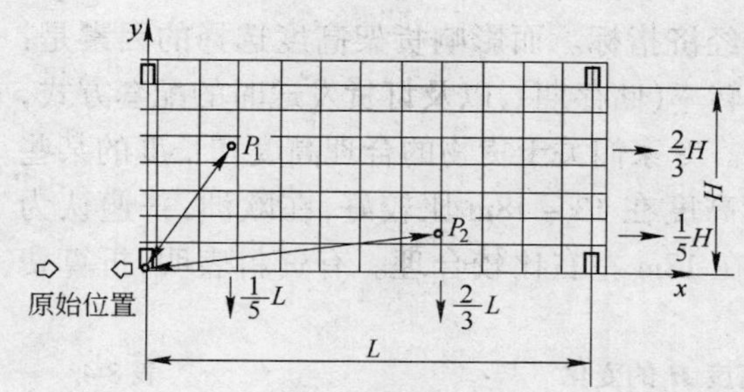

图 8-36　堆垛机单一作业计算图

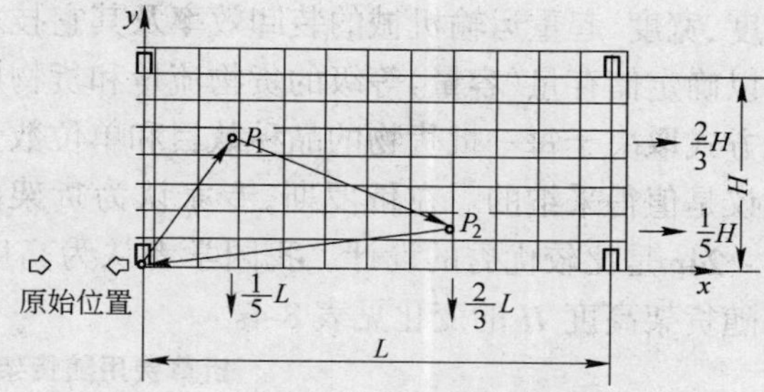

图 8-37　复合作业示意图

$$T=T_{P1}+T_{P2}+T_{P1P2}$$

式中：T——平均复合作业循环时间(s)；

T_{P1}——从入库点开始到 P_1 点作业时间；

T_{P1P2}——从 P_1 点到 P_2 点运行时间总和；

T_{P2}——从 P_2 点取货出库时间总和。

堆垛机出入库能力是指一小时内完成入库或出库的作业数。计算公式如下：

$$N=3600/T$$

2．立体仓库布置方案

许多重要文献都讨论了仓库的布置和参数化问题。而在选择立体布置方案时，却并未始终坚持运用系统方法，首先是没有考虑到某些个别参数与各储运过程之间的相互关系，其次是那些据以评价仓库参数的最佳化判据也不是一成不变，最后，在实际应用中由于客观条件的限制，实际上只能部分满足最优指标。

货架的应用对盘货、编址、起重运输机工作调度、货物成批配套、装卸作业等储运过程的自动化创造了良好的条件。货架的一个重要优点，是提高库房容积和面积的利用率。当成件包装货物的储存方式和处理方式不同时，仓库容积的利用程度也各不相同。如：采用手工堆垛时，仓库容积的利用率为 10%；采用电动装卸机时为 20% ~ 25%；采用多层桥式堆垛起重机时为 35% ~ 40%；采用单行货架堆垛机时为 40% ~ 55%；采用双行货架堆垛机时为 50% ~ 55%；采用移动货架堆垛机时为 55% ~ 65%。采用货架储存方式还可以提高货物的完好性。

采用货架储存方式时可使货物的处理费用减少 35% ~ 40%，劳动生产率提高到 1.3 ~ 1.5 倍，与堆放货物方式相比实施周期缩短了三分之一。最后，采用货架可以为形成统一的库房建设技术规格、广泛利用组合货架结构的积木式原理和实现仓库参数最佳化创有利条件。

立体仓库布置方案的选择取决于下列因素：货架结构；仓库用的起重运输机类型；待处理货物的数量和种类；按货物种类和用途划分的货架段和组合货架的专用化程度；货物验收处、储存区、配套区和发货处的相互布局。选择货架的布置方案时要以货架两端和通道的运输线路长度为依据。而运输线路的长度取决于组合货架的数目和货架的数目和货架之间通道的数目。应当在选择储存区的布置方案之前，首先计算货架的容量(储存量)、货格数、排数、层数及其占地面积。

在所有可行的布局结构方案中，大致有两类典型方案：一类是进、出货货物装卸场分别设置在储存区两侧的方案，二是收货间和发货间均设在货架一侧的方案。

关于货架型仓库参数的选择问题，在许多文献中都进行过研究讨论。其中最为各国专家所关注的，就是这种仓库的最佳高度的确定，因为下列参数都要依其高度而定，即：占地面积、长度、宽度、起重运输机械的装卸效率及其它技术经济指标。而影响货架高度选择的因素是：借以确定储存量(容量)等级的货物流量和货物周转率(储存期)，以及订货发送时的配套方式，此方式取决于每一批货物的品种数目和单位数量。专家们关于货物的合理高度和长度的某些建议是值得采纳的。在俄罗斯，专家认为货架的高度在 13 ~ 18m 比较好，在欧洲，普遍认为 18 ~ 24m是比较优秀的设计。我国学者认为高度在 18m 左右比较合理。有资料表明，折算费用随货架高度 H 的变化见表 8-4。

折算费用随货架高度 H 的变化 表 8-4

H(m)	6	8.4	10.8	12.6	14.4	16.2
折算费用(%)	100	96	92	73	64	58

多层仓库内的最佳高度取决于容量；当容量为 1000t 至 4000t 时，高度为 12.6m；当容量为 6000t 或以上时，高度为 16.2m。

虽然上述建议表明专家们关于货架最佳高度的意见是一致的，即在 13 ~ 24m 之间，但同时国内外实践中的大量事实却是，一些高达 30 ~ 40m 以上的仓库正在陆续建造之中。当多层堆垛机载货台的垂直运动速度提高到 90m/min 或更高时，货架高度的增加将不会明显地影响到降低仓库储运机械的效率，而同时却可以大大节省库房的占地面积。

虽然已有一些案例将货架的长度设计到 150m，但大多数专家都一致认为，由一台堆垛机上、下货的货架的最佳通道长度 L 在 80 ~ 120m 之间。货架的最大长度取决于一台堆垛机在一条通道中所服务的货格数目。

为了保持长度 L 和高度 H 的较佳配置，保持 H/L 的均衡、合理，建议采用以下公式确定：

$$\frac{H}{L}=\frac{V_y}{V_x}$$

式中 V_y 是垂直速度，V_x 是水平速度。一般情况下取 $H/L=(1/4 \sim 1/6)$。

四、仿真与假设

现代化仓库的构成是复杂的，它是一个由彼此相互作用的诸因素和各个环节所构成的综合系统。研究这些因素的性质并弄清它们的相互作用，是建立自动化仓库的一个重要步骤。通过总结分析，可以取得综合解决问题的必要资料，即：自动化管理系统的组织机构和职能机构的建立，最佳参数和技术装备能力的确定以及仓库的合理平面布置的选择等。

仓库设计的一般顺序见图 8-38。

在没有任何信息条件下确定立体仓库的数学模型时,研究人员大都以最简单的入库事件分布(泊松分布)和指数服务时间为目标。最简单的入库物流和指数服务时间,可用来模拟由于仓库工作规范的极大不平衡性所造成的最复杂情况。所以说,以这样的条件来确定各环节的技术,保证各个环节在最困难的工作条件下可靠地发挥其作用。其中,起重运输机械和其他服务设备在作业间隔中的停机,以及等待服务的运输工具和货物流队列,将被限制在最低限度。采用这种数学模型确定队列长度和等待时间是比较符合实际情况的。

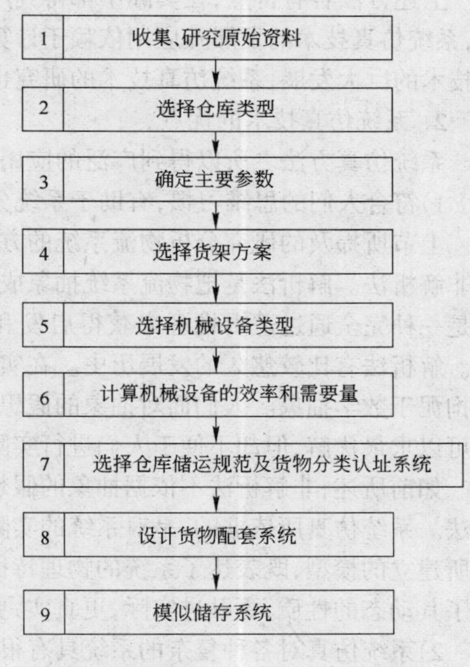

图 8-38 自动化仓库的设计顺序

现在对于复杂的物流系统而言,采用计算机仿真已变得十分重要。仿真分析对于避免不合理的设计具有非常重要的意义。

计算机仿真首先也需要确定数学模型,目前已有一些通用的仿真系统可以应用到物流系统的设计之中。

对随机过程的考虑也应包括尽可能多的事件。不仅在确定仓库技术装备的最佳能力时要考虑随机过程,而且在计算起重运输机械的效率时也要考虑随机过程,其中,还要考虑货架货格和集装箱等装货的随机性。

1. 系统分析方法

对物流系统进行规划、管理、控制,选择最优的物流方案,寻求降低物流费用,提高物流效益的途径等,是物流系统研究的目的。物流系统的研究,必须运用各种现代科学的理论和方法。

常用的理论及方法有:

1)数学规划法(运筹学)

数学规划法是一种对系统进行统筹规划,寻求最优方案的数学方法。其具体理论与方法包括线性规划、动态规划、排队论和库存论等。线性规划、动态规划和库存论等是解决物流系统中物料储存的时间与数量的。

2)统筹法(网络分析法)

统筹法运用网络来统筹安排,合理规划系统的各个环节。它用网络图来描述活动流程的线路,把事件作为结点。在保证关键线路的前提下,安排其他活动,调整相互关系,以保证按期完成整个计划。

3)系统优化法

系统优化法即在一定约束条件下,求出使目标函数最优的解。物流系统包括许多参数,这些参数相互制约,互为条件,同时受外界环境的影响。系统优化研究的是在不可控参数变化时,根据系统的目标如何来确定可控参数的值,使系统达到最优状态。

4)系统仿真

系统仿真方法是利用模型对实际系统进行实验研究。

上述方法各有特点，在实际中都得到广泛的应用，其中系统仿真技术是近年来应用最普遍的，系统仿真技术的发展及应用依赖于计算机软硬件技术的飞速发展。今天，随着计算机科学与技术的巨大发展，系统仿真技术的研究也在不断完善，应用不断扩大。

2. 系统仿真技术的优点

系统仿真方法之所以得到广泛的应用，是因为它具有以下主要优点

1)符合人们的思维习惯，有助于系统分析

上节所提及的研究分析物流系统的方法，大体上可分为两种类型。一类是解析法，另一类是非解析法。解析法是把物流系统抽象成一种数学表达式，通过求解数学表达式找到最优解。这是一种完全通过逻辑推理来获得启发和借鉴的方法。如运筹学中的线性规划和动态规划等。解析法有比较悠久的发展历史。在实际中应用广泛，是比较成功的方法。但是，解析法过于拘泥于数学抽象。人们面对抽象的假想的逻辑模型，很难获得系统的真实感受。虽然解析法可以求最优解，但却不便于人们进行实际的系统分析。

如前所述，非解析法不依据抽象的假想，而是以现实为依据。系统仿真方法，是一种非解析法。系统仿真所依据的，是对系统的实际观测所获得的数据建立起来的动态模型。这种方法所建立的模型，既表达了系统的物理特征，又有其逻辑特征，既反映了系统的静态性质，也反映了其动态的性质，更贴进实际，更真实，更便于对系统进行分析。

2)系统仿真对各种复杂的系统具有很好的适应性

系统仿真所建立的模型，完全是实际系统的映像，它既反映系统的物理特征、几何特征，又可以反映系统的逻辑特性。因此，对于各种复杂的物流系统，无论是线性的还是非线性的，无论是静态的还是动态的，都可以用系统仿真方法来研究。

3)系统仿真有利于解决随机因素的影响

系统仿真模型的另一特点是因为它是一个随机模型，系统的参数受随机因素影响所发生的变化在模型中得到充分体现。这一点是解析法所无法比拟的。解析法一般是针对一种固定的约束条件或环境求解。而实际系统，特别是复杂的离散事件系统往往受很多随机因素的影响(物流系统就是这样的系统)。忽略随机因素的影响，用确定性模型代替随机模型研究系统，将会使分析结果有很大的误差。

4)系统仿真可以帮助系统优化

仿真模型的一次运行，只是对系统一次抽样的模拟。从这点来说，系统仿真方法不是一种系统优化方法，即它不能求系统的最优解。但是，系统仿真可以让人们依据对系统模型动态运行的效果，多次修改参数，反复仿真。或者说，系统仿真是一种间接的系统优化方法。现在，人们越来越认识到，对于多目标、多因素、多层次的系统(物流系统正是这样的系统)来说，并不存在绝对意义上的最优解。优化只是相对而言的。即使是最优化方法，其本身由于若干的假设、抽象和简化所造成的误差，已经使“最”字打了折扣。因此，不单纯追求最优解，而寻求改善系统行为的途径和方法，应该说是更加有效的。系统仿真方法正是提供了这种环境。

以上特点，使系统仿真技术应用越来越广泛。当然，系统仿真方法应用与发展的外部条件，首先是计算机软硬件技术的发展与支持。

建立可信的系统模型是仿真最重要的前提，也是仿真中比较困难的部分。其次，仿真需要从实际系统收集大量的数据。仿真模型的每一个细节都以实际数据为依据，这要花费较多的时间，数据收集和分析的难度也较大，这些都会影响仿真的质量。借助仿真方法优化系统时，需要对每次仿真过程反映出的现象，进行深入的综合分析，提出改进建议，再仿真检验改进措

施的效果。这种优化过程是很灵活的,优化路径常常是多种多样的。这就要求仿真者不仅对实际系统具有深入的了解,准确把握系统的多种目标,而且有综合的系统分析能力。

3. 系统仿真在物流系统研究中的作用

在物流系统研究中系统仿真技术的应用主要有以下几方面:

1)物流系统规划与设计

在没有实际系统的情况下,把系统规划转换成仿真模型,通过运行模型,评价规划方案的优劣并修改方案,是系统仿真经常用到的一方面。这可以在系统建成之前,对不合理的设计和投资进行修正,避免资金、人力和时间的浪费。例如,一个复杂的物流系统,由自动化立体仓库、AGV、缓冲站等组成。系统设计面临的问题经常是,如何确定自动化立体仓库的货位数;确定 AGV 的速度、数量;确定缓冲站的个数;确定堆垛机的装载能力(运行速度和数量),以及如何规划物流设备的布局;设计 AGV 的运送路线等。这里生产能力、生产效率和系统投资常常都是设计的重要指标,而它们又是相互矛盾的,需要选择技术性与经济性的最佳结合点。系统仿真运行准确地反映了未来物流系统在有选择的改变各种参数时的运行效果,从而使设计者对规划与方案的实际效果更加胸有成竹。那种系统仿真把明天的工厂放到了今天的说法是不无道理的。

2)物料控制

生产加工的各个工序,其加工节奏一般是不协调的,物料供应部门与生产加工部门的供求关系存在矛盾。为确保物料及时准确的供应,最有效的办法是在工厂、车间设置物料仓库,在生产工序间设置缓冲物料库,来协调生产节奏。

通过对物料库存状态的仿真,可以动态地模拟入库、出库、库存的实际状况。根据加工需要,正确地掌握入库、出库的时机和数量。

3)物料运输调度

复杂的物流系统经常包含若干运输车辆、多种运输路线。合理地调度运输工具,规划运输路线,保障运输线路的通畅和高效等都不是一件轻而易举的事。运输调度策略存在着多种可能性。如何评价各种策略的合理性呢?怎样才能选择一种较优的调度策略呢?策略制定者如果只是说"假如……就会……,所以……"是不足以说服人的。因为,这种假设往往不止一个,要对所有的假设找到最好的解决办法。例如,在一条生产装配线上,几个装配工位同时提出送料申请,应该先为哪个工位服务呢?如果按照装配顺序先给前面工序的工位送料,似乎是合理的。但是这样一来,如果造成运输路线的堵塞,使后面的工序送料延续时间太长,也可能是不合理的。

又例如,在调度运输车时,经常要考虑调动哪一辆最合理,是对每一个申请进行判断,选择最近的车辆,还是照顾到一个时间段可能出现的申请,以平均运输路线最短为目标调度呢?运输调度是物流系统最复杂,动态变化最大的,很难用解析法描述运输的全过程,系统仿真是比较有效的方法。

建立运输系统模型,动态运行比模型,再用动画将运行状态、道路堵塞情况、物料供应情况等生动地呈现出来。仿真结果还提供各种数据,包括车辆的运行时间、利用率等。

通过对运输调度过程的仿真,调度人员对所执行的调度策略进行检验和评价,就可以采取比较合理的调度策略。

4)物流成本估算

物流过程是非常复杂的动态过程。物流成本包括运输成本、库存成本、装卸成本,成本的核算与所花费的时间直接有关。物流系统仿真是对物流整个过程的模拟,进程中每一个操作的时间,通过仿真推进被记录下来。因此,人们可以通过仿真,统计物流时间的花费,进而计算物流的成本。这种计算物流成本的方法,比用其他数学方法计算,更简便、更直观。而且,同时可以建立起成本与物流系统规划、成本与物料库存控制、成本与物料运输调度策略之间的联系。从而用成本核算结果(或说用经济指标)来评价物流系统的各种策略和方案,保证系统的经济性。实际仿真中,物流成本的估算可以与物流系统其他统计性能同时得到。

系统仿真在物流系统的应用,除以上四个主要方面外,还可以用来对物流系统进行可靠性分析等。

五、建筑的限制

如前所述,立体仓库系统的设计总是受到多方面因素的制约,其中建筑物的制约是最大的。

对于需要对原仓库进行改造的设计,立体仓库受建筑的制约是显然的。此时的设计应在尽量照顾现有建筑的情形下进行。考虑到这种情形,关于立体仓库最佳配置的假设往往不能满足。但即使如此,设计者还是应详细考察用户的需求,使系统达到最优。

对于新建的系统也是如此。由于受传统思维的影响,土建规划部门并不特别理解立体仓库的原则和规律。对于立体仓库设计者来说,要么将自己的见解及时与土建设计者沟通,要么接受一个并不优秀的方案。

六、土建、消防及其他

要建一座仓库,还必须考虑存储货物的厂房(库房)以及其他配套设施。

1. 厂房

一般来讲,仓库的货物和自动化仓库中的所有设备都安放在厂房规定的范围内,库内容量和货架规格是厂房设计的主要依据。在我国的南方和北方,不同的地质地貌情况,不同的荷载情况对厂房设计提出了不同的要求。土木建筑要根据实际情况因地制宜,切不可不考虑具体情况,大张旗鼓地兴建土木,造成不必要的人力财力和时间的浪费。同时还要遵守国家的有关规定。

首先选取地址,并对地质情况进行勘探,确定厂房基础的形式。如根据货架区的沉降要求,基础可采用桩基或整片筏基等形式。

其次,对墙体、屋面、地面、内墙、辅房、门窗、沟道等形式,所用材料、施工方法进行选择,以达到实用、安全、方便和美观的效果,在这些方面国家和地方都有专门的标准和规定。

在厂房中,还包括中央控制室(机房)、办公室、更衣室、工具间等辅助区域。

2. 消防系统

由于仓库库房一般都比较大,货物和设备比较多而且密度大,又由于仓库的管理操作人员较少,自动化仓库的消防系统大都采用自动消防系统。它由传感器(温度、烟雾传感器等)不断检测现场温度、湿度等信息,当超过危险值时,自动消防系统发出报警信号,并控制现场的消防机构喷出水或二氧化碳泡沫等,从而达到灭火的目的。这种消防系统也可以由人工强制喷淋,即手动控制。

在消防控制室内设置有火警控制器,能接受多种报警信号,它的显示器械一般设在工厂的消防站内,同时向消防站报警。

我国的《建筑设计防火规范》是消防系统设计的主要依据,再根据所存物品的性质确定具体的消防方案和措施。

3．照明系统

为了使仓库的管理、操作和维护人员能正常在进行生产活动，必须有一套较完备的照明系统，尤其是在外围的工作区和辅助区。

仓库中运行的各种设备可以不需要照明，考虑到人的工作和活动情况，库房内各区域应有适当的照明及相应的控制开关。自动化仓库的照明有日常照明、维修和应急照明。

对存储感光材料的黑暗库来说，由于不允许储存物品见光，因此照明系统应特殊考虑。

4．通风及采暖系统

通风和采暖的要求是根据所存物品的条件提出的。对设备而言，自动化仓库内部的环境温度一般在 -5～45℃即可。其措施通常有厂房屋顶及侧面的风机、顶部和侧面的通风窗、中央空调、暖气等。对散发有害气体的仓库可设离心通风机将有害气体排到室外。

5．动力系统

自动化仓库一般不需要气源，只需动力电源即可。

配电系统多采用三相四线制供电，中性点可直接接地，动力电压为交流 380V/220V，50Hz，根据所有设备用电量的总和确定用电容量。

配电系统中的主要设备有：动力配电箱、电力电缆、控制电缆和电缆桥架等。

在这具体设备供电时，可能还需增加稳压或隔离设备。

6．其他设施

其他设施包括给排水设施、避雷接地设施和环境保护设施等，这都是一个综合建筑系统中要考虑的。

给水主要指消防水系统和工作用水。

排水是指工业废水、清洁废水及雨水系统。雨水系统可采用暗管排放，经系统管线排入附近的河中。

立体仓库属于高层建筑，应设置避雷网防止雷击，其引下线不应少于 2 根，间距不应大于 30m。

电气设备不带电的金属外壳及穿线用的钢管、电缆桥架等均应可靠接工作零线，保护零线均应与变压器中性点有可靠的联接；为了防止静电，所有金属管道应可靠接地。

根据《中华人民共和国环境保护法》等有关法规，必须对生产过程中产生的污物及噪声采取必要的措施。

参考文献

1 机械工程手册编辑委员会编.机械工程手册:物料搬运设备卷.第2版.北京:机械工业出版社,1997

2 机械工程师手册编辑委员会编.机械工程师手册.第2版.北京:机械工业出版社,2000

3 北京起重与运输机械研究所编.DTII型固定式带式输送机设计选用手册.北京:冶金工业出版社,1994

4 GB 3811—83 起重机设计规范.北京:中国标准出版社,1984

5 GB 6067—85 起重机安全规程.北京:中国标准出版社,1985

6 大连起重机器厂.起重机设计手册.北京:中国铁道出版社,1986

7 杨长骙,傅东明主编.起重机械.第2版,北京:机械工业出版社

8 GB 5905—86 起重机试验规范和程序.北京:中国标准出版社

9 陈幕忱主编.装卸搬运车辆.北京:人民交通出版社,1999

10 张晓萍等编著.现代生产物流及仿真,北京:清华大学出版社,1998

11 俞仲文,陈代芬主编.物流配送技术与实务.北京:人民交通出版社,2001

12 刘昌祺主编.物流配送中心设计.北京:机械工业出版社,2001

13 机械工程手册与电机工程手册编委会.机械工程手册:专用机械卷(四).第2版.北京:机械工业出版社,1997

14 秦同瞬,杨承新主编.物流机械技术.北京:人民交通出版社,2001

15 〔日〕日通综合研究所.物流手册.北京:中国物资出版社,1990

16 何三全编著.综合运输与装卸机械.北京:人民交通出版社,2000

17 裘为章.物流搬运自动化.北京:机械工业出版社,1985

18 毛寿松.运输包装器具设计与使用.北京:中国商业出版社,1992

19 机械工业部第四设计院.集装单元代贮运机具图册:集装单元贮运机具图册.北京:人民铁道出版社,1985

20 〔日〕吉国宏.第一机械部第四设计院《堆垛机设计》编译组译.自动化仓库—堆垛机设计.北京:人民铁道出版社,1979

21 孙俊华等.包装材料与包装技术.广州:暨南大学出版社,1992

22 李占鸿.运输包装工程.北京:人民铁道出版社,2000

23 朱长富.仓储组织与技术.北京:人民铁道出版社.1986

24 邓爱民等.物流工程.北京:机械工业出版社,2002